Jörg Rippel

Fix it!

Heimwerken, renovieren, reparieren

Rheinwerk
Computing

Liebe Leserin, lieber Leser,

Sie starren auf den tropfenden Wasserhahn, das schiefe Regal oder die quietschende Tür und denken: »Das müsste man mal machen, eigentlich kann das doch gar nicht so schwierig sein ...« – aber dann rufen Sie doch wieder den Handwerker? Keine Sorge, damit sind Sie nicht allein! Heimwerken? Das klingt nach Hammer auf Daumen, schiefen Löchern und teuren Fehlkäufen im Baumarkt.

Aber mit Ihrer Bereitschaft, es selbst zu versuchen, haben Sie bereits den wichtigsten Schritt getan. Dieses Buch zeigt Ihnen, dass viele Aufgaben kein teures Spezialwerkzeug benötigen oder nur etwas für Profis sind. Vieles kann man selbst machen, dabei noch Geld sparen und stolz sein, dass man sich selbst zu helfen wusste.

Jörg Rippel spricht in diesem Buch aus eigener Erfahrung. Sie sehen echtes Werkzeug, keine Hochglanzbilder aus Werbebroschüren, und erhalten praxiserprobte Tipps aus der Werkstatt und dem eigenen Haus – denn viele Dinge muss man selbst gemacht haben, um sie gut erklären zu können.

Bevor Sie sich in die Lektüre stürzen, noch ein kurzer Hinweis in eigener Sache: Dieses Buch wurde mit großer Sorgfalt geschrieben, lektoriert und produziert. Aber wo Menschen arbeiten, können Fehler passieren. Falls daher doch etwas nicht funktioniert oder Sie inhaltliche Anregungen haben, scheuen Sie sich nicht, mit mir Kontakt aufzunehmen. Fragen und Feedback sind jederzeit herzlich willkommen.

Ihr Christoph Meister
Lektorat Rheinwerk Computing

christoph.meister@rheinwerk-verlag.de
www.rheinwerk-verlag.de
Rheinwerk Verlag · Rheinwerkallee 4 · 53227 Bonn

Auf einen Blick

Wir hoffen, dass Sie Freude an diesem Buch haben und sich Ihre Erwartungen erfüllen. Falls Sie Anregungen, Wünsche und Kommentare haben, lassen Sie es uns wissen: **service@rheinwerk-verlag.de**.

Informationen zu unserem Verlag und Kontaktmöglichkeiten finden Sie auf unserer Verlagswebsite **www.rheinwerk-verlag.de**. Dort können Sie sich auch umfassend über unser aktuelles Programm informieren und unsere Bücher und E-Books bestellen.

Autor Jörg Rippel
Lektorat Christoph Meister
Fachgutachten Harry Kellner
Copy-Editing Friederike Daenecke, Zülpich
Typografie & Layout Vera Brauner
Satz III-Satz, Kiel
Herstellung Stefanie Häb
Covergestaltung Bastian Illerhaus
Coverbilder shutterstock: 620676419 © Zivica Kerkez, 2427323119 © Studio Peace, 2292429141 © Dragon Images, 140463226 © Anastasia Samorodova, 2589126117 © Invision Frame; istock: 963241614 © AleksandarNakic
Druck mediaprint solutions, Paderborn

PEFC
PEFC/04-31-0810

Dieses Buch wurde mit mineralölfreien Farben auf PEFC-zertifiziertem Papier aus nachhaltiger Waldwirtschaft gedruckt.
Der Umwelt zuliebe verzichten wir zusätzlich auf die Einschweißfolie.
Hergestellt in Deutschland.

Bibliografische Information der Deutschen Nationalbibliothek:
Die Deutsche Nationalbibliothek verzeichnet diese Publikation in der Deutschen Nationalbibliografie; detaillierte bibliografische Daten sind im Internet über *http://dnb.dnb.de* abrufbar.

ISBN 978-3-367-10754-4

1. Auflage 2025

Rheinwerk Verlag GmbH • Rheinwerkallee 4 • 53227 Bonn
service@rheinwerk-verlag.de

Inhalt

Kapitel 1

Das können Sie selbst!

Stellen Sie sich vor: Kein nerviges Warten auf überbuchte Handwerker mehr. Keine überteuerten Rechnungen für Kleinigkeiten. Stattdessen das befriedigende Gefühl, selbst Hand anzulegen und Ihr Zuhause Stück für Stück zu verbessern.

Ich schreibe dieses Buch aus einer einfachen Überzeugung heraus: Ihr Zuhause soll ein Platz sein, an dem Sie sich wohlfühlen können; kein Platz, der mit Aufgaben und Problemen nervt. Die wackelnde Klobrille, der tropfende Wasserhahn oder die fehlende USB-Steckdose – all das sind keine unlösbaren Probleme, sondern Gelegenheiten, selbst aktiv zu werden.

Heimwerken neu gedacht – das physische und das digitale Zuhause verschmelzen

Früher bauten Heimwerker Regale für Bücher, Schränke für Kleidung und schlugen Nägel für Bilder in die Wand. Heute gestalten sie aber nicht nur physische Räume, sondern schaffen Raum für ihre wertvollsten digitalen Besitztümer: Fotos, Videos, Dokumente und Erinnerungen. Ihr modernes Zuhause besteht gleichermaßen aus Wänden und Ihrem heimischen Netzwerk, aus Regalfächern für DVDs und aus einem Platz für den Medienserver mit Ihren Filmen und Serien.

Ich verbinde daher traditionelles Heimwerkerwissen mit dem Know-how, das Sie für ein vernetztes, intelligentes und zukunftssicheres Zuhause benötigen. Wahre Heimwerkerkunst im 21. Jahrhundert bedeutet, sowohl den Hammer als auch das Netzwerk souverän zu beherrschen.

Für wen dieses Buch gedacht ist – und für wen nicht

Ich schreibe dieses Buch bewusst als Einstieg in das Heimwerken. Mein Ziel ist es, Ihnen Mut zu machen, die ersten kleineren Projekte anzugehen – nicht, Sie zum Weltmeister, zur Weltmeisterin im Heimwerken zu machen. Deshalb behandle ich nur die wichtigsten Werkzeuge und konzentriere mich auf eine Auswahl überschaubarer Projekte.

Falls Sie bereits Erfahrung im Heimwerken haben und schon komplexere Projekte selbstständig meistern, werden Sie in diesem Buch wahrscheinlich nichts Neues finden. Ich richte mich gezielt an Menschen, die bisher zögern, selbst zum Werkzeug zu greifen, weil ihnen noch das Grundwissen oder das Selbstvertrauen zum Heimwerken fehlt.

Kleine Schritte, große Wirkung

Das Regal wackelt, die Lampe leuchtet nicht, und der Lichtschalter knistert beim Betätigen. Kennen Sie das? Diese kleinen Ärgernisse drängen sich täglich in Ihr Bewusstsein und können unbehandelt zu großen Problemen werden. Der infrage kommende Handwerker ist wochenlang ausgebucht oder geht gar nicht erst ans Telefon. Eigentlich wollen Sie auch keine 100 € für fünf Minuten Arbeit ausgeben.

Die klare Antwort lautet: Ja, Sie können es selbst machen – und ich zeige Ihnen, wie.

Lassen Sie mich Ihnen ein Geheimnis verraten: Die meisten Heimwerkerprobleme lösen sich überraschend einfach, sobald Sie den Anfang gefunden haben. Der Weg von »Warum sieht der Wasserstrahl so dünn aus?« zu »Ach, ich muss den Perlator entkalken« ist kürzer, als Sie denken. Oft fehlen nur die richtige Betrachtungsweise und ein grundlegendes Verständnis der Zusammenhänge.

Ich konzentriere mich auf sogenannte *Quick Wins* – das sind Reparaturen und Verbesserungen, die möglichst kein Spezialwerkzeug erfordern, in überschaubarer Zeit erledigt sind, sofort spürbare Verbesserungen bringen und für Anfänger und Anfängerinnen absolut machbar sind.

Manchmal ist die Lösung sogar noch einfacher als gedacht: Vielleicht fanden Sie den tropfenden Wasserhahn schon immer hässlich? Dann könnte der komplette Austausch nicht nur das Problem lösen, sondern gleich für eine optische Aufwertung sorgen – und ist dabei oft nicht schwieriger als die Reparatur des alten Modells.

Vom Problem zur Lösung

Die Kapitel folgen einem einfachen Prinzip: vom Problem zur Lösung. Sie lernen nicht nur praktische Handgriffe, sondern entwickeln Verständnis für die Zusammenhänge. Aus »Der Wasserhahn tropft« wird »Ich muss die Dichtung wechseln«. Aus »Der Wasserstrahl ist schwächer geworden« wird »Zeit, den Perlator zu entkalken«. Dieses Verständnis befähigt Sie, künftig ähnliche Probleme selbstständig zu lösen.

Besonders wichtig: Wo es nötig ist, zeige ich Ihnen klar die Grenze auf, ab der Sie besser einen Profi rufen sollten. Es gibt definitiv Bereiche, in denen Amateurarbeit gefährlich werden kann – etwa bei bestimmten Elektroinstallationen. Wenn Sie diese kennen, machen Sie aus einem kleinen Problem kein großes und wissen genau, wo die Grenze zwischen »Kann ich selbst machen« und »Lieber den Profi rufen« verläuft.

Für Notfälle, wenn der Handwerker nicht sofort kommen kann, finden Sie Überbrückungsmaßnahmen, die das Problem eindämmen, bis professionelle Hilfe verfügbar ist. Damit wird ein tropfendes Rohr nicht übers Wochenende zum Wasserfall, weil niemand erreichbar war.

Mehr Wohnkomfort durch kleine Upgrades

Zudem finden Sie in diesem Buch praktische Anleitungen für kleine Upgrade-Projekte, die Ihren Wohnkomfort sofort verbessern: Eine USB-Steckdose neben dem Bett installieren, eine neue Deckenlampe aufhängen oder sogar einen Ladeplatz für Ihr E-Auto schaffen. Diese Verbesserungen machen Ihren Alltag spürbar angenehmer – und sind dabei einfach umzusetzen.

Beginnen Sie mit den einfachsten Projekten und arbeiten Sie sich langsam vor. Mit jedem Erfolg wächst Ihr Selbstvertrauen – und gleichzeitig Ihr Überblick über Ihre eigenen vier Wände. Wir besprechen den positiven Effekt eines Wohnungsjournals, mit dem Sie nach und nach die Kontrolle übernehmen: Keine bösen Überraschungen mehr bei der Nebenkostenabrechnung, weil Sie Ihre Verbrauchswerte im Blick haben. Kein Ärger mehr über kleine Defekte, weil Sie wissen, wie man sie behebt. Stattdessen das gute Gefühl, in einem Zuhause zu leben, das keine bösen Überraschungen mehr in petto hat.

Ihre persönliche Fix-it-Reise beginnt jetzt

Ich erinnere mich noch gut an mein erstes selbst gelöstes Problem – einen tropfenden Wasserhahn, der mich nächtelang wachhielt. Die Erleichterung, als ich feststellte, wie einfach die Lösung war, hat mich überrascht. Das Problem selbst gelöst zu haben, machte mich stolz. Genau dieses Gefühl möchte ich Ihnen vermitteln: die Freude darüber, etwas selbst in Ordnung gebracht zu haben.

Betrachten Sie dieses Buch als Einladung, Ihr Zuhause wieder in die eigenen Hände zu nehmen. Die Erfolgserlebnisse, die Sie dabei sammeln werden, reichen weit über die eigentlichen Reparaturen hinaus. Jedes gelöste Problem stärkt Ihr Selbstvertrauen und öffnet die Tür für das nächste Projekt. Ganz nebenbei sparen Sie nicht nur Geld, sondern gewinnen ein tieferes Verständnis für die Dinge, die Sie täglich umgeben.

Und wer weiß – vielleicht entdecken Sie dabei sogar ein neues Hobby? Viele Heimwerker und Heimwerkerinnen haben genauso angefangen: mit einem kleinen Problem, das gefixt werden wollte, und dem Mut, es einfach mal zu versuchen.

Machen Sie sich bereit für Ihre persönliche Fix-it-Reise. Es wird einfacher sein, als Sie denken!

Kapitel 2

Wichtige Grundlagen

Darf ich das überhaupt selbst reparieren? In einer Welt voller Vorschriften, Regeln, Gesetze und Warnungen scheint manchmal jeder Handgriff in den eigenen vier Wänden zu einem rechtlichen Minenfeld mit Todesfolge zu werden.

2.1 Was ist erlaubt – und was nicht?

All diese Vorschriften können in übertriebenen Ängsten münden. Es gibt aber auch ein Recht auf Reparatur. Diese Regelungen verpflichten Hersteller, Ersatzteile für bestimmte Geräte über einen längeren Zeitraum bereitzustellen und Reparaturanleitungen zugänglich zu machen. Und als Verbraucher oder Eigenheimbesitzerin besitzen Sie grundsätzlich das Recht, selbst Hand anzulegen.

Beachten Sie jedoch wichtige Grenzen:

- **sicherheitsrelevante Vorschriften** – besonders bei Elektrik, Gas und tragenden Bauteilen
- **eigentumsrechtliche Einschränkungen** – bei Mietwohnungen oder Eigentumswohnungen mit Gemeinschaftseigentum

Zahlreiche Arbeiten können Sie bedenkenlos selbst durchführen, solange Sie keine Sicherheitsvorschriften verletzen oder in fremdes Eigentum eingreifen. Bei gefährlichen Tätigkeiten erweist sich der Ruf nach einem Fachmann allerdings nicht nur als möglicherweise gesetzlich geboten, sondern als vernünftige Entscheidung.

Mit jeder erfolgreichen Reparatur wächst Ihr Verständnis für den Unterschied zwischen schützenden Vorschriften und bürokratischen Hürden. Gleichzeitig entwickeln Sie ein besseres Gespür für Ihre persönlichen Grenzen. Dies ist ein lebenslanger Lernprozess, der Ihnen schrittweise mehr Selbstvertrauen und handwerkliche Möglichkeiten in Ihren eigenen vier Wänden schenkt. Aber trotzdem: Holen Sie sich im Zweifelsfall dennoch professionelle Hilfe, wenn Sie Bedenken haben. Das spart Ihnen oft Zeit und Nerven. Paradoxerweise sparen Sie dadurch manchmal sogar Geld, denn manchmal benötigen Reparaturen Spezialwerkzeug, das Sie nur einmal brauchen.

Gehen wir trotzdem in den folgenden Abschnitten die rechtlichen Grundlagen durch, die die Grenzen des Heimwerkens darstellen, denn nicht alles, was machbar ist, ist auch erlaubt oder sollte von Laien gemacht werden. Es gibt einen Punkt in der Entwicklung der eigenen Heimwerkerfähigkeiten, an dem man denkt, man könne »alles« reparieren und nichts sei »nicht machbar«. Das mag zwar die richtige Einstellung nach einer Zombie-Apokalypse sein, aber in unserer normalen Welt sollten Sie wissen, von welchen Sachen Sie lieber die Finger lassen (auch wenn es irgendwie möglich wäre, die Sache gefixt zu bekommen) und lieber den Profi rufen.

2.1.1 Sicherheitshinweise und rechtliche Grundlagen

Also: Eine Reparatur in der Wohnung steht an, aber die Unsicherheit ist groß: Darf ich das selbst machen? Muss ich den Vermieter informieren? Kann ich loslegen, wenn mein Nachbar Elektriker ist und mir helfen würde? Klären wir diese und weitere wichtige Fragen zu Ihren Rechten und Pflichten beim Heimwerken.

!

VDE-Vorschriften: Was darf ich selbst machen?

Im Bereich Elektrik, der einen Teil dieses Buches betrifft, gelten strenge Vorschriften, die vom VDE (*Verband Deutscher Elektriker*) festgelegt worden sind. So nüchtern und trocken diese auch sind, ich möchte sie dem Buch voranstellen und Sie so schon möglichst früh mit ihnen vertraut machen. Diese Vorschriften stellen zwar die größten Einschränkungen bei der Frage »Was darf ich selbst machen?« im Bereich Elektrik dar, sie haben aber ihre Berechtigung, denn sie schützen Sie vor Unfällen.

Hier sind die wichtigsten Regelungen des VDE:

Für Laien erlaubt:

- Leuchtmittel und Sicherungen austauschen
- Lampen an vorhandenen Deckenauslässen installieren
- Stecker und Kabel von Elektrogeräten reparieren (ohne Gehäuseöffnung)
- Bewegungsmelder und Zeitschaltuhren in Steckdosen einsetzen

Für Laien verboten:

- neue Steckdosen im Stromkreis installieren
- Stromkreise verlegen oder ändern
- fest installierte Geräte (wie etwa einen Durchlauferhitzer) anschließen
- Arbeiten am Sicherungskasten (außer Sicherungswechsel)

Hilfreiche Tipps

Es gibt Menschen, die Ihnen gern hilfreiche Tipps geben möchten, warum Sie vieles trotz der eben genannten Einschränkungen selbst machen könnten. Ich habe Ihnen die gängigsten Grenzfälle und häufigsten Ausreden einmal zusammengestellt und versuche, diese zu beantworten:

- »Mein Nachbar ist Elektriker ...«

  Auch wenn ein befreundeter Elektriker die Arbeiten durchführt, muss dies offiziell über seinen Betrieb laufen. Private Hilfe, selbst von qualifizierten Fachleuten, ist rechtlich nicht abgedeckt.
- »Ich bin selbst Elektriker, arbeite aber in einem anderen Bereich ...«

  Auch ausgebildete Elektriker dürfen nur dann eigenständig Installationen vornehmen, wenn sie in einem eingetragenen Fachbetrieb arbeiten.
- »Ich lasse die Arbeit vom Elektriker abnehmen ...«

  Eine nachträgliche Abnahme durch einen Fachbetrieb legalisiert nicht die vorherige unerlaubte Installation. Die Arbeiten müssen von Anfang an durch eine Fachkraft erfolgen.

Die elektrische Installation unterliegt strengen Vorschriften – und das aus gutem Grund.

Ein Beispiel: Wenn bei einer Küchenrenovierung zusätzliche Steckdosen benötigt werden und ein befreundeter Elektriker »private« Hilfe anbietet, entsteht für Sie ein Risiko: Selbst ein ausgebildeter Elektriker darf solche Arbeiten nur im Rahmen seiner Betriebstätigkeit durchführen. Bei einem Schadensfall würde kein Versicherungsschutz bestehen.

Anders verhält es sich beim Austausch einer Deckenlampe gegen eine moderne LED-Leuchte: Dies ist eine erlaubte Arbeit, solange der vorhandene Deckenanschluss genutzt wird. Nach dem Ausschalten der Sicherung und der Prüfung auf Spannungsfreiheit kann diese Arbeit problemlos von einem Laien durchgeführt werden.

2.1.2 Elektrische Grundlagen für Heimwerker

Auch bei erlaubten elektrischen Arbeiten gilt: Sicherheit hat oberste Priorität. Befolgen Sie stets folgende Regeln.

!

Grundlegende Sicherheitsregeln

- Schalten Sie vor jeder Arbeit die Spannung ab.
- Sichern Sie das Gerät oder den Schalter gegen Wiedereinschalten.
- Testen Sie mit einem Spannungsprüfer die Spannungsfreiheit.
- Verwenden Sie nur isolierte Werkzeuge für die Arbeit.
- Ziehen Sie im Zweifelsfall doch eine Fachkraft hinzu.

+

Praktische Tipps

- Dokumentieren Sie, welche Sicherung ab- und wieder eingeschaltet werden muss.
- Markieren Sie die angeschlossenen Adern der Leitung vor dem Abklemmen.
- Fotografieren Sie den Anschluss mit dem Smartphone.
- Verwenden Sie eine Taschenlampe für bessere Sicht, um sicherzugehen, dass die neu angeschlossenen Adern des Anschlusses fest sind.

Ein Beispiel: Beim Anschließen einer neuen Deckenlampe würde ein methodisches Vorgehen so aussehen: Erst schalten Sie den Strom ab (Sicherung). Nun testen Sie, ob die Adern der Leitung wirklich stromlos sind (Spannungsprüfer), dann fotografieren Sie den alten Anschluss, bevor Sie die Deckenlampe losschrauben (Smartphone). Danach entfernen Sie die alte Lampe und hängen die neue an den Haken. Ab jetzt arbeiten Sie die vorherigen Schritte rückwärts ab – das ist eine Vorgehensweise für erlaubte Elektroarbeiten.

2.1.3 Sicherheit: Achtung, hier sollten Sie vorsichtig sein!

Bestimmte Arbeiten bergen allerdings besondere Risiken und erfordern spezielle Vorsichtsmaßnahmen. Es gibt aus diesem Grund allgemeine Regeln für Ihre Sicherheit, die Sie beachten sollten.

!

Achten Sie auf Ihre Sicherheit

Arbeiten in der Höhe

- Verwenden Sie geeignete sowie geprüfte Leitern.
- Arbeiten Sie niemals allein auf Leitern.
- Transportieren Sie Ihr Werkzeug in einer Gürteltasche oder Werkzeugtasche, nicht in der Hosentasche.
- Sichern Sie den Arbeitsbereich ab.

Umgang mit gefährlichen Stoffen

- Verwenden Sie Lösungsmittel nur in gut belüfteten Räumen.
- Tragen Sie eine Schutzbrille und Handschuhe.
- Achten Sie auf Gefahrensymbole.
- Entsorgen Sie Reste fachgerecht.

Statisch relevante Arbeiten

- Verändern Sie keine tragenden Wände.
- Vorsicht bei Deckendurchbrüchen!
- Konsultieren Sie bei Zweifeln einen Fachmann.

Manches davon hört sich übertrieben an, aber die Statistik spricht eine andere Sprache: Wenn jemand beim Anbringen einer Deckenlampe von einer alten Holzleiter stürzt und sich den Arm bricht, handelt es sich um einen typischen Unfall. Mit einer stabilen Leiter und einer zweiten Person zur Sicherung lässt sich dieses Risiko erheblich reduzieren. Stürze von Leitern zählen zu den häufigsten Heimwerkerunfällen und enden nicht selten mit schwerwiegenden Verletzungen oder sogar dauerhaften Beeinträchtigungen.

Unterschätzen Sie niemals die Gefahren bei Arbeiten in der Höhe! Selbst ein scheinbar harmloser Lampenwechsel verdient Ihre volle Aufmerksamkeit und angemessene Sicherheitsvorkehrungen. Räumen Sie gefährliche Gegenstände wie Glastische, die neben der Leiter stehen, vor Arbeitsbeginn weg. Solche Vorbereitungen kosten zwar Zeit und erscheinen manchmal lästig, doch der potenzielle Schaden wiegt schwerer. Nach einem Unfall wünscht man sich unweigerlich, die wenigen Minuten investiert zu haben, um die Arbeitsumgebung sicherer zu gestalten.

2.2 Rechtliche Hinweise für Mieter und Eigentümer mit Gemeinschaftseigentum

Sie möchten Ihre Terrasse überdachen oder den Balkon zu einem Wintergarten umbauen? Für Wohnungseigentümer ist wichtig zu wissen: Jede Änderung braucht Zustimmung. Bevor Sie mit der Arbeit beginnen, müssen Sie die anderen Eigentümer fragen. Diese Regel gilt immer, wenn Sie etwas am Gemeinschaftseigentum verändern wollen.

So gehen Sie richtig vor: Stellen Sie Ihren Antrag schriftlich bei der nächsten Eigentümerversammlung. Beschreiben Sie genau, was Sie planen. Fügen Sie Skizzen oder Fotos hinzu. Die anderen Eigentümer entscheiden dann gemeinsam über Ihr Vorhaben.

Ruhezeiten

Beachten Sie während der Bauarbeiten die Ruhezeiten. Meistens dürfen Sie zwischen 22 und 6 Uhr nicht arbeiten. Am Wochenende gelten oft strengere Regeln. Informieren Sie sich vorher bei Ihrer Hausverwaltung.

Dokumentieren Sie jeden Schritt. Fotografieren Sie den Zustand vor und nach den Arbeiten. Bewahren Sie alle Rechnungen und Genehmigungen auf. Diese Unterlagen schützen Sie, falls später Fragen auftauchen.

Haftung

Bedenken Sie die Haftung: Entstehen durch Ihre Modernisierung Schäden am Gemeinschaftseigentum, müssen Sie dafür geradestehen. Eine Gebäudeversicherung hilft hier oft nicht weiter.

2.2.1 Für Mieter: Schriftliche Erlaubnis ist Pflicht

Sie wollen eine Wand einziehen oder das Bad renovieren? Holen Sie sich vorher die schriftliche Genehmigung Ihres Vermieters. Mündliche Absprachen reichen nicht aus und führen später zu Problemen.

Planen Sie den Rückbau gleich mit. Bei Ihrem Auszug müssen Sie meist alles wieder in den ursprünglichen Zustand versetzen. Kalkulieren Sie diese Kosten von Anfang an ein.

Machen Sie Vorher-nachher-Fotos von allen Veränderungen. Diese Bilder helfen bei Diskussionen über den Zustand der Wohnung. Sammeln Sie auch alle Belege für Material und Handwerker.

Wie lange ist man verantwortlich?

Ihre Haftung endet nicht mit dem Einbau. Entstehen durch Ihre Umbauten später Schäden – zum Beispiel Wasserschäden durch unsachgemäß verlegte Leitungen –, müssen Sie dafür aufkommen.

2.2.2 Schönheitsreparaturen und Kleinreparaturen

Schönheitsreparaturen gehören zu Ihren Pflichten als Mieter. Dazu zählen alle Arbeiten, die die Wohnung frisch und gepflegt halten. Streichen Sie die Wände alle paar Jahre neu. Pflegen Sie Böden und Teppiche regelmäßig. Entkalken Sie Armaturen in Bad und Küche. Erneuern Sie rissige Silikonfugen. Ölen Sie quietschende Türen und Fenster.

Diese Arbeiten sorgen dafür, dass Ihre Wohnung in gutem Zustand bleibt. Vernachlässigen Sie sie, kann der Vermieter bei Ihrem Auszug Schadenersatz verlangen.

Es gibt allerdings Sonderfälle, die eine besondere Aufmerksamkeit erfordern:

- Ein Farb- oder Tapetenwechsel? Prüfen Sie Ihren Mietvertrag. Nur wenn dort eine entsprechende Klausel steht, müssen Sie tapezieren. Fehlt diese Regelung, reicht Streichen aus.
- Bei schon beim Einzug vorhandenen Teppichböden sind Sie für die Reinigung zuständig. Einen Austausch müssen Sie mit dem Vermieter besprechen. Meistens übernimmt er die Kosten, wenn der Teppich stark abgenutzt ist. Bei selbst verlegten Teppichböden gilt dies nicht.
- Haben Sie einen Garten? Sie müssen ihn pflegen, allerdings beinhaltet dies nicht völlige Umgestaltungen. Größere Veränderungen – wie das Fällen von Bäumen oder das Anlegen neuer Beete – sollten Sie vorher mit dem Vermieter besprechen.

Bunte Wände, hippe Farben und Motive

Sie möchten Ihre Wände in kräftigen Farben streichen? Fragen Sie vorher beim Vermieter nach. Die meisten Vermieter stimmen zu, verlangen aber, dass Sie bei Ihrem Auszug wieder neutrale Farben verwenden.

Dokumentieren Sie diese Absprache schriftlich. Eine E-Mail oder WhatsApp-Nachricht reicht oft aus. So vermeiden Sie Diskussionen, wenn Sie ausziehen.

2.2.3 Instandsetzungspflichten von Mietern und Vermietern

Ihr Vermieter kümmert sich um alle wichtigen Anlagen und festen Installationen in der Wohnung. Dazu gehören die Heizung, Wasserleitungen und die elektrische Installation. Auch Fenster, Türen, Dämmung und Isolation fallen in seinen Bereich.

Diese Regel hat einen einfachen Grund: Diese Anlagen sind teuer und brauchen Fachwissen für Reparaturen. Sie als Mieter können hier meist nicht selbst Hand anlegen.

Ihre Verantwortung als Mieter

Sie haften für Schäden, die Sie selbst verursachen. Haben Sie versehentlich ein Loch in die Wand gebohrt oder eine Fliese beschädigt? Dann müssen Sie die Reparatur bezahlen.

Auch kleine Verschleißreparaturen gehören oft zu Ihren Aufgaben. Tropfende Wasserhähne, knarrende Türen oder lockere Türgriffe reparieren Sie selbst oder beauftragen einen Handwerker.

Regelmäßige Wartung liegt ebenfalls in Ihrer Verantwortung: Reinigen Sie Filter der Dunstabzugshaube. Entkalken Sie Duschköpfe. Wechseln Sie defekte Leuchtmittel aus.

Nutzen Sie die Wohnung falsch, müssen Sie für Folgeschäden aufkommen. Lüften Sie nie und entsteht dadurch Schimmel? Heizen Sie im Winter nicht und platzen deshalb Rohre? Diese Kosten tragen Sie allein.

Sonderfälle: Wer zahlt wann?
Schimmel sorgt oft für Streit zwischen Mieter und Vermieter. Entscheidend ist die Ursache. Lüften und heizen Sie richtig, aber es bildet sich trotzdem Schimmel? Dann liegt meist ein Baumangel vor. Der Vermieter muss die Sanierung bezahlen.

Bei verstopften Abflüssen gilt eine einfache Regel: Die ersten zwei Meter ab dem Abfluss sind Ihr Bereich. Reinigen Sie diese Strecke gründlich. Bleibt das Problem bestehen, liegt die Verstopfung im Hauptrohr. Dann ruft der Vermieter den Klempner.

Wasserschäden beurteilen Sie nach der Ursache. Platzt ein altes Rohr, zahlt der Vermieter. Läuft Ihre Waschmaschine über, weil Sie vergessen haben, sie auszuschalten, sind Sie dran.

Frostschäden entstehen meist durch unzureichendes Heizen. Wenn Sie im Winter verreisen, lassen Sie die Heizung an. Mindestens 16 Grad sollten in allen Räumen herrschen.

2.3 Versicherungen

Versicherungen sind ein lästiges, aber auch sehr wichtiges Thema. Grundsätzlich soll eine Versicherung immer ein Risiko absichern. Sie zahlen regelmäßig einen gewissen Betrag an ein Versicherungsunternehmen und erhalten im Gegenzug das Versprechen, dass im Schadensfall eine Summe ausgezahlt wird, die den Schaden abdeckt.

Das bedeutet natürlich: Überlegen Sie, ob der Schaden und das Risiko in einem sinnvollen Verhältnis zum Beitrag stehen. Ein Handy, das heute 500 € wert ist und in den nächsten zwei bis drei Jahren seinen Wert verlieren wird, muss nicht mit 10 € pro Monat abgesichert werden. Sie sollten jedoch alles versichern, was existenzbedrohend ist. Dazu gehört alles, was Leib und Leben betrifft, aber auch zwei andere Versicherungen sind sehr wichtig:

- Ohne *private Haftpflichtversicherung* können Schäden an fremdem Eigentum zur persönlichen Insolvenz führen.
- Ohne *Hausratversicherung* müssen Sie bei Einbruch, Brand oder Wasserschaden alle Ersatzbeschaffungen selbst finanzieren. Übersteigt das Ihre finanziellen Reserven?

2.3.1 Welche Versicherungen brauchen Sie wirklich?

Bei der Vielzahl an Versicherungsangeboten verliert man schnell den Überblick. Deshalb zeige ich Ihnen hier, welche Versicherungen wirklich wichtig sind und welche Sie getrost weglassen können:

- **Absolut notwendig**: Eine private Haftpflichtversicherung (nicht zu verwechseln mit der Hausratversicherung!) schützt vor Forderungen Dritter.
- **Sehr empfehlenswert**: eine Basis-Hausratversicherung – besonders für wertvollen Hausrat und bei Miet- oder Eigentumswohnungen
- **Situationsabhängig**: eine Elementarschadenversicherung (in Hochwassergebieten), eine Handwerkerleistungsversicherung (für aktive Heimwerker)
- **Eher optional**: eine spezielle Glasbruchversicherung (wenn Glasbruch nicht bereits in der Hausratversicherung enthalten ist)
- **Unnötig**: Versicherung von Konsumgütern

Risiko Extremwetter

Als Hausbesitzer sollten Sie eine Elementarschadenversicherung ernsthaft in Betracht ziehen. Der Klimawandel macht Extremwetter unberechenbar, wie die Ahrtal-Katastrophe 2021 oder der Tornado in Hagen 2024 gezeigt hat. Selbst vermeintlich sichere Gebiete können betroffen sein.

Kostenrahmen für Versicherungen

Damit Sie nicht zu viel bezahlen, aber trotzdem ausreichend geschützt sind, zeige ich Ihnen hier die üblichen Preisspannen für verschiedene Versicherungsarten:

- Grundschutz-Hausratversicherung: ca. 100–300 € jährlich (abhängig von der Wohnfläche, Ihrem Wohnort und dem Wert der Versicherungssumme, also dem Betrag, den die Versicherung im Höchstfall zahlen muss)
- Komplettpaket mit Zusatzleistungen: ca. 200–500 € jährlich
- Faustregel: Setzen Sie pro Quadratmeter Wohnfläche etwa 650 € Versicherungssumme an.
- Angemessene Kosten: Die Hausratversicherung sollte nicht mehr als 0,5 % der Versicherungssumme jährlich kosten.

Können Sie eine Versicherung noch abschließen, nachdem ein Schaden eingetreten ist?

Eine Versicherung nach eingetretenem Schaden abzuschließen, funktioniert nicht. Versicherungen decken grundsätzlich nur Schäden, die nach Vertragsabschluss und nach Ablauf eventueller Wartezeiten entstehen. Bei Vertragsabschluss müssen Sie bestehende Schäden angeben – verschweigen Sie diese, riskieren Sie den Versicherungsschutz auch für künftige Schäden wegen arglistiger Täuschung.

Gibt es Unterschiede für Haus- und Wohnungsbesitzer?
Hauseigentümer benötigen zusätzlich zur Hausratversicherung unbedingt eine Wohngebäudeversicherung, die das Gebäude selbst absichert. Das betrifft Sachen wie die Mauern, das Dach und alle Anlagen, die fest am Haus installiert sind. Diese Versicherung greift, wenn es etwa durch Unterwetter zu Schäden am Gebäude selbst kommt.

Wohnungseigentümer sind für ihre Einrichtung selbst verantwortlich (Hausratversicherung), während das Gebäude meist über die Eigentümergemeinschaft versichert ist. Mieter brauchen nur eine Hausratversicherung für ihren persönlichen Besitz.

2.3.2 Die Hausratversicherung

Eine Hausratversicherung schützt Ihren persönlichen Besitz in der Wohnung oder im Haus vor Schäden durch Feuer, Einbruch, Leitungswasser oder Sturm. Sie ersetzt Ihnen den Wiederbeschaffungswert von Möbeln, Kleidung, Elektrogeräten und anderen Gegenständen, wenn diese beschädigt oder gestohlen werden.

Was eine Hausratversicherung abdeckt

- eigenes Inventar (Möbel, Kleidung, Elektronik, Wertsachen)
- eingebaute Möbel (Einbauschränke, festinstallierte Küchen)
- Arbeitsmaterialien (Heimwerker-Ausrüstung, Büromaterial)
- Werkzeuge (elektrische und manuelle Werkzeuge, Gartengeräte)

2.3.3 Wichtige Zusatzversicherungen

Eine Elementarschadenversicherung und Leitungswasserschadenversicherung springt ein, wenn Ihre normale Wohngebäude- oder Hausratversicherung nicht zahlt, weil Elementarschäden dort meist ausgeschlossen sind.

Elementarschadenversicherung

- Eine Elementarschadenversicherung deckt Schäden durch Naturgewalten wie Hochwasser, Starkregen oder Erdbeben.
- Sie ist nicht standardmäßig in der Hausratversicherung enthalten.
- In Risikogebieten ist sie schwer oder nur mit hohem Selbstbehalt erhältlich.
- Sie kostet etwa 50–150 € jährlich zusätzlich zur Grundversicherung.

Leitungswasserschadenversicherung

- Eine Leitungswasserschadenversicherung erweitert den Schutz bei Wasserschäden durch defekte Leitungen, Rohre oder Sanitäranlagen.
- Sie ist meist im Grundschutz der Hausratversicherung enthalten; das sollte aber überprüft werden.

Eine Handwerkerleistungsversicherung und eine Glasbruchversicherung schützen Sie vor speziellen Risiken, die in der Standard-Hausratversicherung oft nicht oder nur unzureichend abgedeckt sind.

Handwerkerleistungsversicherung

- Die Handwerkerleistungsversicherung ist eine Spezialversicherung für selbst durchgeführte Heimwerkerarbeiten.
- Sie deckt Schäden ab, die bei DIY-Projekten entstehen (z. B. selbst verursachte Wasserschäden).
- Sie kostet etwa 60–150 € jährlich, abhängig vom Umfang.

Glasbruchversicherung

- Die Glasbruchversicherung deckt Schäden an Fenstern, Glastüren und Glasmöbeln.
- Sie ist oft als Zusatzoption erhältlich oder in Premium-Hausratversicherungen enthalten.
- Sie kostet etwa 30–80 € im Jahr zusätzlich.

2.3.4 Schutz für Ihr Werkzeug und Ihre Werkstatt

Bei einer umfangreichen Werkzeugsammlung lohnt es sich, eine Inventarliste zu führen und die Versicherungssumme entsprechend anzupassen. Überlegen Sie bei besonders hochwertigem Equipment, ob eine spezielle Werkzeugversicherung sinnvoll ist, die auch außerhalb Ihrer Räumlichkeiten greift.

Wenn Ihnen Werkzeug aus der Wohnung oder dem Haus gestohlen wird, ist das grundsätzlich durch die Hausratversicherung abgedeckt; hochwertige Werkzeugsammlungen sollten aber explizit deklariert werden.

Diebstahl aus Nebengebäuden (Werkstatt, Garage, Schuppen)

- Werkzeug in Nebengebäuden ist in der Hausratversicherung nur eingeschränkt mitversichert, oft mit reduzierter Deckungssumme (typischerweise 5–10 % der Gesamtversicherungssumme).
- Prüfen Sie unbedingt, ob Ihr Vertrag Nebengebäude einschließt.
- Für professionelle Werkstätten mit hochwertigem Equipment empfiehlt sich eine separate Geschäftsinhaltsversicherung.

Werkzeug auf Baustellen oder außer Haus

- Dieses Werkzeug ist nur mit einer entsprechenden Außenversicherung abgedeckt.
- Für gewerblich genutztes Werkzeug greift die private Hausratversicherung nicht.
- Wenn Sie regelmäßig wertvolles Werkzeug transportieren, sollten Sie eine spezielle Werkzeugversicherung in Betracht ziehen.

Wichtige Bedingungen für den Versicherungsschutz bei Einbruchdiebstahl

- Für vollständigen Versicherungsschutz müssen bei Nebengebäuden Einbruchspuren nachweisbar sein.
- Manche Verträge verlangen bestimmte Sicherungsmaßnahmen (z. B. abschließbare Türen).
- Unverschlossene Werkstätten oder Garagen sind bei Diebstahl meist nicht versichert.
- Dokumentieren Sie wertvolles Werkzeug mit Fotos und Rechnungen.

> **Bauherrenhaftpflichtversicherung**
>
> Bei größeren Projekten lohnt sich oft eine temporäre Bauherrenhaftpflichtversicherung, besonders wenn Sie selbst als Bauherr agieren. Diese deckt Schäden, die während der Bauphase entstehen können und nicht durch die normale Haftpflichtversicherung abgedeckt sind.

2.3.5 Spezialfälle im Alltag – welche Versicherung greift wann?

Jeder Versicherungsfall ist ein bisschen anders und muss von der Versicherung geprüft werden. Informationen zu ein paar Sonderfällen möchte ich Ihnen hier aber zusammenfassen:

Aquarium-Schäden

- **Ausgelaufenes Aquarium:** Die Hausratversicherung deckt meist Wasserschäden durch geborstene Aquarien.
- **Abgestorbene Fische:** Ihre Fische sind in der Regel nicht versichert, es sind aber spezielle Aquarienversicherungen für Tierbestände verfügbar.
- **Wenn das Aquarium aufgrund eines Heimwerkerprojekts ausläuft:** Die Handwerkerleistungsversicherung könnte einspringen.

Solaranlagen und Balkonkraftwerke

- **Fest installierte Solaranlage auf dem Dach:** Wohngebäudeversicherung (nicht Hausratversicherung!)
- **Balkonkraftwerk:** Hausratversicherung, wenn Ihr Balkonkraftwerk als beweglicher Gegenstand gilt
- **Schäden durch selbst durchgeführte Installation:** Handwerkerleistungsversicherung
- **Haftpflichtschäden durch herabfallende Teile:** private Haftpflichtversicherung

2.3.6 Diebstahl unterwegs

Ihre Hausratversicherung schützt Sie nicht nur zu Hause, sondern greift auch bei Diebstählen außerhalb Ihrer vier Wände – allerdings mit wichtigen Einschränkungen, die Sie kennen sollten:

- **Laptop im Café gestohlen:** Hausratversicherung mit Außenversicherung (Prüfen Sie die Deckungssumme!)
- **Elektronik aus geparktem Auto:** Hausratversicherung, aber oft mit Einschränkungen (keine sichtbare Aufbewahrung)
- **Reisegepäck:** Hausratversicherung mit Außenversicherung oder spezielle Reisegepäckversicherung
- **Wichtig:** Die Außenversicherung der Hausratversicherung deckt Ihren Hausrat weltweit für begrenzte Zeit (meist 3–6 Monate) und oft mit reduzierter Deckungssumme (10–20 % der Gesamtversicherungssumme).

2.3.7 Dokumentation – der clevere Weg zur Absicherung

Ohne die richtige Dokumentation wird selbst die beste Versicherung zum Ärgernis – denn im Schadensfall müssen Sie beweisen können, was Sie besessen haben und wie der Schaden entstanden ist.

Dies ist auch beim Heimwerken wichtig: Fertigen Sie Fotos vor Arbeitsbeginn an, um den ursprünglichen Zustand zu dokumentieren. Bewahren Sie alle Rechnungen auf – idealerweise sowohl digital als auch physisch. Erstellen Sie Schadensprotokolle sofort nach einem Ereignis, solange alle Details noch frisch im Gedächtnis sind.

Praktisches Beispiel

Wenn sich bei einer selbst durchgeführten Wasserinstallation nachts ein Schlauch löst und das Wasser nicht nur die eigene Wohnung, sondern auch die der Nachbarn darunter durchnässt, greift eine Kombination verschiedener Versicherungen: Die Hausratversicherung für beschädigte eigene Gegenstände, die Haftpflichtversicherung für Schäden bei den Nachbarn. Mit einer zusätzlichen Handwerkerleistungsversicherung wären auch die Reparaturkosten an der Wasserleitung gedeckt.

Was viele nicht wissen: Eine normale Hausratversicherung deckt ausschließlich Schäden am eigenen Hausrat ab. Für Schäden an der Gebäudesubstanz oder in Nachbarwohnungen benötigen Sie zusätzlich eine private Haftpflichtversicherung – eine der wichtigsten Versicherungen überhaupt.

Ein praktischer Tipp für alle Versicherten: Nutzen Sie die ruhigen Tage zwischen den Jahren, um Ihre Besitztümer systematisch zu dokumentieren. Diese Dokumentation erspart Ihnen später viel Stress und beschleunigt eine Schadensregulierung erheblich. Nach den Weihnachtsfeiertagen, wenn neue wertvolle Geschenke hinzugekommen sind, bietet sich der ideale Zeitpunkt.

Machen Sie mit dem Smartphone einen Rundgang durch Ihr Zuhause und Ihre Werkstatt und filmen oder fotografieren Sie methodisch alle Räume, Schränke und Schubladen. Öffnen Sie dabei gezielt Schubladen, Schränke und Aufbewahrungsboxen, um auch weniger sichtbare Wertgegenstände zu erfassen.

Diese Dokumentation sichern Sie anschließend doppelt: einmal in einer Cloud und zusätzlich auf einem USB-Stick, den Sie feuerfest und idealerweise außerhalb Ihrer Wohnung aufbewahren – etwa im Bankschließfach, bei einer Vertrauensperson oder in einer Tupperdose im Garten vergraben. Bei einem Schadensfall macht genau dieser Nachweis den entscheidenden Unterschied: Statt der üblichen Pauschalentschädigung, die oft deutlich unter dem tatsächlichen Wert liegt, können Sie mit dieser Dokumentation den tatsächlichen Wert und die Existenz jedes einzelnen Gegenstandes belegen.

Versicherungen unterscheiden zwischen der Pauschallösung (schneller, aber meist finanziell nachteilig) und der Einzelauflistung (aufwendiger, aber deutlich realistischer beim Wert der Gegenstände). Mit Ihrer vorbereiteten Dokumentation verwandeln Sie die sonst mühsame Einzelauflistung in einen einfachen Prozess, der Ihnen Tausende Euro zusätzlicher Entschädigung einbringen kann.

Getrenntes Erfassen vermeidet übersehene Dinge

Führen Sie diese Erfassung mit Ihrem Lebenspartner, Ihrer Lebenspartnerin durch. Wenn Sie beide unabhängig voneinander durch die Räume gehen und dokumentieren, wird garantiert nichts übersehen. Oft bemerkt Ihr Partner wertvolle Gegenstände, die Sie als selbstverständlich betrachten und möglicherweise nicht erfasst hätten.

2.4 Spezielle Regelungen für Mietwohnungen

Wenn Sie als Mieter Ihr Bad modernisieren möchten und der Vermieter grundsätzlich zustimmt, können dennoch Komplikationen auftreten: Falls die neue Dusche zusätzliche Wanddurchbrüche für die Ablaufleitung erfordert, könnte der Vermieter seine Zustimmung widerrufen. Eine mögliche Lösung besteht darin, eine zusätzliche Versicherung abzuschließen und sich schriftlich zum Rückbau bei Auszug zu verpflichten.

Wenn bei einer Einbauküche nach einigen Jahren eine Undichtigkeit auftritt, weil die Rohrisolierung beim Einbau beschädigt wurde, macht der Vermieter den Mieter berechtigterweise für den Schaden haftbar.

Die Grundregel lautet: Je umfangreicher die geplanten Arbeiten sind, desto wichtiger erweist sich eine schriftliche Vereinbarung mit dem Vermieter. Diese sollte genau regeln,

- welche Arbeiten erlaubt sind,
- wer die Kosten trägt,
- ob ein Rückbau erforderlich ist,
- wie mit möglichen Schäden umgegangen wird und
- welche Versicherungen notwendig sind.

2.5 Ihr Haus-Handbuch und Wohnungsjournal: Die zentrale Wissensbasis für Ihr Zuhause

Ein Haushandbuch oder Wohnungsjournal ist ein sehr nützliches Werkzeug für jeden Immobilienbesitzer. Sie sammeln darin systematisch alle wichtigen Informationen über Ihr Zuhause und schaffen eine zentrale Anlaufstelle für Notfälle, Wartungen und Reparaturen.

Abbildung 2.1 Ein Wohnungsjournal kann schick sein, warum nicht?

Was gehört unbedingt in Ihr Haus-Journal oder Wohnungshandbuch? Beginnen Sie mit den kritischen Infrastrukturpunkten, die in jedem Haus bzw. jeder Wohnung vorkommen:

- Wo genau befindet sich der Hauptwasserhahn?
- Wo befindet sich der Sicherungskasten?
- Welche Sicherung schaltet das gesamte Haus oder die Wohnung ab?
- Wo befinden sich die Zähler für Strom, Wasser und Gas?

Ergänzen Sie diese Grundlagen mit Dokumentationen zur »weißen Ware« und anderen wichtigen Haushaltsgeräten:

- Kaufbelege, Garantiekarten und Bedienungsanleitungen für Kühlschrank, Herd, Spülmaschine und Waschmaschine
- Kontaktdaten des Fachhandels oder Kundendienstes für Reparaturen
- Notizen zu speziellen Einstellungen oder Besonderheiten der Geräte

Diese Informationen bilden die Grundlage Ihres Handbuchs bzw. Wohnungsjournals. Durch die zentrale Sammlung aller Dokumente an einem Ort vermeiden Sie stressiges Suchen im Notfall oder bei Garantiefällen.

Ihr Haushandbuch verbessert Ihre Immobilienverwaltung in vielfacher Hinsicht. Wenn Sie Verbrauchswerte für Wasser und Strom regelmäßig dokumentieren, erkennen Sie frühzeitig ungewöhnliche Veränderungen, die auf Probleme hindeuten können. Bei wiederkehrenden Reparaturen liefern Sie sich selbst wertvolle Entscheidungsgrundlagen.

Bei Solaranlagen zeigt die Dokumentation der Erträge über Jahre hinweg, ob beispielsweise einzelne Module an Leistung verloren haben und Ihre Aufmerksamkeit benötigen. Solche langfristigen Beobachtungen übersteigen in der Regel die menschliche Erinnerungsfähigkeit. So wird Ihr Haushandbuch zum verlässlichen erweiterten Gedächtnis Ihres Zuhauses.

Format und Gestaltung

In einem Ringordner können Sie problemlos Seiten hinzufügen, entfernen oder umorganisieren. Sie kennen das aus der Schule. Dieser praktische Ansatz erlaubt es Ihnen, auch im Wohnungsjournal gedruckte Dokumente und handschriftliche Notizen einfach zu kombinieren. Die Funktionalität steht dabei im Vordergrund – es geht nicht um Perfektion, sondern um schnellen Zugriff auf wichtige Informationen. Auch eine Sammelmappe eignet sich, bietet jedoch nicht die gleichen Ordnungsmöglichkeiten wie ein Ringordner.

Abbildung 2.2 In eine Sammelmappe mit Unterlagen können auch lose Blätter einfach hinzugefügt werden.

Langfristiger Mehrwert

Über die praktischen Vorteile hinaus schafft Ihnen Ihr Haushandbuch einen dokumentierten Wert. Bei einem späteren Verkauf Ihrer Immobilie demonstrieren Sie potenziellen Käufern Ihre gewissenhafte Pflege und transparente Dokumentation. Dies stärkt das Vertrauen und unterstützt Sie bei Preisverhandlungen.

Auch für Hinterbliebene, die sich im Ernstfall um die Immobilie kümmern müssen, bietet das Haushandbuch eine unschätzbare Orientierungshilfe und erleichtert die Arbeit erheblich.

Beginnen Sie einfach und unkompliziert – Ihr Haushandbuch wächst mit der Zeit und Ihrer Erfahrung und entwickelt sich schnell zu einem zentralen Ankerpunkt für alles, was Ihr Zuhause betrifft.

Kapitel 3

Strom- und Wasserverbrauch

Kostensparend – so wünschen sich heutzutage die meisten Menschen den Umgang mit Strom und Wasser. Dieses Kapitel zeigt Ihnen, wie Sie Verbrauchswerte erfassen, verstehen und optimieren können, ohne dabei auf Komfort zu verzichten.

3.1 Einen Stromzähler ablesen

Ihr Stromzähler zeigt an, wie viel elektrische Energie Sie verbrauchen. Die Ablesung spielt eine entscheidende Rolle für Ihre Jahresabrechnung und hilft Ihnen, Ihren Verbrauch zu kontrollieren.

Abbildung 3.1 Ein Verbrauchsmesser kann viel Geld sparen.

Ein Stromzähler misst den Energieverbrauch in Kilowattstunden (kWh). Eine Kilowattstunde entspricht der Energie, die ein 1000-Watt-Gerät in einer Stunde verbraucht – vergleichbar mit einem Föhn oder einer Mikrowelle.

3.1.1 Wie erkennen Sie Ihren Stromzählertyp?

Ältere mechanische Stromzähler zeichnen sich durch ihr schwarzes Kunststoffgehäuse aus. Hinter einer durchsichtigen Abdeckung rotiert eine auffällige Metallscheibe – sie dreht sich umso schneller, je mehr Strom gerade fließt. Darüber befinden sich mechanische Zählwerke mit schwarzen Ziffern auf weißem Grund, die ähnlich einem Kilometerzähler im Auto weiterlaufen. Eine rote Markierung auf der rotierenden Scheibe erleichtert das Zählen der Umdrehungen – praktisch zur Abschätzung des momentanen Stromverbrauchs.

Abbildung 3.2 Ein alter Stromzähler – erkennbar an der Drehscheibe, die den Momentanverbrauch visualisiert

Moderne digitale Stromzähler präsentieren sich in einem schlichten, meist hellgrauen Gehäuse. Statt mechanischer Anzeigen verfügen sie über ein LCD-Display, das die Verbrauchswerte klar darstellt. Diese Smart-Meter bieten deutlich mehr Funktionen als ihre Vorgänger: Sie speichern Verbrauchshistorien, zeigen den aktuellen Stromverbrauch in Echtzeit an und können bei manchen Modellen sogar Daten direkt an den Energieversorger übermitteln. Das Display wechselt häufig zwischen verschiedenen Anzeigen – vom aktuellen Verbrauch über die Uhrzeit bis zu technischen Informationen. Die Bedienung erfolgt über wenige Knöpfe an der Frontseite, mit denen Sie durch die verschiedenen Anzeigen navigieren können.

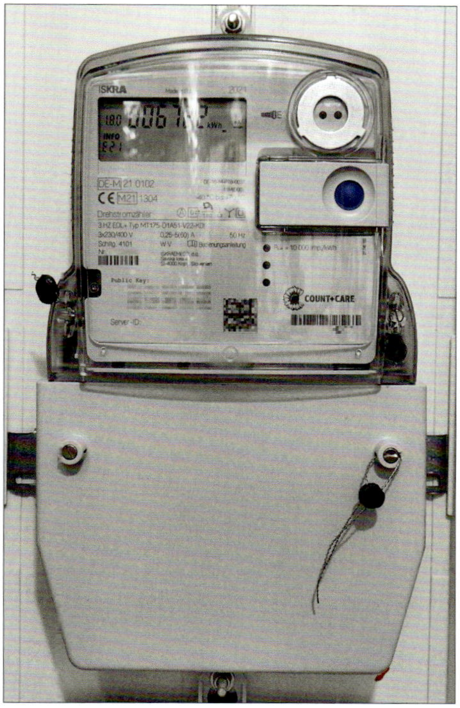

Abbildung 3.3 Ein moderner Zähler mit Digitalanzeige

3.1.2 So lesen Sie den Zählerstand ab

Der Zählerstand wird von links nach rechts abgelesen. Bei digitalen Zählern sehen Sie die Zahlen direkt auf dem Display.

Abbildung 3.4 Die Anzeige eines Gesamtverbrauchs von 7081 kWh

- `1.8.0` – In dieser Anzeige sehen Sie ganz vorne etwas kleiner `1.8.0` für den *OBIS-Code (Objektidentifikationssystem)*. Diese Kennziffer zeigt an, dass hier der Bezug von Wirkenergie gemessen wird – also der Strom, den Sie aus dem Netz verbrauchen.
- `007081` – Das ist Ihr aktueller Zählerstand: 7.081 kWh. So viel Strom haben Sie seit der letzten Zähler-Rücksetzung verbraucht.
- `kWh` – Die Maßeinheit Kilowattstunde.

- `L1L2L3` – Das sind die drei Phasen Ihres Stromanschlusses. Bei einem normalen Haushaltsanschluss haben Sie drei Phasen: je eine Leitung pro Phase.
- Pfeil nach rechts mit `+A` – Dieser Pfeil zeigt die Energierichtung an. »Pfeil nach rechts« bedeutet »Bezug« (Sie nehmen Strom aus dem Netz). Das `+A` steht für positive Wirkenergie – also den Strom, der zu Ihnen fließt und den Sie bezahlen müssen.

Für Ihre Stromablesung notieren Sie sich die Zahl 007081: Das sind Ihre verbrauchten 7.081 kWh.

Wenn Sie beispielsweise durch ein Balkonkraftwerk mehr Strom einspeisen, als Sie verbrauchen, würden sich mehrere Elemente der Anzeige ändern:

- Der Pfeil ändert seine Richtung und zeigt nach links. Das bedeutet: Jetzt fließt der Strom von Ihnen ins Netz.
- Das `+A` ändert sich in `-A` oder Sie sehen eine andere OBIS-Kennziffer, zum Beispiel `2.8.0` (Einspeisung = Strom ins Netz) statt `1.8.0` (Bezug = Strom aus dem Netz).

Bei älteren, mechanischen Zählern drehen sich kleine Zifferräder. Die Zahlen vor dem Komma geben die vollen Kilowattstunden an. Die Zahlen nach dem Komma (meist rot oder durch einen Strich getrennt) können Sie für die Verbrauchsberechnung ignorieren.

3.1.3 Stromkosten berechnen

Auf Ihrer Stromrechnung finden Sie den Arbeitspreis – den Preis pro Kilowattstunde Ihres Energieanbieters. Mit diesem Arbeitspreis und dem Zählerstand berechnen Sie Ihre Stromkosten.

Da der Stromzähler den Verbrauch fortlaufend erfasst, benötigen Sie für die Berechnung des Verbrauchs in einem bestimmten Zeitraum zwei Ablesungen: Ziehen Sie den anfänglichen Zählerstand vom späteren Stand ab, um den Verbrauch für diesen Zeitraum zu ermitteln.

So berechnen Sie Ihren Stromverbrauch

Auf Ihrer Stromrechnung finden Sie den Arbeitspreis – das ist der Preis, den Sie pro Kilowattstunde zahlen müssen. Um Ihre Stromkosten für einen bestimmten Zeitraum zu berechnen, benötigen Sie zwei Zählerstände:

- den Anfangsstand (z. B. am 1. Januar)
- den Endstand (z. B. am 31. Januar)

Der Stromzähler zählt nämlich wie ein Kilometerzähler im Auto immer weiter. Um Ihren Verbrauch für einen bestimmten Zeitraum zu ermitteln, ziehen Sie einfach den Anfangsstand vom Endstand ab.

Ein Beispiel:

- Zählerstand am 1. Januar: 45.000 kWh
- Zählerstand am 31. Januar: 45.300 kWh
- Ihr Verbrauch im Januar: 300 kWh (45.300 – 45.000)

Multiplizieren Sie nun Ihren Verbrauch mit dem Arbeitspreis, um die Kosten zu erhalten. Bei einem Arbeitspreis von 0,32 € pro kWh wären dies:

300 kWh × 0,32 € = 96 € für den Januar

Ihre aktuelle Stromkostenübersicht

Auf Ihrer letzten Stromkostenabrechnung finden Sie den damals abgelesenen Zählerstand. Dieser Wert bildet Ihren Ausgangspunkt. Wenn Sie heute Ihren Zähler ablesen, können Sie ausrechnen, wie viel Strom Sie seit der letzten Abrechnung verbraucht haben. So behalten Sie auch während des laufenden Abrechnungsjahres Ihre Kosten im Blick und werden nicht von der nächsten Abrechnung überrascht.

Ein Beispiel:

- Zählerstand letzte Abrechnung (Januar): 45.000 kWh
- aktueller Zählerstand (heute): 46.500 kWh
- bisheriger Verbrauch: 1.500 kWh

Bei einem Arbeitspreis von 0,32 € pro kWh haben Sie bisher Stromkosten von 480 € verursacht (1.500 kWh × 0,32 €). Zuzüglich des monatlichen Grundpreises wissen Sie so schon vor der nächsten Abrechnung, wie hoch Ihre bisherigen Stromkosten ausfallen.

Was ist der Grundpreis?

Neben dem Arbeitspreis pro Kilowattstunde zahlen Sie auch einen monatlichen Grundpreis. Dieser deckt die grundlegenden Kosten Ihres Stromanbieters wie Zählermiete, Wartung und Ablesung ab. Der Grundpreis fällt unabhängig von Ihrem Verbrauch an und wird meist monatlich oder jährlich berechnet.

Etablieren Sie eine Routine

Notieren Sie jeden Monat zum gleichen Zeitpunkt das Ablesedatum zusammen mit dem Zählerstand. Bei mehreren Zählern (z. B. Tag-/Nacht-Strom) notieren Sie sich zusätzlich die Zählernummern. Alternativ können Sie einfach ein Foto mit Ihrem Smartphone machen. Vergleichen Sie später Ihre eigenen Ablesungen mit der Jahresabrechnung. So können Sie nachvollziehen, wie Ihre Stromkosten zustande gekommen sind und welche Monate einen höheren Verbrauch aufwiesen.

!

Ablesefristen

Falls Sie keinen sehr modernen Stromzähler haben, der aus der Ferne abgelesen werden kann, werden Sie von Ihrem Stromanbieter einmal im Jahr aufgefordert, ihm mitzuteilen, was der aktuelle Zählerstand ist. Halten Sie diese Fristen ein – sonst muss Ihr Verbrauch geschätzt werden, was zu Ungenauigkeiten in der Abrechnung führen kann und sehr wahrscheinlich erst einmal für eine höhere Rechnung sorgt.

»

Durchschnittsverbrauch

Ein durchschnittlicher Zwei-Personen-Haushalt verbraucht etwa 2500 kWh pro Jahr. Wenn Ihr Verbrauch deutlich höher liegt, lohnt sich eine Beratung zur Energieeinsparung.

3.2 Wasserzähler ablesen

Jeden Tag nutzen Sie Wasser im Haushalt – zum Kochen, Waschen und für die Körperpflege. Aber wissen Sie eigentlich, wie viel Wasser Sie verbrauchen und was Sie für sauberes Trinkwasser bezahlen? In diesem Abschnitt erfahren Sie alles Wichtige über Ihren Wasserverbrauch und wie Sie ihn mithilfe Ihres Wasserzählers im Blick behalten.

Abbildung 3.5 Ein Wasserzähler, auch Wasseruhr genannt

Um Ihren Wasserverbrauch zu messen, ist an Ihrem Wasseranschluss ein Wasserzähler installiert, der sämtliches Wasser misst, das Sie in Ihrer Wohnung oder Ihrem Haus verbrauchen. Er zeigt Ihnen, wie viel Wasser Sie verbrauchen, und hilft Ihnen so, Ihre Nebenkosten im Griff zu behalten.

3.2.1 Einen Wasserzähler verstehen

Der Wasserzähler, den Sie in Abbildung 3.5 sehen, ist ein älteres Modell. Es gibt mittlerweile auch Wasserzähler mit einer digitalen Anzeige. Das Prinzip bleibt aber immer gleich: Der Zähler zeigt den Wasserverbrauch in Kubikmetern (m^3) an. Die Ziffern vor dem Komma zeigen die vollen Kubikmeter, während die Ziffern nach dem Komma die Nachkommastellen darstellen. Bei den alten analogen Wasseruhren sind die Ziffern nach dem Komma meist rot, während sie bei den neueren digitalen Modellen meist etwas kleiner dargestellt werden.

Ein Kubikmeter entspricht 1.000 Litern Wasser. Wenn Sie sich einen Würfel vorstellen, der 1 m breit, 1 m tief und 1 m hoch ist, und diesen mit Wasser füllen: Das ist ein Kubikmeter Wasser.

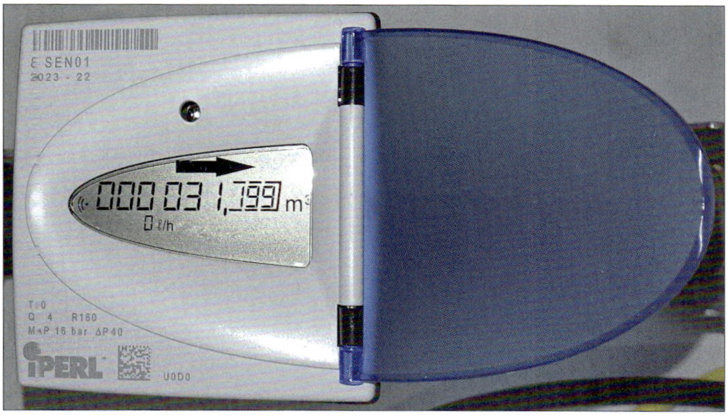

Abbildung 3.6 Ein moderner messender Wasserzähler, wie er heutzutage verwendet wird

Einmal im Jahr wird die Wasseruhr abgelesen, damit Ihre Nebenkostenabrechnung erstellt werden kann. Die Ablesung ist denkbar einfach: Sie notieren einfach die Zahlen von links nach rechts, wobei Sie nur die Ziffern vor dem Komma für die Abrechnung benötigen.

Bei neueren Wasseruhren kann die Ablesung auch kontaktlos aus der Ferne geschehen. In diesem Fall müssen Sie den Wasserverbrauch nicht für die Berechnung ablesen, aber Sie sollten es trotzdem einmal im Jahr – ungefähr zum Berechnungszeitpunkt – machen, um selbst einen Überblick zu behalten und damit Sie den Ihnen in Rechnung gestellten Verbrauch überprüfen können.

Wasserverbrauch und Kosten

In einem Zwei-Personen-Haushalt liegt der durchschnittliche Wasserverbrauch bei etwa 80 bis 120 Kubikmetern pro Jahr. Das entspricht etwa 220 bis 330 Litern pro Tag. Die Kosten für Ihr Wasser setzen sich aus dem Grundpreis und dem verbrauchsabhängigen Arbeitspreis zusammen. Je nach Region zahlen Sie zwischen 1,50 und 3,50 € pro Kubikmeter, wobei noch Abwassergebühren hinzukommen.

3.2.2 Wasserhärte und ihre Auswirkungen

Besonders interessant am Wasser ist die Wasserhärte in Ihrer Region. Diese gibt an, wie viele Mineralien, hauptsächlich Calcium und Magnesium, im Wasser gelöst sind. Die Härte wird in Grad *deutscher Härte* (°dH) gemessen. Hartes Wasser mit Werten über 14 °dH kann in Ihren Haushaltsgeräten zu Kalkablagerungen führen.

In Ihrem Wasserkocher haben Sie vielleicht schon den weißen Belag am Boden oder an der Heizspirale bemerkt. Dies sind die Kalkablagerungen, die entstehen, wenn das Wasser erhitzt wird und die gelösten Mineralien sich absetzen. Wird diese Schicht zu dick, hat das zwei problematische Folgen: Zunächst verlängert sich die Aufheizzeit deutlich, da der Kalk wie eine isolierende Schicht wirkt. Das kostet zusätzliche Energie. Mit der Zeit kann die Verkalkung aber auch den Heizstab selbst angreifen. Die Mineralien dringen in kleinste Risse ein und können den Heizstab mechanisch beschädigen, bis er schließlich durchbrennt.

3.3 Die Nebenkostenabrechnung

Die jährliche Nebenkostenabrechnung löst bei vielen Menschen ein gewisses Unbehagen aus. Oft blättert man durch mehrere Seiten voller Zahlen und Fachbegriffe und fragt sich, ob alle aufgeführten Positionen tatsächlich berechtigt sind. In diesem Abschnitt werden Sie nicht nur erfahren, welche Kosten in eine Nebenkostenabrechnung gehören, sondern auch, wie Sie diese kritisch prüfen können. Besonderes Augenmerk legen wir dabei auf oft übersehene Positionen wie den Schornsteinfeger, die Heizungswartung und ähnliche Leistungen, die zum Wohnen dazugehören, aber oft vergessen werden.

Als Heimwerker bzw. Heimwerkerin sollten Sie Ihre Nebenkostenabrechnung als einen Röntgenblick auf Ihr Zuhause betrachten. Hohe Heizkosten zeigen Ihnen, dass Dämmung fehlt oder Fenster undicht sind. Überdurchschnittliche Wasserkosten deuten auf undichte Armaturen hin. Die Zahlen in der Abrechnung helfen Ihnen dabei, wirklich dringende Verbesserungen zu erkennen und Prioritäten für Ihre nächsten Heimwerker-Projekte zu setzen. Gleichzeitig gibt es möglicherweise auch Wartungsarbeiten, die Sie künftig selbst übernehmen können, um Kosten zu sparen.

3.3.1 Kostenkategorien der Nebenkosten

Nebenkosten sind mehr als nur ein Anhängsel zur Miete oder zum Hauskredit. Sie spiegeln die laufenden Kosten wider, die mit der Nutzung eines Wohnraums verbunden sind. Diese Kosten entstehen durch die persönliche Nutzung Ihres Wohnraums, die gegebenenfalls gemeinschaftliche Nutzung von Gebäudeteilen (zum Beispiel einer Waschküche oder eines Fahrradkellers), durch notwendige Wartungsarbeiten am und rund um das Gebäude und durch gesetzlich vorgeschriebene Dienstleistungen (wie der Schornsteinfeger oder die Heizungsinspektion). Während die Kaltmiete die Überlassung der Wohnfläche vergütet, decken die Nebenkosten die tatsächlichen Betriebskosten ab, die Jahr für Jahr anfallen.

Die Kostenkategorien sind:

- **Kalte Betriebskosten**: Grundsteuer, Wasserversorgung, Entwässerung, Versicherungen, Hausstrom etc.
- **Warme Betriebskosten**: Heizung und Warmwasserversorgung
- **Nicht umlagefähige Kosten**: Verwaltungskosten, Instandhaltung, Reparaturen

Die gesetzliche Grundlage für umlagefähige Nebenkosten bildet die *Betriebskostenverordnung (BetrKV)*. Sie definiert genau, welche Kosten Vermieter auf ihre Mieter umlegen dürfen. Diese Verordnung schafft Klarheit in einem Bereich, der sonst leicht zu Missverständnissen führen könnte.

3.3.2 Die umlagefähigen Kosten

Die Betriebskostenverordnung nennt explizit folgende Positionen als umlagefähig:

- Die **Grundsteuer** steht häufig an erster Stelle einer Nebenkostenabrechnung. Sie wird von der Kommune erhoben und richtet sich nach dem Wert des Grundstücks sowie der darauf errichteten Gebäude. Im Gegensatz zu manch anderen Steuern darf die Grundsteuer vollständig auf die Mieter umgelegt werden. Die Grundsteuerreform, die ab 2025 greift, wird in vielen Regionen zu Veränderungen führen.

- Die **Wasserversorgung** und **Abwassergebühren** gehören auf jede Nebenkostenabrechnung. Sie umfassen die Kosten für Frischwasser ebenso wie die Entsorgung des Abwassers. Hinzu kommen oft Kosten für Wasseruhren und deren Wartung. Bei diesen Positionen lohnt ein genauer Blick auf den Verbrauch im Vergleich zu Vorjahren, um mögliche Wasserverluste durch undichte Leitungen frühzeitig zu erkennen.
- Die **Müllabfuhr** stellt einen weiteren wichtigen Posten dar. Hierunter fallen die Grundgebühren für die bereitgestellten Müllbehälter sowie die Leerungsgebühren. Diese können nach Anzahl der Leerungen oder nach Gewicht berechnet werden. Auch Sondermüllgebühren können hier auftauchen, sofern sie regelmäßig anfallen.

  Die Verteilung dieser Kosten erfolgt nach Personenzahl, da der Müllaufwand typischerweise mit der Anzahl der Bewohner korreliert. Eigenheimbesitzer können durch konsequente Mülltrennung und bewussten Einkauf ihre Müllgebühren aktiv senken.

Die oft übersehenen umlagefähigen Kosten

- Der **Schornsteinfeger** gehört zu den klassischen umlagefähigen Nebenkosten, wird aber oft übersehen. Die Kosten für den Schornsteinfeger umfassen die gesetzlich vorgeschriebenen Kehr- und Überprüfungsarbeiten.

  Der bevollmächtigte Bezirksschornsteinfeger führt die Feuerstättenschau durch und kontrolliert, ob Ihre Heizungsanlage den aktuellen Sicherheitsstandards entspricht. Diese Arbeiten dienen der Brandsicherheit und dem Umweltschutz und sind daher nicht optional, sondern gesetzlich vorgeschrieben. Wichtig zu wissen: Nur die regelmäßigen Überprüfungs- und Kehrarbeiten sind umlagefähig. Reparaturarbeiten am Schornstein oder Sonderleistungen wie Dichtheitsprüfungen nach einer Sanierung trägt der Vermieter. Die Kosten für den Schornsteinfeger werden üblicherweise nach Wohnfläche oder Wohneinheiten umgelegt, da sie nicht verbrauchsabhängig sind.
- Die **Heizungswartung** ist ein weiterer wichtiger Posten der Nebenkostenabrechnung. Die regelmäßige Wartung der Heizungsanlage ist nicht nur für deren Effizienz wichtig, sondern auch aus Sicherheitsgründen unerlässlich. Bei der Heizungswartung prüft ein Fachmann die Funktionalität der Anlage, reinigt wichtige Komponenten und optimiert die Einstellungen. Diese Wartungsarbeiten führen zu einem geringeren Energieverbrauch, verlängern die Lebensdauer der Anlage und verhindern teure Reparaturen. In der Nebenkostenabrechnung werden die Kosten für die Heizungswartung oft auf alle Mieter nach Wohnfläche umgelegt. Dies ist rechtmäßig, da alle Bewohner von einer funktionierenden Heizungsanlage profitieren.

  Es ist jedoch wichtig zu unterscheiden: Reine Wartungsarbeiten sind umlagefähig, Reparaturen und Instandsetzungsarbeiten hingegen nicht. Ein seriöser Wartungsvertrag und entsprechende Rechnungen sollten klar zwischen Wartung und Reparatur differenzieren.

- Die **Aufzugswartung** ist in mehrstöckigen Gebäuden ein echter Kostenfaktor. Die regelmäßige Wartung und Prüfung von Aufzugsanlagen ist gesetzlich vorgeschrieben und dient der Sicherheit aller Nutzer. Die Kosten umfassen sowohl die regelmäßige Wartung als auch die vorgeschriebenen TÜV-Prüfungen. Auch hier gilt: Nur die Wartungskosten sind umlagefähig, Reparaturen trägt der Vermieter.
- **Hausmeisterdienste** erscheinen häufig in der Nebenkostenabrechnung. Die Tätigkeiten eines Hausmeisters umfassen die Reinigung und Pflege der Gemeinschaftsflächen, kleinere Reparaturen, die Überwachung von Handwerkern und das Ablesen von Zählern. Nicht alle diese Tätigkeiten sind jedoch umlagefähig.

  Während die Betriebs- und Pflegearbeiten auf die Mieter umgelegt werden dürfen, müssen Verwaltungstätigkeiten und größere Reparaturen vom Vermieter getragen werden. Die Abrechnung sollte daher eine klare Aufschlüsselung der Hausmeistertätigkeiten enthalten.
- **Gebäudeversicherungen** wie eine Feuer-, Wasser-, Sturm und Hagel-Versicherung, die Haftpflichtversicherung des Gebäudes, eine Elementarversicherung und eine Glasversicherung gehören auch zu den umlagefähigen Nebenkosten. Diese Versicherungen schützen das Gebäude vor verschiedenen Risiken und sichern im Schadensfall die Reparatur oder den Wiederaufbau. Bei der Prüfung Ihrer Nebenkostenabrechnung sollten Sie darauf achten, dass keine reinen Eigentumsversicherungen des Vermieters (wie etwa eine Mietausfallversicherung) enthalten sind, da diese nicht umlagefähig sind.
- Der regelmäßige Rasen- und Heckenschnitt, die Laubbeseitigung sind umlagefähige Kosten. Also sind alle Tätigkeiten, die zur **Gartenpflege** gehören, Nebenkosten, wenn diese für die Mieter als Dienstleistung erbracht werden. Auch die Reinigung der Treppenhäuser und Gemeinschaftsflächen, das Reinigen der Fenster, das Straßenfegen und das Schneeräumen können zu den Kosten hinzugerechnet werden.

3.3.3 Die Heizkosten

Die Heizkosten sind oft der größte Einzelposten in der Nebenkostenabrechnung. Die Heizkosten umfassen die Kosten für Brennstoffe oder Fernwärme, die Wartung der Heizungsanlage und die Kosten für die Verbrauchsmessung. Die Heizkostenverordnung schreibt vor, dass mindestens 50 %, höchstens jedoch 70 % der Heizkosten eines Mehrfamilienhauses verbrauchsabhängig abgerechnet werden müssen. Der Rest darf nach Wohnfläche verteilt werden. Diese Regelung berücksichtigt, dass auch unbeheizte Räume von der Wärme benachbarter Wohnungen profitieren.

Die Warmwasserkosten werden oft mit den Heizkosten gemeinsam abgerechnet, insbesondere wenn das Warmwasser zentral über die Heizungsanlage erzeugt wird. Auch hier gilt die Vorgabe, dass mindestens 50 % verbrauchsabhängig abgerechnet werden müssen. Die Messung erfolgt in der Regel über Warmwasserzähler oder über spezielle Heizkostenverteiler, die den Energieverbrauch für die Warmwasserbereitung erfassen.

Die Kosten für die Verbrauchserfassung, also für Miete, Wartung und Ablesung der Messgeräte, sind ebenfalls umlagefähig. Sie werden oft gesondert ausgewiesen und können je nach Anbieter erheblich variieren.

3.3.4 Fristen, Verjährung und Ihr Recht auf Prüfung

Die Nebenkostenabrechnung unterliegt strengen zeitlichen Vorgaben. Der Vermieter muss die Abrechnung spätestens zwölf Monate nach Ende des Abrechnungszeitraums erstellen und dem Mieter zukommen lassen. Versäumt er diese Frist, verliert er sein Recht auf Nachforderungen. Ausnahmen gelten nur bei unverschuldeter Verzögerung, etwa wenn der Vermieter trotz rechtzeitiger Anforderung noch nicht alle notwendigen Unterlagen erhalten hat.

Als Mieter haben Sie nach Erhalt der Abrechnung zwölf Monate Zeit, um Einwände zu erheben und Einsicht in die Belege zu verlangen. Dieses Recht auf Belegeinsicht ist fundamental und sollte bei Unklarheiten unbedingt wahrgenommen werden. Sie können dabei nicht nur die Höhe der einzelnen Positionen prüfen, sondern auch, ob diese überhaupt umlagefähig sind und ob der richtige Verteilerschlüssel angewandt wurde.

Die Ansprüche aus der Nebenkostenabrechnung verjähren nach drei Jahren. Die Verjährungsfrist beginnt mit dem Ende des Jahres, in dem der Anspruch entstanden ist. Bei einer Abrechnung für das Jahr 2023, die im Jahr 2024 erstellt wird, beginnt die Verjährungsfrist also am 31.12.2024 und endet am 31.12.2027.

Die Fristen im Überblick

- **Für Vermieter:** 12 Monate nach Ende des Abrechnungszeitraums zur Erstellung der Abrechnung
- **Für Mieter:** 12 Monate nach Erhalt der Abrechnung für Einwendungen
- **Verjährungsfrist:** 3 Jahre für Ansprüche aus der Abrechnung (beginnend mit dem Ende des Entstehungsjahres)

3.3.5 Strategien zur Kostenkontrolle

Als Mieter oder Eigenheimbesitzer können Sie aktiv zur Senkung der Nebenkosten beitragen. Beginnen Sie mit einer bewussten Kontrolle Ihres Heiz- und Warmwasserverbrauchs. Eine Absenkung der Raumtemperatur um nur ein Grad kann bereits zu einer

Einsparung von etwa sechs Prozent der Heizkosten führen. Regelmäßiges Stoßlüften anstelle von dauerhaft gekippten Fenstern verhindert unnötige Wärmeverluste.

Im Bereich der Müllkosten lohnt sich eine konsequente Mülltrennung. Recyclingfähige Materialien gehören in die entsprechenden Tonnen, nicht in den teuren Restmüll. Bei großen Wohnanlagen kann es sich lohnen, die Größe und Anzahl der Müllbehälter zu überprüfen und gegebenenfalls anzupassen.

Bei Wasser- und Abwasserkosten können wassersparende Armaturen und ein bewusster Umgang mit dem kostbaren Nass zu deutlichen Einsparungen führen. Achten Sie auch auf tropfende Wasserhähne und laufende Toilettenspülungen, die unbemerkt zu erheblichem Mehrverbrauch führen können.

Für Eigenheimbesitzer lohnt sich ein regelmäßiger Vergleich von Versicherungstarifen und Wartungsverträgen. Oft lassen sich hier durch Anbieterwechsel oder Neuverhandlung bestehender Verträge deutliche Einsparungen erzielen.

3.3.6 Überprüfen der Abrechnung

Die Nebenkostenabrechnung umfasst eine Vielzahl unterschiedlicher Kostenpositionen, von der Grundsteuer über die Müllabfuhr bis hin zur Wartung technischer Anlagen. Als Mieter haben Sie das Recht auf eine transparente, nachvollziehbare Abrechnung und auf Einsicht in die zugrunde liegenden Belege. Nutzen Sie dieses Recht und prüfen Sie Ihre Abrechnung sorgfältig. Achten Sie besonders auf die korrekte Anwendung der Verteilerschlüssel und darauf, dass nur umlagefähige Kosten abgerechnet werden.

Als Eigenheimbesitzer steht Ihnen zwar kein Vermieter gegenüber, der die Kosten aufschlüsselt, dennoch lohnt es sich, die einzelnen Positionen zu analysieren und Einsparpotenziale zu identifizieren. Regelmäßige Wartungen und ein bewusster Umgang mit Ressourcen können nicht nur die laufenden Kosten senken, sondern auch teure Reparaturen vermeiden.

3.3.7 Prüfung der Nebenkostenabrechnung

Die gründliche Prüfung Ihrer Nebenkostenabrechnung ist nicht nur eine Frage des Geldes, sondern auch eine Möglichkeit, mehr Transparenz in Ihren Wohnkosten zu schaffen. So können Sie nicht nur fehlerhafte Abrechnungen erkennen und korrigieren lassen; Sie können auch Ihr eigenes Verbrauchsverhalten optimieren, um gezielt Einsparungen vorzunehmen. Nehmen Sie sich die Zeit, Ihre nächste Nebenkostenabrechnung gründlich zu prüfen – es kann sich lohnen!

Gehen wir daher also noch einmal in Einzelnen durch, was Sie tun sollten, wenn die Nebenkostenabrechnung im Briefkasten liegt:

1. **Formale Prüfung:**
   - Ist die Abrechnung innerhalb der 12-Monatsfrist erstellt worden?
   - Enthält sie alle erforderlichen Angaben (Abrechnungszeitraum, Gesamtkosten, Verteilerschlüssel)?
   - Sind Ihre Vorauszahlungen korrekt berücksichtigt?
2. **Inhaltliche Prüfung:**
   - Werden nur umlagefähige Kosten abgerechnet?
   - Werden die richtigen Verteilerschlüssel angewendet?
   - Stimmen die Rechenwege und Ergebnisse?
3. **Plausibilitätsprüfung:**
   - Wie haben sich die Kosten im Vergleich zum Vorjahr entwickelt?
   - Gibt es auffällige Kostensteigerungen bei einzelnen Positionen?
   - Entsprechen die Verbrauchswerte Ihrem tatsächlichen Verbrauch?

Achten Sie dabei besonders auf die typischen Fehler, die in vielen Nebenkostenabrechnungen auftauchen.

- **Häufige formale Fehler:**
  - verspätete Abrechnung (nach der 12-Monatsfrist)
  - fehlende Angaben zu Verteilerschlüsseln
  - unvollständige Aufschlüsselung der Gesamtkosten
- **Häufige inhaltliche Fehler:**
  - Umlage nicht umlagefähiger Kosten (z. B. Reparaturen, Verwaltungskosten)
  - falsche Anwendung von Verteilerschlüsseln
  - doppelte Abrechnung von Kostenpositionen

Nebenkostenabrechnung für Eigenheimbesitzer

Auch als Eigenheimbesitzer sollten Sie Ihre Nebenkosten systematisch erfassen und analysieren, um Einsparpotenziale zu identifizieren. So behalten Sie den Überblick über Ihre Ausgaben und können genau sagen, was Sie Ihr Haus im Jahr kostet. Gehen Sie dazu wie folgt vor:

- Erstellen Sie eine jährliche Übersicht aller Nebenkosten.
- Vergleichen Sie die Kosten mit Vorjahreswerten.
- Identifizieren Sie Kostentreiber und Einsparpotenziale.
- Prüfen Sie regelmäßig alle paar Jahre alternative Anbieter (z. B. für Versicherungen und Wartungsverträge).

Kapitel 4

Der Notfall

Ein Notfall in einer Wohnung oder einem Haus kann jeden von uns jederzeit treffen. Wenn es passiert, ist schnelles und überlegtes Handeln notwendig, um einen Schaden zu minimieren oder zu verhindern. Ein undichter Wasserhahn, eine gebrochene Wasserleitung oder ein schmorendes Elektrokabel sind keine Kleinigkeiten – sie können innerhalb kürzester Zeit erhebliche Schäden verursachen, wenn nicht sofort reagiert wird.

Besonders bei handwerklichen Arbeiten kann es schnell zu unvorhergesehenen Situationen kommen. Ein falscher Hammerschlag auf eine in der Wand verborgene Wasserleitung, ein versehentlich durchbohrtes Stromkabel oder ein aus Versehen beschädigtes Gasrohr – plötzlich steht man vor einer Notsituation, die rasches Eingreifen erfordert.

Typische Notfall- und Ausnahmesituationen

- Wasserrohrbruch
- Gasgeruch
- Stromausfall oder elektrische Probleme
- Brandgefahr
- Heizungsausfall oder austretendes Heizöl
- längere Abwesenheit und damit gegebenenfalls nötiger Frostschutz

Um in solchen Momenten nicht in Panik zu geraten und die richtigen Schritte einzuleiten, ist Vorbereitung das A und O. Dieses Kapitel führt Sie durch die wichtigsten Notfallszenarien und zeigt Ihnen, wie Sie vorsorgen können und im Ernstfall richtig handeln.

Eine gute Praxis ist das Anlegen eines persönlichen Haushandbuchs oder Wohnungsjournals, in dem Sie alle wichtigen Informationen zu Ihrer Immobilie sammeln. Dokumentieren Sie darin die Orte, an denen Sie die Notabsperrvorrichtungen, Sicherungsautomaten und Löscheinrichtungen finden. Erstellen Sie für typische Notfallsituationen eine Schritt-für-Schritt-Anleitung und halten Sie auch wichtige Telefonnummern fest. Dies mag zunächst überflüssig erscheinen, doch im Ernstfall, wenn Adrenalin und Stress die klaren Gedanken trüben, wird Ihnen diese Vorbereitung wertvolle Zeit sparen.

Auch wenn es um Brandgefahren geht, sollten Sie vorbereitet sein. In der Küche kann beispielsweise schnell ein Feuer entstehen, wenn Öl in der Pfanne überhitzt oder vergessen wird. Dann die richtigen Löschmittel in Reichweite zu haben, ist wichtig.

In den folgenden Abschnitten werden wir uns detailliert mit den verschiedenen Notfallszenarien befassen: Was tun Sie bei Gasgeruch in Ihren Räumlichkeiten? Wie reagieren Sie, wenn Öl aus Ihrer Heizungsanlage austritt? Wie schützen Sie Ihr Heim vor Schäden, wenn Sie längere Zeit abwesend sind? Mit etwas Vorausplanung und dem Wissen aus diesem Kapitel werden Sie in der Lage sein, die meisten dieser Probleme entweder ganz zu vermeiden oder zumindest deren Auswirkungen erheblich zu minimieren.

Lassen Sie uns nun systematisch die wichtigsten Notfalleinrichtungen und -situationen durchgehen, damit Sie für alle Eventualitäten gerüstet sind.

4.1 Der Sicherungskasten

Der Sicherungskasten, auch als Verteilerkasten oder Elektroverteiler bezeichnet, ist das Herzstück der elektrischen Versorgung in Ihrer Wohnung oder Ihrem Haus. Er fungiert als zentrale Schaltstelle, über die der gesamte Stromfluss kontrolliert wird. In Notfällen oder bei Arbeiten an der Elektrik ist es lebensrettend zu wissen, wo sich dieser Kasten befindet und wie Sie den Strom sicher abschalten können.

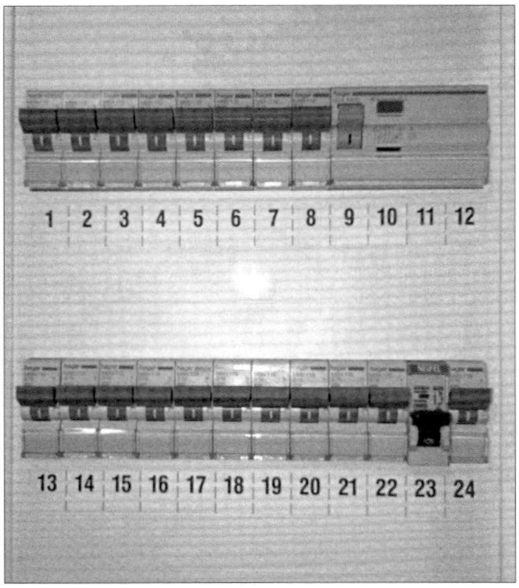

Abbildung 4.1 Die Innenansicht eines Sicherungskastens – alle Sicherungen sollten eindeutig nummeriert oder beschriftet sein.

In den meisten Wohnungen und Häusern ist der Sicherungskasten in der Nähe des Hauseingangs oder im Flur montiert. Dies hat einen praktischen Grund: Im Notfall soll er schnell und ohne Hindernisse erreichbar sein. In Mehrfamilienhäusern finden Sie einen Sicherungskasten für Ihre individuelle Wohnung in der Nähe der Wohnungstür, während sich der Hauptverteiler für das gesamte Gebäude oft im Keller befindet.

Optisch präsentiert sich der Sicherungskasten üblicherweise als grauer oder weißer Metallschrank mit einer Tür, der in Augenhöhe an oder in der Wand montiert ist. Hinter dieser Tür verbergen sich die Sicherungen und der Hauptschalter. Bei neueren Installationen sind die Sicherungen als Automaten ausgeführt, während in älteren Gebäuden noch Schraubsicherungen zu finden sein könnten.

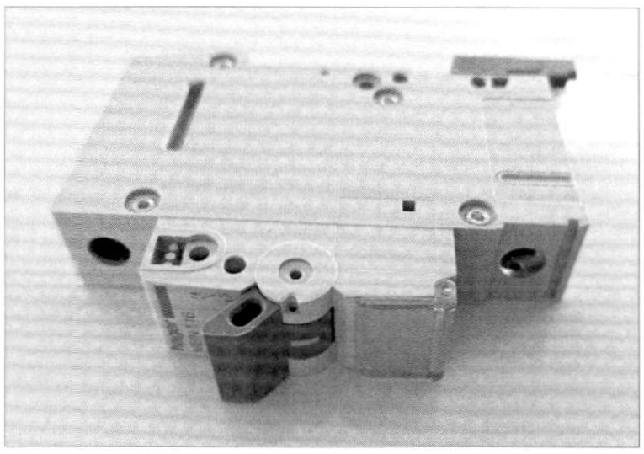

Abbildung 4.2 Sicherungsautomaten sind immer nur für einen Stromkreis zuständig.

Der Sicherungskasten sollte eindeutig beschriftet sein. Das bedeutet, jede Sicherung darin sollte eine Beschriftung aufweisen, die benennt, welcher Stromkreis von der jeweiligen Sicherung geschützt wird. Falls diese Beschriftungen fehlen oder unvollständig sind, ist es sinnvoll, neue anzufertigen. Dies spart im Notfall wertvolle Zeit.

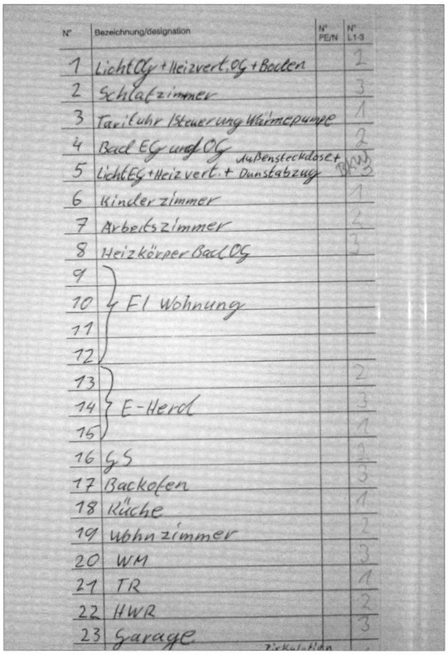

N°	Bezeichnung/designation	N° PE/N	N° L1-3
1	Licht OG + Heizvert. OG + Boden		2
2	Schlafzimmer		3
3	Tarifuhr / Steuerung Wärmepumpe		1
4	Bad EG und OG		2
5	Licht EG + Heizvert. + Außensteckdose + Dunstabzug		3
6	Kinderzimmer		1
7	Arbeitszimmer		2
8	Heizkörper Bad OG		3
9	FI Wohnung		
10			
11			
12			
13	E-Herd		2
14			3
15			1
16	GS		1
17	Backofen		3
18	Küche		1
19	Wohnzimmer		2
20	WM		3
21	TR		1
22	HWR		2
23	Garage		3

Abbildung 4.3 Eine Tabelle mit der Zuordnung der Sicherungsautomaten im Sicherungskasten zu ihren Stromkreisen

4.2 Die Stromabschaltung

Im Sicherungskasten werden Sie den Hauptschalter entdecken – meist ein großer schwarzer oder roter Hebel, der sich deutlich von den einzelnen Sicherungsautomaten abhebt. Durch einfaches Umlegen dieses Hebels nach unten wird die gesamte Stromversorgung Ihrer Wohnung oder Ihres Hauses unterbrochen. Dies ist die schnellste Methode, um in einer Notsituation alles Elektrische stillzulegen.

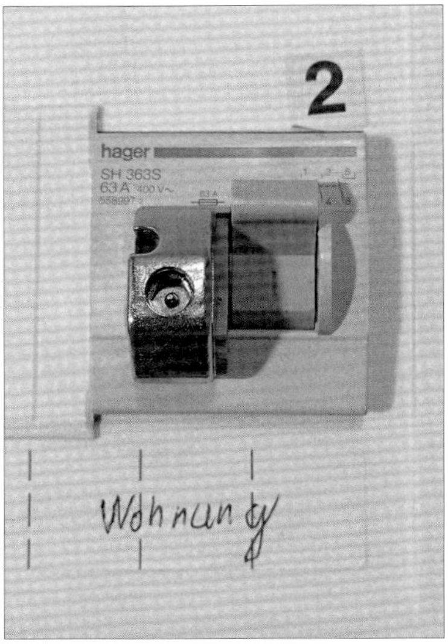

Abbildung 4.4 Ein Hauptschalter für die Stromversorgung der Wohnung

Alternativ können Sie auch gezielt die einzelnen Stromkreise über die jeweiligen Sicherungsautomaten abschalten. Dies ist besonders nützlich, wenn Sie nur in bestimmten Bereichen arbeiten möchten oder wenn ein Problem auf einen speziellen Bereich begrenzt ist. Die Sicherungsautomaten sind meist in Reihen angeordnet und durch kleine Hebel oder Kipptasten bedienbar. Hier gilt: Nach unten kippen oder drücken schaltet den entsprechenden Stromkreis ab.

Wann sollten Sie den Strom abschalten?

Es gibt verschiedene Situationen, in denen Sie die Stromversorgung unterbrechen sollten:

- Bei Wasserschäden, die elektrische Geräte oder Leitungen betreffen, ist schnelles Handeln geboten. Wasser in Verbindung mit Elektrizität kann nicht nur zu Kurzschlüssen und Geräteschäden führen, sondern stellt auch eine akute Lebensgefahr durch Stromschläge dar. Sollten Sie bemerken, dass Wasser in die Nähe elektrischer

Installationen oder Geräte gelangt ist, schalten Sie sofort den betreffenden Stromkreis oder im Zweifel den Hauptschalter ab.

- Brandgeruch aus elektrischen Geräten oder Kabeln ist ein alarmierendes Zeichen. Wenn Sie einen verschmorten Geruch wahrnehmen, der von einem elektrischen Gerät oder einer Steckdose auszugehen scheint, unterbrechen Sie umgehend die Stromzufuhr. Elektrische Brände können sich rasend schnell ausbreiten und sind besonders tückisch, da sie oft in Wänden oder unter Böden entstehen, wo sie lange unbemerkt bleiben können.
- Bei offensichtlichen Schäden an der Elektroinstallation, wie freiliegenden Kabeln, beschädigten Steckdosen oder lockeren Elektrokomponenten, ist Vorsicht geboten. Schalten Sie den betroffenen Bereich stromlos, bevor Sie weitere Untersuchungen vornehmen oder Reparaturen durchführen.
- Vor jeglichen Arbeiten an der elektrischen Anlage, seien es das Auswechseln einer Lampe, das Installieren einer neuen Steckdose oder das Verlegen von Kabeln, sollten Sie grundsätzlich den entsprechenden Stromkreis abschalten. Vergewissern Sie sich mit einem Spannungsprüfer, dass tatsächlich keine Spannung mehr anliegt, bevor Sie mit den Arbeiten beginnen.

Ein besonders ernstes Warnsignal ist das Kribbeln oder ein leichter Stromschlag beim Berühren von Geräten. Dies deutet auf einen Isolationsfehler oder eine fehlerhafte Erdung hin. Schalten Sie in diesem Fall sofort den Strom ab und konsultieren Sie einen Elektrofachmann. Solche Fehler können lebensbedrohlich sein und müssen fachgerecht behoben werden.

Nach dem Abschalten

Nachdem Sie den Strom wegen eines Notfalls abgeschaltet haben, sollten Sie einige wichtige Schritte befolgen:

- Informieren Sie zunächst alle anderen Hausbewohner über die Situation. Dies verhindert Verwirrung und stellt sicher, dass niemand versucht, den Strom wieder einzuschalten oder betroffene Geräte zu benutzen.
- Bei ernsthaften Problemen sollten Sie nicht zögern, den Notdienst eines Elektrikers zu rufen. Beschreiben Sie das Problem so genau wie möglich, damit der Fachmann vorbereitet ankommt.
- Sichern Sie den Sicherungskasten gegen unbefugtes Wiedereinschalten, besonders wenn Handwerker erwartet werden. Ein einfacher Hinweis auf einem an den Sicherungskasten angeklebten Zettel mit der Nachricht *»Nicht einschalten – ein Elektriker ist informiert«* kann ausreichen.

- Dokumentieren Sie, was zum Abschalten geführt hat. Diese Informationen können für den Elektriker wertvoll sein und ihm helfen, das Problem schneller zu lokalisieren und zu beheben.

!

Der Sicherungskasten muss jederzeit erreichbar sein

Der Sicherungskasten muss, wie alle Sicherheitseinrichtungen, jederzeit frei zugänglich sein. Stellen Sie niemals Möbel, Kartons oder andere Gegenstände davor, die im Notfall den schnellen Zugang behindern könnten. Wenn Sie sich bei elektrischen Problemen unsicher sind, kontaktieren Sie immer einen Fachbetrieb. Arbeiten an der Elektroinstallation dürfen aus gutem Grund nur von qualifizierten Elektrofachkräften durchgeführt werden – hier geht Sicherheit eindeutig vor Eigeninitiative.

4.3 Die Gashauptabsperrung

Wenn Ihre Wohnung oder Ihr Haus mit Gasgeräten wie einer Gasheizung, einem Gasherd oder einem Gasdurchlauferhitzer ausgestattet ist, verfügt Ihr Heim über einen *Gashauptabsperrhahn*, kurz GAH genannt. Diese entscheidende Sicherheitseinrichtung ermöglicht es Ihnen, im Notfall die komplette Gaszufuhr sofort zu unterbrechen. Angesichts der potenziellen Gefahren, die von austretendem Gas ausgehen können, ist die Kenntnis über Lage und Handhabung des Gashauptabsperrhahns für jeden Bewohner unverzichtbar.

Der Standort des Gashauptabsperrhahns

Die Gashauptabsperrung finden Sie typischerweise an der Stelle, wo die Gasleitung ins Gebäude eintritt. In den meisten Fällen befindet sich dieser Punkt im Hausanschlussraum oder im Keller. Bei Neubauten oder moderneren Häusern ist die Gashauptabsperrung manchmal in einem speziellen Schrank an der Außenwand untergebracht, um den Zugang für Wartungspersonal und in Notfällen zu erleichtern.

In Mehrfamilienhäusern ist es komplexer: Neben dem Hauptabsperrhahn für das gesamte Gebäude gibt es häufig zusätzliche Absperrhähne für einzelne Wohnungen. Diese befinden sich oft im Treppenhaus oder direkt im Wohnungsflur. Als Bewohner einer Wohnung in einem Mehrparteienhaus sollten Sie beide Standorte kennen, auch wenn Sie im Notfall primär den Absperrhahn Ihrer eigenen Wohnung betätigen werden.

Der Gashauptabsperrhahn selbst ist üblicherweise ein robuster, metallener Hebel, der parallel zum Rohr steht, wenn die Gaszufuhr geöffnet ist. Im geschlossenen Zustand steht der Hebel quer zum Rohr. Diese einfache visuelle Kontrolle ermöglicht es Ihnen, auf einen Blick zu erkennen, ob die Gaszufuhr aktiv ist oder nicht.

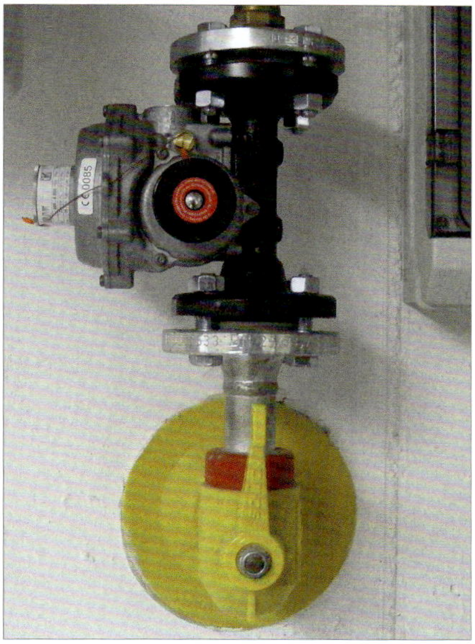

Abbildung 4.5 Ein Gasabsperrhahn – Mit dem gelben Hebel sperren Sie im Notfall den Zufluss.

Gasgeruch erkennen und richtig reagieren

Erdgas ist von Natur aus geruchlos, was es besonders gefährlich machen würde, da austretendes Gas unbemerkt bleiben könnte. Aus Sicherheitsgründen wird dem Gas daher ein charakteristischer »fauliger« Geruch hinzugefügt, der stark an verfaulte Eier erinnert. Dieser markante Geruch ist kein Zufall, sondern eine bewusste Sicherheitsmaßnahme, die es ermöglicht, Gaslecks frühzeitig zu bemerken.

Wenn Sie Gasgeruch in Ihren Räumlichkeiten wahrnehmen, ist sofortiges Handeln erforderlich. Gas kann mit Luft ein explosives Gemisch bilden, das durch den kleinsten Funken entzündet werden kann. Daher gelten folgende strikte Verhaltensregeln:

1. Betätigen Sie auf keinen Fall elektrische Schalter, Steckdosen oder Klingeln! Selbst der kleine Funke, der beim Ein- oder Ausschalten entstehen kann, könnte ausreichen, um ein Gas-Luft-Gemisch zu entzünden. Benutzen Sie in dieser Situation auch kein Telefon oder Smartphone innerhalb der Wohnung und schalten Sie keine elektrischen Geräte ein oder aus!
2. Öffnen Sie, wenn es möglich und gefahrlos durchführbar ist, Fenster und Türen weit, um für eine gute Durchlüftung zu sorgen. Dies hilft, die Gaskonzentration zu reduzieren und das Explosionsrisiko zu verringern.

3. Begeben Sie sich zügig, aber ohne Hektik, zum Gashauptabsperrhahn. Drehen Sie ihn durch eine 90-Grad-Drehung im Uhrzeigersinn zu, sodass der Hebel quer zum Rohr steht. Diese einfache Bewegung unterbricht sofort die Gaszufuhr und verhindert, dass weiteres Gas ausströmen kann.
4. Nachdem Sie die Gaszufuhr unterbrochen haben, verlassen Sie das Gebäude. Nehmen Sie, wenn möglich, andere Bewohner mit, aber verschwenden Sie keine Zeit mit dem Suchen nach Personen in anderen Räumen oder Stockwerken, wenn dies Ihre eigene Sicherheit gefährden würde.

Nach der Gasabsperrung

1. Sobald Sie sich in sicherer Entfernung vom Gebäude befinden, alarmieren Sie unverzüglich den Gas-Notdienst oder die Feuerwehr unter der Notrufnummer 112. Eine Notrufnummer vom Gasversorger finden Sie oft in der Nähe des Gas-Absperrhahns oder des Gaszählers. Schildern Sie die Situation ruhig und präzise, damit die Einsatzkräfte angemessen reagieren können.
2. Warnen Sie andere Hausbewohner vor der Gefahr, aber vermeiden Sie dabei das Betätigen von Klingeln oder anderen elektrischen Geräten. Klopfen Sie stattdessen an Türen oder rufen Sie von außen, um auf die Gefahr aufmerksam zu machen.

!

Hände weg von der Gasversorgung!

Versuchen Sie unter keinen Umständen, die Gasversorgung selbst wieder in Betrieb zu nehmen. Diese Aufgabe darf ausschließlich durch qualifizierte Fachleute erfolgen, die zunächst die Ursache für den Gasaustritt identifizieren und beheben müssen. Selbst wenn der Gasgeruch nachlässt oder ganz verschwindet, könnte weiterhin eine gefährliche Situation bestehen.

Als vorsorgliche Maßnahme empfiehlt es sich, die Position des Gashauptabsperrhahns und auch die Notrufnummer zu kennen, bevor ein Notfall eintritt. Nehmen Sie sich Zeit, den Standort zu lokalisieren, und vergewissern Sie sich, dass Sie wissen, wie der Hahn zu betätigen ist. Im Ernstfall zählt jede Sekunde, und Sie sollten nicht erst lange suchen müssen. Stellen Sie sicher, dass der Gashauptabsperrhahn – ebenso wie der später beschriebene Heizungsnotschalter – jederzeit frei zugänglich bleibt und nicht durch Möbel, Kartons oder andere Gegenstände blockiert wird.

4.4 Der Heizungsnotschalter

Besitzen Sie eine Heizungsanlage, bei der ein Verbrennungsprozess stattfindet – also eine »Feuerstätte« wie eine Gas-, Öl-, Pellet- oder Holzheizung –, dann ist Ihre Anlage mit einem gesetzlich vorgeschriebenen Sicherheitselement ausgestattet: dem Heizungsnotschalter. Dieses unscheinbare, aber wichtige Bauteil kann im Ernstfall Leben retten und größere Schäden verhindern. Mit dem Notschalter können Sie sofort die komplette Energiezufuhr zur Heizungsanlage unterbrechen und alle Funktionen der Heizung stoppen.

Abbildung 4.6 Ein typischer Heizungsnotschalter

Es ist wichtig zu wissen, dass nicht alle Heizungsarten einen speziellen Not-Aus-Schalter benötigen. Bei Wärmepumpen, Fernwärme-Heizungen oder elektrischen Direktheizungen ist kein spezieller Notschalter erforderlich, da hier keine Verbrennungsprozesse stattfinden, die im Notfall unterbrochen werden müssten. Bei diesen Systemen genügt die normale Stromabschaltung über den Sicherungskasten.

Standort und Kennzeichnung des Notschalters

Der rote Heizungsnotschalter ist nicht willkürlich platziert, sondern folgt strengen sicherheitstechnischen Vorgaben. Gesetzlich vorgeschrieben ist, dass sich der Notschalter außerhalb des eigentlichen Heizraums befinden muss. Diese Vorschrift hat einen logischen Grund: Im Falle eines Problems im Heizraum selbst – etwa bei Rauchentwicklung oder Feuer – muss der Schalter erreichbar bleiben, ohne dass man den potenziell gefährlichen Raum betreten muss.

Typische Montageorte für den Heizungsnotschalter sind:

- im Treppenhaus in unmittelbarer Nähe der Heizraumtür
- in einem angrenzenden Flur oder Vorraum
- manchmal auch im allgemeinen Hauseingangsbereich

Der Notschalter selbst ist durch seine auffällige rote Farbe gekennzeichnet und meistens deutlich als HEIZUNG NOTSCHALTER, HEIZUNG NOT-AUS oder mit ähnlichen Begriffen beschriftet. Diese eindeutige Kennzeichnung soll sicherstellen, dass der Schalter im Notfall schnell identifiziert werden kann, auch von Personen, die mit der Immobilie nicht vertraut sind.

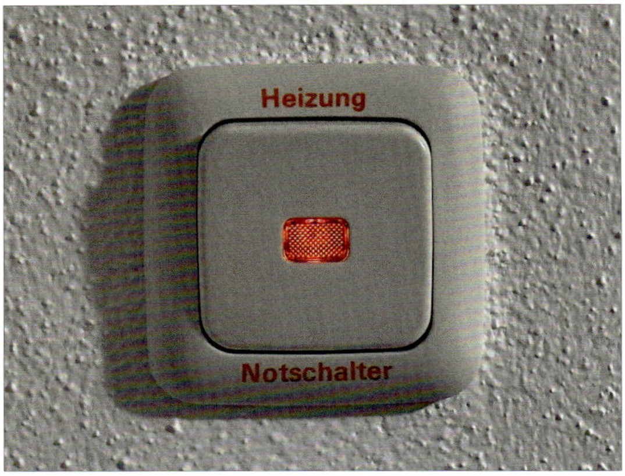

Abbildung 4.7 Ein Heizungsnotschalter sollte über eine funktionierende Leuchte verfügen, damit er auch im Dunkeln gefunden und betätigt werden kann.

Wie alle Sicherheitseinrichtungen muss auch der Heizungsnotschalter jederzeit frei zugänglich sein und darf nicht durch Möbel, Dekorationsgegenstände oder andere Hindernisse verdeckt oder blockiert werden. Sie sollten in der Lage sein, ihn sofort zu finden und zu betätigen, wenn Sie nach ihm suchen.

Situationen, die den Einsatz des Notschalters erfordern

Es gibt verschiedene Szenarien, in denen Sie ohne zu zögern den Heizungsnotschalter betätigen sollten:

- Wenn Sie Brandgeruch oder Rauchentwicklung aus dem Heizungsraum wahrnehmen, ist dies ein eindeutiges Alarmsignal. Feuer oder schwelende Komponenten in der Heizungsanlage können sich schnell ausbreiten und stellen eine akute Gefahr dar. Die sofortige Abschaltung kann verhindern, dass sich ein Brand weiter nährt oder ausbreitet.
- Austretendes Wasser oder Heizöl sind ebenfalls ernste Notfallsituationen. Besonders bei Ölheizungen kann auslaufendes Heizöl erhebliche Umweltschäden verursachen und stellt zudem ein Brandrisiko dar. Auch bei Wasseraustritt besteht die Gefahr, dass die Elektrik der Heizungsanlage beeinträchtigt wird, was zu Kurzschlüssen oder anderen gefährlichen Situationen führen kann.

- Gasgeruch im oder um den Heizungsraum ist ein besonders alarmierendes Zeichen, das sofortiges Handeln erfordert. Wie bereits im Abschnitt zur Gashauptabsperrung erläutert wurde, bildet Gas mit Luft ein explosives Gemisch, das durch die kleinste Zündquelle entflammen kann. Die Betätigung des Heizungsnotschalters sollte in diesem Fall mit der Absperrung des Gases kombiniert werden.
- Ungewöhnliche Geräusche aus dem Heizungsraum können ebenfalls auf ernsthafte Probleme hindeuten. Lautes Klopfen, Pfeifen, Zischen oder metallische Schlaggeräusche, die vom normalen Betriebsgeräusch abweichen, können Anzeichen für einen bevorstehenden technischen Defekt sein. Im Zweifelsfall ist es besser, die Anlage abzuschalten und einen Fachmann zu konsultieren, als ein Risiko einzugehen.

Nach der Notabschaltung sollten Sie den Bereich verlassen, wenn dies gefahrlos möglich ist. Bei Gasgeruch oder ausgetretenem Heizöl verlassen Sie sicherheitshalber das gesamte Gebäude, um sich vor möglichen Folgegefahren zu schützen.

Was passiert nach der Notabschaltung?

Durch das Betätigen des Notschalters wird die gesamte Heizungsanlage sofort stromlos geschaltet. Dies hat weitreichende Auswirkungen auf das System: Alle elektrischen Komponenten wie Pumpen, Regelungstechnik und Steuerungen werden deaktiviert. Die Brenner einer Gas- oder Ölheizung gehen aus, und die komplette Anlage wird in einen sicheren Zustand versetzt.

Es ist wichtig zu verstehen, dass die Notabschaltung ein drastischer Eingriff in die Heizungsanlage ist, der nur in tatsächlichen Gefahrensituationen vorgenommen werden sollte. Für die normale Wartung, Reparaturen oder wenn Sie die Heizung über längere Zeit ausschalten möchten, sollten Sie stattdessen den regulären Ein-/Ausschalter an der Heizungsanlage selbst verwenden.

Nachdem Sie den Notschalter betätigt haben, sind weitere Schritte erforderlich:

1. Bei akuter Gefahr, wie Feuer oder starkem Gasgeruch, verlassen Sie unverzüglich das Gebäude und bringen sich in Sicherheit.
2. Wählen Sie den Notruf 112, wenn Feuer oder Gasgeruch vorliegt. Schildern Sie die Situation klar und präzise, damit die Einsatzkräfte entsprechend vorbereitet anrücken können.
3. Informieren Sie andere Hausbewohner über die Situation, damit auch sie angemessen reagieren können. In Mehrfamilienhäusern ist dies besonders wichtig, da möglicherweise mehrere Parteien von einem Heizungsausfall betroffen sein könnten.
4. Benachrichtigen Sie die Hausverwaltung oder den Eigentümer über den Vorfall, besonders wenn Sie Mieter sind. Diese müssen über ernsthafte technische Probleme informiert sein und können weitere Schritte einleiten.

5. Kontaktieren Sie eine zuständige Heizungsfachfirma, um das Problem begutachten und beheben zu lassen. Je detaillierter Sie das Problem beschreiben können, desto besser kann sich der Techniker vorbereiten.

> **!**
> **Fachfirma erforderlich!**
> Nach einer Notabschaltung darf die Heizungsanlage nur von einer qualifizierten Fachfirma wieder in Betrieb genommen werden. Versuchen Sie unter keinen Umständen, die Anlage selbst wieder einzuschalten – dies könnte gefährlich sein und weitere Schäden verursachen.

Die Fachfirma wird vor der Wiederinbetriebnahme gründlich die Ursache für die Störung ermitteln und beheben müssen. Um dem Techniker bei der Fehlersuche zu helfen, sollten Sie möglichst genau notieren, was Sie vor der Notabschaltung beobachtet haben – beispielsweise ungewöhnliche Geräusche, Gerüche oder sichtbare Auffälligkeiten. Diese Informationen können wertvolle Hinweise liefern und die Reparatur beschleunigen.

4.5 Die Wasserabsperrung

Wasserschäden zählen zu den häufigsten und oft kostspieligsten Schadensfällen in Wohnungen und Häusern. Ein geplatzter Schlauch an der Waschmaschine, ein undichtes Rohr in der Wand oder ein überlaufendes Waschbecken können in kürzester Zeit erhebliche Schäden an Möbeln, Böden und der Bausubstanz verursachen. Wer weiß, wo sich die verschiedenen Absperrhähne befinden und wie man sie bedient, kann schnell reagieren und größere Schäden vermeiden.

Die verschiedenen Absperrmöglichkeiten im Überblick

In einem Haus oder einer Wohnung gibt es mehrere Ebenen, auf denen die Wasserzufuhr abgestellt werden kann, je nach Umfang und Lokalität des Problems. Diese hierarchische Struktur ermöglicht es, entweder gezielt einzelne Wasserstellen oder im Notfall die gesamte Wasserversorgung zu unterbrechen.

Der Hauptwasserhahn ist die zentrale Absperrvorrichtung, die die komplette Wasserzufuhr für das gesamte Gebäude kontrolliert. Wird dieser geschlossen, fließt kein Wasser mehr durch die Leitungen des Hauses – weder Kalt- noch Warmwasser. Die Betätigung des Hauptwasserhahns ist die radikalste Lösung und sollte dann erfolgen, wenn ein größeres Problem vorliegt oder die genaue Quelle eines Wasserschadens nicht sofort lokalisiert werden kann.

Abbildung 4.8 Der Hauptwasserabsperrhahn ist meist in der Nähe der Wasseruhr und des Wasserfilters zu finden.

In Mehrfamilienhäusern existieren neben dem Hauptwasserhahn für das gesamte Gebäude auch separate Absperrhähne für einzelne Wohnungen. Diese Zwischenebene ermöglicht es, die Wasserversorgung einer spezifischen Wohnung zu unterbrechen, ohne die anderen Wohneinheiten zu beeinträchtigen. Dies ist besonders nützlich bei Reparaturen oder Wasserschäden, die nur eine Wohnung betreffen.

Die feinste Ebene der Wasserabsperrung bilden die Eckventile, die direkt an einzelnen Wasserstellen wie Waschbecken, Toiletten oder Waschmaschinen angebracht sind. Diese kleinen, meist verchromten Ventile ermöglichen es, nur eine spezifische Wasserstelle abzusperren, während der Rest des Wassernetzes funktionsfähig bleibt. Dies ist ideal für kleinere Reparaturen oder beim Austausch von Armaturen.

Die Standorte der Wasserabsperrungen

Der Hauptwasserhahn befindet sich typischerweise im Keller oder im Hauswirtschaftsraum, nahe der Stelle, an der die Hauptwasserleitung ins Haus eintritt. Oft ist er in unmittelbarer Nähe des Wasserzählers installiert, der den Wasserverbrauch des gesamten Gebäudes misst. In älteren Gebäuden kann sich der Haupthahn manchmal auch in einer Bodenwanne befinden, die durch eine Metallplatte oder Klappe im Boden zugänglich ist.

Die Absperrhähne für einzelne Wohnungen sind in Mehrfamilienhäusern häufig im Badezimmer zu finden, oft hinter einer Revisionsöffnung oder in einem speziellen Installationsschacht. In manchen Gebäuden befinden sie sich auch im Treppenhaus in der Nähe der jeweiligen Wohnung. Diese Hähne sind manchmal weniger offensichtlich als der Hauptwasserhahn und können in Wandnischen oder hinter kleinen Türchen versteckt sein.

Eckventile für einzelne Geräte sind direkt an den Anschlüssen montiert, üblicherweise unter Waschbecken, neben Toilettenspülkästen oder hinter Waschmaschinen und Geschirrspülern. Sie sind meist kleine, durch einen Drehknopf oder Hebel zu betätigende Ventile, die den Wasser-Zulaufschlauch mit der Wasserleitung verbinden. Bei Waschmaschinen und Geschirrspülern kann es sich auch um größere Absperrhähne handeln, die speziell für diese Geräte konzipiert sind.

Wann das Wasser abgestellt werden sollte

Es gibt verschiedene Situationen, in denen es sinnvoll oder notwendig ist, die Wasserzufuhr zu unterbrechen:

- Bei sichtbaren Wasserlecks oder Rohrbrüchen ist schnelles Handeln gefragt. Je nach Ausmaß und Ort des Problems sollten Sie entweder das betroffene Eckventil, den Wohnungsabsperrhahn oder im schlimmsten Fall den Hauptwasserhahn schließen. Besonders bei sprudelnden Lecks oder wenn Wasser aus Wänden oder Decken austritt, ist es ratsam, sofort den Hauptwasserhahn zu betätigen, um größere Schäden zu vermeiden.
- Vor Wartungs- oder Reparaturarbeiten an wasserführenden Leitungen oder Armaturen sollte grundsätzlich die Wasserzufuhr unterbrochen werden. Je nach Umfang der Arbeiten genügt es, das Eckventil der betroffenen Stelle zu schließen. Bei größeren Eingriffen in das Leitungssystem ist es jedoch sicherer, den Wohnungs- oder Hauptabsperrhahn zu betätigen, um unliebsame Überraschungen zu vermeiden.
- Bei längerer Abwesenheit, etwa während eines mehrwöchigen Urlaubs, kann es ratsam sein, zumindest die Zufuhr zu bestimmten Geräten abzustellen. Besonders Waschmaschinen und Geschirrspüler sollten abgesperrt werden, da deren Schläuche und Ventile bei Nichtbenutzung unter Dauerdruck stehen und über die Zeit porös werden können. Einige Fachleute empfehlen sogar, bei längerer Abwesenheit den Hauptwasserhahn zu schließen, um jedes Risiko auszuschließen.

Bei Frostgefahr in unbenutzten Räumen ist Vorsicht geboten. Wasser, das in Leitungen gefriert, dehnt sich aus und kann Rohre zum Platzen bringen – mit verheerenden Folgen beim Auftauen. Wenn Sie über den Winter ungeheizte Räume haben, in denen Wasserleitungen verlaufen, sollten Sie entweder die betreffenden Leitungen entleeren oder die Zufuhr absperren und die Hähne zum Entlüften öffnen.

Bei defekten Geräten wie tropfenden Armaturen oder undichten Schläuchen sollten Sie mindestens das zugehörige Eckventil schließen, bis eine Reparatur erfolgen kann. Ein kontinuierlich tropfender Wasserhahn mag harmlos erscheinen, kann aber über die Zeit erhebliche Wassermengen verschwenden und die Wasserrechnung unnötig in die Höhe treiben.

Abbildung 4.9 Die beiden Eckventile für ein Waschbecken – Heiß und Kalt sind separate Anschlüsse.

SCHRITT FÜR SCHRITT

Vorgehen bei Wasserschäden

Bei einem akuten Wasserschaden ist schnelles Handeln gefragt:

1. Schließen Sie zunächst den nächstgelegenen Absperrhahn. Bei einem undichten Waschbecken genügt das Eckventil, bei einem Rohrbruch in der Wand sollten Sie den Wohnungs- oder Haupthahn betätigen. Orientieren Sie sich an der Schwere des Problems – im Zweifel ist es besser, zunächst die gesamte Wasserzufuhr zu unterbrechen und dann gezielter vorzugehen.
2. Nachdem die Wasserzufuhr gestoppt ist, beginnen Sie mit der Schadensbegrenzung. Wischen Sie stehendes Wasser auf, stellen Sie Behälter unter noch tropfende Stellen und schützen Sie wertvolle Gegenstände oder Möbel vor Nässe.
3. Bei größeren Schäden informieren Sie umgehend den Vermieter oder die Hausverwaltung. Diese müssen über Wasserschäden in Kenntnis gesetzt werden, besonders wenn die Bausubstanz betroffen sein könnte oder wenn der Schaden Auswirkungen auf andere Wohnparteien haben könnte.

4. Kontaktieren Sie einen Installateur für die Reparatur. Beschreiben Sie das Problem möglichst genau, damit der Fachmann mit dem passenden Werkzeug und Ersatzteilen anrücken kann. Bei akuten Notfällen gibt es Notdienste, die rund um die Uhr verfügbar sind.
5. Informieren Sie bei größeren Schäden Ihre Versicherung. Dokumentieren Sie den Schaden mit Fotos und bewahren Sie alle Rechnungen für Reparaturen auf. Je nach Police kann Ihre Hausrat- oder Gebäudeversicherung für bestimmte Wasserschäden aufkommen.

Auch hier gilt wieder: Machen Sie sich frühzeitig mit den Positionen der verschiedenen Absperrhähne in Ihrer Wohnung oder Ihrem Haus vertraut. In einer Notsituation bleibt keine Zeit für eine lange Suche. Es empfiehlt sich, die Standorte aller Absperrvorrichtungen zu dokumentieren und diese Information allen Haushaltsmitgliedern zugänglich zu machen.

Prüfen Sie zudem regelmäßig, ob sich die Ventile leicht betätigen lassen. Besonders ältere Absperrhähne können durch Kalkablagerungen oder Korrosion festsitzen und im Notfall schwer zu bewegen sein. Ein Tropfen Öl oder ein beherztes, aber vorsichtiges Drehen kann Abhilfe schaffen. Im Zweifel lassen Sie sich von Ihrem Vermieter oder einem Installateur die genauen Positionen und die Funktionsweise der Absperrungen zeigen und bitten um Abhilfe, falls Ventile schwergängig sind.

4.6 Brandschutz zu Hause

Ein Brand in den eigenen vier Wänden gehört zu den bedrohlichsten Notfallsituationen, die ein Hausbesitzer oder Mieter erleben kann. Die gute Nachricht ist: Mit der richtigen Ausrüstung und dem Wissen um deren Handhabung können Sie einen entstehenden Brand oft im Keim ersticken, bevor er sich ausbreitet und lebensbedrohlich wird. In diesem Abschnitt erfahren Sie alles über die wichtigsten Brandschutzeinrichtungen für Ihren Haushalt: Feuerlöscher und Löschdecken.

Der richtige Feuerlöscher für Ihren Haushalt

Für Privathaushalte empfiehlt sich in den meisten Fällen ein sogenannter ABC-Pulverlöscher mit 6 kg Inhalt. Die Bezeichnung *ABC* bezieht sich auf die Brandklassen, für die dieser Löscher geeignet ist:

- **Brandklasse A** umfasst Brände fester brennbarer Materialien wie Holz, Papier, Textilien, Polstermöbel oder Kunststoffe. Diese Materialien finden sich in fast jedem Haushalt in großen Mengen und stellen daher ein häufiges Brandrisiko dar.

- **Brandklasse B** bezeichnet brennende Flüssigkeiten oder schmelzende Stoffe wie Benzin, Alkohol, Lacke, Wachse oder bestimmte Kunststoffe. Auch solche Substanzen sind in vielen Haushalten vorhanden, sei es als Reinigungsmittel, Lösungsmittel oder Brennstoffe.
- **Brandklasse C** bezieht sich auf brennende Gase wie Erdgas, Propan oder Butan, die zum Beispiel in Gasheizungen, Gasherden oder Campingkochern verwendet werden.

Abbildung 4.10 Ein ABC-Pulverlöscher – solche Feuerlöscher gibt es in verschiedenen Größen.

Ein ABC-Pulverlöscher ist vollkommen geeignet, um die meisten im Haushalt vorkommenden Brandarten bekämpfen zu können. Der Nachteil von Pulverlöschern: Sie hinterlassen eine feine Staubschicht, die sich überall verteilt und schwer zu entfernen ist. Nach dem Einsatz eines Pulverlöschers steht in der Regel eine gründliche Reinigung an.

Als Alternative zum Pulverlöscher können Sie einen Schaumlöscher in Betracht ziehen. Dieser verursacht deutlich weniger Verschmutzung als ein Pulverlöscher und eignet sich ebenfalls für die Brandklassen A und B. Der Nachteil: Schaumlöscher sind in der Anschaffung etwas teurer und nicht für Brände der Klasse C (Gase) geeignet. Wenn Sie in Ihrem Haushalt keine Gasgeräte verwenden, kann ein Schaumlöscher dennoch die bessere Wahl sein.

Speziell für die Küche, wo Fettbrände ein besonderes Risiko darstellen, sind Fettbrandlöscher der **Brandklasse F** erhältlich. Diese sind darauf ausgelegt, brennendes Öl oder Fett sicher zu löschen, ohne dabei gefährliche Spritzreaktionen auszulösen, wie sie beim Kontakt von Wasser mit heißem Fett entstehen können. Wenn Sie häufig mit größeren Mengen Öl oder Fett kochen, kann die Anschaffung eines solchen Speziallöschers eine sinnvolle Ergänzung sein.

4.6.1 Standort und Wartung des Feuerlöschers

Die richtige Platzierung Ihres Feuerlöschers kann im Ernstfall entscheidend sein. Montieren Sie den Löscher an einem gut sichtbaren und leicht erreichbaren Ort, idealerweise im Flur oder im Eingangsbereich Ihrer Wohnung oder Ihres Hauses. Der Löscher sollte in einer Höhe angebracht werden, die es allen erwachsenen Hausbewohnern ermöglicht, ihn problemlos abzunehmen. Die Montagehöhe sollte so gewählt werden, dass der Griff etwa auf Brusthöhe liegt, typischerweise 80 bis 120 cm über dem Boden.

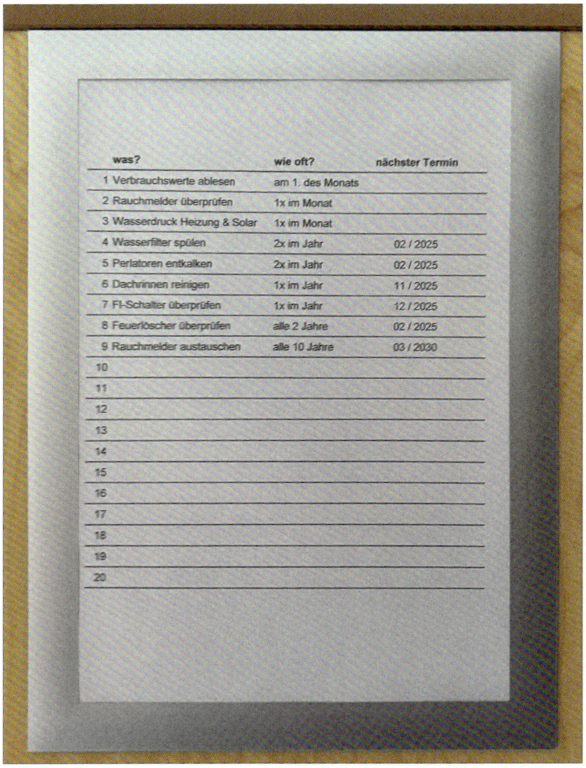

was?	wie oft?	nächster Termin
1 Verbrauchswerte ablesen	am 1. des Monats	
2 Rauchmelder überprüfen	1x im Monat	
3 Wasserdruck Heizung & Solar	1x im Monat	
4 Wasserfilter spülen	2x im Jahr	02 / 2025
5 Perlatoren entkalken	2x im Jahr	02 / 2025
6 Dachrinnen reinigen	1x im Jahr	11 / 2025
7 FI-Schalter überprüfen	1x im Jahr	12 / 2025
8 Feuerlöscher überprüfen	alle 2 Jahre	02 / 2025
9 Rauchmelder austauschen	alle 10 Jahre	03 / 2030
10		
11		
12		
13		
14		
15		
16		
17		
18		
19		
20		

Abbildung 4.11 Serviceliste für wiederkehrende Arbeiten in Wohnung und Haus: Auf diese Liste gehört auch der Feuerlöscher.

Wichtig ist, dass der Feuerlöscher nicht versteckt oder durch Möbel blockiert wird. Im Notfall zählt jede Sekunde, und der Löscher muss sofort gefunden und eingesetzt werden können. Eine zusätzliche Kennzeichnung durch ein Piktogramm oder ein kleines Hinweisschild kann die Auffindbarkeit weiter verbessern.

Ein Feuerlöscher ist kein Gegenstand zum Anschaffen und Vergessen, sondern benötigt regelmäßige Wartung, um im Ernstfall zuverlässig zu funktionieren. Alle zwei Jahre muss der Löscher durch einen zertifizierten Fachbetrieb überprüft werden. Bei dieser Prüfung wird der Druck kontrolliert, die Dichtigkeit überprüft und die allgemeine Funktionsfähigkeit sichergestellt. Nach erfolgreicher Prüfung erhält der Löscher eine Prüfplakette mit dem Datum der nächsten fälligen Kontrolle.

Nach dem Gebrauch – selbst wenn nur ein kleiner Teil des Löschmittels verbraucht wurde – oder bei beschädigter Plombe muss der Löscher neu befüllt werden. Dies ist ein Job für Fachleute und sollte nicht in Eigenregie versucht werden. Die Lebensdauer eines typischen Feuerlöschers beträgt etwa 20 bis 25 Jahre. Danach sollte er ersetzt werden, selbst dann, wenn er nie zum Einsatz kam.

4.6.2 Die Löschdecke – unverzichtbar in der Küche

Eine Löschdecke ist eine weitere wichtige Komponente in Ihrem häuslichen Brandschutzkonzept, besonders in der Küche, wo die häufigsten Brandursachen im Haushalt zu finden sind. Die Löschdecke besteht aus flammenresistentem Material und wird verwendet, um kleinere Brände zu ersticken, indem man ihnen den für die Verbrennung notwendigen Sauerstoff entzieht.

Abbildung 4.12 Die Löschdecke wird an den zwei schwarzen Gurten herausgezogen. Danach wirft man die Decke über das Feuer und versucht, das Feuer damit zu ersticken.

Die Einsatzmöglichkeiten einer Löschdecke sind vielfältig: Zum Ersticken kleinerer Brände eignet sich die Löschdecke hervorragend. Wenn etwa ein Toaster Feuer fängt oder Papier auf einem Tisch brennt, kann die Decke über das brennende Objekt geworfen werden, um die Flammen zu ersticken.

Besonders gut anwendbar ist die Löschdecke beim Löschen brennender Kleidung. Sollte die Kleidung einer Person Feuer fangen, kann diese Person mit der Löschdecke umhüllt werden, um die Flammen zu ersticken. Wichtig dabei: Die Person sollte sich hinlegen, da Flammen nach oben steigen und so das Gesicht gefährden könnten.

In der Küche kann die Löschdecke zum Abdecken brennender Töpfe oder Pfannen verwendet werden. Speziell bei Fettbränden ist die Löschdecke oft die sicherste Löschvariante, da sie keine gefährlichen Spritzreaktionen auslöst, wie sie beim Versuch entstehen würden, brennendes Fett mit Wasser zu löschen.

Für maximale Wirksamkeit und Sicherheit sollte Ihre Löschdecke bestimmte Kriterien erfüllen:

- Die Decke sollte gut erreichbar in der Küche aufgehängt werden, idealerweise in der Nähe der Kochstelle, aber nicht direkt über dem Herd, wo sie im Brandfall möglicherweise nicht mehr erreichbar ist. Viele Löschdecken werden mit einer speziellen Wandhalterung verkauft, die ein schnelles und einfaches Herausziehen im Notfall ermöglicht.
- Die Größe ist ein wichtiger Faktor. Die Decke sollte mindestens 1,2 × 1,8 Meter groß sein, um ausreichend Abdeckungsfläche zu bieten. Für den Einsatz an Personen oder größeren Brandherden sind noch größere Decken von Vorteil.
- Achten Sie beim Kauf darauf, dass die Löschdecke der Norm EN 1869 entspricht. Diese europäische Norm stellt sicher, dass die Decke bestimmte Qualitäts- und Sicherheitsstandards erfüllt.

Im Gegensatz zu Feuerlöschern haben Löschdecken kein offizielles Ablaufdatum. Sie sollten aber alle paar Jahre ersetzt werden, besonders wenn sie verschmutzt, beschädigt oder stark verstaubt sind. Eine regelmäßige visuelle Kontrolle auf Beschädigungen oder Verschmutzungen ist ratsam.

4.6.3 Im Brandfall richtig reagieren

Auch mit der besten Ausrüstung ist die richtige Reaktion im Brandfall entscheidend. Hier sind die wichtigsten Verhaltensregeln:

1. Bewahren Sie Ruhe, auch wenn dies leichter gesagt als getan ist. Panik führt zu Fehlentscheidungen und kann die Situation verschlimmern. Versuchen Sie, überlegt zu handeln und systematisch vorzugehen.

2 Alarmieren Sie sofort die Feuerwehr unter der Notrufnummer 112, auch wenn der Brand noch klein erscheint. Es ist besser, die Feuerwehr zu früh zu rufen, als zu spät. Schildern Sie klar und präzise, was brennt und wo genau sich der Brand befindet.

3. Warnen Sie andere Personen im Gebäude. Stellen Sie sicher, dass alle Bewohner informiert sind und das Gebäude verlassen können, falls nötig. Besondere Aufmerksamkeit sollten Sie älteren Menschen, Kindern und Personen mit eingeschränkter Mobilität widmen.

Nur bei kleinen, gerade entstehenden Bränden sollten Sie selbst einen Löschversuch unternehmen. Wenn der Brand bereits größere Ausmaße angenommen hat oder sich rasch ausbreitet, konzentrieren Sie sich darauf, alle Personen in Sicherheit zu bringen, und überlassen das Löschen den Profis.

Halten Sie Fluchtwege unbedingt frei von Hindernissen. Schließen Sie Türen hinter sich, um die Ausbreitung von Rauch und Feuer zu verlangsamen, aber verschließen Sie sie nicht, damit Rettungskräfte ungehindert Zugang haben.

Vorsicht bei Fettbränden!

Löschen Sie Fettbrände niemals mit Wasser! Das Wasser verdampft schlagartig und reißt brennendes Fett mit sich, was zu einer explosionsartigen Ausbreitung des Feuers führen kann. Verwenden Sie stattdessen die Löschdecke oder einen für Fettbrände geeigneten Feuerlöscher.

Wenn Sie an der Wirksamkeit Ihres Löschversuchs zweifeln oder der Brand trotz Ihrer Bemühungen nicht sofort eingedämmt werden kann, verlassen Sie den Raum, schließen Sie die Tür hinter sich und warten Sie auf die Feuerwehr. Ihre eigene Sicherheit hat stets Vorrang vor dem Versuch, Sachgegenstände zu retten.

Es empfiehlt sich, regelmäßig gedanklich durchzuspielen, wo Ihre Löschgeräte zu finden sind und wie Sie diese im Notfall einsetzen würden. Lesen Sie die Bedienungsanleitungen und machen Sie sich mit der Handhabung vertraut – im Ernstfall bleibt keine Zeit, Gebrauchsanweisungen zu studieren. Die eigene Sicherheit sollte dabei immer an erster Stelle stehen – unternehmen Sie keine riskanten Löschversuche, wenn dadurch Ihre persönliche Sicherheit gefährdet werden könnte.

Eine gute Praxis ist auch die regelmäßige Sichtkontrolle Ihrer Brandschutzausrüstung. Prüfen Sie alle paar Monate kurz,

- ob der Feuerlöscher noch an seinem vorgesehenen Platz ist und nicht verstellt wurde,
- ob die Plombe am Feuerlöscher unbeschädigt ist,

- ob der Druckanzeiger im grünen Bereich steht, was auf ausreichenden Druck hinweist und
- ob die Löschdecke sauber, unbeschädigt und griffbereit ist.

Diese einfachen, regelmäßigen Kontrollen stellen sicher, dass Ihre Brandschutzausrüstung im Ernstfall zuverlässig funktioniert und sofort einsatzbereit ist.

4.7 Notfallkontakte und Checklisten

In Notfallsituationen ist Zeit ein entscheidender Faktor. Wenn Sie wichtige Kontaktinformationen griffbereit haben und eine Checkliste für verschiedene Szenarien vorbereitet haben, können Sie schneller und effektiver reagieren. Dieser Abschnitt hilft Ihnen, die notwendigen Informationen zu organisieren und sich optimal auf mögliche Notfälle vorzubereiten.

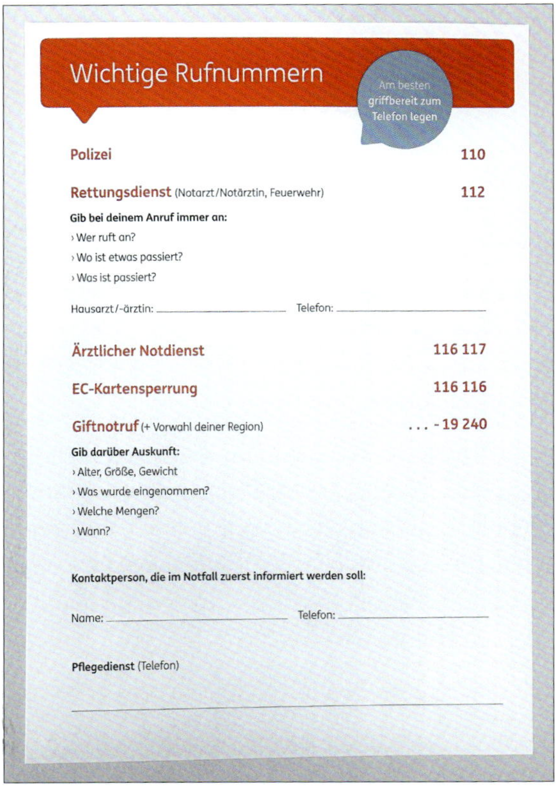

Wichtige Rufnummern

Am besten griffbereit zum Telefon legen

Polizei 110

Rettungsdienst (Notarzt/Notärztin, Feuerwehr) 112

Gib bei deinem Anruf immer an:
› Wer ruft an?
› Wo ist etwas passiert?
› Was ist passiert?

Hausarzt/-ärztin: ________ Telefon: ________

Ärztlicher Notdienst 116 117

EC-Kartensperrung 116 116

Giftnotruf (+ Vorwahl deiner Region) ... - 19 240

Gib darüber Auskunft:
› Alter, Größe, Gewicht
› Was wurde eingenommen?
› Welche Mengen?
› Wann?

Kontaktperson, die im Notfall zuerst informiert werden soll:

Name: ________ Telefon: ________

Pflegedienst (Telefon)

____

Abbildung 4.13 Für die wichtigsten Rufnummern gibt es Vorlagen im Handel.

4.7.1 Wichtige Telefonnummern

Erstellen Sie eine Liste mit allen wichtigen Telefonnummern und bewahren Sie diese an einem zentralen, leicht zugänglichen Ort auf – idealerweise in der Nähe Ihres Telefons oder an der Innenseite eines Küchenschranks. Alternativ können Sie diese Nummern auch in Ihr Smartphone einspeichern, aber eine physische Liste ist als Backup immer sinnvoll, besonders bei Stromausfall oder wenn das Telefon nicht verfügbar ist.

Wer		Rufnummer
Feuerwehr / Rettungsdienst		**112**
Polizei		**110**
Ärztlicher Notdienst		**116 117**
Gift-Notruf	München	**089-19240**
Gas-Notruf	Erdgas Bayern	**0800 182 2828**
	Erdgas Bayern	**0831 9123-0**
Notruf Pechwerke	ENW Pechwerke	**08221 5123-321**
Wasserwerke	Bornheim	**08234 55-0**
Abwasser	Karl May	**0179-31678121**
Elektro-Notdienst	Johan Baum	**0179 34353637**
Photovoltaik	Fa. Hering	**08234 79573**
Heizungs-Notdienst	Fa. Scheibner	**08234 934353**
Hausarzt	Alt & Jung	**08234 144044**
Telefonseelsorge	evangelisch	**0800 111 0 111**
Telefonseelsorge	katholisch	**0800 111 0 222**

Abbildung 4.14 Eine selbst gemachte Rufnummernliste für die wichtigsten Notfälle

Zu den wichtigsten Nummern gehören:

- Feuerwehr/Rettungsdienst: 112 (europaweit einheitlich)
- Polizei: 110
- Giftnotruf: (Seine Nummer ist je nach Region unterschiedlich, recherchieren Sie die für Sie zuständige Nummer.)
- Gasversorgungsunternehmen und dessen Notdienst
- Wasserwerke und deren Havarie-Dienst
- Stromversorger und dessen Störungsdienst
- Elektro-Notdienst in Ihrer Nähe
- Heizungsnotdienst oder Ihr Vertragsinstallateur

- Schlüsseldienst (falls Sie sich ausgesperrt haben)
- Hausverwaltung oder Vermieter
- Versicherung (besonders Ihre Hausrat- und/oder Gebäudeversicherung)
- Vertrauensperson(en), die im Notfall benachrichtigt werden sollten

Ergänzen Sie diese Liste um alle weiteren Kontakte, die in Ihrer spezifischen Situation wichtig sein könnten. Je nach Wohnsituation und persönlichen Umständen können dies unterschiedliche Kontakte sein.

4.7.2 Checkliste für die Notfallvorsorge

Eine gut durchdachte Vorbereitung auf mögliche Notfälle gibt Ihnen nicht nur mehr Sicherheit im Ernstfall, sondern kann auch dazu beitragen, Schäden zu minimieren oder ganz zu vermeiden. Hier ist eine Checkliste, die Ihnen bei der Notfallvorsorge hilft:

- Dokumentieren Sie die Standorte aller Notabsperrungen in Ihrem Zuhause. Machen Sie Fotos oder erstellen Sie eine einfache Skizze, die zeigt, wo sich der Hauptwasserhahn, der Gashauptabsperrhahn, der Heizungsnotschalter und der Sicherungskasten befinden. Bewahren Sie diese Dokumentation an einem leicht zugänglichen Ort auf und stellen Sie sicher, dass alle Haushaltsmitglieder wissen, wo sie zu finden ist.
- Überprüfen Sie regelmäßig die Funktionsfähigkeit aller Absperreinrichtungen. Wasserhähne können durch Kalk festsitzen, Gasventile können schwergängig werden und elektrische Schalter können Defekte aufweisen. Eine vierteljährliche Kontrolle ist ratsam, um sicherzustellen, dass im Notfall alles einwandfrei funktioniert.
- Sorgen Sie dafür, dass Feuerlöscher und Löschdecke vorhanden, zugänglich und in gutem Zustand sind. Der Feuerlöscher sollte alle zwei Jahre durch einen Fachbetrieb geprüft werden, während die Löschdecke regelmäßig auf Beschädigungen und Verschmutzungen kontrolliert werden sollte.
- Rauchmelder sind in den meisten Bundesländern mittlerweile Pflicht und sollten in ausreichender Zahl vorhanden und funktionsfähig sein. Überprüfen Sie monatlich die Funktionalität durch Drücken der Testtaste und wechseln Sie die Batterien mindestens einmal im Jahr oder gleich, wenn der Melder einen Batteriewechsel anzeigt. (Modernere Varianten sind mit einer 10-Jahre-Batterie ausgestattet, die nicht mehr ausgewechselt werden kann.)
- Halten Sie Ihre Notfallkontakte stets aktuell. Überprüfen Sie mindestens einmal jährlich, ob alle Telefonnummern noch stimmen, besonders bei Dienstleistern und Versorgern, die ihre Kontaktdaten ändern könnten.

- Stellen Sie sicher, dass Ihre Versicherungen auf dem aktuellen Stand sind. Überprüfen Sie die Deckungssummen Ihrer Hausrat- und Gebäudeversicherung und passen Sie sie gegebenenfalls an veränderte Werteverhältnisse an. Dokumentieren Sie wertvolle Gegenstände durch Fotos und Kaufbelege, um im Schadensfall die Erstattung zu erleichtern.
- Halten Sie Fluchtwege stets frei und machen Sie sich mental mit ihnen vertraut. In einem verrauchten Raum oder bei Dunkelheit kann die Orientierung schwierig sein. Vorgeplante Fluchtwege können dann lebensrettend sein.

4.8 Bei längerer Abwesenheit

Wenn Sie für längere Zeit verreisen oder Ihr Zuhause aus anderen Gründen für mehrere Tage oder Wochen verlassen, sollten Sie besondere Vorsichtsmaßnahmen treffen, um Schäden in Ihrer Abwesenheit zu vermeiden:

- Schließen Sie den Hauptwasserabsperrhahn, um Wasserschäden durch Leckagen zu verhindern. Dies ist besonders wichtig, wenn Sie im Winter verreisen und ein Frostrisiko besteht. Nach dem Absperren öffnen Sie alle Wasserhähne kurz, um die Leitungen zu entleeren.
- Trennen Sie elektrische Geräte vom Netz, die nicht zwingend in Betrieb bleiben müssen. Dies spart nicht nur Energie, sondern reduziert auch das Risiko von Bränden durch defekte Geräte oder Überspannungen.
- Schalten Sie Standby-Geräte wie Fernseher, Computer oder Stereoanlagen vollständig aus. Diese Geräte verbrauchen nicht nur unnötig Strom, sondern stellen auch ein potenzielles Brandrisiko dar.
- Informieren Sie vertrauenswürdige Nachbarn über Ihre Abwesenheit, damit diese ein Auge auf Ihre Wohnung oder Ihr Haus haben können. Hinterlassen Sie eine Kontaktnummer, unter der Sie im Notfall erreichbar sind.
- Vereinbaren Sie regelmäßige Kontrollen Ihrer Wohnung während Ihrer Abwesenheit. Ein guter Nachbar kann nach dem Rechten sehen, den Briefkasten leeren und durch gelegentliches Ein- und Ausschalten von Lichtern den Eindruck erwecken, dass die Wohnung bewohnt ist.
- Bei Frostgefahr sollten Sie die Heizung nicht vollständig abschalten, sondern auf einer niedrigen Stufe weiterbetreiben. Die meisten modernen Heizungsanlagen verfügen über eine Frostschutz-Einstellung, die verhindert, dass die Temperatur unter einen kritischen Wert sinkt.

4.9 Mehr Möglichkeiten durch smarte Helfer

In den letzten Jahren haben Smart-Home-Technologien die Möglichkeiten der Hausüberwachung und Notfallvorsorge erweitert. Diese können die klassischen Sicherheitsmaßnahmen sinnvoll ergänzen:

- Wasser- und Rauchwarnmelder können mit Smart-Home-Systemen verbunden werden, die bei Auslösung nicht nur vor Ort Alarm schlagen, sondern auch eine Benachrichtigung an Ihr Smartphone senden. So können Sie auch aus der Ferne reagieren oder Nachbarn oder Notdienste alarmieren.
- Die Fernüberwachung ermöglicht es Ihnen, von überall auf der Welt den Zustand Ihres Zuhauses zu kontrollieren. Kameras, Bewegungsmelder und verschiedene Sensoren können verdächtige Aktivitäten oder Probleme erkennen und Sie sofort benachrichtigen.
- Besonders fortschrittliche Systeme bieten eine automatische Abschaltung von Wasser oder Strom bei erkannten Problemen. Wenn ein Wassersensor ein Leck meldet, kann das System automatisch den Wasserzulauf unterbrechen und so größere Schäden verhindern.

Diese Smart-Home-Lösungen ersetzen zwar nicht die grundlegenden Sicherheitsmaßnahmen und das Wissen um manuelle Notabsperrungen, können aber eine wertvolle zusätzliche Sicherheitsebene bieten, besonders wenn Sie häufig unterwegs sind oder in einer abgelegenen Gegend wohnen.

4.10 Notfallvorsorge

Bewahren Sie Ihre Notfallmappe (und auch das Wohnungsjournal, bzw. Haus-Handbuch) an einem gut zugänglichen Ort auf und machen Sie alle Haushaltsmitglieder mit dem Ort und Inhalt vertraut. Ein Notfall ist nie vorhersehbar, und jedes Familienmitglied sollte wissen, wie es reagieren muss, wenn es allein zu Hause ist.

Planen Sie vorab, wie Sie in verschiedenen Notfallsituationen handeln werden. Mentales Durchspielen von Szenarien kann Ihnen helfen, im Ernstfall ruhiger und überlegter zu reagieren. Wenn es darauf ankommt, zählt jede Sekunde, und eine gute Vorbereitung kann den entscheidenden Unterschied machen.

Denken Sie daran, dass Ihre persönliche Sicherheit und die Ihrer Familie immer Vorrang vor dem Schutz von Sachwerten haben sollte. Im Zweifelsfall ist es besser, ein Gebäude zu verlassen und professionelle Hilfe zu rufen, als sich selbst in Gefahr zu bringen.

Abbildung 4.15 Eine Notfallmappe, die gut sichtbar im Regal stehen kann

Mit dem Wissen aus diesem Kapitel und einer guten Vorbereitung sind Sie bestens gerüstet, um typische Notfallsituationen in Ihrem Zuhause zu meistern oder idealerweise ganz zu vermeiden. Nehmen Sie sich die Zeit für diese Vorbereitungen – sie sind eine Investition in Ihre Sicherheit und Ihr Wohlbefinden.

Kapitel 5

Werkzeuge

Für das Heimwerken stehen Ihnen zahlreiche Werkzeuge zur Verfügung – jeder Baumarkt präsentiert eine überwältigende Auswahl. Manche Werkzeuge erschließen sich sofort, bei vielen anderen fragen Sie sich jedoch, wofür sie überhaupt gut sein sollen. In diesem Kapitel stelle ich die wichtigsten Werkzeuge vor, erkläre deren Funktionen und gebe Ihnen praktische Tipps für die Anwendung. Mit diesem Wissen ausgerüstet, können Sie selbstbewusst Ihre ersten Projekte in Angriff nehmen und schrittweise Ihre Fähigkeiten erweitern.

Abbildung 5.1 Eine Werkzeugtasche mit den gängigsten Werkzeugen

Mit diesen Werkzeugen sind Sie bestens gerüstet, um eine Vielzahl von DIY-Projekten in Angriff zu nehmen. Denken Sie daran, dass Qualität sich auszahlt: Investieren Sie zunächst in grundlegende, hochwertige Werkzeuge und erweitern Sie Ihre Sammlung schrittweise nach Ihren Bedürfnissen. Nehmen Sie sich Zeit, den Umgang mit jedem Werkzeug zu üben, bevor Sie größere Projekte starten. Mit wachsender Erfahrung werden Ihre Projekte zunehmend anspruchsvoller und die Ergebnisse befriedigender.

Wichtige Werkzeuge

Bevor wir uns die einzelnen Werkzeuge genauer anschauen, möchte ich Ihnen eine wichtige Botschaft mitgeben: Sie brauchen nicht von Anfang an eine komplette Werkstatt. Gutes Heimwerken beginnt mit wenigen, passend für Sie ausgewählten Werkzeugen. Jedes Werkzeug hat seinen Zweck, und wenn Sie die Grundlagen verstehen, wissen Sie auch, was Sie wann brauchen. So bauen Sie sich nach und nach eine sinnvolle Sammlung an Werkzeugen auf, ohne Geld für Dinge auszugeben, die nur Staub sammeln.

5.1 Die erste Werkzeugausstattung – klein anfangen und mit der Zeit clever ausbauen

Viele Menschen scheuen sich davor, handwerkliche Projekte in der eigenen Wohnung anzugehen. Oft haben sie kein Werkzeug und wissen auch nicht, welches Werkzeug für die Arbeit nötig ist.

Dabei ist ein Anfang gar nicht so schwierig, denn für die meisten Arbeiten benötigen Sie nur eine überschaubare Grundausstattung an Werkzeugen. Mit einem durchdacht zusammengestellten kleinen Basis-Set können Sie bereits erstaunlich viele Arbeiten erledigen, da jedes Werkzeug oft für eine Vielzahl von Fällen nutzbar ist und sehr universell einsetzt werden kann. Die Grenze ist meist nur die eigene Vorstellungskraft, was man beispielsweise alles mit einem Schraubendreher machen kann.

Mit welchem Werkzeug fängt man an?

Der Akkuschrauber ist in jeder Heimwerkerwerkstatt unverzichtbar. Investieren Sie in ein Qualitätsprodukt mit mindestens 18-Volt-Technologie bei den Akkus – das gibt Ihnen genügend Kraft für die meisten Arbeiten im Haus.

Abbildung 5.2 Ein handlicher Akkuschrauber mit kleinem Akku für einfache handwerkliche Tätigkeiten

Achten Sie darauf, dass zwei Akkus und ein Ladegerät im Lieferumfang enthalten sind. So können Sie einen Akku laden, während Sie mit dem anderen arbeiten. Ein guter Akkuschrauber sollte auch verschiedene Drehmomenteinstellungen und zwei Gänge besitzen: einen langsamen für präzises Schrauben und einen schnellen fürs Bohren.

Für den Akkuschrauber benötigen Sie außerdem ein Bit-Set mit den gängigsten Profilen: Das sind Schlitz-, Kreuz-, Phillips- und Torx-Profile.

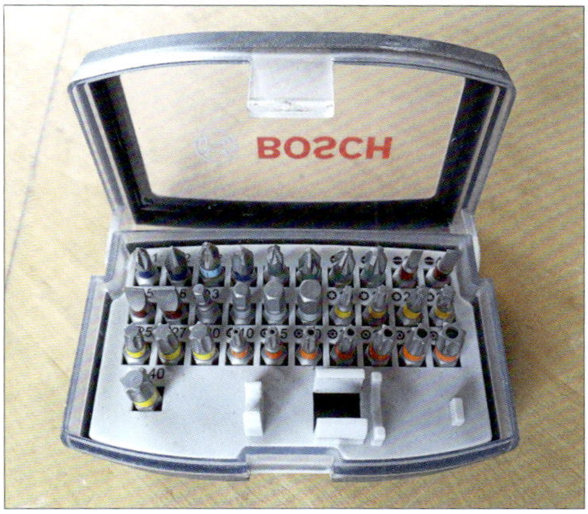

Abbildung 5.3 Ein Bit-Set aus dem Baumarkt mit den gebräuchlichsten Bits

Ein Satz hochwertiger Schraubendreher gehört auch noch dazu, denn diese brauchen Sie trotz Akkuschrauber immer wieder für feinere Arbeiten oder an schwer zugänglichen Stellen. Wählen Sie Schraubendreher mit ergonomischen Griffen in den gängigsten Größen für Kreuz- und Schlitzschrauben.

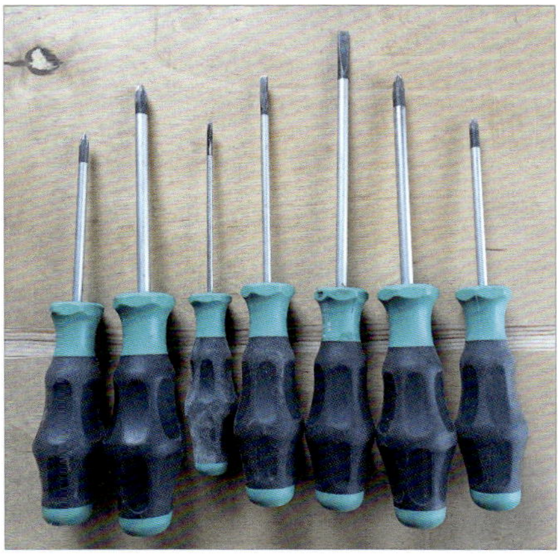

Abbildung 5.4 Ein Schraubendreher-Set mit guten Griffen, die nicht in der Hand rutschen – die Rückseite des Griffs sollte immer glatt sein.

Eine robuste Kombizange ist unverzichtbar zum Greifen, Biegen und Schneiden. Ergänzen Sie diese Basis-Werkzeuge um einen soliden Hammer (am besten 300 g), ein gut ablesbares Maßband und eine Wasserwaage für gerade Montagearbeiten.

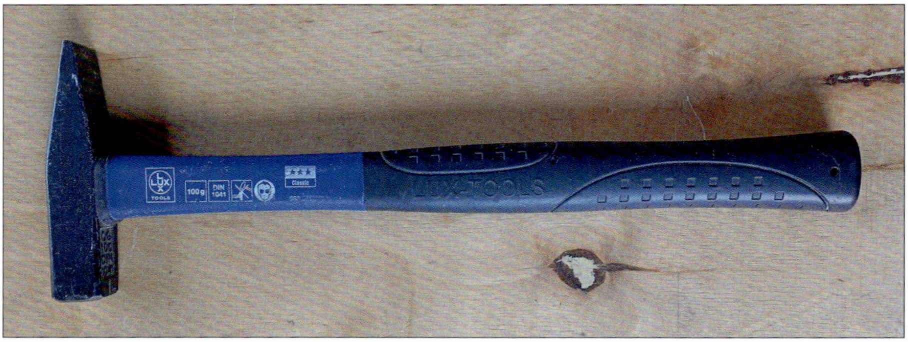

Abbildung 5.5 Ein kleiner Hammer, um Nägel für Bilderrahmen einschlagen zu können

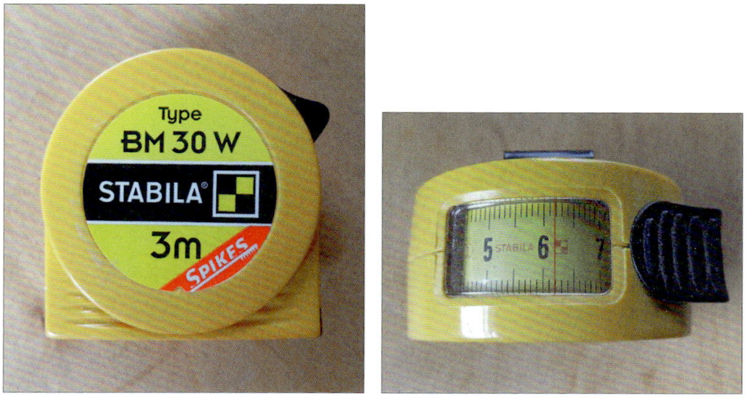

Abbildung 5.6 Ein kurzes Maßband guter Qualität und mit praktischem Sichtfenster, um Innenmaße messen zu können

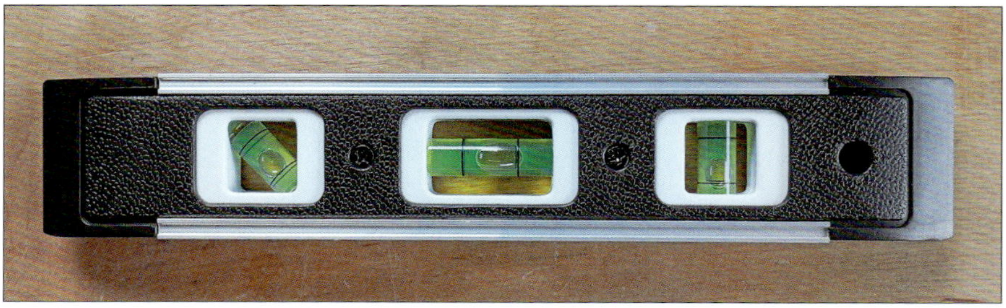

Abbildung 5.7 Eine kleine Wasserwage

Mit dieser Grundausstattung können Sie bereits die meisten Heimwerkeraufgaben bewältigen. Weitere Werkzeuge können Sie dann nach Bedarf ergänzen, wenn Sie merken, dass Sie sie für bestimmte Projekte benötigen.

Wo kauft man Werkzeug?

Wenn Sie Werkzeug kaufen möchten, können Sie entweder in den Baumarkt gehen, einen Fachmarkt aufsuchen oder online bestellen. Sie können im Internet in Heimwerker-Foren nach empfohlenen Marken und Werkzeugen Ausschau halten oder sich von anderen Heimwerkern direkt etwas empfehlen lassen. Auch in DIY-Zeitschriften sind regelmäßig Werkzeug-Tests zu finden, und manche Online-Portale haben sich ausschließlich auf Tests dieser Art spezialisiert.

Als angehender Heimwerker, der seine erste Werkzeug-Grundausstattung zusammenstellen möchte, haben Sie nun die Qual der Wahl. Wie gehen Sie am besten vor?

Zuerst müssen Sie Ihr Budget festlegen, dann abschätzen, wie oft Sie das Werkzeug in die Hand nehmen werden und wo Ihr Ziel dabei liegt. Aber auch das hört sich komplizierter an, als es ist, denn es geht hier in diesem Buch nur darum, Ihnen bei der ersten Grundausstattung zu helfen, damit Sie für gelegentliche Arbeiten gerüstet sind. Und mit diesem Ziel vor Augen ist die Auswahl des richtigen Werkzeugs schon gar nicht mehr so kompliziert.

Welche Qualität sollten die Werkzeuge haben?

Beginnen Sie mit qualitativ guten Werkzeugen, die die Basis Ihrer Werkzeugausstattung bilden werden. (Sie brauchen aber keine teuren Profi-Werkzeuge.) Die Auswahl, die Sie in Baumärkten und Online-Shops vorfinden, ist gar nicht so klein, denn viele Hersteller haben Heimwerker und Heimwerkerinnen als Zielgruppe im Auge und bieten eine Auswahl für jeden Geldbeutel an.

Die teuersten Profi-Werkzeuge hingegen übersteigen das Budget der meisten Heimwerker deutlich – und deren Qualität brauchen Sie im Hobbybereich meist gar nicht. Da bei Ihnen das Werkzeug sowieso die meiste Zeit im Regal liegen wird, ist der Preis für Profi-Werkzeuge im Heimbereich in den meisten Fällen nicht gerechtfertigt.

Die goldene Mitte ist in der Regel ausreichend. Bei Elektrowerkzeugen finden Sie etablierte Markenhersteller wie *Ryobi*, *Bosch*, *Makita* oder *Metabo*, die in ihren Heimwerker-Serien ein ausgewogenes Preis-Leistungs-Verhältnis bieten. Bei Handwerkzeugen sind Marken der mittleren Produktlinie wie *Wera*, *Knipex* oder *Wiha* in eine gute Wahl. Diese Werkzeuge halten bei normaler Nutzung viele Jahre und arbeiten präzise genug für alle üblichen Heimwerkeraufgaben.

Werkzeugqualität und Markenwelt: Was Heimwerker wissen sollten

Viele gelernte Handwerker, mit denen ich über Werkzeug gesprochen habe, haben im Laufe der Jahre viel Geld in Werkzeuge investiert und dabei einige interessante Erkenntnisse gewonnen. Eine Erkenntnis zeigt auch die Übersicht der Elektrowerkzeug-Hersteller sehr deutlich: Viele scheinbar unabhängige Marken gehören zu den gleichen Unternehmensgruppen. Noch interessanter ist, dass oft die gleichen Fabriken in Fernost für verschiedene Marken produzieren – vom Premiumhersteller bis zur Billigmarke.

Abbildung 5.8 Übersicht über die gängigsten Werkzeughersteller. Weitere Informationen dazu finden Sie unter https://werkzeug-insider.de/groesste-hersteller-von-elektrowerkzeugen-werkzeugmarke-unternehmensgruppe/.

Diese Erkenntnis erklärt auch teilweise die Diskrepanz zwischen Handwerkerempfehlungen und offiziellen Testberichten. Während die Testinstitute oft bestimmte Marken bevorzugen, wissen erfahrene Handwerker: Unter der Oberfläche steckt häufig die gleiche Technik, nur zu unterschiedlichen Preisen.

Auf der anderen Seite gibt es aber auch immer wieder mal Testberichte in Heimwerkermagazinen, wo manchmal Merkmale wie eine längere Anschlussleitung mehr Gewicht bekommen als die eigentliche Funktionalität und Langlebigkeit des Geräts. Solche Bewertungskriterien spiegeln selten die tatsächlichen Anforderungen in der Praxis wider.

Schauen Sie in die Werkzeugtasche eines Handwerkers

Schauen Sie sich einmal die Werkzeugtasche eines Handwerkers an, der täglich mit seinem Werkzeug arbeitet. Sie werden überrascht sein, welche Marken und Werkzeuge Sie bei ihm finden. Für Profis zählt vor allem, dass das Werkzeug zuverlässig funktioniert und lange hält – nicht der Name auf dem Gerät oder das Prestige einer teuren Marke.

Wo liegen die Qualitätsunterschiede?

In den letzten Jahren hat sich die Qualität günstiger Werkzeuge stark verbessert – kein Wunder, wenn sie teilweise aus den gleichen Produktionslinien kommen wie teurere Markenprodukte. Die Unterschiede liegen oft nur noch in:

- der Qualitätskontrolle
- dem Kundenservice
- der Garantieleistung
- kleinen technischen Verfeinerungen

Für Handwerksbetriebe bedeutet dies, dass sie nicht mehr zwingend in die teuersten Markenwerkzeuge investieren müssen. Der Diebstahl oder Verlust von Werkzeugen auf Baustellen schmerzt bei günstigeren Alternativen weniger.

Für Sie als Heimwerker bzw. Heimwerkerin heißt das: Lassen Sie sich nicht vom Markennamen blenden. Achten Sie stattdessen auf:

- gute Verarbeitung und Handhabung
- Erfahrungsberichte im Internet
- ein faires Preis-Leistungs-Verhältnis

Die Übersicht der Hersteller macht deutlich: Die Werkzeugwelt ist komplexer, als sie scheint. Viele vermeintlich konkurrierende Marken gehören zu den gleichen Konzernen wie *Stanley Black & Decker*, *Bosch* oder der *Husqvarna Group*. Das erklärt auch, warum manchmal günstigere Werkzeuge eine überraschend gute Qualität liefern können.

Systematisch erweitern – aber auch sparen!

Sobald Sie Ihre ersten Projekte in Angriff nehmen, werden Sie schnell merken, welche zusätzlichen Werkzeuge Sie benötigen. Erweitern Sie Ihr Set dann gezielt um Spezialwerkzeuge wie einen Leitungssucher für Elektroarbeiten oder eine Abisolierzange für Netzwerkverkabelungen. Aber überlegen Sie auch: Werden Sie dieses Werkzeug häufiger einsetzen? Bei einmaligen Projekten lohnt sich manchmal auch eine günstigere Variante oder eine kreative Lösung mit vorhandenem Werkzeug.

Ausleihen ist auch ein Alternative!

Eine Erfahrung, die ich kürzlich gemacht habe, zeigt, wie sinnvoll das Ausleihen von Spezialwerkzeug sein kann: Ich stand vor der Aufgabe, einen Dübel in einen Betonsockel zu setzen. Meine normale Schlagbohrmaschine war dafür zu schwach – ich brauchte einen Bohrhammer.

Nach einer kurzen Online-Recherche zu aktuellen Geräten und Preisen machte ich mir drei Gedanken:

- Wie oft hatte ich bisher einen Bohrhammer gebraucht? Die Antwort darauf war: Nie.
- Wie wahrscheinlich würde ich so ein Gerät in Zukunft brauchen? Vermutlich selten bis nie.
- Und wo sollte ich ein weiteres großes Werkzeug in meiner ohnehin schon vollen Werkstatt unterbringen?

Natürlich fragte ich mich auch noch, wie cool es denn wäre, so einen Bohrhammer zu besitzen. Aber Hand aufs Herz: Es gibt weitaus interessantere Geräte, für die ich sofort Platz in der Werkstatt schaffen würde. Der Kauf eines Bohrhammers fiel also flach.

Die Lösung war dann der Werkzeugverleih unseres lokalen Baumarkts. Für einen Bruchteil des Kaufpreises konnte ich mir einen professionellen Bohrhammer für einen Tag ausleihen – inklusive des passenden Bohrers. Die benötigten Löcher waren in nur 15 Minuten gebohrt. Diese Lösung sparte nicht nur Geld (die Leihgebühr betrug nur etwa ein Zehntel des Kaufpreises), sondern auch Zeit, da ich nicht auf eine Lieferung warten musste.

Überflüssiges Werkzeug vermeiden

Dass ich im Allgemeinen empfehle, überflüssiges und selten genutztes Werkzeug zu vermeiden, hört sich wahrscheinlich im ersten Moment komisch an. Viele Leute, die das Heimwerken lieben, können nicht genug von Werkzeug bekommen. Das ist die Gefahr dieses Hobbys: Man sammelt viel zu viel Zeug an. Besonders über die Jahre passiert dies recht schnell, ohne dass man es bemerkt. Ab dem Moment, in dem Sie über einen Anbau für Ihre Werkstatt nachdenken, ist es schon viel zu spät.

Falls Sie dieser Schwäche auch verfallen sind und keinen Anbau haben möchten, gibt es nur eine Möglichkeit: der Flohmarkt. Sortieren Sie alle paar Jahre Ihren Werkzeugbestand aus und verkaufen Sie das überflüssige und kaum benutzte Werkzeug einfach auf dem Flohmarkt. Werkzeug verkauft sich gut, und so können Sie nicht nur wieder Platz schaffen, sondern auch wieder ein wenig des ausgegebenen Geldes hereinbekommen. Eine andere Möglichkeit sind Maker-Spaces und Repair-Cafés. Fragen Sie die Leute dort, ob sie Werkzeug brauchen, und spenden Sie ihnen etwas von Ihrem überflüssigen Zeug. Es ist ein gutes Gefühl, wenn man weiß, dass das Werkzeug noch weiterverwendet wird und anderen Menschen hilft.

5.2 Akkuschrauber, Schlagschrauber und Bohrmaschinen

Der Akkuschrauber ist ein unverzichtbares Werkzeug in jeder (Heimwerker-)Werkstatt. Er ist vielseitig und er wird öfter gebraucht als alle anderen Elektrowerkzeuge in der Werkzeugtasche.

Neben dem Akkuschrauber gibt es noch den Schlagschrauber, die Bohrmaschine und den Bohrhammer als spezialisierte Kraftprotze für anspruchsvollere Aufgaben. Schauen wir uns die Eigenschaften und Einsatzgebiete dieser Geräte an, damit Sie die richtige Wahl für Ihre Projekte treffen können.

5.2.1 Der Akkuschrauber – das Multitalent

Ein moderner Akkuschrauber verwandelt mühsame Handarbeit in effizientes Arbeiten und bewältigt zwei Hauptaufgaben: das Eindrehen von Schrauben und das Bohren in verschiedene Materialien. Die integrierte Drehmomenteinstellung verhindert das Überdrehen von Schrauben, wodurch Materialschäden und abgerissene Schraubenköpfe vermieden werden. Beim Verschrauben in Holz wählen Sie beispielsweise eine so niedrigere Stufe, dass der Schraubkopf auf dem Holz aufsitzt, sich aber nicht hineindreht.

Abbildung 5.9 Ein Akkuschrauber mit 2,5-Ah-Akku

Das Zweiganggetriebe erweitert den Funktionsumfang eines Akkuschraubers für verschiedene Aufgaben: Der erste Gang liefert hohes Drehmoment für kraftintensive

Schraubarbeiten, während der zweite Gang die Drehzahl erhöht und sich dadurch für schnellere Bohrarbeiten eignet. Diese Flexibilität macht den Akkuschrauber zum universellen Begleiter von der Möbelmontage bis zum Bohren von Löchern für eine Wandregalbefestigung.

Abbildung 5.10 Die Drehmomenteinstellung am vorderen Ring und der Schalter für das Zweiganggetriebe

Die Leistungsfähigkeit moderner Akkuschrauber beeindruckt durch eine erstaunliche Kraftentwicklung. Aktuelle Profi-Modelle erreichen Drehmomente von 135 Nm und übertreffen damit den Motor des VW-Käfers aus den 1960er-Jahren, der lediglich 130 Nm Drehmoment entwickelte. Diese Kraftreserven verpacken Hersteller heute in kompakte Gehäuse mit einem Gewicht von weniger als 2 kg – eine technologische Entwicklung, die das präzise Arbeiten revolutioniert hat! Nicht umsonst werden heutzutage bei Seifenkistenrennen Akkuschrauber als Antrieb für die Boliden verwendet.

Die Spannweite der Bohrfutterkapazität bestimmt, welche Bohrerdurchmesser eingesetzt werden können. Für die meisten Heimwerkerprojekte genügt ein 10–13-mm-Bohrfutter vollständig. Die Wechselmöglichkeit zwischen Bohren und Schrauben erfolgt durch Schnellwechselfutter, die mit der Hand gelöst und festgezogen werden können.

Abbildung 5.11 Das Schnellwechselfutter eines Akkuschraubers

Auswahlkriterien – worauf Sie achten sollten

Es gibt ein paar Auswahlkriterien, die Sie bei der Wahl Ihres ersten Akkuschraubers berücksichtigen sollten. Ein Akkuschrauber ist ein Handwerkzeug, das Sie sehr lange begleitet und das Sie sehr häufig in die Hand nehmen werden. Entsprechend wichtig ist die Wahl eines Modells, das gut zu Ihren Projekten passt.

Die Akku-Kapazität

Die Akkulaufzeit beeinflusst entscheidend die Einsatzdauer Ihres Geräts. Moderne Lithium-Ionen-Akkus haben eine Kapazität zwischen 2,0 und 4,0 Amperestunden (Ah) und sind gut für einen Akkuschrauber geeignet. Sie sind noch nicht zu schwer und zu klobig, wobei höhere Werte längere Arbeitszeiten ermöglichen. Die Ladezeit variiert dabei abhängig von der Kapazität.

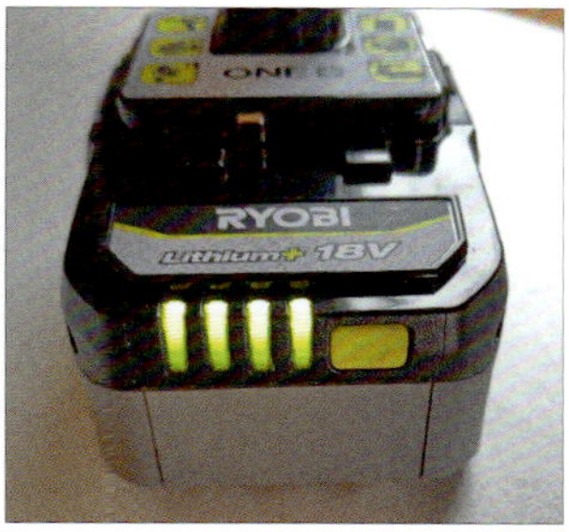

Abbildung 5.12 Ein moderner Akku mit Ladestandsanzeige per Knopfdruck

Die Wahl einer Akkuplattform verdient besondere Aufmerksamkeit. Entscheiden Sie sich für ein System, bei dem Sie die Akkus zwischen verschiedenen Geräten desselben Herstellers tauschen können. Diese Strategie spart langfristig erhebliche Kosten, weil Sie nicht für jedes Werkzeug separate Akkus benötigen. Allerdings benötigen Schlagschrauber oft Akkus, die einen höheren Strom liefern können als die Akkus für einen Akkuschrauber. Zumeist sind diese aber abwärtskompatibel; informieren Sie sich also unbedingt vor einem Kauf darüber, ob dies bei Ihrer Geräteauswahl gegeben ist.

Abbildung 5.13 Die Kapazität eines Akkus ist immer auf dem Gehäuse angegeben.

Viel Kapazität wiegt viel

Oft werden Sie den Spruch hören: »Je mehr Kapazität der Akku hat, desto besser!«

Das stimmt aber nicht unbedingt, denn ein großer Akku ist auch schwer. Für einen Rasenmäher ist ein großer 4-Ah- bis 5-Ah-Akku eine gute Wahl, für einen Akkuschrauber reichen aber 2,5 Ah. Ein Akku in dieser Größe wird auch bei längeren Arbeiten über Kopf nicht zu schwer.

Der Rückschlagschutz

Das Gewicht und die Ergonomie des Akkuschraubers beeinflussen maßgeblich Ihren Arbeitskomfort. Prüfen Sie vor dem Kauf, wie das Gerät in Ihrer Hand liegt und wie schwer das Gerät mit eingestecktem Akku ist. Ein gut ausbalancierter Akkuschrauber mit rutschfestem Griff verhindert auch Verletzungen: Bei dem Drehmoment moderner Akkuschrauber ist es nicht unmöglich, sich selbst das Handgelenk zu verdrehen, wenn der Akkuschrauber plötzlich auf ein Hindernis stößt und zum Stehen kommt. Der Rückschlag kann so stark sein, dass man von einer Leiter geworfen wird.

Moderne Geräte haben aus diesem Grund eine Sicherheitsfunktion, die *Rückschlagschutz*, *Anti-Kickback* oder *Reactive Control* genannt wird. Diese Sicherheitsfunktion erkennt mittels Sensoren einen plötzlichen Drehzahlabfall oder eine abrupte Drehrichtungsänderung des Geräts und schaltet den Motor dann sofort ab, bevor der Rückschlag auf den Anwender übertragen werden kann. Dies verhindert Verletzungen am Handgelenk, die besonders bei Akkuschraubern und Bohrmaschinen mit sehr hohem Drehmoment auftreten können, etwa wenn der Bohrer sich verklemmt oder die Schraube blockiert.

Der Nachkauf von Akkus

Die Verfügbarkeit von Ersatzakkus ist wichtig für die langfristige Nutzung Ihres Akkuschraubers. Zumindest ein zweiter Akku ist ein Muss: So können Sie einen leeren Akku wechseln und weiterarbeiten, während der andere lädt, sodass keine Wartezeiten bei der Arbeit entstehen. Prüfen Sie auch, ob Ersatz-Akkus einzeln verfügbar sind und was sie kosten.

Neben Original-Akkus des Herstellers bietet der Markt mittlerweile zahlreiche Alternativen von Zweitausstattern. Diese Akkus kosten oft 30–50 % weniger als die Originalteile, erreichen jedoch nicht immer deren Leistungsfähigkeit oder Lebensdauer. Bei renommierten Zweitausstattern finden Sie dennoch qualitativ hochwertige Akkus mit vergleichbaren Spezifikationen. Achten Sie beim Kauf auf Kundenrezensionen und Garantieleistungen, da minderwertige Akkus auch ein Sicherheitsrisiko darstellen können.

Abbildung 5.14 Links der Original-Akku und rechts ein kompatibler Akku von einem Zweitausstatter

Für das Heimwerken mit mehreren Geräten lohnt sich die Investition in ein Akku-Starter-Set, das neben dem Gerät selbst zwei Akkus und ein Schnellladegerät enthält. Wenn Sie bereits im System eines Herstellers arbeiten, wählen Sie stattdessen günstigere Solo-Varianten ohne Akku und Ladegerät. Die meisten Hersteller bieten ihre Akku-Plattformen in verschiedenen Spannungsklassen an – typischerweise 12 V für leichte und 18 V für anspruchsvollere Arbeiten.

Akkusysteme im Heimwerker- und Gartenbereich

Wenn Sie sich für einen Hersteller entscheiden wollen, sollten Sie dessen Sortimentsbreite über den Heimwerkerbereich hinaus prüfen. Insbesondere die Kompatibilität mit Gartengeräten kann interessant sein, da es unglaublich praktisch ist, wenn Sie den Rasenmäher und die Heckenschere mit denselben Akkus betreiben können wie Ihren Akkuschrauber. Diese Systemstrategie minimiert nicht nur die Anschaffungskosten für zusätzliche Akkus und Ladegeräte, sondern vereinfacht auch die Handhabung und Wartung Ihres Gerätebestands.

Die meisten Hersteller bieten mittlerweile durchgängige Akkusysteme an, die nahtlos zwischen Werkstatt und Garten wechseln können – eine lohnenswerte Investition für Haus- und Gartenbesitzer. Und falls nicht: Ab und an kann man sich mit Akku-Adaptern von Zweitausstattern helfen. Aber nicht alles ist mit allem kompatibel, hier müssen Sie auch vorher schauen, was möglich ist.

Der Akkuschrauber ist der Allrounder

Der Akkuschrauber eignet sich als vielseitiger Allrounder für nahezu alle Heimwerkerprojekte und bewältigt 99 % aller typischen Aufgaben im Heimwerkerbereich mühelos. Der Schlagschrauber (siehe Abschnitt 5.2.2) ist für kraftintensive Schraubverbindungen gedacht, während der Bohrhammer und die Schlagbohrmaschinen (siehe Abschnitt 5.2.4) speziell für Bohrarbeiten in Mauerwerk konzipiert sind. Für die meisten Heimwerker reicht ein qualitativ hochwertiger Akkuschrauber vollkommen aus, während der Schlagschrauber eine sinnvolle Ergänzung für spezifische Anwendungsfälle darstellt.

5.2.2 Der Schlagschrauber – der Kraftspezialist für Schraubverbindungen

Der Schlagschrauber (engl. *Impact Driver*) entwickelt durch einen speziellen Schlagmechanismus ein außergewöhnlich hohes Drehmoment. Im Gegensatz zum Bohrhammer, der axiale Schläge für Bohrungen in Mauerwerk erzeugt, arbeitet der Schlagschrauber mit rotierenden Impulsen. Bei diesem Prinzip treffen zwei verzahnte Scheiben im Inneren des Geräts kurzzeitig aufeinander und erzeugen dabei kraftvolle Drehimpulse – bis zu 3.500 Schläge pro Minute. Diese Technik konzentriert die Kraft auf die Drehbewegung und eignet sich dadurch perfekt für das Lösen festsitzender Schrauben oder das Eindrehen langer Holzschrauben.

Abbildung 5.15 Ein Schlagschrauber mit eingesetztem Bit

Bauprofis schwören auf Schlagschrauber beim Montieren von Balken, Terrassen oder Deckenverkleidungen, weil diese Geräte lange Schrauben mühelos im Holz versenken. Für Metallarbeiten oder beim Kfz überzeugt der Schlagschrauber durch seine Fähigkeit, selbst festsitzende Muttern zu lösen.

Der Schlagschrauber weist jedoch charakteristische Einschränkungen auf. Die hohe Lautstärke des Schlagmechanismus erfordert in geschlossenen Räumen einen Gehörschutz, seine Nutzung ist während Ruhezeiten fast unmöglich. Ältere Modelle bieten auch keine feinfühlige Kraftdosierung, wodurch ein gefühlvolles Eindrehen von Schrauben nahezu unmöglich ist. Diese Eigenschaft führt häufig zu überdrehten Schrauben oder abgerissenen Schraubenköpfen bei weniger erfahrenen Anwendern.

Neueste Schlagschrauber-Generationen adressieren diese Schwäche durch innovative Druckschalter, die eine stufenlose Kraftregulierung über den Fingertaster ermöglichen – eine Technologie, die früher ausschließlich Akkuschraubern und Bohrmaschinen vorbehalten war. Trotz dieser Verbesserung bleibt die Präzisionsarbeit eine Domäne des klassischen Akkuschraubers.

Die hohe Kraftentwicklung bedingt Einschränkungen bei der Präzision. Verwenden Sie den Schlagschrauber nicht für filigrane Arbeiten oder bei empfindlichen Materialien wie dünnem Kunststoff oder weichem Holz, da die übermäßige Kraft zu Beschädigungen führen kann.

Mit solch einem Schlagschrauber bohrt man auch keine Löcher. Das merken Sie schon daran, dass ein Schlagschrauber kein Bohrfutter besitzt, sondern nur eine Aufnahme für Bits.

Abbildung 5.16 Die Bitaufnahme eines Schlagschraubers – das ist kein Bohrfutter wie am Akkuschrauber!

Echte Bilder von benutzten Werkzeugen

Die Abbildungen in diesem Buch zeigen (fast ausschließlich) meine Werkzeuge und Maschinen. Sie sehen hier also keine Hochglanz-Produktfotos aus Broschüren, sondern ehrliche Arbeitsgeräte, die seit Jahr und Tag ihren Dienst verrichten. Der Staub und Dreck daran erzählt ihre Geschichte – jede Gebrauchsspur zeigt, dass diese Werkzeuge wirklich arbeiten und nicht nur hübsch im Regal stehen. Diese praktische Erfahrung steckt in jedem Tipp, den ich Ihnen in diesem Buch gebe.

5.2.3 Die Bohrmaschine

Die Bohrmaschine kommt zum Einsatz, wenn die Bohrleistung Ihres Akkuschraubers nicht mehr ausreichen sollte. Sie dient primär zum Bohren von Löchern in verschiedene Materialien, von Holz und Kunststoff bis hin zu Mauerwerk und Metall. (Darüber hinaus kann sie auch als Antrieb für weitere Geräte, z. B. Sägen, dienen.) Man unterscheidet verschiedene Typen: Schlagbohrmaschinen, Borhämmer und (als kabellose Variante) Akku-Bohrmaschinen.

Je nach Material können Sie bei den meisten Bohrmaschinen die Schlagbohrfunktion zuschalten (siehe Abschnitt 5.2.4), andere Materialien würden Sie dadurch zerstören. Lesen Sie die Betriebsanleitung Ihres Geräts aufmerksam und achten Sie auf die richtigen Einstellungen!

Arbeiten mit der Bohrmaschine

- Markieren Sie die Bohrstelle vorab mit einem Bleistift oder Körner.
- Beginnen Sie mit niedriger Drehzahl, um ein Verrutschen zu vermeiden.
- Verwenden Sie bei Bedarf Bohrhilfen wie Bohrständer für präzise Ergebnisse.
- Nutzen Sie die richtige Drehzahl: hohe Drehzahl für Metall, niedrigere für Holz.

5.2.4 Bohrhammer und Schlagbohrmaschine – die Spezialisten für Mauerwerk

Im Gegensatz zum Schlagschrauber dienen Bohrhammer und Schlagbohrmaschinen primär zur Bearbeitung von Mauerwerk und Beton. Diese Geräte erzeugen echte axiale (längsgerichtete) Schläge, die den Bohrer wie einen Meißel in hartes Material treiben. Bei der Schlagbohrmaschine entsteht diese Bewegung durch zwei verzahnte Scheiben, während der leistungsstärkere Bohrhammer mit einem pneumatischen oder elektropneumatischen Schlagwerk arbeitet.

Abbildung 5.17 Ein akkubetriebener Bohrhammer

Einige moderne Akkuschrauber integrieren mittlerweile eine Schlagbohrfunktion, die früher ausschließlich kabelgebundenen Geräten vorbehalten war. Diese ist oft an einem kleinen Hammersymbol auf dem Ring zur Drehmomenteinstellung zu finden. Diese zusätzliche Funktion bietet Heimwerkern die gelegentliche Möglichkeit, leichte Bohrungen in einem normalen Mauerwerk durchzuführen, ohne ein separates Gerät anschaffen zu müssen. Für regelmäßige oder schwierigere Arbeiten in Beton reicht dies jedoch nicht aus – hier führt kein Weg am Bohrhammer vorbei.

Ein Schlag und ein Impuls sind nicht das Gleiche

Verwechseln Sie nicht den Schlagschrauber mit der Schlagbohrmaschine oder dem Bohrhammer! Während der Schlagschrauber kraftvolle Drehimpulse für Schraubarbeiten erzeugt, entwickeln Bohrhammer und Schlagbohrmaschine axiale Stöße speziell für Betonbohrungen: Das sind zwei fundamental unterschiedliche Arbeitsprinzipien für völlig verschiedene Anwendungsgebiete.

5.3 Bits für Akkuschrauber und Schlagschrauber

Bits benötigen Sie, um mit Ihrem Akkuschrauber Schrauben drehen zu können. Es gibt eine große Vielfalt bei Bits und ein paar wichtige Unterschiede, die Sie kennen sollten, wenn Sie Bits für einen Schlagschrauber benötigen.

Grundlegendes zu Bits

Bits sind das Bindeglied zwischen Ihrem Akkuschrauber (oder Schlagschrauber) und den Schrauben. Die Auswahl des passenden Bits hängt vom Schraubenkopf ab. Wenn Sie den falschen Bit wählen – wenn er beispielsweise zu klein ist oder nicht richtig passt –, beschädigen Sie beim Schrauben sowohl den Bit selbst als auch die Schraube.

Was ist ein qualitativ guter Bit?

Die Qualität eines Bits wird durch drei Faktoren bestimmt:

- die Präzision der Passform
- die Kraftübertragung beim Eindrehen
- die Lebensdauer des Materials

Qualitativ hochwertige Bits kann man erkennen. Suchen Sie im Baumarkt mal ein paar billige Bits vom Wühltisch und vergleichen Sie diese mit teuren Marken-Bits, die bei den Geräten hängen. Sie werden den Unterschied erkennen können.

5.3.1 Bit-Typen und ihre Anwendungsbereiche

Schlitz-Bits brauchen Sie hauptsächlich bei älteren Schrauben oder dekorativen Verschraubungen. Wegen ihrer Neigung zum Abrutschen und der schwierigen Zentrierung verlieren diese Schrauben zunehmend an Bedeutung.

Der **Kreuzschlitz** (*Phillips*, PH) dominiert bei Standardschrauben in Möbeln und im allgemeinen Haushalt. Die Kreuzform unterstützt das zentrische Ansetzen des Schraubendrehers. Die gängigsten Größen umfassen PH1, PH2 und PH3, wobei PH2 für die meisten Haushaltsschrauben ausreicht.

Pozidriv (PZ) ähnelt dem Kreuzschlitz, enthält jedoch zusätzliche kleine Rippen zwischen den Hauptfurchen. Diese Rippen verhindern das Ausrutschen bei höheren Drehmomenten. Erkennen lässt sich der Pozidriv an zusätzlichen Sterneinkerbungen zwischen den Hauptrillen.

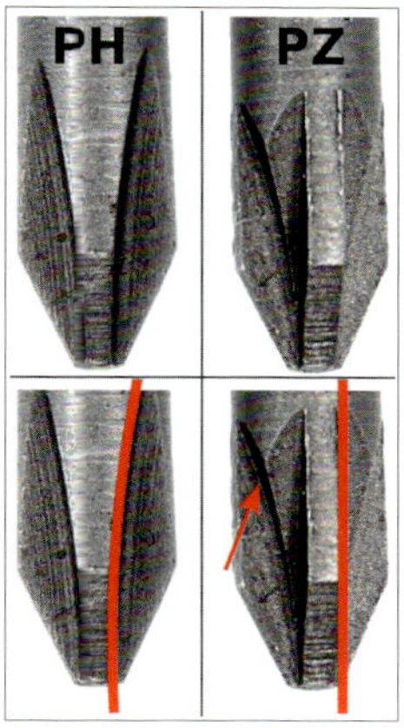

Abbildung 5.18 Phillips (PH) und Pozidriv (PZ) unterscheiden sich ein wenig in der Form (Quelle: https://commons.wikimedia.org/wiki/File:Poziphillipscompr.png)

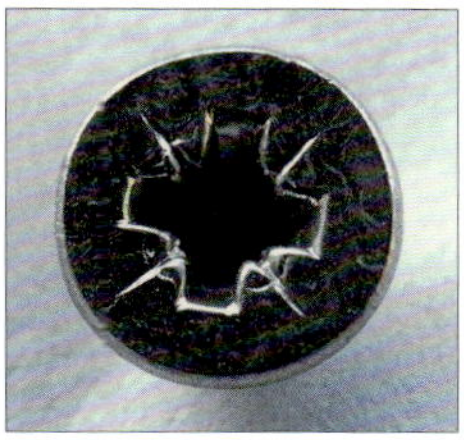

Abbildung 5.19 Ein Pozidriv-Schraubenkopf (Quelle: https://de.wikipedia.org/wiki/Datei:Pozidriv_screw.png)

Torx-(T-)Schrauben erkennen Sie an einer sternförmigen Geometrie, die sechs Kontaktflächen bietet. Die größere Kontaktfläche ermöglicht höhere Drehmomente ohne Beschädigung des Schraubenkopfes. Torx-Schrauben finden sich häufig in Elektronik, im Automobilbau und bei hochwertigen Möbeln.

Abbildung 5.20 Ein Bitset für Torx-Schrauben

Inbus- bzw. **Innensechskant**-Bits zeichnen sich durch ihre sechseckige Form aus. Diese Bits übertragen hohe Kräfte und kommen häufig bei Fahrrädern, Möbeln zum Selbstaufbau und Maschinen zum Einsatz. »Inbus« (umgangssprachlich oft »Imbus« genannt) ist der Markenname, »Innensechskant« die Form.

Abbildung 5.21 Inbus-Schlüssel mit Halter

Es gibt noch weitere spezialisierte Formen für Sicherheitsschrauben, die den unbefugten Zugriff erschweren sollen: **Tri-Wing** (für Nintendo-Produkte), quadratische **Robertson**-Bits (in Nordamerika verbreitet) sowie Security-Varianten mit Mittelstift.

5.3.2 Schlagschrauber-Bits vs. Standard-Bits

Schlagschrauber erzeugen neben dem Drehmoment auch Schlagimpulse, die auf die Bits einwirken. Diese zusätzliche Belastung erfordert speziell gehärtete Bits. Standard-Bits brechen bei Verwendung im Schlagschrauber rasch, weil das Material der hohen Belastung nicht standhält. Wenn Sie ein Bit-Set mit langen Bits im Angebot finden, dann ist die Wahrscheinlichkeit groß, dass es Schlagschrauber-Bits sind. Da ein Schlagschrauber eine kurze Nase hat, sind lange Bits zum Standard für dieses Gerät geworden.

Schlagschrauber-Bits bestehen aus speziellen Stahllegierungen mit höherem Kohlenstoffgehalt und durchlaufen zusätzliche Härtungsverfahren. Die präzise Wärmebehandlung verleiht ihnen die nötige Festigkeit bei gleichzeitiger Elastizität, um Schlagimpulse aufzunehmen, ohne zu brechen.

Abbildung 5.22 Lange Bits für den Schlagschrauber

Erkennen lässt sich ein Schlagschrauber-Bit durch folgende Merkmale:

- Markierung mit »Impact« oder einem Hammersymbol
- dunklere Färbung durch den Härtungsprozess
- häufig mit »S2-Stahl« gekennzeichnet
- Torsionszone zum Abfedern von Schlagimpulsen
- länger als normale Bits

5.3.3 Die optimale Bit-Ausstattung

Für das Heimwerken empfiehlt sich ein Basis-Set mit folgenden Bits:

- **Kreuzschlitz**: PH1, PH2, PH3
- **Pozidriv**: PZ1, PZ2, PZ3
- **Torx**: T10, T15, T20, T25, T30
- **Innensechskant/Inbus**: 3 mm, 4 mm, 5 mm, 6 mm
- **Schlitz**: 4 mm, 6 mm

Für Schlagschrauber-Arbeiten erweitern Sie diese Grundausstattung um spezifische Impact-Bits für häufig verwendete Schraubentypen. Die üblichen Sets im Baumarkt decken in der Regel den gesamten Bedarf ab und sind günstig zu bekommen.

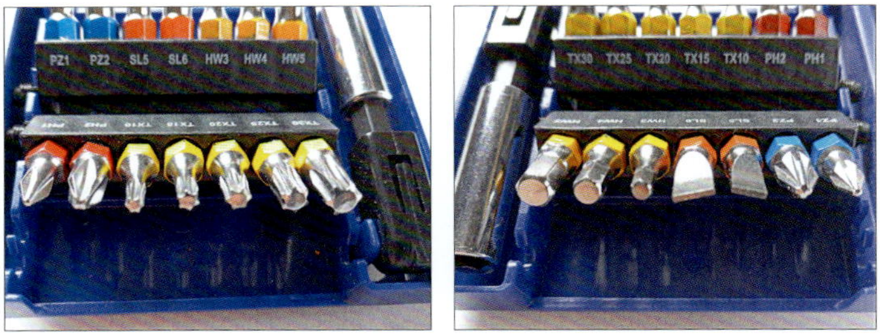

Abbildung 5.23 Eine Auswahl der gängigen Bits:
Links: Phillips und Torx
Rechts: Pozidriv, Schlitz und Innensechskant

Die Länge der Bits

Die Bit-Länge beeinflusst maßgeblich den Arbeitskomfort. Standard-Bits mit 25mm Länge eignen sich für die meisten Aufgaben. Für schwer zugängliche Stellen benötigen Sie längere Bits mit 50mm oder 75mm oder spezielle Bit-Verlängerungen.

Abbildung 5.24 Qualitativ hochwertige Bits für den Schlagschrauber

Haltbarkeit

Höherwertige Bits, die etwas mehr kosten, sind auf lange Sicht günstiger, statt sich wiederholt billige Sets zu kaufen. Die Qualitätsunterschiede bei Bits zeigen sich recht schnell bei denen, die man häufiger braucht, beispielsweise PH2 und PZ2. Wenn deren Kanten schnell abgenutzt sind, und sie anfangen in den Schrauben zu rutschen, sollte Sie diese gegen Bits besserer Qualität austauschen. Überprüfen Sie also regelmäßig den Zustand Ihrer Bits. Abgenutzte oder beschädigte Bits sollten Sie so schnell wie möglich austauschen.

Zubehör für Bits

Ein magnetischer Bithalter erleichtert den schnellen Austausch von Bits und verlängert die Bitachse, was wiederum eine bessere Sicht auf den Schraubenkopf ermöglicht.

Abbildung 5.25 Ein magnetischer Bithalter für Standard-Bits

> **Schlagschrauber benötigen spezielle Bits**
> Schlagschrauber erfordern speziell gehärtete Impact-Bits, die den zusätzlichen Belastungen standhalten.

5.4 Bohrer

»Bohrer bohren Löcher.« Das hört sich einfach und logisch an, ist es aber nicht immer. Mit dem falschen Bohrer kann ein einfaches Loch ziemlich anstrengend werden. Die Auswahl des passenden Bohrers für Ihr Material ist wichtig.

Abbildung 5.26 Von links nach rechts: Stein-, Metall- und Holzbohrer

5.4.1 Metallbohrer – die universellen Allrounder

Metallbohrer aus Hochleistungsschnellschnittstahl (*HSS*) fungieren als die »Standardbohrer« für die meisten DIY-Projekte. Diese vielseitigen Werkzeuge bohren zuverlässig durch verschiedene Materialien wie Metall, Kunststoff und dünnes Holz. Die spitz zulaufende Form erleichtert das präzise Ansetzen, während die spiralförmigen Schneiden das Bohrmehl effektiv abtransportieren. Wenn Sie nur gelegentlich heimwerken, reicht ein HSS-Bohrersatz in gängigen Größen von 1–10 mm für die meisten Arbeiten völlig aus.

Achten Sie beim Bohren auf Folgendes:

- Bei der Verwendung von HSS-Bohrern in Metall reduzieren Sie die Drehzahl der Bohrmaschine, um Überhitzung zu vermeiden.
- Wählen Sie für Kunststoffe mittlere Drehzahlen, um ein Schmelzen des Materials zu verhindern.
- Die regelmäßige Kühlung durch kurze Pausen oder einen Tropfen Öl verlängert die Lebensdauer Ihrer Bohrer erheblich.

5.4.2 Holzbohrer – für präzise Holzarbeiten

Holzbohrer unterscheiden sich durch ihre markante Zentralspitze von anderen Bohrertypen. Diese Spitze zentriert den Bohrer exakt und verhindert das Verrutschen beim Ansetzen. Die scharfen Schneiden an den Seiten schneiden das Holz sauber, wodurch Ausrisse minimiert werden. Verwenden Sie Holzbohrer ausschließlich für Holzwerkstoffe, da die spezielle Geometrie für andere Materialien ungeeignet ist.

5.4.3 Der Forstnerbohrer

Für besonders saubere, große Bohrungen in Holz – jenseits von 10 mm Durchmesser – werden Forstnerbohrer genutzt. Diese erzeugen Löcher mit perfekt flachem Boden – ideal für Scharnierlöcher oder andere Einlassarbeiten. Bohren Sie damit nur in Holz oder weichen Materialien und achten Sie auf die richtige Ausrichtung der Maschine, um senkrechte und gerade Löcher zu bekommen. Ein Bohrständer ist bei solch großen Bohrungen normalerweise zu empfehlen.

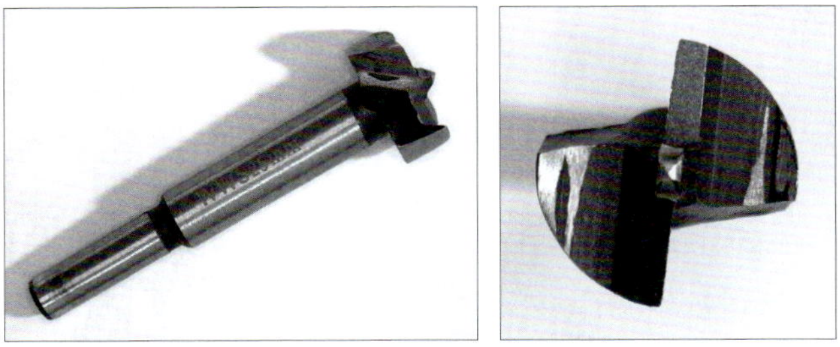

Abbildung 5.27 Ein Forstnerbohrer für 25 mm große Löcher. Die Frontalansicht zeigt seine speziellen Geometrie.

5.4.4 Steinbohrer – die Spezialisten für hartes Material

Steinbohrer erkennen Sie sofort an ihrer Hartmetallspitze, die oft blau oder silbern hervorsticht. Diese Bohrer durchdringen Mauerwerk, Beton und Naturstein nur mit eingeschalteter Schlagfunktion Ihrer Bohrmaschine. Der Schlagmechanismus zermürbt das Material, während die spiralförmigen Rillen den Bohrstaub abtransportieren.

Bei Steinbohrungen arbeiten Sie mit mäßigem Druck und lassen den Bohrer die Arbeit verrichten. Übermäßige Kraftanwendung führt zu vorzeitigem Verschleiß oder Bruch der Hartmetallspitze.

Nach der Bohrung entfernen Sie Staub von den Bohrern, weil dieser Feuchtigkeit bindet und Rostbildung begünstigt.

5.4.5 Universalbohrer – die Kompromisslösung

Universalbohrer versprechen die Bearbeitung verschiedener Materialien mit einem einzigen Werkzeug. Diese Mehrzweckbohrer eignen sich für einfache Heimwerkeraufgaben, erreichen jedoch nicht die Qualität spezialisierter Bohrer. Nutzen Sie Universalbohrer für gelegentliche, unkomplizierte Arbeiten, greifen Sie aber bei anspruchsvolleren Projekten auf materialspezifische Bohrer zurück.

Abbildung 5.28 Ein Sortimentskasten mit Metallbohrern in den gängigen Größen

Für die meisten Heimwerkerarbeiten reichen HSS-Metallbohrer völlig aus. Ergänzen Sie Ihre Grundausstattung nur gezielt mit Holz- und Steinbohrern, wenn Sie regelmäßig diese Materialien bearbeiten.

Bewahren Sie Ihr Sortiment Bohrer in Bohrerboxen oder -kassetten auf, hauptsächlich um sie vor Feuchtigkeit zu schützen. Günstige Bohrer werden schneller stumpf. Sie erkennen das am erhöhten Kraftaufwand beim Bohren und daran, dass beim Ansetzen des Bohrers die Position des Loches »verläuft«. Ersetzen Sie Bohrer im Sortiment, die Sie oft verschleißen, durch einzeln gekaufte hochwertige Bohrer. Um ein Verlaufen von größeren Löchern zu verhindern, so etwa ab 6 Millimeter, können Sie bei Bedarf mit einem dünnen Bohrer das Loch vorbohren, bevor Sie es in der endgültigen Größe bohren.

Bohrer können mit Kerzenwachs eingelagert werden

Wenn Sie einen größeren Vorrat an Bohrern kaufen und diese einlagern möchten, können Sie deren Spitze in das geschmolzene Wachs einer brennenden Kerze eintauchen. Diese »Schutzkappe« aus Wachs schützt den Bohrer vor Feuchtigkeit und ihren Folgen. Wenn Sie den Bohrer dann benutzen, brauchen Sie das Wachs meist noch nicht einmal entfernen: einfach bohren und später, falls Sie den Bohrer wieder einlagern möchten, die Spitze erneut in Wachs tauchen.

5.5 Stich-, Kreis- und Tauchkreissäge

Die Wahl der richtigen Säge ist oft wichtig für ein Heimwerkerprojekt. Stichsäge und Handkreissäge zählten bislang zu der unverzichtbaren Grundausstattung einer jeden Werkstatt, weil sie unterschiedliche Aufgaben meistern und zusammen ein großes Spektrum abdecken. Aber die Dinge haben sich mittlerweile weiterentwickelt: Die klassische Handkreissäge hat durch die Tauchkreissäge eine Nachfolgerin bekommen.

5.5.1 Die Stichsäge – der flexible Allrounder

Die Stichsäge, auch als Pendelhubsäge bezeichnet, zeichnet sich durch ihr oszillierendes Sägeblatt aus, das eine Auf- und Abwärtsbewegung vollführt. Dieser Mechanismus ermöglicht vielseitige Schneidarbeiten, besonders wenn Präzision bei kurvigen Schnitten gefragt ist.

Bauformen der Stichsäge

Stichsägen erscheinen in zwei wesentlichen Bauformen, die unterschiedliche Handhabungsvorteile bieten:

- **Bügelgriff:** Diese klassische Bauform ähnelt den Bügeln einer Handtasche. Der Griff befindet sich am oberen Ende der Säge, wobei der Zeigefinger den Abzug (Schalter) betätigt. Bügelgriff-Stichsägen bieten hervorragende Kontrolle bei Schnitten, bei denen der Anpressdruck der Säge auf dem Werkstück wichtig ist.

Abbildung 5.29 Eine Stichsäge mit Bügelgriff

- **Knaufgriff:** Bei dieser Variante bildet die obere Seite des Gehäuses den Griff mit einem Knauf an der Vorderseite, wodurch Sie die Maschine schieben können. Diese Bauform ermöglicht eine bessere Kraftübertragung bei langen Schnitten und reduziert die Ermüdung des Handgelenks bei längeren Arbeiten. Auch Vibrationen werden weniger stark übertragen, was bei Menschen mit HAVS-Syndrom (Hand-Arm-Vibrationssyndrom) nicht so schnell zu einem Taubheitsgefühl in den Fingern führt.

Abbildung 5.30 Eine Stichsäge mit Knaufgriff

Für Einsteiger empfiehlt sich der Bügelgriff aufgrund der intuitiven Handhabung. Mit zunehmender Erfahrung schätzen viele Heimwerker jedoch die Vorteile des Knaufgriffs, besonders bei längeren Schneidarbeiten.

Einsatzgebiete der Stichsäge

Die Stichsäge eignet sich hervorragend für:

- kurvenreiche Schnitte in Holzplatten, etwa für dekorative Elemente
- Ausschnitte in Arbeitsplatten, beispielsweise für Spülbecken oder Kochfelder
- Tauchschnitte, die mitten im Material beginnen, ohne von einer Kante zu starten
- Bearbeitung verschiedener Materialien wie Holz, Kunststoff oder mit speziellen Sägeblättern auch Metall

Ein praktisches Beispiel: Wenn Sie eine runde Öffnung für eine Einbauspüle in einer Küchenarbeitsplatte benötigen, bohren Sie zunächst ein Loch innerhalb der markierten Schnittlinie und führen dann die Stichsäge durch dieses Loch, um den Ausschnitt zu vollenden.

Abbildung 5.31 Der Start eines Ausschnitts von einem Loch aus

Das richtige Sägeblatt

Stichsägeblätter gibt es in verschiedenen Längen und Breiten sowie mit unterschiedlichem Zahnprofil. Alle bei uns erhältlichen Stichsägen verwenden ein »Quick-Lock«-System, damit das Sägeblatt ohne Werkzeug gewechselt werden können. Die dafür passenden Sägeblätter haben die typische »t«-Form am oberen Ende des Sägeblattes, mit deren Hilfe das Sägeblatt sicher verriegelt wird.

Geschwindigkeit und Druck

Die Sägekante einer Stichsäge wird oft schräg und unregelmäßig, wenn in der Handhabung Fehler gemacht werden. Die wichtigsten Grundregeln lauten:

- Schieben Sie die Stichsäge nicht schneller vorwärts, als 10 Zentimeter in 2 Sekunden (in Sperrholz) oder noch langsamer (in dickem Massivholz).

- Üben Sie mehr Kraft für das Herunterdrücken der Maschine aus als für das Vorwärtsschieben.
- Wechseln Sie öfter das Sägeblatt. (Die Sägeblätter werden recht schnell stumpf, aber sie sind günstig.)

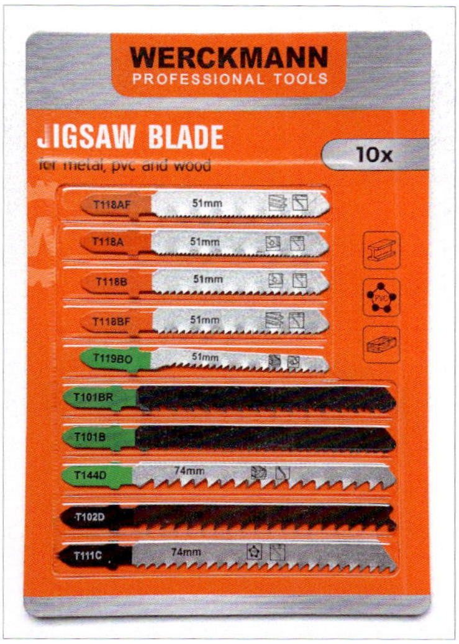

Abbildung 5.32 Eine Auswahl verschiedener Sägeblätter für die üblichsten Arbeiten mit einer Stichsäge

Abbildung 5.33 Die werkzeugfreie Schnellverriegelung der Sägeblattaufnahme und die Einstellung des Pendelhubs

Der Pendelhub

Bei einer Stichsäge kann die Bewegung des Sägeblatts so eingestellt werden, dass es sich nicht nur auf und ab bewegt, sondern auch vor und zurück. Diese Funktion wird *Pendelhub* genannt. Sie verbessert die Schnittleistung, da sie für einen besseren Materialabtrag sorgt und den Vorschub des Sägeblatts in die Schnittrichtung unterstützt.

Abbildung 5.34 Die Pendelhubeinstellung einer modernen Stichsäge – die Abbildung der Materialien macht die Auswahl einfach.

Bei den meisten Stichsägen können Sie verschiedene Pendelhubstufen einstellen, typischerweise von 0 bis 3, wobei 0 »keine Pendelbewegung« bedeutet und die höchste Stufe den maximalen Pendelhub ermöglicht. Die Wahl der richtigen Pendelhubstufe hängt vom Material und der gewünschten Schnittqualität ab:

- **Kein Pendelhub (Stufe 0)**: für präzise, saubere Schnitte und harte Materialien
- **Geringer Pendelhub**: für dünnere Materialien mit höheren Präzisionsanforderungen
- **Starker Pendelhub**: für schnelle, grobe Schnitte in weicheren Materialien wie Holz

Ein zu stark eingestellter Pendelhub kann dazu führen, dass das zu sägende Material an der Oberseite aufreißt. Reduzieren Sie den Pendelhub gegebenenfalls bis auf 0, um diesen Schaden bei empfindlichen Materialien zu verhindern.

Die Geschwindigkeit

An älteren Stichsägen ist sie nicht immer zu finden, aber neuere Modelle haben sie eigentlich immer: die Geschwindigkeitsregelung. Mit ihr wird die Anzahl der »Hübe pro Minute« eingestellt, also die Geschwindigkeit der Auf- und Ab-Bewegung des Stichsägeblatts. Die richtige Geschwindigkeit hängt vom Material ab, wobei die Regel gilt: Je härter das Material ist, desto langsamer muss die Geschwindigkeit gewählt werden. Bei Holz wählen Sie also eine der höchsten Einstellungen, bei Metall eine der niedrigsten.

Abbildung 5.35 Die Geschwindigkeitseinstellung einer Stichsäge wird über ein Drehrädchen am Griff justiert.

Brandspuren vermeiden

Falls Sie beim Sägen von Holz Brandspuren am Material entdecken, sollten Sie die Geschwindigkeit reduzieren und überprüfen, ob das Sägeblatt beim Sägen vom Holz eingeklemmt wird. Sollte das der Fall sein, kann ein kleiner Holzkeil helfen, den Sie hinter der Stichsäge in den Sägeblattschnitt einklemmen, um ein Zugehen des Schnitts zu verhindern. Insbesondere Massivholz hat ab und an mal eine interne Spannung, die sich beim Sägen bemerkbar macht.

Die Vorteile einer Stichsäge für Einsteiger

Eine Stichsäge ist sehr einfach zu handhaben, es wirken keine gewaltigen Kräfte, die einem die Finger kosten können, und eine gute Stichsäge erledigt die meisten Aufgaben in zufriedenstellender Qualität. Vieles hängt dabei von einem guten Sägeblatt ab.

Die kompakte Bauweise ermöglicht Ihnen gute Kontrolle, wodurch diese Säge sich besonders für Anfänger und Anfängerinnen eignet. Da das Sägeblatt relativ kurz bleibt, reduziert sich die Verletzungsgefahr im Vergleich zu anderen Sägetypen.

5.5.2 Die Kreissägen-Familie – von der Handkreissäge zur Tauchkreissäge

Die traditionelle Handkreissäge

Da wo die Möglichkeiten der Stichsäge aufhören, fängt der Bereich der Hand- und Tauchkreissägen an.

Abbildung 5.36 Eine klassische Handkreissäge

Die Handkreissäge verfügt über ein kreisförmiges Sägeblatt, das sich um eine Achse dreht. Diese Konstruktion ermöglicht lange, gerade Schnitten mit hoher Präzision, auch in dickem Holz.

Abbildung 5.37 Eine moderne akkubetriebene Handkreissäge

Die moderne Alternative – die Tauchkreissäge

Die Tauchkreissäge oder kurz »Tauchsäge« repräsentiert die Evolution der Handkreissäge und bietet entscheidende Vorteile für den Heimwerker. Bei dieser fortschrittlichen Bauform verbleibt das Sägeblatt im Ruhezustand vollständig im Gehäuse und taucht nur bei Bedarf in das Werkstück ein – daher der Name.

Abbildung 5.38 Frontansicht einer Tauchkreissäge

Abbildung 5.39 Rückansicht einer Tauchkreissäge

Die Tauchkreissäge hat mehrere Vorzüge gegenüber der Handkreissäge:

- **Erhöhte Sicherheit:** Da das Sägeblatt im Ruhezustand komplett verdeckt bleibt und nach dem Schnitt automatisch wieder ins Gehäuse zurückkehrt, minimiert sich das Verletzungsrisiko erheblich.

- **Präzise Tiefeneinstellung:** Der exakte Tiefenanschlag ermöglicht millimetergenaue Schnitte und verhindert, dass tieferliegende Materialien beschädigt werden – ideal etwa für das Schneiden von Bodendielen, ohne die darunterliegende Dämmung zu verletzen.
- **Führungsschiene als Standard:** Tauchsägen funktionieren nahezu immer in Kombination mit einer Führungsschiene, die absolute Geradlinigkeit garantiert. Das System eliminiert Abweichungen und ermöglicht perfekte Schnitte selbst für weniger erfahrene Heimwerker.
- **Optimierte Staubabsaugung:** Die geschlossene Bauweise der Tauchsäge ermöglicht eine deutlich effektivere Staubabsaugung im Vergleich zur offenen Konstruktion der herkömmlichen Handkreissäge. In Verbindung mit einem angeschlossenen Staubsauger werden Sägespäne und Staubpartikel direkt an der Entstehungsquelle abgesaugt, was zu einer saubereren Arbeitsumgebung, besserer Sicht auf die Schnittlinie und gesünderen Arbeitsbedingungen führt.
- **Vielseitigkeit:** Mit verschiedenen Tiefeneinstellungen meistert die Tauchsäge unterschiedlichste Aufgaben – vom Trennen von Plattenwerkstoffen bis hin zum präzisen Nuten oder Falzen.

Wenn Sie aktuell den Kauf einer Säge erwägen, sollten Sie zur Tauchkreissäge greifen, da sie mittlerweile von fast allen namhaften Herstellern zu erschwinglichen Preisen angeboten wird. Die höhere Sicherheit, Präzision und verbesserte Staubabsaugung rechtfertigen die geringe Mehrausgabe gegenüber einer herkömmlichen Handkreissäge.

Das Schienensystem – Präzision für beide Kreissägetypen und die Stichsäge

Sowohl traditionelle Handkreissägen als auch Tauchsägen profitieren enorm vom Einsatz einer Führungsschiene. Sogar manche Stichsägen können diese nutzen. Diese Aluminiumschienen verwandeln selbst durchschnittliche Sägen in präzise Schneidwerkzeuge:

- Die Schiene garantiert absolut gerade, ausrissfreie Schnitte.
- Spezielle Gleitstreifen reduzieren die Reibung und erleichtern Ihnen die Führung.
- Gummilippen an der Schneidkante verhindern Ausrisse und markieren exakt die Schnittlinie.
- Die meisten Systeme erlauben die Verbindung mehrerer Schienen für besonders lange Schnitte.

Während bei Tauchkreissägen die Schiene zum Standardkonzept gehört, lassen sich viele moderne Handkreissägen nachrüsten oder mit universellen Schienenführungen kombinieren.

Abbildung 5.40 Ein Sägetisch mit klappbarer Schiene für wiederholbare präzise Schnitte

Eine Schiene mit Gummilippe ermöglicht übrigens erst das ausrissfreie Schneiden von Melanin-Brettern ohne aufwendiges Abkleben des Schnittes.

Die zu sägende Stelle abzukleben verhindert Ausrisse

Wenn Sie Melanin-Bretter sägen, kann es zu Ausrissen der Beschichtung an der Sägekante kommen. Bei Handkreissägen kann dies durch stumpfe Sägeblätter geschehen, bei Stichsägen durch zu viel Pendelhub. Vorbeugen können Sie dem Ausriss mit einem Streifen Klebeband, der dort auf die Oberseite des Bretts geklebt wird, wo der Schnitt erfolgen soll – beispielsweise Malerkrepp, was effektiv das Ausreißen verhindert (oder es zumindest deutlich minimiert).

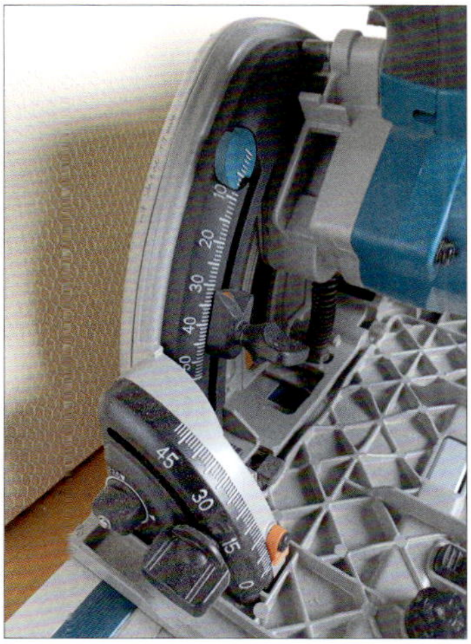

Abbildung 5.41 Der Tiefenanschlag und die Winkeleinstellung einer Tauchkreissäge

Die richtige Wahl des Sägeblatts – entscheidend für optimale Ergebnisse

Die Qualität eines Schnitts hängt maßgeblich vom verwendeten Sägeblatt ab. Bei Kreissägeblättern bestimmt die Anzahl der Zähne, die Zahnform und die Schnittbreite (der *Kerf*) die Eignung für verschiedene Materialien und Anwendungen.

Zahnanzahl und Anwendungsgebiete hängen wie folgt zusammen:

- **24 Zähne:** Grobschnittblätter mit 24 Zähnen eignen sich für schnelle Längsschnitte in Massivholz. Sie erzeugen einen zügigen Schnitt mit höherer Vorschubgeschwindigkeit, hinterlassen jedoch eine etwas rauere Schnittkante.
- **36 Zähne:** Universalblätter mit dieser mittleren Zahnanzahl bieten einen guten Kompromiss zwischen Schnittgeschwindigkeit und Oberflächenqualität. Sie bewähren sich bei Quer- und Längsschnitten in Massivholz sowie für grundlegende Arbeiten an Plattenwerkstoffen.
- **48–60 Zähne:** Feinschnittblätter dieser Kategorie erzeugen besonders saubere, ausrissfreie Kanten. Sie eignen sich ideal für präzise Schnitte in Furnierplatten, Laminat oder beschichteten Spanplatten, wo eine sichtbare Kante entsteht.

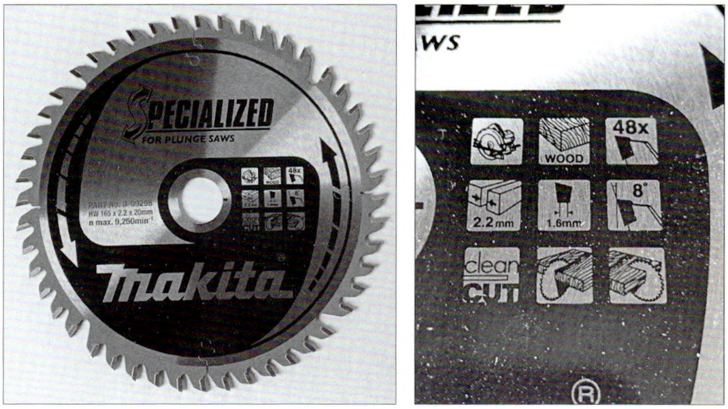

Abbildung 5.42 Ein Universalsägeblatt. Rechts sehen Sie, dass auf einem Sägeblatt immer die Materialien abgebildet sind, für die es geeignet ist. Dort finden Sie auch Angaben zur Anzahl der Zähne und zur Schnittbreite.

Materialspezifische Sägeblätter

Das richtige Sägeblatt entscheidet über eine gute oder schlechte Sägekante – ein falsches Blatt führt zu unsauberen Schnitten und im schlimmsten Fall sogar zu Beschädigungen am Material. Der Handel bietet verschiedene Typen von Sägeblättern:

- **Holzsägeblätter** verfügen über große Spanräume zwischen den Zähnen und optimierte Zahnwinkel für effizientes Schneiden von Holzfasern.

- **Universalsägeblätter** kombinieren Eigenschaften verschiedener Spezialblätter und eignen sich für wechselnde Materialien wie Holz, Kunststoff und dünne Nichteisenmetalle.
- **Spezialblätter:** Für Aluminium, andere Metalle oder Verbundwerkstoffe stehen spezifisch gehärtete Blätter mit angepasster Zahngeometrie zur Verfügung.

In diesem Zusammenhang sollten Sie auch über die Bedeutung der Schnittbreite Bescheid wissen: Die Schnittbreite oder *Kerf* bezeichnet die Breite der Spur, die ein Sägeblatt im Material hinterlässt. Besonders bei Akku-Sägen spielt die Kerf-Breite eine entscheidende Rolle: Dünnere Sägeblätter benötigen weniger Energie beim Schneiden und verlängern dadurch die Akkulaufzeit. Moderne *Thin Kerf*-Sägeblätter reduzieren den Materialverlust, erzeugen so weniger Sägemehl und ermöglichen ein effizienteres Arbeiten mit Akku-Werkzeugen. Bei leistungsstärkeren Netzgeräten spielen hingegen Standard-Kerf-Blätter ihre Vorteile bei der Stabilität und Hitzeverteilung aus. Wenn ein Sägeblatt zu warm wird, wird es »wobbelig« und kann Brandspuren an den Wänden des Materials erzeugen, das Sie sägen.

Die Anzahl der Zähne macht bei Sägeblättern einen Unterschied

Im Normallfall empfiehlt sich die Anschaffung eines hochwertigen Universalblatts mit 36 Zähnen für alltägliche Aufgaben, ergänzt durch mindestens ein Feinschnittblatt mit 48 oder mehr Zähnen für präzise Arbeiten an sichtbaren Kanten.

Abbildung 5.43 Das ausgefahrene Sägeblatt einer Tauchkreissäge – es wird normalerweise vom Gehäuse verdeckt, was die Sicherheit erhöht.

Die Einsatzgebiete der Kreissäge-Familie

Der große Vorteil von Handkreissägen besteht in ihrer Mobilität: Sie bringen das Werkzeug zum Material und nicht umgekehrt – besonders bei großen, sperrigen Werkstücken ein entscheidender Unterschied zur stationären Tischkreissäge.

Handkreissäge und Tauchkreissäge bewähren sich bei langen, geraden Schnitten durch Platten und Balken, beim präzisen Zuschnitt von Bauholz oder Plattenwerkstoffen, bei tieferen Schnitten, als mit der Stichsäge möglich sind, und bei schnellen, effizienten Arbeiten an größeren Projekten.

Ein typisches Anwendungsbeispiel stellt der Zuschnitt einer großen Sperrholzplatte dar. Während Sie mit der Stichsäge schnell ermüden würden, führen Sie mit der Kreissäge den Schnitt zügig und mit gleichbleibender Präzision aus. Mit einer Tauchkreissäge auf ihrer Führungsschiene erreichen Sie zudem eine Qualität, die oft mit stationären Maschinen kaum zu übertreffen ist. Gerade beim Sägen einer großen Sperrholzplatte von 1,2 × 2,40 m führen Sie einfacher eine kleine Maschine über die Platte, als das große Stück über eine Tischkreissäge zu wuchten und dabei zu riskieren, dass sich etwas verkantet.

Herausforderungen beim Einstieg

Die Handkreissäge erfordert mehr Übung und Vorsicht als die Stichsäge. Ihr größeres Gewicht und die höhere Leistung verlangen nach sicherer Führung mit zwei Händen. Die Tauchsäge mit Führungsschiene minimiert diese Herausforderungen und ermöglicht auch Anfängern und Anfängerinnen präzise Ergebnisse.

Dennoch sollten Sie zum Einstieg zuerst an Restmaterialien üben, bevor Sie sich an wichtige Werkstücke wagen. Besonders das Eintauchen ins Holz sollten Sie vorher üben, bevor Sie dies bei der teuren Küchenarbeitsplatte versuchen. Vergessen Sie auf keinen Fall, das Werkstück gut zu sichern, beispielsweise indem Sie es mit Schraubzwingen am Werktisch festklemmen.

Abbildung 5.44 Eine Tauchkreissäge aus dem mittleren Preissegment

Abbildung 5.45 Die Rückseite einer Tauchkreissäge – gut zu sehen sind die Einstellmöglichkeiten für den Winkel und die Schnitttiefe.

Kaufkriterien für eine Tauchkreissäge

Tauchkreissägen sind nicht unbedingt teurer als eine klassische Handkreissäge. Im unteren Preissegment finden Sie viele Angebote, sogar im Discounter. Diese Geräte sind in der Regel von guter Qualität, oft ist eine Führungsschiene schon dabei, und von den Ausstattungsmerkmalen sind sie insgesamt besser als eine billige Handkreissäge.

Falls Sie aber auf der Suche nach »mehr« sind, bieten höherpreisige Tauchkreissägen einige Ausstattungsmerkmale, die für Sie interessant sein könnten:

- einen »Sanftstart« des Motors, was ein Rucken der Maschine verhindert, wenn sie gestartet wird
- eine Motorbremse, die das Sägeblatt nach dem Loslassen des Schalters innerhalb von 4 Sekunden zum Stillstand kommen lässt. Das erhöht nicht nur die Sicherheit, sondern spart auch Zeit: Sie können schneller den nächsten Schnitt ansetzen, wenn das Sägeblatt schnell zum Stehen kommt.
- eine Konstant-Elektronik, die die Drehzahl des Sägeblatts konstant hält, auch wenn das Sägegut für viel Last sorgt
- einen bürstenlosen Motor, mehr Leistung und höhere Effizienz. Meist sind diese Geräte auch etwas leiser.
- eine Anti-Kickback-Funktion für den Fall, dass sich das Sägeblatt verklemmen sollte. Dann schlägt die Säge nicht in der Hand zurück. Diese Funktion ist auch sehr zu empfehlen, damit bei einem Tauchschnitt nichts passieren kann.

- eine *Score-* oder *Vorritzfunktion*, die bei beschichtetem Material, wie Melanin oder Furnierbrettern, ein Ausreißen verhindert
- eine bessere Staubabsaugung, die viel Dreck verhindert
- eine Bluetooth-Anbindung an den Staubsauger, damit das Absaugen gleichzeitig mit dem Start der Säge gestartet wird und sich bei Nichtbenutzung automatisch abschaltet

Sicherheit an erster Stelle!

Unabhängig davon, für welche Säge Sie sich entscheiden, die Sicherheit muss stets höchste Priorität genießen. Viele Materialien setzen einen Sägestaub frei, der krebserregend ist und mit der Zeit auch andere Gesundheitsschäden an der Lunge verursachen kann. Insbesondere MDF ist ein Kandidat dafür, aber auch verschiedene Hart- und Edelhölzer.

Die grundlegendsten Sicherheitsmaßnahmen sind folgende:

- **Persönliche Schutzausrüstung:** Tragen Sie immer eine Schutzbrille, um Ihre Augen vor umherfliegenden Spänen zu schützen. Der Gehörschutz bewahrt Sie vor Gehörschäden durch den hohen Lärmpegel, den beide Sägetypen erzeugen.

Abbildung 5.46 Eine Schutzbrille schützt Ihre Augen vor Sägespänen.

- **Werkstücksicherung:** Befestigen Sie das Material mit Schraubzwingen an der Arbeitsfläche. Ein rutschendes Werkstück gefährdet die Schnittpräzision und Ihre Sicherheit gleichermaßen.
- **Richtige Anlauftechnik:** Lassen Sie die Säge stets ihre volle Drehzahl erreichen, bevor Sie mit dem Schnitt beginnen. Dies verhindert ein Verhaken des Sägeblatts und reduziert die Rückschlaggefahr erheblich.
- **Kontrollierte Vorschubgeschwindigkeit:** Führen Sie die Säge mit gleichmäßigem, moderatem Druck. Zu schnelles Vorschieben überfordert den Motor und führt zu unsauberen Schnitten, während zu langsames Vorgehen das Material verbrennen kann.

- **Staubabsaugung:** Schließen Sie, wann immer es möglich ist, einen Staubsauger an Ihre Säge an. Dies verbessert nicht nur die Sicht auf die Schnittlinie, sondern schützt auch Ihre Atemwege vor gesundheitsschädlichem Feinstaub.

Sägenspezifische Sicherheitshinweise

- **Für die Stichsäge**
  - Wählen Sie stets das richtige Sägeblatt für das Material.
  - Wählen Sie die geeignete Pendelhubeinstellung für das zu sägende Material.
  - Ziehen Sie die Stichsäge erst aus einem Sägeschnitt heraus, wenn das Sägeblatt zur Ruhe gekommen ist.
- **Für die Handkreissäge**
  - Überprüfen Sie vor jedem Einsatz, ob die Schutzhaube einwandfrei funktioniert.
  - Führen Sie die Säge stets mit beiden Händen.
  - Lassen Sie das Sägeblatt die volle Drehzahl erreichen, bevor Sie mit dem Schnitt beginnen.
  - Nutzen Sie stets die Staubabsaugung, um die Sicht auf die Schnittlinie zu verbessern und Ihre Gesundheit zu schonen.
- **Für die Tauchsäge**
  - Achten Sie auf festen Sitz der Führungsschiene. (Sichern Sie diese gegebenenfalls mit Zwingen.)
  - Überprüfen Sie die Tiefeneinstellung vor jedem Schnitt.
  - Beachten Sie ggf. die Eintauchposition und den Endpunkt des Sägeblatts bei einem Ausschnitt.
  - Nutzen Sie stets die Staubabsaugung, um die Sicht auf die Schnittlinie zu verbessern und Ihre Gesundheit zu schonen.

Welche Säge wofür? Eine Entscheidungshilfe

Die Wahl zwischen den verschiedenen Sägetypen hängt von Ihrem spezifischen Projekt ab:

Wählen Sie die Stichsäge für:

- Kurven und Rundungen
- Innenausschnitte und Öffnungen
- filigrane Arbeiten an kleineren Werkstücken
- Projekte, bei denen Sie häufig die Schnittrichtung ändern müssen

Entscheiden Sie sich für die Tauchsäge bei:

- langen, geraden Schnitten mit höchsten Präzisionsanforderungen
- Arbeiten, bei denen eine exakte Schnitttiefe entscheidend ist
- Situationen, in denen eine effektive Staubabsaugung wichtig ist
- verdeckte Schnitte, Ausschnitte und Schneidarbeiten an Platten und Paneelen

Greifen Sie zur klassischen Handkreissäge für:

- gröbere Schnittarbeiten auf der Baustelle
- Situationen, in denen keine Führungsschiene eingesetzt werden kann
- schnelle Zuschnitte ohne höchste Präzisionsanforderungen

Die Qual der Wahl

Stichsäge und Kreissäge ergänzen sich perfekt in jeder Heimwerkerwerkstatt. Die Stichsäge brilliert bei kurvenreichen und vielseitigen Schnitten sowie bei Innenausschnitten und eignet sich hervorragend den Einstieg, wobei die Wahl zwischen Bügel- und Knaufgriff von persönlichen Vorlieben abhängt.

Die moderne Tauchsäge hat die traditionelle Handkreissäge in vielen Bereichen abgelöst, vereint die schon genannten positiven Effekte und bietet mehr Sicherheit. Beginnen Sie mit einer Stichsäge, wenn Sie viel basteln. Sollten Sie schon von Anfang an wissen, dass Sie viel mit Plattenmaterial arbeiten werden, greifen Sie gleich zur Tauchkreissäge.

Warum ich keine Tischkreissäge empfehle

Tischkreissägen gehören zu den gefährlichsten Werkzeugen in der Werkstatt. Jedes Jahr passieren schwere Unfälle, weil sich Werkstücke verkanten, zurückschlagen oder die Hände zu nah ans Sägeblatt geraten. Die meisten günstigeren Tischkreissägen im Heimwerkerbereich haben nur unzureichende Sicherheitsfeatures.

Wirklich sichere Tischkreissägen mit automatischer Blattstoppfunktion (wie *SawStop-Systeme*) kosten mehrere Tausend Euro – eine Investition, mit der sich für Hobby-Heimwerker oft schwertun. Für einen Bruchteil dieses Geldes bekommen Sie eine hochwertige Tauchsäge mit Führungsschiene, die mindestens genauso präzise arbeitet, dabei aber deutlich sicherer ist.

Wenn Sie erst mit dem Heimwerken beginnen, haben Sie mit einer guten Handkreissäge oder Tauchsäge alle Möglichkeiten, die Sie für den Einstieg brauchen. Sie erreichen damit professionelle Ergebnisse, ohne das hohe Verletzungsrisiko einer Tischkreissäge einzugehen. Investieren Sie Ihr Geld lieber in Qualität bei den wirklich wichtigen Grundwerkzeugen.

Sie können mit einer Tauchkreissäge alles machen, was Sie auch mit einer Tischkreissäge machen können – nur sicherer! Glauben Sie mir, ich habe meine Tischkreissäge verkauft und nutze seit Jahren nur noch eine Tauchkreissäge mit Schiene. Abbildung 5.40 zeigt meinen Sägetisch.

5.6 Multitool

Das Multitool – auch *Oszillierwerkzeug* genannt – ist ein praktisches Werkzeug für knifflige Arbeiten. Es schneidet, schleift und schabt genau dort, wo andere Werkzeuge nicht hinkommen. Das Sägeblatt am Multitool schwingt nicht im Kreis wie bei einer normalen Säge, sondern vibriert schnell hin und her – etwa 20.000-mal pro Minute in einem winzigen Bogen. Diese oszillierende Bewegung schneidet das Material durch Tausende winzige Bewegungen und erzeugt dabei wenig Hitze, weshalb das Blatt auch bei längerem Sägen nicht heiß wird.

Abbildung 5.47 Das Multitool, hier in einer kabelgebundenen Variante

Abbildung 5.48 Multitool mit aufgesetztem Sägeblatt für das Kürzen von Türzargen, Fußleisten oder Rohren

Das Multitool ist ein Alleskönner und gut für viele verschiedene Aufgaben: Es schneidet saubere Aussparungen in Holz, Gipskarton oder Kunststoff. Überstehende Türzargen kann man damit bündig abschneiden. Alten Fliesenkleber oder alte Fugenmasse entfernt es recht problemlos. An engen Stellen lässt sich damit schleifen, wo normale Schleifer keinen Platz haben.

Das richtige Zubehör für jede Aufgabe

Für das Multitool gibt es eine Unmenge an Aufsätzen:

- Tauchsägeblätter für verschiedene Materialien sind ein Muss.
- Schleifaufsätze mit verschiedenen Körnungen sind praktisch für sehr unzugängliche Stellen.
- Schaber entfernen alte Klebstoffreste und alte Beschichtungen.
- Fugenschneider brauchen Sie bei Sanierungsarbeiten im Bad.
- Und es gibt noch viel mehr!

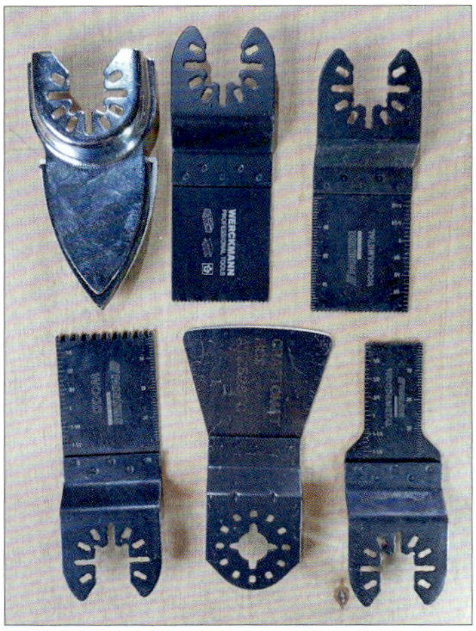

Abbildung 5.49 Multitool-Aufsätze zum Sägen, Schaben und Schleifen – die geraden Sägeblätter sind zum Sägen entlang einer Kante.

Abbildung 5.50 Die Aufsätze für das Multitool gibt es in vielen Formen – hier zwei halbmondförmige Aufsätze für Tauchschnitte.

Kaufen Sie ein Modell mit werkzeuglosem Wechsel. Dann können Sie das Zubehör schnell austauschen, ohne eine Schraube lösen zu müssen. Das spart Zeit und Nerven.

So arbeiten Sie richtig mit dem Multitool
Drücken Sie nicht zu fest, sondern lassen Sie das Werkzeug die Arbeit machen. Zu viel Druck macht das Sägeblatt stumpf. Bei längeren Arbeiten denken Sie an die Vibrationen. Machen Sie Pausen, damit Ihre Hände nicht taub werden.

Testen Sie beim Sägen die Schnitttiefe im Zweifel erst an einem Reststück und markieren Sie dann die Eintauchtiefe mit einem Stück Klebeband. So vermeiden Sie, dass Sie zu tief schneiden und etwas beschädigen.

5.7 Exzenterschleifer

Der Exzenterschleifer bewegt sich kreisend und rotiert gleichzeitig, so macht er glatte Oberflächen ohne Kratzer. Das macht ihn ideal für Schleifarbeiten, die später zu einer glatten Oberfläche führen sollen. Im Gegensatz zum Exzenterschleifer gibt es noch Bandschleifer; diese sind aber nur für das schnelle Abtragen von Material gedacht und führen konstruktionsbedingt zu keiner feinen Oberfläche als Ergebnis.

Abbildung 5.51 Ein Exzenterschleifer mit Staubsaugeranschluss

Abbildung 5.52 Die Unterseite des Exzenterschleifers – gut zu sehen sind die Löcher, durch die der Staub abgesaugt wird.

Abbildung 5.53 Das Schleifpapier eines Exzenterschleifers wird mit Kletthaftung am Teller befestigt.

Der Exzenterschleifer besitzt einen runden Schleifteller, in dem sich Löcher zum Absaugen des Schleifstaubs befinden. Exzenterschleifer bekommen Sie mit verschiedenen Schleiftellergrößen – die meisten Modelle haben 115 mm, 125 mm oder 150 mm Durchmesser. Kleinere Teller mit 115 mm arbeiten wendiger und erreichen engere Stellen besser. Größere Teller von 125 mm oder 150 mm schaffen mehr Fläche in kürzerer Zeit.

Die Löcher im Schleifteller und im Schleifpapier sorgen für die Staubabsaugung. Am besten ist es immer, einen Staubsauger an den Exzenterschleifer anzuschließen und das abgeschliffene Material sofort einzusaugen. Schleifstaub ist extrem fein und kann tief in die Lunge gelangen, tragen Sie deshalb beim Schleifen auch immer einen Atemschutz.

Ein Exzenterschleifer hilft bei verschiedenen Arbeiten: Mit ihm bereiten Sie Oberflächen für das Lackieren oder Beizen vor. Er schleift Holzoberflächen fein glatt. Alte Farb- oder Lackschichten entfernt er zuverlässig. Vor einem neuen Anstrich macht er Farboberflächen matt, damit die neue Farbe besser haftet. Für all diese Aufgaben brauchen Sie allerdings Schleifpapier mit unterschiedlicher Körnung.

Das richtige Schleifpapier für jede Aufgabe

Die Körnung entscheidet über das Ergebnis. Eine grobe Körnung zwischen 40 und 80 entfernt Material und alte Beschichtungen schnell. Eine mittlere Körnung zwischen 100 und 150 bereitet Oberflächen vor. Mit einer feinen Körnung zwischen 180 und 240 machen Sie den letzten Schliff vor der Oberflächenbehandlung. Eine sehr feine Körnung ab 320 verwenden Sie für Zwischenschliffe bei Lackierarbeiten.

So schleifen Sie richtig

Führen Sie den Schleifer mit gleichmäßigem Druck über die Oberfläche. Bewegen Sie ihn langsam und überlappend. Bei Holz arbeiten Sie immer in Richtung der Maserung. Das verhindert Kratzer quer zur Maserung.

Überspringen Sie keine Körnungsstufen bei feinen Oberflächen. Gehen Sie schrittweise von grob zu fein vor. Reinigen Sie die Oberfläche zwischen den Schleifgängen mit einem Staubtuch oder Druckluft. Staub und Schleifpartikel können sonst die nächste Körnung verstopfen, insbesondere wenn Sie keinen Staubsauger an den Schleifer angeschlossen haben.

Nicht zu viel Druck beim Schleifen

Wenn Sie beim Schleifen zu viel Druck ausüben, kann das Schleifpapier so heiß werden, dass die Kletthaftung verloren geht und das Schleifpapier sich vom Teller des Exzenterschleifers löst. Ich habe keine Ahnung, warum das so ist. Ersetzen Sie in so einem Fall einfach das Schleifpapier und arbeiten Sie mit weniger Druck weiter.

5.8 Zollstock und Maßband

Messen ist das A und O beim Heimwerken, und ohne genaues Messen geht nichts. Ein Zollstock und ein Maßband sind Ihre wichtigsten Helfer. Wer falsch misst, verschneidet Material und ärgert sich.

Der Zollstock

Der Zollstock lässt sich kompakt zusammenklappen, erreicht aber trotzdem zwei Meter. Er eignet sich perfekt für kürzere Messungen und zum Anzeichnen. Er steht stabil und überträgt Maße zuverlässig. Sie bekommen ihn aus Holz, Kunststoff oder Fiberglas.

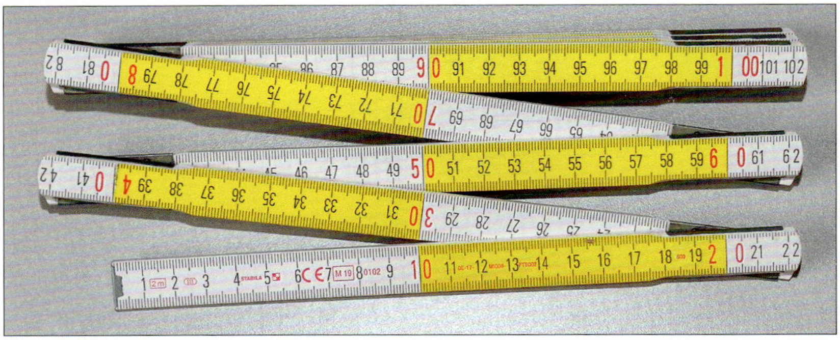

Abbildung 5.54 Der Zollstock – in jeder Beintasche eines Handwerkers zu finden

Das Maßband

Das Maßband eignet sich gut für längere Strecken. Sie können es in Längen zwischen drei und zehn Metern bekommen. Es misst flexibel um Ecken und Kurven. Viele Maßbänder haben nützliche Funktionen wie eine Arretierung und einen automatischen Einzug. In die metallverstärkte Spitze ist oft ein Magnet integriert. Somit können Sie nicht nur Dinge vom Boden aufheben, ohne sich bücken zu müssen, Sie können das Ende des Maßbandes auch beim Messen an metallischen Objekten haften lassen – praktisch und vielseitig.

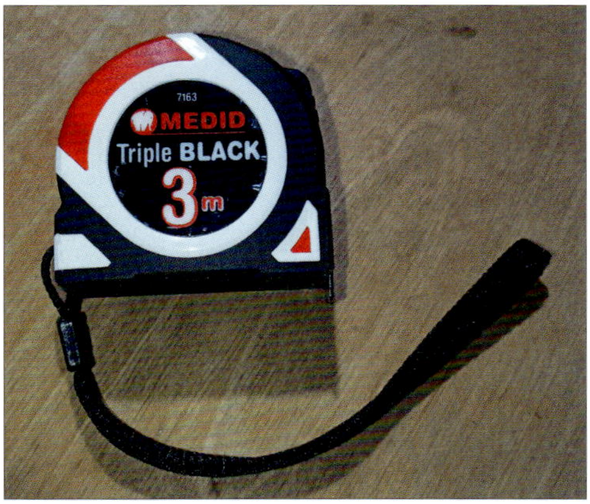

Abbildung 5.55 Ein Maßband – nicht so verbreitet wie der Zollstock, denn mit einem Zollstock lässt sich auch über Kopf messen.

So messen Sie richtig
Der bekannteste Spruch zum Messen lautet: »Zweimal gemessen und trotzdem falsch geschnitten.« Dieser Spruch macht sich über das bekannte Heimwerker-Motto »Zweimal messen, einmal schneiden« lustig und beschreibt die Realität, dass auch beim sorgfältigen Messen immer wieder Fehler passieren. Um dies zu verhindern, hilft eigentlich nur ein Bleistift und viel Konzentration. Markieren Sie Messpunkte deutlich und denken Sie an Materialstärken und den Platz, den Verbindungen benötigen. Ein Brett wird nicht einfach eingesetzt, sondern verschraubt oder verleimt. Das kostet Platz.

Für größere Messungen, beispielweise um die Maße eines Raums zu bestimmen, oder größere Abstände im Garten, nutzen Sie am besten einen Ultraschall- oder Laserentfernungsmesser. Letztere messen präziser als ein Maßband über längere Strecken.

5.9 Phasen- und Spannungsprüfer

Phasenprüfer und Spannungsprüfer sind die wichtigsten Werkzeuge für elektrische Arbeiten. Wer sich zum ersten Mal an Elektroarbeiten wagt, sollte sich diese zwei unscheinbaren Werkzeuge anschaffen. Sie finden den Phasenprüfer oft schon in einfachen Werkzeugsets im Baumarkt – und das aus gutem Grund. Diese scheinbar simplen Schraubendreher können nämlich Leben retten.

Die geniale Einfachheit des Phasenprüfers
Wie funktioniert ein Phasenprüfer? Sein Aufbau ist einfach: Im transparenten Griff sitzt eine kleine Glimmlampe, die über einen Sicherheitswiderstand mit der Metallspitze verbunden ist. Wenn Sie mit der Spitze einen spannungsführenden Leiter berühren und gleichzeitig mit einem Finger die Rückseite des Griffs, leuchtet die Lampe auf. So wissen Sie sofort, ob Sie vorsichtig sein müssen.

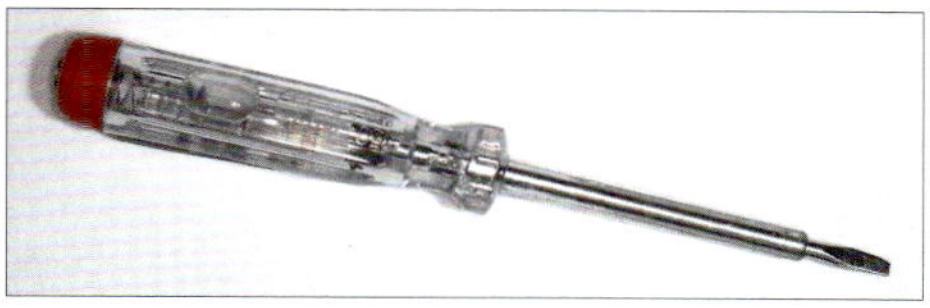

Abbildung 5.56 Ein Phasenprüfer mit Glimmlampe im durchsichtigen Griff

Ein Werkzeug mit durchdachten Details
Die Konstruktion der Prüfspitze zeigt, wie viele Gedanken in dieses Werkzeug geflossen sind. Schauen Sie sich einmal die Spitze genau an – sie passt exakt in die Schrauben von Lüsterklemmen. Das ist kein Zufall! Gerade an Lüsterklemmen werden Sie Ihren Phasenprüfer am häufigsten einsetzen. In einem Arbeitsgang können Sie prüfen, ob Span-

nung anliegt und die Schraube der Klemme lösen oder festziehen. Für weitere Sicherheit sorgt der vollständig isolierte Schaft: Selbst, wenn Sie versehentlich einen spannungsführenden Leiter berühren und gleichzeitig den vorderen Teil des Schraubendrehers, sind Sie durch diese Konstruktion geschützt.

Die Grenzen des Phasenprüfers

So praktisch die Schraubendreherfunktion auch ist – für schwere Schraubarbeiten sollten Sie lieber zu einem robusten Schraubendreher aus Ihrer Werkzeugkiste greifen. Der Phasenprüfer ist in erster Linie ein Prüfwerkzeug mit praktischer Zusatzfunktion.

Eine wichtige Einschränkung sollten Sie unbedingt kennen: Die Glimmlampe leuchtet nur auf, wenn Sie einen guten Kontakt zur Erde haben. Tragen Sie Schuhe mit isolierenden Gummisohlen oder stehen Sie auf einem isolierenden Untergrund wie einer Holzleiter oder einem Fußboden mit Kunststoffbelag, dann kann die Anzeige ausbleiben – auch wenn gefährliche Spannung vorhanden ist. Auch Handschuhe verhindern die korrekte Funktion. Denken Sie demzufolge auch an Ihre Umgebung und Arbeitssituation: Nicht immer funktioniert der Phasenprüfer einwandfrei, und Sie können getäuscht werden.

Der große Bruder: Der Spannungsprüfer

Deshalb gibt es neben dem einfachen Phasenprüfer auch noch seinen größeren Bruder – den Spannungsprüfer. Er kann deutlich mehr: Anstatt nur die Spannung gegen Erde zu prüfen, misst er die Spannung zwischen zwei beliebigen Punkten. Moderne Geräte zeigen Ihnen sogar den genauen Spannungswert an und warnen Sie mit einem Piepton vor gefährlichen Spannungen.

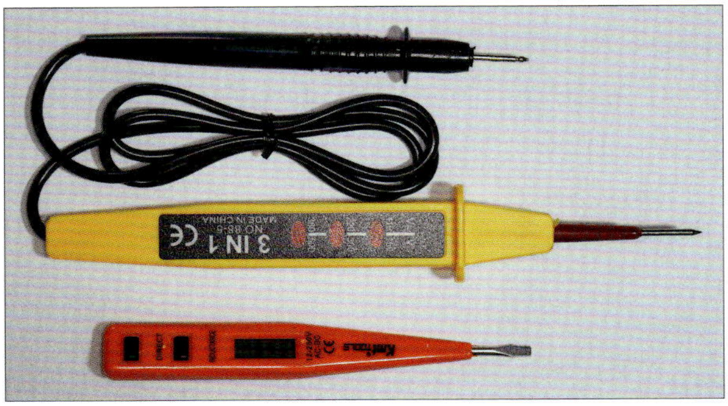

Abbildung 5.57 Ein Spannungsprüfer (gelb) und ein Phasenprüfer (orange) im Vergleich

Der Spannungsprüfer arbeitet nach einem anderen, deutlich sichereren Prinzip als sein kleiner Bruder. Anstatt sich auf die Erdung durch Ihren Körper zu verlassen, misst er die Spannung direkt zwischen zwei Messpunkten. Der Spannungsprüfer schlägt eine direkte Messverbindung zwischen zwei Leitern.

Das macht einen gewaltigen Unterschied in der Praxis. Egal ob Sie auf einer Holzleiter stehen oder Gummisohlen tragen – der Spannungsprüfer zeigt Ihnen zuverlässig an, ob und wie viel Spannung zwischen den Messpunkten liegt.

Besonders praktisch: Mit dem Spannungsprüfer können Sie auch überprüfen, ob eine Leitung wirklich spannungsfrei ist. Dafür messen Sie einfach zwischen dem vermeintlich abgeschalteten Leiter und dem Neutralleiter. Zeigt das Gerät 0 Volt an, können Sie sicher sein. Diese Methode ist wesentlich verlässlicher als die Prüfung mit dem Phasenprüfer.

Natürlich hat dieser höhere Sicherheitsstandard seinen Preis: Ein guter Spannungsprüfer kostet deutlich mehr als ein einfacher Phasenprüfer. Einen guten Phasenprüfer bekommen Sie schon für wenige Euro. Ein hochwertiger Spannungsprüfer kostet deutlich mehr. Im Discounter bekommen Sie ihn schon für um die 20 €, aber denken Sie immer daran: Bei Elektroarbeiten ist Sicherheit wichtig. Achten Sie auf das VDE-Prüfsiegel, es garantiert die Einhaltung strenger Sicherheitsnormen.

Abbildung 5.58 Das VDE-Prüfsiegel

Der Testboy

Außerdem gibt es noch den Testboy. Er ist ein moderner Phasenprüfer mit mehr eingebauter Sicherheit.

Abbildung 5.59 Der Testboy – ein moderner Phasenprüfer

Der Testboy ist ein berührungsloser Phasenprüfer, der sich deutlich vom klassischen Schraubendreher mit Glimmlampe unterscheidet. Während Sie beim alten Phasenprüfer den Kontakt am hinteren Ende mit dem Finger berühren müssen, wenn die Spitze zum spannungsführenden Punkt geführt wird, arbeitet der Testboy ohne direkten Kontakt zur Leitung. Er erkennt elektrische Felder durch die Isolierung hindurch und warnt Sie mit Licht (und bei manchen Modellen auch mit Ton) vor Spannung.

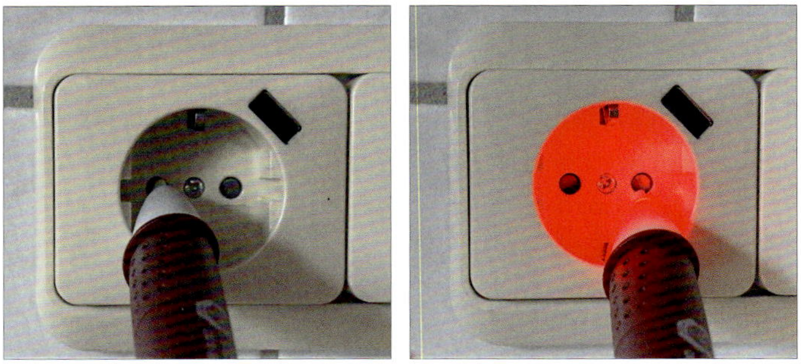

Abbildung 5.60 Der Testboy findet in einer Steckdose zuverlässig den Nulleiter und die Phase. Rotes Licht bedeutet Gefahr.

Das macht ihn deutlich sicherer, weil Sie nie direkten Kontakt zu stromführenden Teilen haben. Außerdem reagiert er empfindlicher und zeigt schon Spannung ab 12 V an, noch bevor Sie eine Leitung berühren. Bei Arbeiten an Steckdosen, Schaltern oder Leitungen halten Sie den Testboy einfach in die Nähe der Adern, und schon zeigt er an, ob Strom fließt.

Praktische Tipps für Ihre Werkzeugkiste

Mein Rat an Sie: Legen Sie sich beide Arten Werkzeug zu. Der Phasenprüfer ist Ihr ständiger Begleiter für schnelle Checks. Haben Sie ruhig mehrere davon: einen für die Hosentasche, einen für die Werkzeugkiste, vielleicht sogar einen in Reserve. Der Spannungsprüfer (bzw. der Testboy) kommt zum Einsatz, wenn Sie es genau wissen müssen.

Prüfen Sie Ihren Phasen- oder Spannungsprüfer vor jedem Einsatz auf Beschädigungen und testen Sie die Funktion an einer bekannten Spannungsquelle. Arbeiten Sie nur in trockener Umgebung und – das ist besonders wichtig – verlassen Sie sich nie blind auf einen einzelnen Test. Bei wichtigen Arbeiten sollten Sie immer zweimal prüfen, am besten mit verschiedenen Messgeräten.

Nehmen Sie sich die Zeit für sorgfältige Prüfungen: Ihre Sicherheit ist es wert. Mit den richtigen Werkzeugen und der nötigen Vorsicht können Sie beruhigt an Ihre Elektroprojekte gehen.

5.10 Multimeter

Das Multimeter hilft Ihnen dabei, elektrische Probleme zu finden und zu lösen. Ohne dieses kleine Gerät tappen Sie bei defekten Geräten oder ausgefallenen Stromkreisen im Dunkeln. Es zeigt Ihnen, wo Strom fließt, wo er fehlt und wie stark er ist.

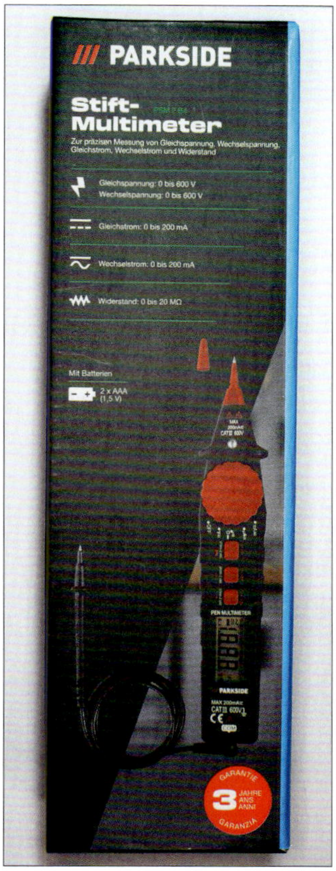

Abbildung 5.61 Ein Stift-Multimeter aus dem Discounter

Ein einfaches Multimeter aus dem Baumarkt oder Discounter reicht für die meisten Heimwerkerarbeiten völlig aus. Diese Geräte kosten wenig und können trotzdem alles, was Sie brauchen.

Was ein Multimeter alles kann

Die wichtigsten Funktionen des Multimeters sind:

- Es misst Spannung – sowohl Wechselspannung aus der Steckdose als auch Gleichspannung von Batterien.

- Es zeigt Ihnen den Stromverbrauch von Geräten an.
- Es misst Widerstände von Bauteilen.
- Die Durchgangsprüfung piept, wenn ein Stromkreis geschlossen ist. Das ist praktisch zum Testen von Kabeln oder Sicherungen.
- Moderne Geräte haben oft zusätzliche Funktionen wie Temperaturmessung oder Kapazitätsprüfung. Diese brauchen Sie als Heimwerker seltener.

Nutzen Sie das Multimeter nur für die Spannungen, die es verkraftet. Und achten Sie vor jeder Messung auf die korrekte Einstellung.

Grundsätzlich gilt: Arbeiten Sie nur an spannungsfreien Stromkreisen. Die einzige Ausnahme ist, wenn Sie eine Spannung messen wollen.

Ein Multimeter im Alltag

Ein Multimeter lässt sich auch für Alltägliches einsetzen. Sie können damit Batterien überprüfen, bevor Sie sie wegwerfen. Oft haben diese noch genug Energie für eine Fernbedienungen gespeichert oder für andere kleinere batteriebetriebene Geräte. Falls Sie wiederaufladbare Akkus im Haushalt verwenden, können Sie diese auch mit Ihrem Multimeter testen. Mit dem Durchgangsprüfer können Sie unterbrochene Leitungen finden und beispielsweise Schalter (im ausgebauten Zustand) auf ihre Funktion testen. Sie können damit auch die Spannung an Steckdosen messen – aber machen Sie das nur, wenn Sie schon etwas Erfahrung mit dem Gerät haben, und werfen Sie vorher noch mal einen aufmerksamen Blick in die Bedienungsanleitung, damit alle Einstellungen des Gerätes auch richtig sind.

5.11 Kabelfinder

Der Kabelfinder – auch Leitungssucher genannt – bewahrt Sie vor teuren und gefährlichen Überraschungen. Er zeigt Ihnen, wo sich elektrische Leitungen in der Wand verstecken, bevor Sie bohren oder Nägel einschlagen. Ein getroffenes Stromkabel kann nicht nur einen Stromschlag verursachen, sondern auch teure Reparaturen nach sich ziehen.

Einfache Geräte erkennen elektrische Felder um stromführende Leitungen und funktionieren nur bei Leitungen unter Spannung. Kombinationsgeräte können zusätzlich Metall wie Wasserrohre oder Heizungsrohre aufspüren. Manche erkennen sogar Holzbalken hinter Gipskartonwänden. Es gibt eine große Auswahl, aber der größte Unterschied, der sich oft auch beim Preis bemerkbar macht, ist, wie tief in einer Wand das Gerät Dinge aufspüren kann.

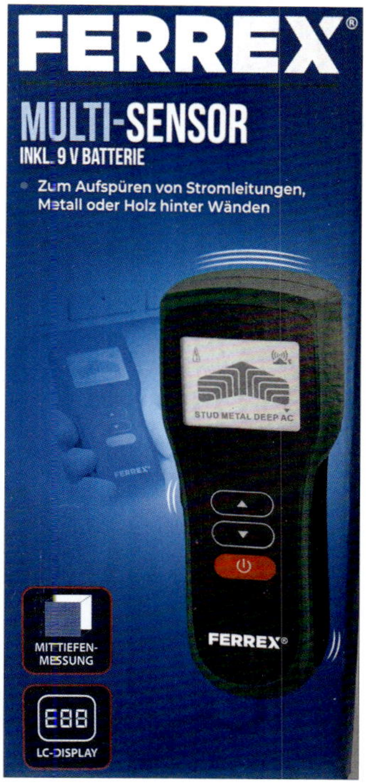

Abbildung 5.62 Ein einfacher Kabelfinder aus dem Discounter – er kann nicht nur Stromleitungen, sondern auch Metall und Holz aufspüren.

So arbeiten Sie richtig mit dem Kabelfinder

Bewegen Sie den Kabelfinder im gewünschten Wandbereich mehrfach und langsam in verschiedene Richtungen – einmal waagerecht, einmal senkrecht. Leitungen verlaufen meist waagerecht oder senkrecht, aber nicht immer. Markieren Sie gefundene Leitungen mit einem Bleistift, Kreidestift oder etwas Kreppband.

Wenn Sie einen Nagel einschlagen oder ein Loch bohren möchten, dann halten Sie einen Sicherheitsabstand von mindestens fünf Zentimetern zu erkannten Leitungen ein. Auch wenn das Gerät anzeigt, dass hier eine Leitung liegt, kann sie tatsächlich etwas daneben verlaufen. Verlassen Sie sich nicht ausschließlich auf den Kabelfinder – denken Sie zusätzlich mit: Direkt ober- und unterhalb von Lichtschaltern und abgehend von Steckdosen ist die Wahrscheinlichkeit extrem groß, auf ein Stromkabel zu stoßen.

Abbildung 5.63 In einem Rohbau sieht man gut den Verlauf der Elektrokabel (Quelle: https://upload.wikimedia.org/wikipedia/commons/8/85/Installing_electrical_wiring.png)

Kabelfinder sind nicht perfekt. Abgeschirmte Leitungen oder sehr tief liegende Kabel erkennen sie möglicherweise nicht. Dünne Leitungen mit geringem Metallanteil können sie ebenfalls übersehen. In Altbauten mit dicken Wänden stoßen einfache Geräte schnell an ihre Grenzen. Batteriebetriebene Kabelfinder brauchen volle Batterien für zuverlässige Ergebnisse. Ein schwacher Akku kann dazu führen, dass Leitungen übersehen werden. Testen Sie also die Anzeige an einem Stück Wand, von dem Sie wissen, dass dort eine Leitung verläuft. Wird diese angezeigt, ist der Kabelfinder einsatzbereit. Wenn nicht, dann stimmt irgendwas nicht.

5.12 Malerwerkzeug

Malerarbeiten verwandeln jeden Raum. Neue Farbe macht alte Räume wieder frisch. Mit dem richtigen Werkzeug schaffen Sie das ganz einfach selbst und mit den richtigen Pinseln und Rollen streichen Sie wie ein Profi.

Für den Anfang empfiehlt sich eine Grundausstattung

Kaufen Sie verschiedene Pinsel – sowohl flache als auch runde in unterschiedlichen Größen. Breite Flachpinsel schaffen große Flächen schnell. Schmale Rundpinsel erreichen Ecken und Details. Dazu kommen Farbrollen mit verschiedenen Bezügen. Kurzflorige Rollen nehmen Sie für glatte Wände, langflorige für raue Oberflächen.

Pinsel unterstützen die Rolle, übernehmen aber nicht die Hauptarbeit. Für große Flächen greifen Sie zur Rolle – sie verteilt die Farbe gleichmäßiger und verbraucht dabei weniger Farbe als der Pinsel. Setzen Sie Pinsel gezielt für Ecken, Kanten und Detailarbeiten ein, wo die Rolle nicht hinkommt. Diese Arbeitsteilung spart Zeit, Farbe und sorgt für ein professionelleres Ergebnis.

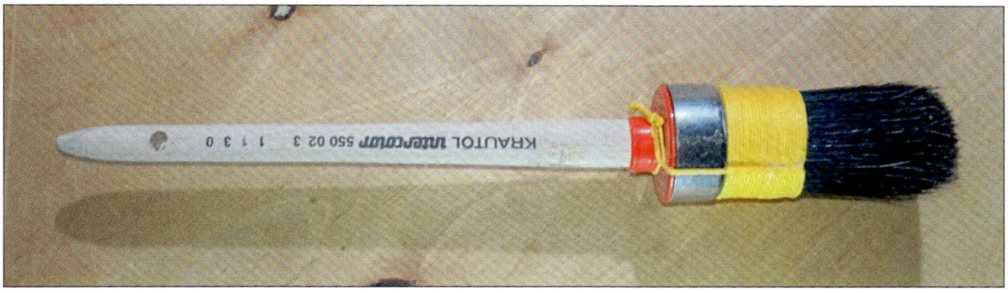

Abbildung 5.64 Ein runder Pinsel ist präziser in Ecken und an Kanten. Er ist auch gut zum Lackieren von Türzargen oder Fensterrahmen geeignet.

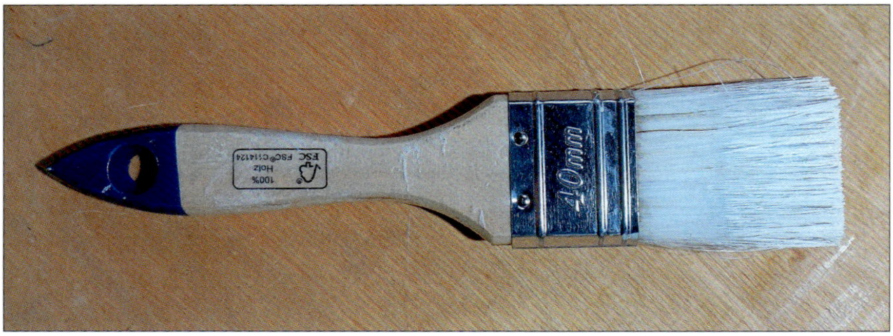

Abbildung 5.65 Ein flacher Pinsel ist gut für Flächen, auf denen keine Rolle verwendet werden kann und ist gut für Rillen und Vertiefungen.

Abbildung 5.66 Schaumstoffrollen in verschiedenen Größen

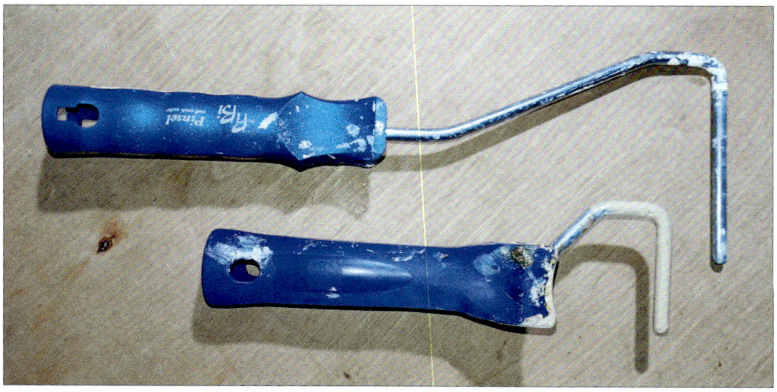

Abbildung 5.67 Griffstücke erhält man zusammen mit den Rollen oder auch einzeln.

SCHRITT FÜR SCHRITT

Farbe anbringen

1. Tauchen Sie die Rollen ein, streifen Sie die überschüssige Farbe am Rand der Dose ab ...

2. ... und rollen Sie das zu lackierende Werkstück ab.

3. Die lackierte Oberfläche sollte danach gleichmäßig aussehen. Der Untergrund darf nicht mehr durchschimmern.

Eine Teleskopstange erspart Ihnen das ständige Auf-die-Leiter-Steigen. Sie können damit mühelos hohe Decken und Wände erreichen. Decken Sie vor dem Streichen alles ab, was keine Farbe abbekommen soll. Folien und Abdeckband schützen Möbel und Böden. Eine Farbwanne mit Abstreifgitter sorgt dafür, dass Sie die richtige Farbmenge am Roller haben.

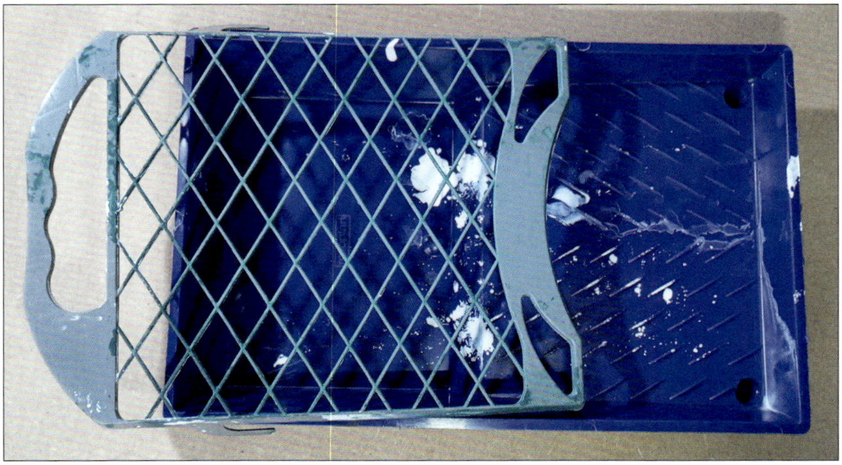

Abbildung 5.68 Farbwanne und Abstreifgitter für die Rolle

So gelingt der perfekte Anstrich

Bereiten Sie die Wände gut vor, indem Sie sie gründlich reinigen. Schleifen Sie raue Stellen glatt und saugen Sie die Wände mit einem Staubsauger mit Bürstenaufsatz ab. Falls das nicht geht, bürsten Sie die Wände zumindest mit einem Besen ab. Entfernen Sie alle Spinnweben und Staubflocken, bevor Sie mit dem Streichen beginnen. Falls notwendig, grundieren Sie poröse oder fleckige Stellen (siehe Abschnitt 11.1). Mit diesen Vorbereitungen sieht der Anstrich hinterher viel besser aus.

Mit Malerkreppband können Sie Lichtschalter, Fußleisten, Türrahmen oder andere Kanten abkleben, damit an sie keine Farbe kommt. Malerkrepp lässt sich hinterher sehr einfach wieder abziehen, und das Abkleben sorgt für eine saubere Kante.

Abbildung 5.69 Malerkrepp lässt sich nach dem Streichen gut ablösen, ohne Reste zu hinterlassen.

Streichen Sie immer von oben nach unten. Fangen Sie an der Decke an und arbeiten Sie sich zu den Wänden vor. Wenn Sie bei Tageslicht arbeiten, können Sie ungleichmäßige Stellen besser sehen und sofort ausbessern.

Das Streichen von Decken erfordert einen besonderen Trick: Streichen Sie den ersten Anstrich in eine Richtung, den zweiten Anstrich führen Sie dann um 90 Grad versetzt dazu aus. Also erst vom Fenster zur gegenüberliegenden Wand, dann von der einen Seitenwand zur anderen. Diese Technik vermeidet sichtbare Streifen und sorgt für eine gleichmäßige Deckung. Besonders bei schräg einfallendem Licht sehen Sie sonst später jeden Rollerzug.

Wenn Sie fertig sind, reinigen Sie Ihre Werkzeuge am besten sofort. Getrocknete Farbe macht Pinsel und Rollen kaputt, und meist möchte man später noch weiterarbeiten. Normale Wandfarbe ist wasserlöslich und Sie können die Gerätschaften nach der Arbeit unter fließendem Wasser auswaschen und wiederverwenden.

5.13 Werkzeugpflege und -wartung

Gepflegte Werkzeuge halten länger, arbeiten besser und belohnen Sie mit langer Lebensdauer und besseren Ergebnissen. Vernachlässigte Werkzeuge werden stumpf, rosten schnell oder gehen kaputt.

Reinigen Sie deshalb Werkzeuge nach jedem Gebrauch von Staub und Rückständen. Ölen Sie regelmäßig bewegliche Teile mit geeignetem Öl. Schärfen Sie Schneidwerkzeuge, sobald sie stumpf werden. Lagern Sie Werkzeuge trocken und geschützt vor extremen Temperaturen.

Spezielle Pflege für verschiedene Werkzeuge

Bei Bohrmaschine und Akkuschrauber reinigen Sie regelmäßig die Lüftungsschlitze mit einem Staubsauger mit Bürstenaufsatz. Verstaubte Schlitze lassen den Motor überhitzen. Prüfen Sie die Akkukontakte auf Korrosion und reinigen Sie diese bei Bedarf.

Sägeblätter für die Stichsäge oder die Handkreissäge reinigen Sie von Harz mit speziellen Reinigern oder auch mit Reinigungsbenzin. Verklebte Sägeblattzähne schneiden schlecht und das Blatt überhitzt schnell. Bei hartnäckigeren Verschmutzungen können Sie auch zu Bremsenreiniger greifen.

Bei Handwerkzeugen behandeln Sie Holzgriffe gelegentlich mit Leinöl. Das verhindert ein Austrocknen und die Bildung von Rissen.

Die richtige Lagerung

Nutzen Sie Werkzeugkästen, -koffer oder -schränke mit einzelnen Fächern. Werkzeuge, die lose herumliegen, beschädigen sich gegenseitig. Bewahren Sie Kleinteile wie Bits und Bohrer in beschrifteten Behältern auf. So finden Sie schnell, was Sie brauchen.

Schützen Sie Schneidkanten durch geeignete Abdeckungen. Hängen Sie häufig verwendete Werkzeuge für den schnellen Zugriff auf, den Rest verwahren Sie sicher im Koffer oder Schrank.

Kapitel 6

Verbrauchsmaterialien

Verbrauchsmaterialien sind die Sachen, die Sie neben den Werkzeugen benötigen. Also Dinge wie Klebeband, Dübel, Schleifpapier und alles andere, was beim Heimwerken mit der Zeit aufgebraucht wird. Dafür ist nicht viel nötig. Wenige, gut gewählte Verbrauchsmaterialien reichen für viele Heimwerkerprojekte völlig aus. Anstatt einen überfüllten Werkzeugkasten mit unzähligen Dübeln, Schrauben und Nägeln im Voraus anzuhäufen, können Sie sich auch nach Bedarf ausstatten. Weil jedes Projekt eigene Anforderungen hat, ist es am besten, die passenden Materialien erst dann zu kaufen, wenn sie wirklich benötigt werden. So vermeiden Sie, dass ungenutzte Kleinteile die Schubladen füllen und nie wieder zum Einsatz kommen.

Beim gezielten Einkauf sparen Sie so nicht nur Platz, sondern treffen auch präzisere Entscheidungen bezüglich Größe, Material und Menge. Indirekt schult es auch Ihre Fähigkeiten zur Planung und Antizipation der anstehenden Tätigkeit. Dies führt nicht nur zu besseren Ergebnissen bei Ihren Projekten, es schont auch Ihren Geldbeutel.

6.1 Schrauben und Nägel – die zeitlosen Verbindungselemente

Die Geschichte der Befestigungstechnik ist so alt wie das menschliche Handwerk selbst. Seit Jahrtausenden nutzen Menschen Nägel (und später auch Schrauben), um Materialien dauerhaft miteinander zu verbinden. In diesem Kapitel werfen wir einen genauen Blick auf diese unverzichtbaren Helfer des Handwerks und klären, wann welches Befestigungsmittel die beste Wahl ist.

6.1.1 Wann Schrauben, wann Nägel?

Beginnen wir mit der grundlegenden Frage: Nagel oder Schraube? Die Entscheidung hängt von verschiedenen Faktoren ab. Nägel eignen sich hervorragend für Holzverbindungen, die hauptsächlich auf Scherkräfte ausgelegt sind. Sie werden traditionell im Holzbau eingesetzt, etwa beim Befestigen von Dachlatten oder beim Zusammenfügen von Holzkonstruktionen. Früher wurden sie beim Möbelbau eingesetzt, als die Verwendung von Massivholz normal war. In der heutigen Zeit, in der hauptsächlich beschichtete Span- und Multiplexplatten verwendet werden, werden andere Befestigungsmethoden bevorzugt, da die Möbel zumeist im »Flat Pack«-Format transportiert und geliefert werden und der Aufbau vom Kunden vorgenommen wird.

Abbildung 6.1 Nägel mit großem Kopf sind gut, um beispielsweise die Rückwand von IKEA-Möbel zu befestigen. Der große Kopf verhindert ein Ausreißen.

6.1.2 Glatte und geriffelte Nägel

Glatte Nägel sind die traditionelle Variante, die seit Jahrhunderten verwendet wird. Sie eignen sich besonders gut für weichere Hölzer, da sie beim Einschlagen das Holz weniger stark verdrängen und spalten. Der glatte Schaft gleitet sanfter durch die Holzfasern und verdichtet sie gleichmäßig. Dies macht glatte Nägel zur idealen Wahl für Arbeiten wie das Befestigen von Zierleisten, dünnen Brettern oder beim Bau von Holzkisten, wo ein Spalten des Materials unbedingt vermieden werden muss.

Abbildung 6.2 Glatte Nägel mit kleinem Kopf, der nach dem Einschlagen kaum zu sehen ist

Geriffelte Nägel, auch Rillennägel oder Haftnägel genannt, wurden entwickelt, um eine stärkere Haltekraft zu erzielen. Die feinen Rillen oder Ringe auf ihrer Oberfläche funktionieren ähnlich wie ein Gewinde bei Schrauben: Sie graben sich in das umgebende Holz ein und schaffen so eine größere Kontaktfläche. Sie wirken wie kleine Widerhaken, die sich im Holz verankern. Diese Nägel sind besonders wertvoll bei Konstruktionen, die starken Zugkräften ausgesetzt sind, etwa im Dachstuhl oder bei tragenden Holzverbindungen.

Abbildung 6.3 Kleine, geriffelte Nägel, die einen guten Halt bieten

Ein interessanter Aspekt ist das unterschiedliche Verhalten dieser Nageltypen bei wechselnder Holzfeuchte: Glatte Nägel können sich bei »arbeitendem« Holz – also Holz, das durch Feuchtigkeitsänderungen quillt und schwindet – leichter lockern. Die Rillen der geriffelten Nägel hingegen sorgen dafür, dass sie auch bei solchen Bewegungen besser im Holz verankert bleiben.

Für Heimwerker ist es empfehlenswert, beide Varianten im Sortiment zu haben. Geriffelte Nägel sind die bessere Wahl für tragende Konstruktionen und überall dort, wo hohe Festigkeit gefordert ist. Glatte Nägel hingegen bewähren sich bei filigranen Arbeiten und dort, wo das Erscheinungsbild wichtig ist, da sie meist einen kleineren Kopf haben und unauffälliger sind.

6.1.3 Schrauben für lösbare Verbindungen

Schrauben hingegen sind die bessere Wahl, wenn es um lösbare Verbindungen geht oder wenn höhere Zugkräfte im Spiel sind. Sie bieten durch ihr Gewinde deutlich mehr Halt und verteilen die Kräfte gleichmäßiger im Material. Besonders bei Möbeln, im Innenausbau oder bei der Montage von Gegenständen an Wänden sind sie unverzichtbar. Ein weiterer Vorteil: Sie lassen sich bei Bedarf wieder entfernen, ohne das Material zu beschädigen.

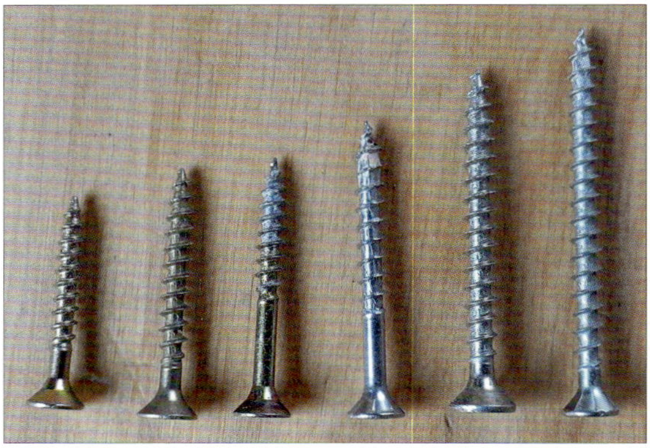

Abbildung 6.4 Schrauben gibt es in vielen verschiedenen Größen und Formen.

Vorbohren oder nicht?

Bei der Verwendung von Schrauben gilt: Vorbohren schützt vor gesplittertem Holz und erleichtert das Eindrehen der Schraube. Falls Sie eine Schraube in Hartholz eindrehen wollen und dies besonders schwer geht, können Sie die Schraube mit etwas Seife einreiben. In Zeiten, in denen aber der Akkuschrauber verwendet wird und nicht mehr die Hand, ist dieser Tipp fast obsolet geworden. Außer an schwer zugänglichen Stellen, an denen immer noch der gute alte Schraubendreher zum Einsatz kommt.

Besondere Aufmerksamkeit verdienen die verschiedenen Schraubenkopfformen. Der Kreuzschlitz (Phillips/Pozidriv) ist weit verbreitet und für die meisten Anwendungen geeignet. Torx-Schrauben bieten durch ihre sternförmige Aufnahme einen besseren Halt des Schraubendrehers. Schlitzschrauben hingegen finden sich heute hauptsächlich noch bei Beschlägen aus optischen Gründen.

6.1.4 Materialvielfalt und Anwendungsbereiche

Im modernen Baumarkt findet sich eine schier endlose Auswahl an Schrauben und Nägeln aus verschiedenen Materialien. Verzinkte Stahlschrauben sind der Klassiker für den Innenbereich. Sie bieten guten Korrosionsschutz zu einem vernünftigen Preis. Für den Außenbereich oder in Feuchträumen sind Edelstahlschrauben die erste Wahl – sie rosten nicht und behalten ihr ansprechendes Aussehen. Spezielle Beschichtungen wie die goldgelbe Verzinkung bei Spanplattenschrauben verbessern zusätzlich die Eindreheigenschaften.

Bei Nägeln dominiert ebenfalls verzinkter Stahl, wobei für besondere Anwendungen auch Kupfer- oder Edelstahlnägel erhältlich sind. Kupfernägel werden beispielsweise gerne im Dachdeckerhandwerk verwendet, da sie sich gut mit den üblichen Dachmaterialien vertragen.

Sortimentsboxen sind am praktischsten und sparen Platz

Für den ambitionierten Heimwerker empfiehlt sich eine Grundausstattung verschiedener Schrauben und Nägel, die Baumärkte in Sortimentsboxen anbieten. Unverzichtbar sind Spanplattenschrauben in verschiedenen Größen, einige Universaldübel sowie eine Handvoll verschiedener Nägel. Aber übertreiben Sie es nicht, sondern kaufen Sie, wie gesagt, lieber die passenden Nägel bzw. Schrauben für Ihr aktuelles Projekt. Es werden in der Regel einige übrig bleiben, die einen Vorrat für kommende Aufgaben bilden.

Abbildung 6.5 Schrauben kann man wiederverwenden, wenn der Schaubkopf noch in Ordnung ist und sie nicht verrostet oder anderweitig beschädigt sind.

6.1.5 Der Dübel – der Partner der Schraube

Ein besonderes Kapitel verdient der Dübel als treuer Begleiter der Schraube. Fast immer, wenn eine Schraube nicht in Holz gedreht wird, benötigt sie einen Dübel. In massiven Wänden aus Stein oder Beton ist er unverzichtbar, da er die Kräfte großflächig verteilt und der Schraube erst den nötigen Halt gibt. Moderne Kunststoffdübel expandieren beim Eindrehen der Schraube und verkrallen sich förmlich in der Wand. Für Heimwerker besonders praktisch sind Universaldübel, denn sie funktionieren in den meisten Wandmaterialien zuverlässig.

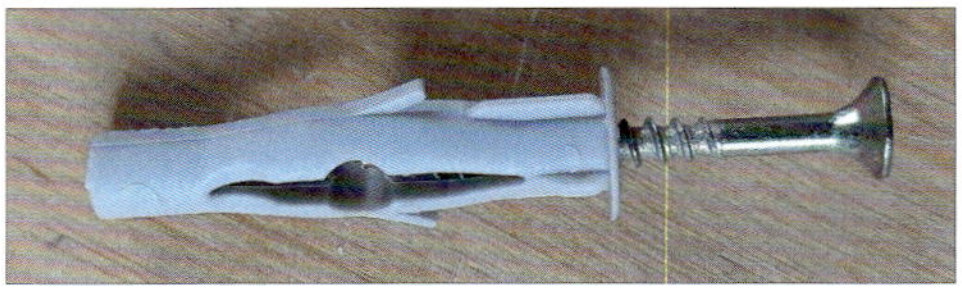

Abbildung 6.6 Schrauben und Dübel müssen zueinander passen.

Von der Geschichte zur Moderne

Dübel sind noch gar nicht so alt. Der moderne Dübel wurde 1958 von Artur Fischer erfunden – der revolutionäre »S-Dübel«. Er löste die vorher genutzten Holzkeile und Faserdübel ab und wurde schnell zum Standard in der Befestigungstechnik. Die Grundprinzipien sind heute noch relevant in der Dübeltechnik.

Wofür braucht man Dübel?

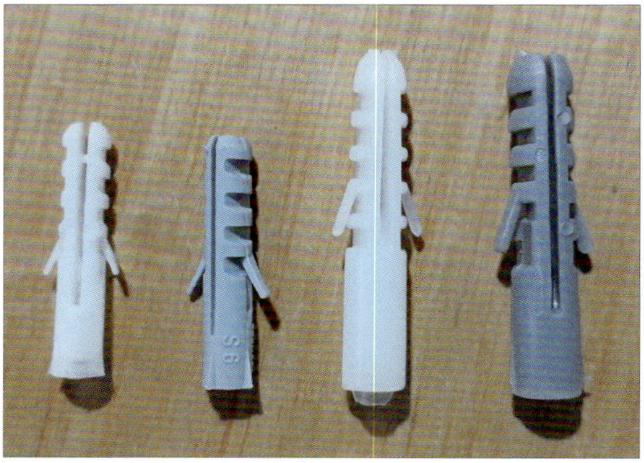

Abbildung 6.7 Standarddübel für normales Mauerwerk in verschiedenen Größen

Der klassische Kunststoffdübel in Grau oder Rot ist der zuverlässige Standarddübel für massive Wände. Seine Funktionsweise ist einfach: Die eingedrehte Schraube spreizt ihn, wodurch er sich in der Wand verkeilt. Für Ziegel, Beton und Kalksandstein ist er bei normalen Lasten die optimale Wahl. Denn er ist recht anpassungsfähig. In massiven Wänden spreizt er sich, in Hohlräumen faltet er sich auf, er ist auch immer eine verlässliche Option, wenn die Wandbeschaffenheit nicht eindeutig ist.

Gipskartonwände benötigen jedoch eine andere Herangehensweise. Hier kommen Hohlraumdübel zum Einsatz. Sie verformen sich beim Eindrehen einer Schraube hinter dem Gipskarton wie ein Anker und bilden so eine stabile Basis für die Schraube. Für stärkere Belastungen gibt es solche Dübel auch in einer Metallvariante.

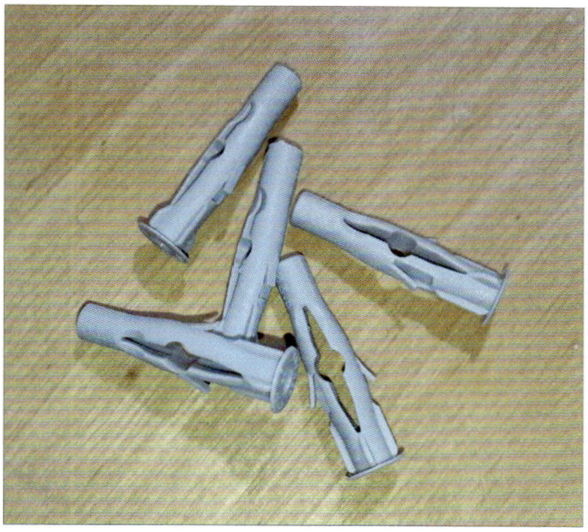

Abbildung 6.8 Hohlraumdübel für Gipswände

Hohlraumdübel werden meist bei Hängeschränken oder Waschbecken eingesetzt, da für diese eine besondere Stabilität nötig ist.

Auf jeder Dübelpackung ist der gedachte Einsatzzweck vermerkt

Falls Sie sich unsicher sind, welcher Dübel für Ihr Projekt geeignet ist, finden Sie in Ihrem Baumarkt bei den Dübeln immer Infografiken, die Ihnen die Auswahl des richtigen Dübels erleichtern. Die Rückseiten der Verpackungen zeigen Ihnen immer die wichtigsten Eckdaten zu jedem Dübel: für welchen Untergrund er gedacht ist, für welche Schraubengrößen er verwendet werden kann und was sonst noch wichtig zu wissen ist.

Die Durchmesser und die Länge eines Dübels bestimmen

Die richtige Länge der Schraube und des Nagels ist wichtig für einen guten Halt. Als Faustregel gilt: Die Schraube oder der Nagel sollte mindestens zu zwei Dritteln ihrer bzw. seiner Länge im tragenden Material stecken. Bei Schrauben, bei denen in vielen Anwendungsfällen nur ein kleines Stück aus der Wand heraussteht, beispielsweise beim Festschrauben von Beschlägen, befindet sich der größte Teil der Schraube in der Wand und nur ein kleiner Teil schaut heraus. Wichtig ist hier, dass der Teil der Schraube in der Wand zur Dübellänge passt. Beim Bohren des Dübellochs muss auch die Bohrtiefe zur Dübellänge passen: Der Dübel sollte nicht aus dem Loch herausschauen, und die Schraube sollte ihren Dübel dann vollständig ausfüllen.

Wie wird ein Dübel verwendet?

Diese Frage hört sich so einfach an und auch das Prinzip klingt simpel: Loch bohren, Dübel hinein, Schraube hinein, fertig!

Drei Faktoren entscheiden jedoch über den Erfolg: Sie müssen das Loch in der richtigen Größe bohren, den passenden Dübel für Ihren Untergrund wählen und die richtige Schraube für den verwendeten Dübel nutzen. Durchmesser und Länge bestimmen, ob Ihre Befestigung hält.

SCHRITT FÜR SCHRITT

Wie gehen Sie vor?

1. **Den richtigen Dübel finden Sie durch Rückwärtsplanung.**

   Beginnen Sie mit dem Objekt, das Sie befestigen möchten. Welche Schrauben benötigen Sie dafür? Messen Sie Durchmesser und Länge dieser Schrauben. Prüfen Sie dann das Wandmaterial: Handelt es sich um Beton, Gipskarton oder Vollziegel?

2. **Mit diesen Informationen ermitteln Sie den passenden Dübel.**

   Die Dübellänge entspricht dem Schraubenteil, der in die Wand eindringt. Die Schraubendicke bestimmt die Dübeldicke. Das Wandmaterial bestimmt die Dübelart.

3. **Anschließend bereiten Sie das Bohrloch vor.**

   Der Bohrerdurchmesser muss exakt zur Dübelgröße passen. Die Bohrtiefe muss stimmen: Der Dübel muss komplett im Loch verschwinden.

4. **Die eigentliche Montage erfolgt in vier Schritten.**

   Bohren Sie das Loch. Stecken Sie den Dübel ins Loch. Drehen Sie die Schraube in den Dübel ein. Passen Sie dabei die Schraubkraft an Dübelart und Untergrund an – behutsam bei Gipskarton, kräftiger bei massiven Wänden.

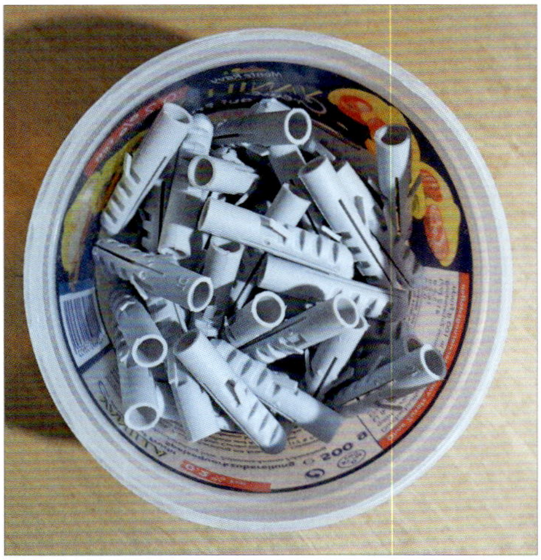

Abbildung 6.9 Dübel »laufen« einem oft ungewollt »zu«. Am besten sammeln Sie sie in einer Dose und suchen zum gegebenen Zeitpunkt heraus, was Sie gerade brauchen.

Spezialfall Wärmedämmung

Falls Sie auf dem Balkon oder der Terrasse etwas von außen an der Hauswand befestigen möchten, ist es zuerst wichtig, sich den Untergrund genau anzuschauen. Bei gedämmten Fassaden gelten besondere Regeln: Hier kommen Spezialprodukte wie Dämmstoffdübel zum Einsatz. Sie müssen nicht nur sicheren Halt bieten, sondern auch Wärmebrücken vermeiden. Die fachgerechte Montage ist hier besonders wichtig, um die Dämmwirkung nicht zu beeinträchtigen und den Energieausweis nicht zu gefährden.

Solch einen Spezialfall sollten Sie zuerst mit Ihrem Vermieter absprechen und die Montage auch durch eine Fachfirma durchführen lassen. Zu viel kann dabei schiefgehen!

Finden Sie den richtigen Dübel, sonst wird das nix!

Die optimale Dübelwahl basiert auf drei wesentlichen Faktoren: auf der Beschaffenheit der Wand, auf dem Gewicht der Last und auf der Art der Belastung. Mit einem gut ausgestatteten Sortiment und fundiertem Wissen können Sie fast jede Befestigungsaufgabe meistern. Bei sicherheitsrelevanten Installationen empfiehlt sich die Unterstützung durch Fachleute.

6.2 Kabelbinder – die ordnende Kraft in der Werkstatt

Kabelbinder sind unglaublich praktisch. Wenn man sie erst einmal benutzt hat, sind sie kaum noch aus der Werkzeugtasche wegzudenken. Diese Kunststoffstreifen mit ihrem ratschenartigen Verschlussmechanismus sind Alleskönner, wenn irgendwas zusammengehalten werden muss.

Abbildung 6.10 Ein Kabelbinder wird mit dem Ende durch die Ratsche gezogen.

Das Prinzip des Verschlussmechanismus ist einfach: Ein flexibler Streifen mit einer Zahnleiste und einem Verschlusskopf am Ende, und der Streifen rutscht nur in eine Richtung durch. Einmal zugezogen, hält ein Kabelbinder zuverlässig. Die Zugkraft von Kabelbindern ist beeindruckend – selbst kleine Exemplare halten oft mehrere Kilogramm. Es gibt sie sogar aus Metall, aber die Kunststoffvariante ist diejenige, die eigentlich überall zu finden ist. Auch die Auswahl ist vielfältig: Von winzigen Bindern für feine Elektronikkabel bis zu armdicken Exemplaren für Rohrbündel. Bei den Farben haben Sie die Wahl zwischen dem klassischen Schwarz oder Weiß und vielen möglichen Farben dazwischen. Es gibt spezielle UV-beständige Varianten für den Außenbereich und sogar Modelle, die sich wieder öffnen lassen, wenn Sie etwas nur temporär fixieren möchten.

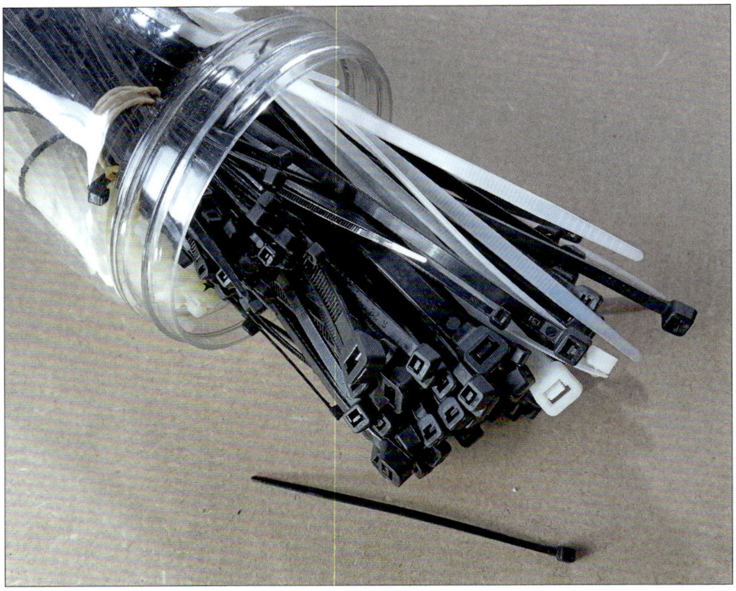

Abbildung 6.11 Ein Sortiment an Kabelbindern in verschiedenen Größen

Ein Sortimentskasten mit verschiedenen Größen und Farben ist eine sinnvolle Investition. Für wenige Euro finden Sie diese Kästen in jedem Baumarkt und haben so viele verschiedene Farben und Längen zur Auswahl. So ist für jede Gelegenheit der passende Kabelbinder dabei. Achten Sie dennoch auf Qualität – minderwertige Kabelbinder werden spröde oder reißen beim Zuziehen.

Wie verwendet man einen Kabelbinder?

Die Nutzung eines Kabelbinders ist einfach: Legen Sie den Kabelbinder um das zu fixierende Werkstück. Führen Sie das Ende des Kabelbinders in den Binderkopf ein, ziehen Sie den Kabelbinder handfest zu und schneiden Sie das überstehende Stück mit einem Seitenschneider ab. Wichtig dabei: Schneiden Sie möglichst glatt und ohne scharfe Ecke – diese könnte sonst später zu Verletzungen führen.

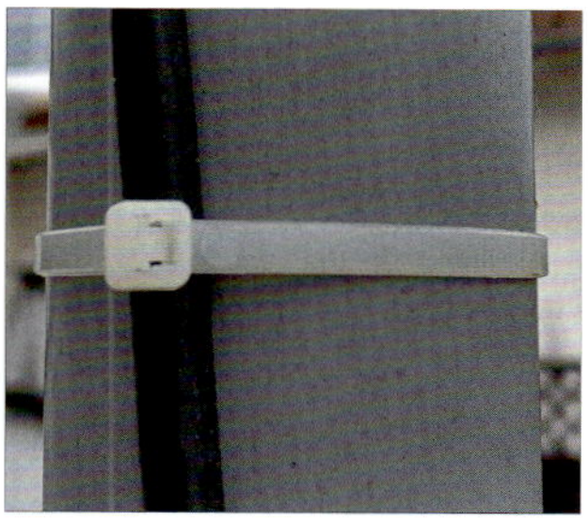

Abbildung 6.12 Hier wurde ein Antennenkabel an einem Regenrohr befestigt – ein typischer Anwendungsfall.

Neben dem klassischen Bündeln von Kabeln gibt es zahlreiche kreative Einsatzmöglichkeiten: Von der Befestigung von Pflanzen am Rankgitter bis zur Reparatur eines gebrochenen Besenstiels. Sogar in der Kunst finden Kabelbinder als Gestaltungselement Verwendung. Für die umweltbewusste Werkstatt gibt es mittlerweile auch biologisch abbaubare Kabelbinder. Diese sind zwar etwas teurer, aber bei Gartenarbeiten eine umweltfreundliche Alternative.

Kabelbinder können in der Sonne spröde werden

Bei Kabelbindern im Außenbereich sollten Sie regelmäßig den Zustand Ihrer Kabelbinder prüfen, wenn diese Kabelbinder eine wichtige Sache zusammenhalten. UV-Strahlung und Temperaturschwankungen können das Material mit der Zeit spröde machen. Erneuern Sie im Zweifelsfall lieber die Kabelbinder – die Kosten sind ja minimal.

6.3 Klebstoffe und Montagekleber – die richtige Verbindung finden

Wir kennen sie alle, sie begleiten uns von klein auf, denn ohne Klebstoffe wären viele Produkte – wie Bücher, Mobiltelefone, Laminatfußböden und Autos – in ihrer heutigen Form nicht herstellbar. Jeder von uns hat schon im Kindesalter mit Klebstoffen gebastelt, deshalb gibt es nicht viel zu ihnen zu sagen, was nicht jeder schon weiß. Also frische ich Ihr Gedächtnis nur etwas auf.

Moderne Klebstoffe ermöglichen es, Dinge zu kleben, statt sie schrauben oder nageln zu müssen. Die Auswahl an Klebstoffen ist jedoch groß und die verschiedenen Bezeichnungen und Klebstoffarten können verwirrend sein. Wie finden Sie nun den richtigen Klebstoff für den gewünschten Einsatzzweck? Kurz gesagt: Sie merken sich, welche Materialien Sie zusammenkleben möchten, und lesen dann die Anwendungstipps auf der Rückseite der verschiedenen Klebstoffe im Baumarktregal.

Aber man kann vorher schon etwas eingrenzen, welche Art von Klebstoff überhaupt infrage kommt.

Abbildung 6.13 Spezieller Kraftkleber für kleinere Klebeflächen, die viel aushalten müssen

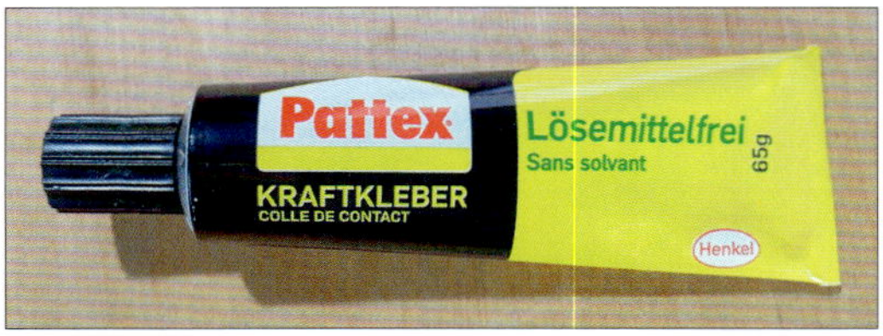

Abbildung 6.14 Pattex-Kraftkleber für einfachere Klebeverbindungen

6.3.1 Montagekleber – der starke Allrounder

Montagekleber sind die Kraftpakete unter den Klebstoffen und eignen sich besonders für schwere Gegenstände, die oft mechanische Befestigungen ersetzen. Es gibt zwei Hauptvarianten – lösemittelhaltige und lösemittelfreie Montagekleber:

- **Lösemittelhaltige Montagekleber** sind sehr stark, haben aber einen intensiven Geruch und erfordern gute Lüftung. Sie kleben auch bei leicht feuchtem Untergrund und sind nach dem Aushärten wasserfest.

- Die moderne Alternative sind **lösemittelfreie Montagekleber auf MS-Polymer-Basis**. Diese riechen kaum, sind einfacher in der Verarbeitung und trotzdem sehr belastbar.

Abbildung 6.15 Montagekleber nutzen Sie für Dinge, die ewig halten sollen, an Stellen, wo nicht gebohrt oder genagelt werden kann.

6.3.2 Universalkleber – der flexible Helfer

Universalkleber sind die Alleskönner für kleinere Projekte. Sie kennen sie wahrscheinlich unter den Namen *UHU* oder *Pattex*. Diese kleben viele Materialien und sind meist transparent. Achten Sie besonders auf die Materialverträglichkeit, da nicht jeder Universalkleber wirklich alles klebt.

Abbildung 6.16 Ein einfacher Universalkleber für alltägliche Klebearbeiten

6.3.3 Spezialkleber – die Experten

Für besondere Aufgaben gibt es Spezialkleber wie Holzleim für Holzverbindungen, Kunststoffkleber, Metallkleber und Kontaktkleber für große Flächen wie Furniere. Hier sind das Material und die Art der gewünschten Klebeverbindung wichtig.

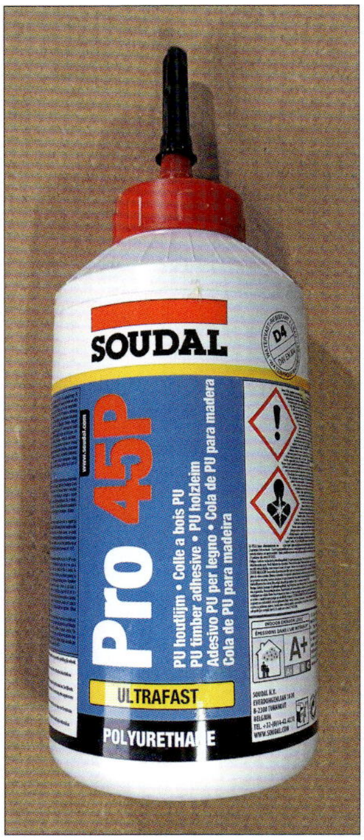

Abbildung 6.17 Eine Holzleim-Flasche mit wasserfestem »45P PU«-Leim für Holzverleimungen im Außenbereich

Die richtige Verarbeitung

Egal welcher Kleber verwendet wird, die Vorbereitung ist entscheidend für eine feste Klebeverbindung. Der Untergrund muss sauber, trocken und fettfrei sein. Beachten Sie die Verarbeitungstemperatur und tragen Sie Montagekleber immer in einer durchgehenden Raupe auf, nicht in Punkten. Auch die Aushärtezeiten müssen eingehalten werden, da »schnell« nicht unbedingt »sofort belastbar« bedeutet.

Warum eine Raupe statt Klebepunkte?

Montagekleber sollten als Raupe und nicht in Punkten aufgetragen werden, um eine gleichmäßige Druckverteilung zu gewährleisten. Eine durchgehende Kleberaupe verteilt die Belastung, die auf eine Klebeverbindung einwirkt, über die gesamte Länge oder Fläche und verhindert, dass sich der geklebte Gegenstand verdrehen oder ablösen kann.

Tragen Sie die Kleberaupe am besten etwa 1–2 cm vom Rand entfernt auf, um ein Überquellen beim Andrücken der zu klebenden Materialien zu vermeiden. Bei schweren Gegenständen sollten diese während der Aushärtung fixiert werden, zum Beispiel mit Malerkrepp.

Lüften für die Gesundheit

Auch bei modernen, lösemittelfreien Klebern sollten Sie den Raum gut lüften, Handschuhe tragen, die Augen schützen und den Kleber außerhalb der Reichweite von Kindern aufbewahren.

Die richtige Lagerung

Kleber mögen es kühl, aber nicht kalt. Die ideale Lagertemperatur liegt bei 15 bis 20 °C. Angebrochene Montagekleber-Kartuschen können Sie mit einem Nagel, etwas Klebeband oder speziellen Verschlusskappen abdichten, um den Kleber länger verwendbar zu halten.

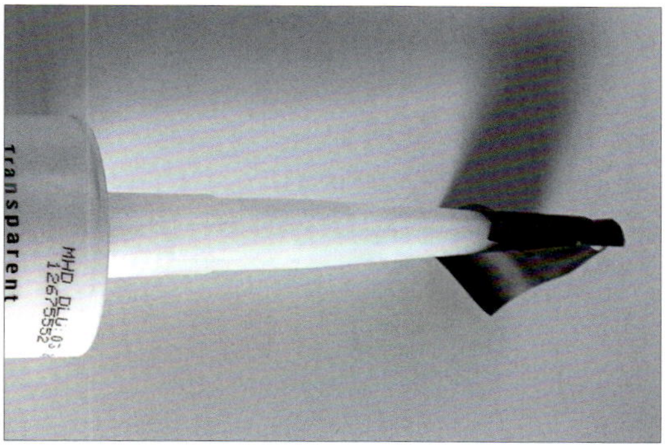

Abbildung 6.18 Eine abgeklebte Kartuschenspitze, um den angebrochenen Inhalt länger frisch zu halten

Klebstoffe sind nicht nur für die Verbindung von Materialien wichtig, sondern bieten auch zusätzliche Funktionen. Sie können Schwingungen dämpfen, gegen Flüssigkeiten und Gase abdichten, Korrosion verhindern und gegen Hitze, Kälte, Schall sowie elektrische Spannung isolieren.

Kleber verwenden wir schon seit Ewigkeiten

Die Geschichte des Klebens reicht weit zurück. Frühmenschen nutzten bereits Asphalt, Baumharze und Holzteer als Klebstoffe. In Sachsen-Anhalt wurde Birkenpech als Klebemittel von Klingeneinsätzen in Werkzeugen gefunden, die mindestens 115.000 Jahre alt sind. Auch Ötzi, der berühmte Gletschermann, hatte die Klinge seiner Axt vor über 5000 Jahren nicht nur mit Lederriemen, sondern auch mit Birkenpech befestigt.

6.4 Isolierband – der vielseitige Alltagshelfer in der Werkstatt

In erster Linie ist Isolierband dafür gedacht, elektrische Verbindungen als solche zu schützen und natürlich den Anwender, wenn er sie berührt. Es besteht aus PVC und isoliert zuverlässig gegen die üblichen Haushaltsspannungen. Die Standardfarbe Schwarz kennt jeder, doch für professionelle Arbeiten im Elektrobereich sind verschiedene Farben wichtig: Blau für den Neutralleiter, Grün-Gelb für die Erdung und Braun, Schwarz oder Grau für die Phase. Das klassische Isolierband ist für mehr geeignet, als nur ein Klebeband für Elektriker zu sein. Es ist praktisch bei zahlreichen Aufgaben, die beim Heimwerken anstehen.

Abbildung 6.19 Isolierband können Sie in verschiedenen Farben bekommen.

Was ist ein gutes Isolierband?

Die Qualität eines Isolierbands erkennen Sie an mehreren Eigenschaften: Es sollte sich gut dehnen lassen, stark kleben und nach dem Abreißen keine klebrigen Rückstände hinterlassen. Qualitativ hochwertiges Isolierband ist temperaturbeständig und altert nicht so schnell – ein wichtiger Sicherheitsaspekt bei elektrischen Anwendungen.

Wie wird Isolierband abgewickelt?

Wenn Sie ein Klebeband anbringen möchten, ziehen Sie das Band beim Wickeln leicht und gleichmäßig ab, ohne es übermäßig zu dehnen. Wickeln Sie immer mit Überlappung, sodass keine Lücken entstehen. Am Ende sollten Sie das Band nicht einfach abreißen, sondern es abschneiden und die letzte Wicklung ohne Zug anbringen. So löst sich das Ende nicht mit der Zeit.

Wozu kann man Isolierband noch verwenden?

Isolierband eignet sich für temporäre Reparaturen oder wenn Sie häufiger an der Verbindung arbeiten müssen. Aber auch bei dauerhaften Verbindungen ist Isolierband eine gute Wahl – auch wenn Sie an manchen Stellen lieber zu Schrumpfschläuchen greifen sollten. Aber nicht immer lässt sich ein Schrumpfschlauch anbringen. In diesem Fall sollten Sie ein selbstverschweißendes Isolierband benutzen, das die zu schützende Stelle absolut dicht schützen kann. Diese Art Isolierband ist bei Reparaturstellen im Boden oder in feuchten Umgebungen das Mittel der Wahl.

Selbstverschweißendes Isolierband

Dieses spezielle Isolierband klebt nicht – es verschmilzt mit sich selbst. Das Band besteht aus speziellem Silikonkautschuk, der unter Druck und Dehnung eine dauerhafte Verbindung mit der nächsten Lage eingeht. Es hinterlässt keine Kleberückstände und lässt sich rückstandslos entfernen.

Sie wickeln das Band mit 50 % Überlappung um ein zu isolierendes Kabel oder um die abzudichtende Stelle und ziehen es dabei etwa um ein Drittel länger. Durch den Zug und Druck verschmelzen die Schichten miteinander und bilden eine wasserdichte, isolierende Hülle. Diese Verbindung hält jahrelang, und die Reparatur kann auch bei Temperaturen unter 0°C vorgenommen werden.

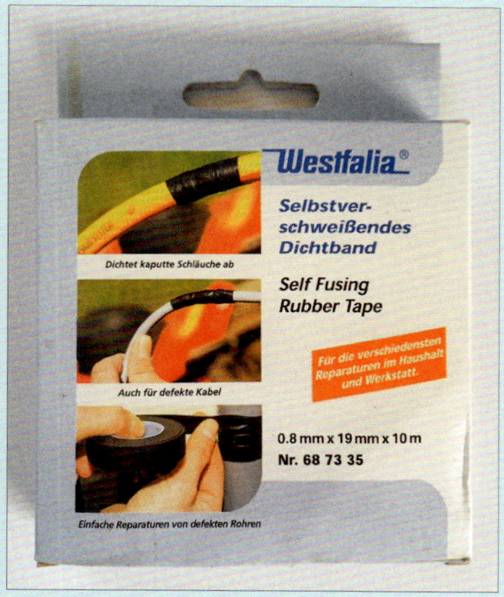

Abbildung 6.20 Selbstverschweißendes Dichtband dichtet auch angeschraubte Kabel ab, wie beispielsweise an der Satellitenschüssel.

Verwenden Sie selbstverschweißendes Isolierband für Kabelverbindungen im Freien, in feuchten Räumen oder überall dort, wo herkömmliches Klebeband versagt.

Isolierband ist ein wahrer Alleskönner. Sie können mit ihm Werkzeuggriffe rutschfester machen, Kabel bündeln oder kennzeichnen oder sogar kleine Risse in Gartenschläuchen reparieren. Eine Rolle Isolierband in der Werkzeugtasche zu haben, ist also immer eine gute Idee.

Wie viel Isolierband brauchen Sie?

Für Ihre Werkstatt empfiehlt sich ein Vorrat verschiedener Farben. Kaufen Sie lieber wenige Rollen von guter Qualität als viele billige. Der Preisunterschied ist gering, aber gutes Isolierband lässt sich präziser verarbeiten und hält länger.

Der richtige Lagerort

Bewahren Sie Isolierband nie im Keller oder in der Garage auf. Die Temperatur- und Feuchtigkeitsschwankungen lassen den Kleber altern. Bei Zimmertemperatur gelagert, hält es deutlich länger.

6.5 Schrumpfschläuche – die universellen Helfer in der Werkstatt

Schrumpfschläuche sind besonders bei Elektroarbeiten unverzichtbare Hilfsmittel. Sie kommen dort zum Einsatz, wo die Klebeschicht von Isolierband versagen könnte oder die Stelle definitiv niemals wieder angefasst werden muss. Diese kleinen Kunststoffröhrchen ziehen sich bei Erwärmung zusammen und umschließen die zu schützende Stelle fest und unverrückbar. Ein normaler Schrumpfschlauch schützt elektrische Verbindungen zuverlässig vor Feuchtigkeit und mechanischer Belastung.

Es gibt auch Schrumpfschläuche mit einer Schmelzkleberschicht innen. Diese verschmelzen beim Erhitzen mit der Kabelisolierung und bieten so einen noch besseren Schutz gegen Feuchtigkeit. Für Außenanwendungen oder im Fahrzeugbau sind sie meist die beste Wahl. Für den Normalfall reicht ein normaler Schrumpfschlauch jedoch zumeist aus.

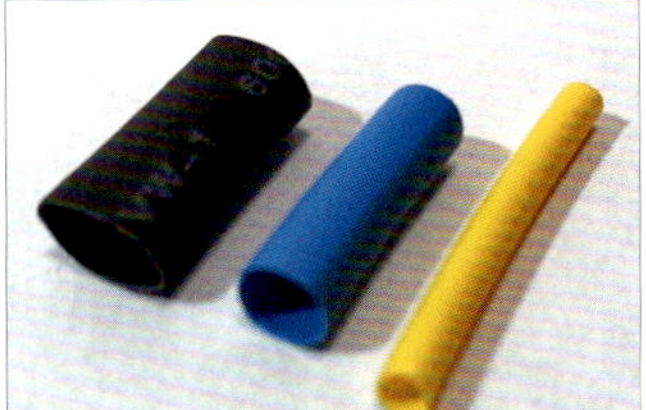

Abbildung 6.21 Schrumpfschläuche gibt es in vielen Größen und Farben, was eine eindeutige Markierung erleichtern kann.

Anwendung von Schrumpfschläuchen

Um Schrumpfschläuche anzuwenden, wählen Sie einen Durchmesser, der etwas größer ist als Ihr Kabel oder Ihre Lötstelle. Schieben Sie den Schrumpfschlauch vor dem Verlöten oder Verschrauben über das Kabel und positionieren Sie ihn nach der Verbindung über der Verbindungsstelle. Erwärmen Sie den Schlauch dann mit einem Heißluftföhn. Der Schlauch schrumpft auf etwa die Hälfte seines ursprünglichen Durchmessers und umschließt die Verbindung fest und dauerhaft.

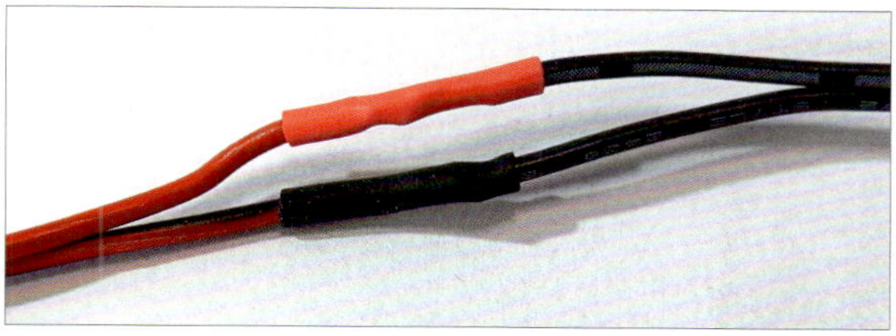

Abbildung 6.22 Eine mit Schrumpfschlauch isolierte Verlängerung einer Leitung

Die Auswahl des richtigen Schrumpfschlauchs

Auf den Durchmesser und die Schrumpfrate kommt es an! Die Schrumpfrate hilft Ihnen bei der richtigen Auswahl. Ein Schlauch mit einer Schrumpfrate von 2:1 zieht sich auf die Hälfte zusammen. Es gibt jedoch auch Spezial-Schrumpfschläuche mit einer Schrumpfrate von 3:1 oder sogar 4:1, die meist für besondere Anwendungen genutzt werden, beispielsweise für Kabelverbindungen mit extrem unterschiedlichen Durchmessern. Daran können Sie auch die Grenze dessen erkennen, wofür ein Schrumpfschlauch geeignet ist: Ein Schrumpfschlauch, der etwas Dickes umschließen soll, kann gegebenenfalls nicht an den Rändern dicht abschließen, wenn diese viel dünner sind als die dickste Stelle der Verbindung.

Die Farbwahl

Die Farbe des Schrumpfschlauchs ist oft nicht nur Dekoration. Mit verschiedenfarbigen Schrumpfschläuchen können Sie Kabel kennzeichnen und später leichter zuordnen. Schwarz ist der Klassiker, aber bunte Schläuche sind oft praktischer, um verschiedene Kabel auseinanderzuhalten.

Verarbeitungstipps

Ein wichtiger Tipp zur Verarbeitung: Erwärmen Sie den Schlauch gleichmäßig von allen Seiten und halten Sie dabei einen gewissen Abstand mit dem Heißluftföhn. Zu viel Hitze kann den Schrumpfschlauch und die Isolation des Kabels beschädigen, zu wenig Hitze führt aber zu ungleichmäßigem Schrumpfen. Verwenden Sie deshalb kein Feuerzeug zum Schrumpfen!

Abbildung 6.23 Ein Schrumpfschlauch-Sortiment mit den gängigsten Durchmessern und vielen gebräuchlichen Farben

Ein paar Schrumpfschläuche für die Werkzeugtasche

Für Ihre Werkzeugtasche empfiehlt sich eine kleine Auswahl an Schrumpfschläuchen in verschiedenen Größen und Farben. So haben Sie immer den passenden Schrumpfschlauch zur Hand. Ordentlich isolierte Verbindungen halten länger und sehen professioneller aus.

Auf die Reihenfolge achten

Denken Sie immer daran: Erst den Schrumpfschlauch über das Kabel schieben, dann die Verbindung herstellen und danach den Schlauch schrumpfen! Das ist der einzige Nachteil eines Schrumpfschlauchs: Er kann nicht nachträglich angebracht werden, da er ja über etwas drübergestülpt werden muss.

6.6 Sortimentsboxen

Hier geht es nun um die Sortimentsboxen, die ich schon mehrfach angesprochen habe. Ich hatte sie bereits für Nägel, Schrauben, Dübel, Kabelbinder und Schrumpfschläuche empfohlen. Eine flexible Grundausstattung an Kleinteilen mithilfe dieser Boxen reicht für die meisten Haushaltsarbeiten völlig aus.

Doch welche Grundausstattung ermöglicht es Ihnen, alltägliche Reparaturen erfolgreich zu meistern?

- Beginnen Sie mit einem kleinen Sortiment an Standard- und Hohlwanddübeln. Die gängigen Größen 6 und 8 Millimeter sollten unbedingt darin enthalten sein.

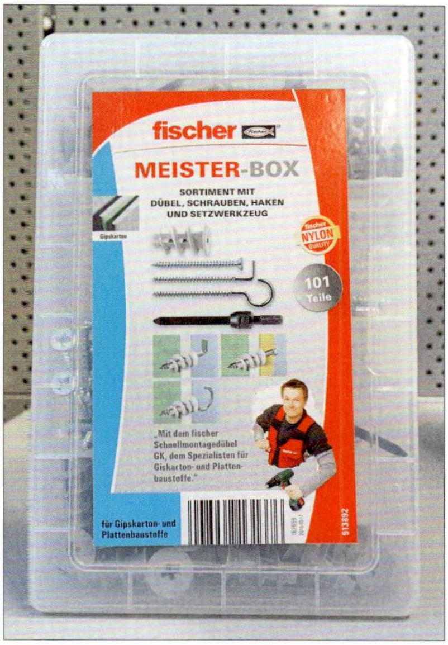

Abbildung 6.24 Eine der viele Sortimentsboxen, die es zu kaufen gibt

- Bei den Schrauben empfiehlt sich ein Sortimentskasten mit Universalschrauben zwischen 30 und 50 Millimeter Länge und 2,5 bis 4,5 Millimeter Durchmesser. Wählen Sie vorzugsweise Torx-Schrauben statt herkömmlicher Kreuzschrauben. Diese bieten mehr Stabilität beim Eindrehen und verzeihen auch schräg angesetzte Akkuschrauber. Anders als bei Kreuzschrauben besteht keine Verwechslungsgefahr zwischen verschiedenen Bit-Typen, wodurch das lästige Durchdrehen verhindert wird.
- Ein kompakter Sortimentskasten für Nägel und kleine Schrauben vervollständigt Ihr Basis-Materiallager. Er leistet wertvolle Dienste beim Aufhängen von Bildern oder wenn etwas schnell fixiert werden muss.
- Für elektrische Arbeiten sollten Sie sich Isolierband in mindestens drei Farben zulegen: in Rot, in Schwarz und in einer Farbe Ihrer Wahl. Falls Sie häufiger mit Elektroinstallationen zu tun haben, ist zusätzlich eine Rolle grün-gelbes Band sinnvoll.

Diese gesamte Grundausstattung lässt sich zusammen mit Ihrem Werkzeug platzsparend in einer Tasche oder einem Koffer verstauen – ideal für die Aufbewahrung im Flurschrank und jederzeit griffbereit für alltägliche Reparaturen.

Mit dieser Basis meistern Sie bereits viele Aufgaben wie das Montieren von Bildern oder Regalen, kleinere Reparaturen und das Installieren von Lampen. Achten Sie während der Arbeit darauf, welche Werkzeuge Ihnen fehlen, und erweitern Sie Ihr Equipment schrittweise nach Bedarf.

Solch eine durchdachte Zusammenstellung – abgestimmt auf Ihre Bedürfnisse, platzsparend verstaut in einer kompakten Werkzeugtasche oder -box, immer griffbereit – ist nicht nur unglaublich praktisch, sondern gibt Ihnen auch das Gefühl, auf alles vorbereitet zu sein. So macht das Heimwerken von Beginn an Freude, und mit jedem Projekt wachsen Ihre handwerklichen Fähigkeiten.

Kapitel 7
Arbeitsmaterialien

Arbeitsmaterialien sind Produkte, die verarbeitet werden, also Dinge wie Acryl, Silikon, Spachtelmasse, Kleber und Farben. Sie alle besitzen ein Verfallsdatum, das Sie unbedingt beachten sollten. Diese Materialien altern selbst in ungeöffneten Behältern und verlieren nach einer gewissen Zeit ihre Eigenschaften. Wenn Sie größere Mengen davon auf Vorrat kaufen, landen Sie in einer kostspieligen Falle: Das Material wird schneller unbrauchbar, als Sie es verwenden können.

Wenn Sie nur gelegentlich heimwerken, verarbeiten Sie selten genügend Material, um größere Packungen vor dem Verfall aufzubrauchen. Einmal geöffnete Tuben, Kartuschen oder Dosen büßen ihre Qualität besonders schnell ein: Silikon härtet aus, Acryl trocknet ein, Spachtelmasse verliert ihre Geschmeidigkeit und Farben setzen sich ab oder bilden Klumpen. Schnell überschreitet das Material seine Mindesthaltbarkeit, und der größte Teil wandert in den Müll.

Deshalb empfehle ich den projektbezogenen Einkauf dieser Materialien in der jeweils benötigten Menge zum benötigten Zeitpunkt. So arbeiten Sie mit frischen Produkten, erzielen bessere Ergebnisse und sparen langfristig Geld. Deshalb sind Sonderangebote solcher Produkte besonders tückisch: Man kauft auf Vorrat, kann die Sachen gar nicht schnell genug verarbeiten und verbrauchen und entsorgt am Ende den größten Teil wieder. Unterm Strich hat man so kein Geld gespart, sondern mehr ausgegeben.

7.1 Gips, Füllspachtel und Reparaturmörtel

Diese drei Materialien sind die wichtigsten Helfer bei der Wandreparatur, und jedes hat seine besonderen Stärken.

Luftdicht und trocken lagern

Lagern Sie die angebrochenen Produkte luftdicht und trocken. Besonders Gips zieht Feuchtigkeit aus der Luft und wird dadurch unbrauchbar. Es ist daher auch hier nicht sinnvoll, kleine Reste aufzuheben. Kaufen Sie möglichst nur so viel Material, wie Sie brauchen: weniger ist oft mehr.

7.1.1 Gips

Gips ist ein natürliches Material, das sich besonders für Innenräume eignet. Seine wichtigsten Eigenschaften:

- trocknet schnell (etwa 30 Minuten)
- sehr feine, glatte Oberfläche
- nimmt Feuchtigkeit auf und gibt sie wieder ab
- ideal für kleinere Reparaturen und das Verschließen von Rissen
- weniger geeignet für feuchte Räume wie Bad oder Küche

7.1.2 Füllspachtel

Füllspachtel ist eine Weiterentwicklung des klassischen Gipses mit zusätzlichen Kunststoffen:

- längere Verarbeitungszeit als Gips
- sehr gute Haftung auf verschiedenen Untergründen
- schwindet kaum beim Trocknen
- lässt sich leicht schleifen
- auch für Feuchträume geeignet
- perfekt für Bohrlöcher und kleinere Unebenheiten

7.1.3 Reparaturmörtel

Reparaturmörtel ist der Kraftprotz unter den Reparaturmaterialien:

- extrem schnelle Aushärtung (etwa 5 Minuten)
- sehr hohe Endfestigkeit
- quillt beim Abbinden leicht auf
- ideal für größere Schäden und tiefe Löcher
- auch für tragende Reparaturen geeignet
- kann sowohl innen als auch außen verwendet werden

7.1.4 Verstärkungsmaterialien

Bei größeren Reparaturen benötigen Sie zusätzliche Verstärkung durch Reparatur-Vlies oder Gitterband:

- verstärkt die reparierte Stelle
- verhindert erneute Rissbildung
- wird vor dem Spachteln aufgeklebt
- sollte die Schadstelle um etwa 5 cm überragen

7.1.5 Wie wird es verarbeitet?

Egal ob Gips, Füllspachtel oder Mörtel – alle drei sind modellierbare Materialien, die Sie auf Oberflächen auftragen oder in Hohlräume einfüllen können. Dafür verwenden Sie einen Spachtel, bei Mörtel auch gern mal eine Kelle.

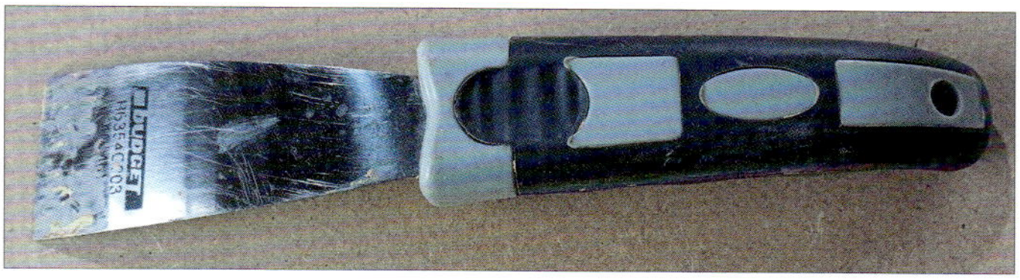

Abbildung 7.1 Spachtel gibt es in vielen Größen und Formen – hier einer aus Metall.

Beachten Sie unbedingt die produktspezifischen Verarbeitungshinweise, die der Hersteller auf der Verpackung angibt. Diese liefern Ihnen präzise Informationen zur optimalen Mischung, Verarbeitungszeit und Trocknungsdauer. Jedes Material besitzt eigene Eigenschaften und Anforderungen, weshalb die Herstellerangaben für ein gutes Ergebnis wichtig sind.

Abbildung 7.2 Eine kleine Kelle ist das beste Werkzeug, um kleinere Mengen Gips oder Mörtel im Eimer anzurühren.

7.1.6 Wann verwende ich was?

Nicht jedes Loch braucht das gleiche Material. Diese Übersicht hilft Ihnen, das passende Produkt für Ihre Situation zu finden.

- Für kleine Bohrlöcher und Risse in trockenen Räumen → Gips oder Füllspachtel
- Für Löcher in Bad und Küche → Füllspachtel
- Für tiefe oder große Löcher → Reparaturmörtel mit Gitterband
- Für schnelle Reparaturen → Reparaturmörtel
- Für besonders glatte Oberflächen → Gips

7.2 Silikon und Acryl

Wer Fugen im Bad oder in der Küche abdichten möchte, steht oft vor der Wahl: Silikon oder Acryl? Beide Materialien haben ihre Stärken und ihren spezifischen Einsatzzweck. Ich erkläre Ihnen im Folgenden, welches Material für welchen Bereich geeignet ist und worauf Sie bei der Auswahl achten müssen.

7.2.1 Silikon – der Spezialist für Nassräume

Silikon ist ein Material, das dauerhaft elastisch bleibt und sich den Bewegungen der angrenzenden Materialien anpasst. Damit eignet es sich perfekt zum Einsatz in feuchten Bereichen. Es weist Wasser zuverlässig ab und widersteht Temperaturen von -40 °C bis +180 °C. Mit entsprechenden Zusätzen ist es vor Schimmelbildung geschützt. Allerdings lässt es sich nicht überstreichen, Sie erhalten es aber in vielen verschiedenen Farben.

Diese Eigenschaften machen Silikon perfekt geeignet für Badezimmer und Duschen, Küchenarbeitsplatten, Anschlüsse an Sanitärobjekten, Bewegungsfugen und den Außenbereich.

7.2.2 Acryl – der Allrounder für trockene Bereiche

Acryl bringt andere Vorteile mit: Es ist leicht elastisch, lässt sich überstreichen und haftet gut auf vielen Untergründen. Das Material trotzt der Witterung, kostet wenig und lässt sich einfach verarbeiten.

Daher eignet sich Acryl perfekt für Anschlüsse zwischen Wand und Türzarge, Fugen zwischen Wand und Fußleisten, zur Rissüberbrückung, für Innenecken von Trockenbaukonstruktionen und Reparaturen von kleinen Wandrissen (siehe Kapitel 11). In trockenen Wohnbereichen zeigt Acryl seine Stärken.

7.2.3 Die richtige Wahl treffen

Die Entscheidung zwischen Silikon und Acryl hängt hauptsächlich von der Feuchtigkeit am Einsatzort ab. Wo regelmäßig Wasser auftritt, wählen Sie Silikon. In trockenen Bereichen, wo Sie später eventuell streichen möchten, greifen Sie zu Acryl.

Beachten Sie bei Silikon die verschiedenen Sorten: Im Sanitärbereich verwenden Sie spezielles Sanitärsilikon mit Schimmelschutzadditiven. Für den Außenbereich benötigen Sie UV-beständiges Silikon. Bei Naturstein greifen Sie zu speziellem Natursteinsilikon, das Verfärbungen verhindert.

Grundlagen der Verarbeitung

Beide Materialien erfordern eine sorgfältige Vorbereitung. Reinigen Sie die Fugen gründlich und entfernen Sie lose Teile. Bei tiefen Fugen legen Sie eine Rundschnur aus Schaumstoff ein: Das verhindert die Drei-Flächen-Haftung, die sonst zu Rissen führen könnte.

Abbildung 7.3 Schaumstoff-Rundschnur zum Ausfüllen einer Fuge

Beim Auftragen schneiden Sie die Kartusche schräg ab und tragen das Material gleichmäßig auf. Silikon glätten Sie mit einem Silikonglätter oder dem mit Seifenwasser befeuchteten Finger (siehe Abschnitt 13.6). Acryl bearbeiten Sie mit dem feuchten Finger oder einem Spachtel. Entfernen Sie das Klebeband sofort nach dem Glätten.

Danach benötigt Silikon mindestens 24 Stunden zum Aushärten, bevor es mit Wasser in Kontakt kommen darf. Acryl braucht je nach Fugentiefe ein bis drei Tage zum vollständigen Durchtrocknen. Warten Sie mit dem Überstreichen von Acryl, bis es komplett ausgehärtet ist.

Altes Silikon immer vollständig entfernen

Bei Silikon müssen Sie alte Silikonreste immer vollständig entfernen, denn neues Silikon haftet nicht auf altem. Entfetten Sie die Fugen vor dem Auftragen. Reinigen Sie nach dem Einsatz Ihre Werkzeuge sofort, denn ausgehärtetes Silikon lässt sich nur noch mechanisch entfernen.

Bei Acryl arbeiten Sie breite Fugen in zwei Durchgängen. Feuchten Sie den Untergrund leicht an, wenn er sehr trocken ist. Das führt zu einer besseren Haftung.

Abbildung 7.4 Eine abgeklebte Kartuschenspitze, um den Inhalt etwas länger frisch zu halten

Kapitel 8

Eigenschutz

Wenn Sie Hammer, Bohrmaschine oder Säge in die Hand nehmen, sollten Sie auf Ihre Sicherheit achten. Guter Eigenschutz beim Heimwerken bewahrt nicht nur Ihre Gesundheit, sondern sorgt auch dafür, dass Sie lange Freude am Selbermachen haben. Herumfliegende Späne, Staub oder scharfe Chemikalien können Sie verletzen. Schutzbrillen, Staubmasken und Handschuhe schützen Sie wirksam.

Viele Heimwerker nehmen den Eigenschutz nicht ernst oder lassen ihn aus Bequemlichkeit weg. Sie bringen sich aber unnötig in Gefahr, wenn Sie ohne passende Schutzausrüstung arbeiten! In den folgenden Abschnitten zeige ich Ihnen die verschiedenen Schutzmaßnahmen. Sie erfahren, welche Ausrüstung Sie wann brauchen und worauf Sie beim Kauf achten sollten.

Geben Sie für Ihren Eigenschutz genauso viel Geld aus wie für Ihr Werkzeug – Ihre Augen, Lungen und Hände bleiben so gesund.

8.1 Schutzbrille

Ihre Augen sind kostbar und extrem empfindlich. Ein kleiner Splitter, ein Spritzer Chemikalie oder aufgewirbelter Staub können schwere Schäden verursachen. Dabei ist der Schutz so einfach: Eine gute Schutzbrille kostet wenig, hält lange und bewahrt Sie vor bösen Überraschungen.

Abbildung 8.1 Ein Schutzzeichen für den Augenschutz
(Quelle: https://commons.wikimedia.org/wiki/File:ISO_7010_M004.svg)

Eine Schutzbrille muss vor allem eines leisten: rundum schützen. Anders als Ihre normale Brille oder Sonnenbrille verfügt sie über seitlichen Schutz gegen Splitter und Staub. Die Gläser bestehen aus schlagfestem Kunststoff und tragen meist eine Beschichtung gegen das Beschlagen.

Wenn Sie bereits eine Brille tragen, haben Sie zwei Möglichkeiten: Überziehbrillen zum Tragen über Ihrer normalen Brille oder eine Schutzbrille mit optischen Einsätzen. Überziehbrillen kosten weniger, optische Einsätze bieten mehr Komfort bei regelmäßiger Nutzung.

Die Qualität einer Schutzbrille erkennen Sie an der CE-Kennzeichnung und der Schutzklasse. Für die meisten Heimwerkerarbeiten reicht die Klasse F für niedrige Stoßenergie. Achten Sie auch auf die Beschichtung der Gläser: Eine Anti-Beschlag-Beschichtung hilft enorm, besonders wenn Sie gleichzeitig eine Staubmaske tragen.

Die Schutzklassen von Sicherheitsbrillen nach EN 166

- **Klasse S – Erhöhte Festigkeit:** Schutz gegen langsame Stöße mit einem 43 g schweren Teilchen bei etwa 18 km/h Geschwindigkeit
- **Klasse F – Stoß mit geringer Energie:** Schutz gegen eine 0,86 g schwere Stahlkugel bei 45 m/s Geschwindigkeit
- **Klasse B – Stoß mit mittlerer Energie:** Schutz gegen eine 0,86 g schwere Stahlkugel bei 120 m/s Geschwindigkeit
- **Klasse A – Stoß mit hoher Energie:** Schutz gegen eine 0,86 g schwere Stahlkugel bei 190 m/s Geschwindigkeit

Für die Optik gibt es drei Klassen

- **Klasse 1:** für Dauerarbeiten geeignet, höchste optische Qualität
- **Klasse 2:** für intervallartige Arbeiten
- **Klasse 3:** nur für gelegentliche Arbeiten, Dauertrageverbot

Besonders wichtig ist der richtige Sitz. Die Brille sollte fest, aber nicht unangenehm anliegen. Zwischen Gesicht und Brille sollten keine großen Lücken entstehen. Probieren Sie verschiedene Modelle aus – eine unbequeme Schutzbrille setzen Sie später ungern auf.

Pflegen Sie Ihre Schutzbrille: Reinigen Sie die Gläser mit warmem Wasser und mildem Spülmittel und trocknen Sie sie mit einem weichen Tuch. Bewahren Sie die Brille staubgeschützt auf, am besten in einem Brillenbeutel oder -etui. Tauschen Sie zerkratzte oder beschädigte Gläser aus, denn sie beeinträchtigen die Sicht und schützen nicht mehr zuverlässig.

Lieber eine Schutzbrille zu viel

Halten Sie zwei Schutzbrillen bereit. Eine für Sie und eine für Besucher in Ihrer Werkstatt. Denn auch Zuschauer brauchen Schutz, wenn Sie mit der Kreissäge oder dem Winkelschleifer arbeiten.

Und manchmal hat man seine Schutzbrille verlegt, dann ist ein Ersatz gut zu brauchen.

Denken Sie immer daran: Eine Schutzbrille mag manchmal nerven, aber Sie brauchen sie unbedingt! Denn Ihre Augen können einem heranfliegenden Splitter nicht ausweichen wie Ihre Hände. Setzen Sie die Schutzbrille immer vor Arbeitsbeginn auf.

8.2 Atemschutz

Holzstaub, Schleifpartikel oder Farbsprühnebel – in der Werkstatt gibt es einige Gefahren für Ihre Atemwege. Eine gute Staubmaske brauchen Sie unbedingt, denn Ihre Lunge verzeiht nicht so leicht wie Ihre Haut.

Die einfachste Form des Atemschutzes sind Einweg-Staubmasken. Sie sehen den bekannten OP-Masken ähnlich, filtern aber speziell Staubpartikel. Achten Sie beim Kauf auf die FFP-Kennzeichnung: FFP1 für groben Staub, FFP2 für feinere Partikel und FFP3 für sehr feinen Staub sowie giftige Partikel. Für die meisten Heimwerkerarbeiten empfehle ich eine FFP2-Maske.

Diese Masken müssen eng am Gesicht anliegen – mit einem Bart funktioniert der Schutz übrigens deutlich schlechter. Ein kleiner Metallbügel im Nasenbereich lässt sich anpassen und sorgt für guten Sitz. Die Maske sitzt richtig, wenn sie sich beim Einatmen leicht zusammenzieht.

Für längere Arbeiten oder den häufigeren Einsatz rate ich zu Halbmasken mit austauschbaren Filtern. Sie kosten zwar mehr, bieten aber mehr Komfort und passen besser. Die Filter können Sie je nach Arbeitsaufgabe wechseln: Partikelfilter für Staub, Aktivkohlefilter für Dämpfe und Gerüche.

Ein wichtiger Hinweis: Eine Staubmaske schützt nicht vor Gasen oder Lösungsmitteldämpfen. Dafür brauchen Sie spezielle Atemschutzfilter. Lassen Sie sich bei Arbeiten mit solchen Stoffen im Fachhandel beraten.

Auch der beste Atemschutz hilft wenig, wenn Sie ihn nicht rechtzeitig aufsetzen. Gewöhnen Sie sich an, die Maske bereits anzulegen, bevor Sie mit staubenden Arbeiten starten. Der feine Schleifstaub von Gips und Gipskarton sieht vielleicht harmlos aus, kann aber Ihre Atemwege stark reizen.

Nach der Arbeit werfen Sie Einwegmasken in den Hausmüll. Bei Halbmasken reinigen Sie das Maskenteil nach Herstellerangaben und tauschen die Filter regelmäßig aus. Eine verschmutzte oder feuchte Maske schützt nicht mehr zuverlässig.

Übrigens: Die beste Staubmaske ersetzt keine gute Absaugung. Nutzen Sie beides zusammen – so bleibt Ihre Lunge gesund. Denn anders als bei einer Schnittwunde an der Hand bemerken Sie Schäden an der Lunge oft erst, wenn es zu spät ist.

8.3 Gehörschutz

Abbildung 8.2 Das Gehörschutzsymbol (Quelle: https://commons.wikimedia.org/wiki/File:BS_5378-1-1980_A3.03_Hearing_protection_must_be_worn.svg)

Warum tragen Handwerker und Heimwerker diesen meist unbequemen Ohrschutz? Es geht um den Schutz Ihres empfindlichen Gehörs. Was viele nicht wissen: Anders als ein Schnitt im Finger heilt ein Gehörschaden nicht einfach wieder. Sobald Ihr empfindliches Innenohr geschädigt ist, bleibt der Schaden meist ein Leben lang bestehen. Diese einfache Tatsache macht Gehörschutz zu einer der wichtigsten Sicherheitsmaßnahmen in der Werkstatt.

Gerade beim Heimwerken unterschätzen viele die Lärmbelastung erheblich. Der Schlag eines Hammers auf Metall erreicht bis zu 120 Dezibel – so laut wie ein startender Düsenjet! Selbst eine scheinbar »harmlose« Handkreissäge erzeugt etwa 100 Dezibel. Besonders gefährlich: Bereits ab 85 Dezibel über längere Zeit drohen dauerhafte Gehörschäden.

Zum Glück finden Sie heute hervorragenden Gehörschutz für jeden Bedarf und Geldbeutel. Die klassischen Kapselgehörschützer schützen besonders zuverlässig. Sie umschließen das komplette Ohr und dämpfen den Lärm wirksam. Moderne Modelle enthalten eingebaute Elektronik, die normale Gespräche durchlässt, aber bei plötzlichen lauten Geräuschen sofort abdämpft. Diese Technik heißt *aktive Geräuschunterdrückung* oder *Active Noise Cancelling*. Einige Modelle bieten sogar Bluetooth-Verbindung zum Smartphone. So können Sie während der Arbeit Musik hören. Seien Sie damit aber vorsichtig, um Ihre Umgebungswahrnehmung nicht zu stark einzuschränken.

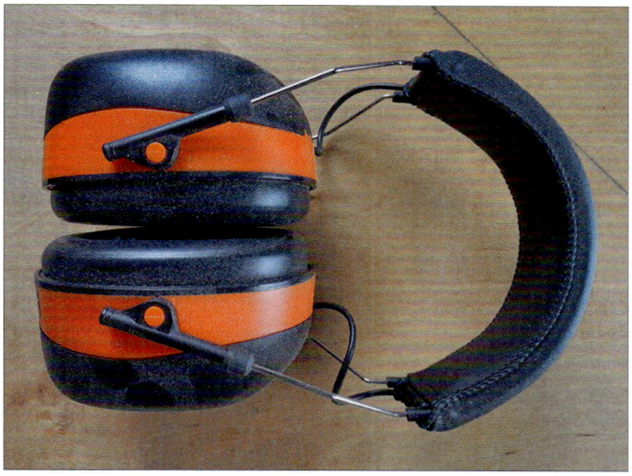

Abbildung 8.3 Ein Gehörschutz, der die Ohren umschließt und auch die lautesten Geräusche dämpft

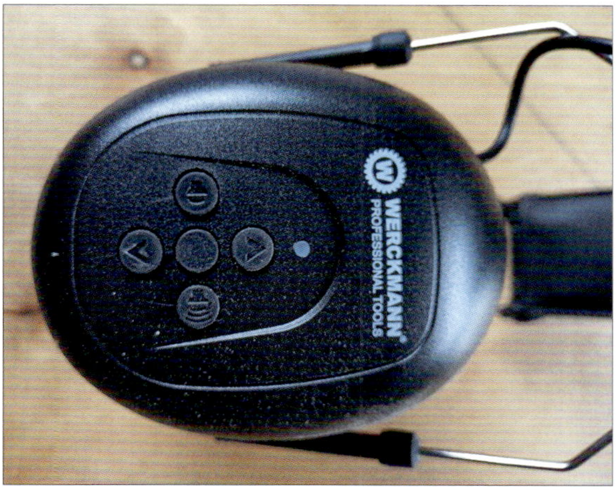

Abbildung 8.4 Ein Gehörschutz mit eingebautem Bluetooth gibt Ihnen die Möglichkeit, Musik zu hören oder Anrufe entgegenzunehmen.

Eine praktische und günstige Option ist ein Gehörschutzstöpsel aus Schaumstoff. Diese Einwegprodukte kosten nur wenige Cent pro Paar und schützen zuverlässig bei den meisten Heimwerkerarbeiten. Aus hygienischen Gründen sollten Sie sie täglich wechseln

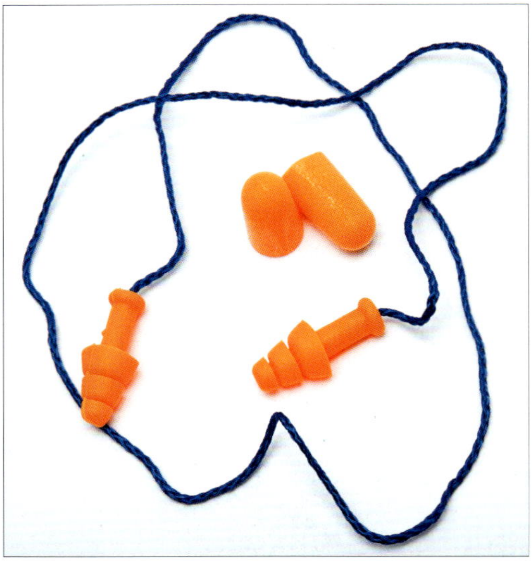

Abbildung 8.5 »Earplugs« – Schaumstoff als Gehörschutz
(Quelle: https://commons.wikimedia.org/wiki/File:Earplugs_-_single_use_and_reuse.png)

Beim Heimwerken brauchen Sie nicht unbedingt Kapselgehörschützer. Diese sitzen zwar fest, schützen zuverlässig und lassen sich schnell auf- und absetzen, nehmen aber relativ viel Platz in der Werkzeugtasche ein. Eine Ausnahme sind Modelle mit Bluetooth-Funktion. Für die typischen Heimwerkerarbeiten reichen jedoch meist die handlichen Schaumstoffstöpsel völlig aus.

Am einfachsten beginnen Sie mit einer Packung dieser Schaumstoffstöpsel. Nach kurzer Eingewöhnungszeit vergessen Sie meist, dass Sie sie überhaupt tragen. Den echten Unterschied bemerken Sie dann am Abend: Während ungeschützte Ohren nach lauten Arbeiten oft noch stundenlang nachklingen und sich taub anfühlen, bleiben geschützte Ohren fit und leistungsfähig.

8.4 Handschuhe

Mit Ihren Händen führen Sie feinste Präzisionsarbeiten aus und packen kraftvoll zu. Doch gerade beim Heimwerken setzen Sie sie vielen Gefahren aus: Scharfe Kanten schneiden, Chemikalien greifen die Haut an, und auch Hitze, Splitter oder Quetschungen zählen zu den täglichen Risiken. Der richtige Schutzhandschuh schützt Sie bei der Arbeit.

Für allgemeine Arbeiten empfehle ich robuste Mechaniker-Handschuhe. Sie verbinden Schutz mit Fingerfertigkeit. Moderne Modelle haben spezielle Beschichtungen für den sicheren Griff – selbst bei öligen oder nassen Bedingungen. Verstärkte Handflächen schützen vor Abrieb, während elastische Materialien am Handrücken die nötige Beweglichkeit erhalten.

Abbildung 8.6 Abriebfeste Mechaniker-Handschuhe – der praktische Allrounder

Die klassischen Lederhandschuhe eignen sich perfekt für alle Arbeiten mit rauen Materialien wie unbehandeltem Holz, Steinen oder Ziegeln. Sie schützen hervorragend vor Splittern und Abrieb, bleiben dabei atmungsaktiv und passen sich der Hand gut an.

Abbildung 8.7 Die klassischen Arbeitshandschuhe aus Leder

Besonders beim Transport von Baumaterialien oder beim Stapeln von Brennholz leisten sie gute Dienste. Das Leder bietet guten Halt und schützt gleichzeitig vor kleineren Verletzungen. Auch im Garten beim Beschneiden von Sträuchern oder beim Umgang mit dornigen Pflanzen helfen sie sehr gut.

Die richtige Passform entscheidet über alles: Ein zu großer Handschuh verfängt sich leicht in beweglichen Teilen, ein zu kleiner schränkt die Beweglichkeit ein und lässt Ihre Hände schnell ermüden. Die perfekte Größe erkennen Sie daran, dass Sie den Handschuh kaum spüren, aber dennoch sicher zupacken können.

Auch Schutzhandschuhe brauchen Pflege. Reinigen Sie sie regelmäßig und prüfen Sie sie auf Schäden. Einen beschädigten Handschuh müssen Sie austauschen – schließlich zählen Schutzhandschuhe zum Verbrauchsmaterial und nicht zur lebenslangen Kleidung.

Handschuhe und Sicherheit

Bei der Verwendung von Handschuhen gilt eine wichtige Sicherheitsregel: An schnell rotierenden stationären Maschinen wie Tischkreissägen, Standbohrmaschinen oder Drehbänken tragen Sie niemals Handschuhe. Diese Maschinen können den Handschuh in Sekundenbruchteilen erfassen und Ihre Hand hineinziehen – und zwar schneller, als Sie reagieren können.

Anders sieht es bei handgeführten Elektrowerkzeugen wie Handkreissäge, Akkuschrauber oder Schlagbohrmaschine aus. Hier dürfen und sollten Sie Handschuhe tragen, denn Sie kontrollieren das Werkzeug vollständig. Die Handschuhe müssen allerdings eng anliegen. Sie schützen nicht nur vor Verletzungen durch Werkstücke, sondern dämpfen auch schädliche Vibrationen.

Besonders bei vibrierenden Geräten wie Handschleifern brauchen Sie unbedingt Schutzhandschuhe. Langjährige Vibrationsbelastung führt manchmal zum gefürchteten Weißfingersyndrom, einer berufsbedingten Krankheit, bei der die Durchblutung der Finger dauerhaft gestört wird. Wie beim Gehörschutz gilt: Jedes bisschen Schutz trägt zu Ihrer langfristigen Gesundheit bei.

Verschiedene Schutzhandschuhe für verschiedene Arbeiten

Kaufen Sie sich verschiedene Handschuhtypen. Was beim Holzarbeiten gut funktioniert, passt beim Umgang mit Ölen noch lange nicht optimal. Betrachten Sie Schutzhandschuhe als das, was sie sind: ein wichtiges Werkzeug zum Schutz Ihrer wertvollsten Arbeitsgeräte – Ihrer Hände.

8.5 Der Blaue Engel

Der Blaue Engel ist ein wichtiger Wegweiser für gesundes Heimwerken. Er hilft Ihnen, weil er umweltfreundliche und gesundheitlich unbedenkliche Produkte kennzeichnet. Dieses Umweltzeichen gibt es seit 1978, und es ist das älteste seiner Art weltweit.

Abbildung 8.8 Das Prüfsiegel »Blauer Engel«

Wenn Sie heimwerken, spielt der Blaue Engel besonders bei Produkten eine Rolle, die Sie in geschlossenen Räumen verwenden. Dazu gehören:

- Wandfarben und Lacke
- Holzwerkstoffe und Möbel
- Bodenbeläge
- Tapeten
- Klebstoffe
- Dämmstoffe
- Bau-Chemikalien wie Spachtelmassen und Grundierungen

Der entscheidende Vorteil: Produkte mit dem Blauen Engel geben deutlich weniger Schadstoffe ab. Das bemerken Sie besonders bei Renovierungsarbeiten. Eine Wandfarbe mit Blauem Engel enthält kaum flüchtige organische Verbindungen (VOC), die den typischen »Neufarbengeruch« verursachen und Kopfschmerzen auslösen können.

Auch bei Holzwerkstoffen empfehle ich Ihnen, auf das blaue Symbol zu achten. Diese Produkte enthalten keine bedenklichen Formaldehyd-Ausdünstungen, die besonders in geschlossenen Räumen Ihre Gesundheit beeinträchtigen können.

Sie bezahlen für diese Produkte manchmal etwas mehr, investieren damit aber direkt in Ihre Gesundheit und das Wohlbefinden Ihrer Familie. Außerdem überzeugen die Verarbeitungsqualität und Haltbarkeit bei Produkten mit Blauem Engel in der Regel.

Ein weiterer praktischer Vorteil: Reste von Produkten mit dem Blauen Engel können Sie meist problemlos über den normalen Hausmüll entsorgen. Sie sparen sich also oft den Weg zum Wertstoffhof.

Achten Sie beim Kauf auf die genaue Produktkategorie auf dem Blauen Engel. Das Siegel kennzeichnet unterschiedliche Umwelteigenschaften wie EMISSIONSARM, RESSOURCENSCHONEND HERGESTELLT oder RECYCLINGFÄHIG. Für gesundes Heimwerken interessieren Sie vor allem die Kategorien SCHÜTZT UMWELT UND GESUNDHEIT sowie EMISSIONSARM.

Auf den Blauen Engel achten

Der Blaue Engel dient Ihnen als verlässlicher Hinweis auf gesundheitlich unbedenkliche Produkte. Besonders wenn Sie in geschlossenen Räumen arbeiten oder Projekte für Kinderzimmer planen, sollten Sie auf dieses Zeichen achten.

Kapitel 9

Reparaturen, Recycling und Upcycling

In unserer schnelllebigen Konsumgesellschaft neigen wir oft dazu, defekte Gegenstände vorschnell zu entsorgen. Doch mit etwas Geschick, den richtigen Werkzeugen und einer Portion Geduld lassen sich viele Alltagsgegenstände reparieren. Dieses Kapitel führt Sie in die Welt der Heimwerkerreparaturen ein und zeigt Ihnen, wie Sie mit dem Schraubendreher oder der Rohrzange kleine Wunder vollbringen können. Sie sparen nicht nur Geld, sondern leisten auch einen wichtigen Beitrag zum Umweltschutz durch Nachhaltigkeit.

Die Fähigkeit, kleine Reparaturen selbst durchzuführen, bringt aber nicht nur finanzielle Vorteile, sondern auch ein befriedigendes Gefühl der Selbstwirksamkeit. Sie reduzieren Abfall, schonen Ressourcen, sparen Geld – und vielleicht entdecken Sie sogar eine neue Leidenschaft.

Beginnen Sie mit einfachen Projekten und erweitern Sie Ihr Repertoire schrittweise. Investieren Sie in grundlegende Werkzeuge guter Qualität und bauen Sie Ihr Arsenal nach Bedarf aus. Nutzen Sie Online-Ressourcen und Reparaturhandbücher, um sich weiterzubilden.

Die Gemeinschaft der Reparierenden wächst stetig. Repair-Cafés, Upcycling-Workshops und Online-Foren bieten Unterstützung und Inspiration. Teilen Sie Ihr Wissen mit anderen und lernen Sie von erfahrenen Bastlern.

Mit etwas Mut, Neugier und dem richtigen Werkzeug können Sie vielen Alltagsgegenständen ein zweites Leben schenken. Betrachten Sie einen Defekt nicht als Ende, sondern als Gelegenheit zum Lernen und Verbessern. In diesem Sinne: Greifen Sie zu Hammer, Pinsel und Rohrzange – und entdecken Sie die Freude am Reparieren!

9.1 Defekte Geräte reparieren und Hilfe finden

Bevor Sie zur Rohrzange oder zum Schraubendreher greifen, gilt es herauszufinden, wo genau das Problem liegt. Eine systematische Herangehensweise spart Zeit und Frustration.

Beginnen Sie stets mit den einfachsten möglichen Ursachen. Bei elektrischen Geräten prüfen Sie zunächst die Stromversorgung. Ist das Gerät eingesteckt? Funktioniert die Steckdose? Steht die Sicherung auf »Ein«? Bei batteriebetriebenen Geräten kontrollieren Sie die Batterien auf korrekten Sitz und ausreichende Ladung. Diese offensichtlichen Punkte werden überraschend häufig übersehen.

Nutzen Sie Ihre Sinne zur Diagnose. Ungewöhnliche Geräusche wie Klackern, Surren oder Knirschen weisen auf mechanische Probleme hin. Brandgeruch zeigt überhitzte Elektronik oder durchgebrannte Bauteile an. Verfärbungen an Steckern oder Kabeln signalisieren Kurzschlüsse oder Überhitzung.

Bei komplexeren Geräten hilft eine schrittweise Eingrenzung. Teilen Sie das Gerät gedanklich in Funktionsgruppen ein. Bei einem Mixer beispielsweise unterscheiden Sie zwischen Motor, Stromversorgung und mechanischer Kraftübertragung. Prüfen Sie dann systematisch, welcher Bereich betroffen ist.

Das Internet bietet wertvolle Hilfe bei der Fehlersuche. Auf Plattformen wie *iFixit* oder in Herstellerforen finden Sie oft detaillierte Problemlösungen für gängige Gerätetypen. Suchen Sie nach Ihrem spezifischen Modell und den beobachteten Symptomen.

Dokumentieren Sie Ihre Diagnose sorgfältig. Machen Sie Fotos vor dem Zerlegen, notieren Sie die Position von Schrauben und Bauteilen. Diese Vorsichtsmaßnahme verhindert später Kopfzerbrechen beim Zusammenbau.

Bei elektrischen Geräten verdient die Sicherheit besondere Aufmerksamkeit. Trennen Sie das Gerät vollständig vom Stromnetz, bevor Sie es öffnen. Bei Küchengeräten mit Wasserkontakt prüfen Sie besonders sorgfältig auf beschädigte Kabel oder Korrosion an elektrischen Verbindungen. Diese stellen ein erhebliches Sicherheitsrisiko dar und erfordern sofortige Behebung oder professionelle Hilfe.

9.2 Einfache Reparaturen an Kleingeräten

Viele Haushaltsgeräte scheitern an einfachen Defekten, die sich mit grundlegenden Werkzeugen beheben lassen. Hier erfahren Sie, wie Sie typische Probleme selbst lösen können.

Der Lötkolben

Für manche Reparaturen an elektrischen Geräten ist ein Lötkolben notwendig. Auch wenn in der Regel bei allen Geräten, die in die Steckdose gesteckt werden, die Verkabelung geschraubt oder gequetscht ist, können Ihnen bei batteriebetriebenen Geräten gelötete Verbindungen begegnen.

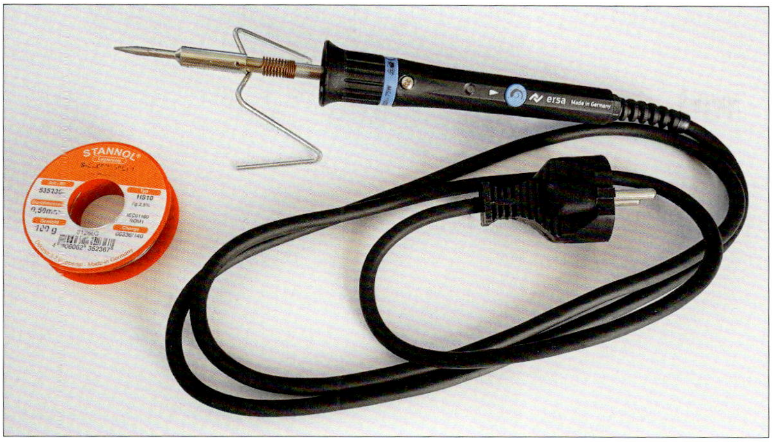

Abbildung 9.1 Ein Handlötkolben und eine Rolle Lötzinn

Lötkolben gibt es in vielen Formen von vielen Herstellern, achten Sie aber darauf, einen Lötkolben für Elektronik-Arbeiten zu kaufen. Dieser sollte einen regelbaren Temperaturbereich und eine feine Spitze haben – im Gegensatz zu den Modellen, mit denen Regenrinnen verlötet werden oder Muster in Frühstücksbrettchen gebrannt werden.

Die häufigsten elektrischen Defekte

Steckerkabel zählen zu den häufigsten Fehlerquellen. Überprüfen Sie immer zuerst das Kabel auf Bruchstellen oder Knicke. Bei beschädigten Kabeln gibt es zwei Optionen: Bei geringfügigen Schäden können Sie mit Isolierband eine temporäre Reparatur vornehmen, was jedoch nur als Übergangslösung dienen sollte. Die bessere Lösung besteht im kompletten Austausch des Kabels oder im Anbringen eines neuen Steckers. Für Letzteres benötigen Sie einen Seitenschneider, einen Abisolierer und einen passenden Ersatzstecker. Achten Sie darauf, die Drähte farblich korrekt anzuschließen und die Zugentlastung fest anzuziehen.

Eine weitere Möglichkeit für Kontaktprobleme sind oft Schalter. Hier hilft meist die Reinigung der Kontakte. Oxidierte Kontakte führen oft zu Verbindungsproblemen. Mit Kontaktreinigerspray und einem feinen Tuch können Sie in so einem Fall verschmutzte Kontakte reinigen und die Funktionalität wiederherstellen.

Fehler, die nichts mit der Elektrik zu tun haben

Wasserkocher und Kaffeemaschinen setzen häufig Kalk an. Die Symptome reichen von längeren Kochzeiten bis hin zum vollständigen Ausfall des Geräts. Eine gründliche Entkalkung mit Essigwasser oder speziellem Entkalker löst das Problem oft ohne weiteres Eingreifen. Führen Sie diese Wartung regelmäßig durch, um die Lebensdauer Ihrer Geräte zu verlängern.

Staubsauger leiden häufig unter verstopften Filtern oder Schläuchen. Reinigen Sie alle Filter gemäß Herstellerangaben und überprüfen Sie Schläuche und Rohre auf Verstopfungen. Oft sammeln sich Haare um die Bürstenwalze, die das Gerät blockieren. Mit einer Schere oder einem Messer können Sie diese vorsichtig entfernen.

Mechanische Fehler

Toaster weigern sich manchmal, den Hebel in Position zu halten. Meist sammeln sich Krümel im Mechanismus an. Trennen Sie den Toaster vom Stromnetz, öffnen Sie die Krümelschublade und schütteln Sie das Gerät vorsichtig kopfüber aus. Bei hartnäckigen Verschmutzungen hilft ein vorsichtiges Ausblasen mit Druckluft. Achten Sie darauf, keine inneren Komponenten zu beschädigen.

Bei mechanischen Problemen wie blockierten Drehteilen helfen manchmal wenige Tropfen Öl. Verwenden Sie leichtes Maschinenöl für bewegliche Teile, aber vermeiden Sie übermäßiges Ölen, da dies Staub anzieht und langfristig mehr schadet als nützt.

!

Auf Spannungsfreiheit achten!

Bedenken Sie stets: Sicherheit geht vor. Bei Geräten mit Netzanschluss arbeiten Sie nur im spannungsfreien Zustand. Bei Unsicherheiten holen Sie lieber fachmännischen Rat ein, als sich und andere zu gefährden.

9.3 Batterien und Akkus austauschen

Der Austausch von Batterien und Akkus gehört zu den einfachsten und doch wirkungsvollsten Reparaturmaßnahmen. Viele Geräte funktionieren nach einem Batteriewechsel wie neu.

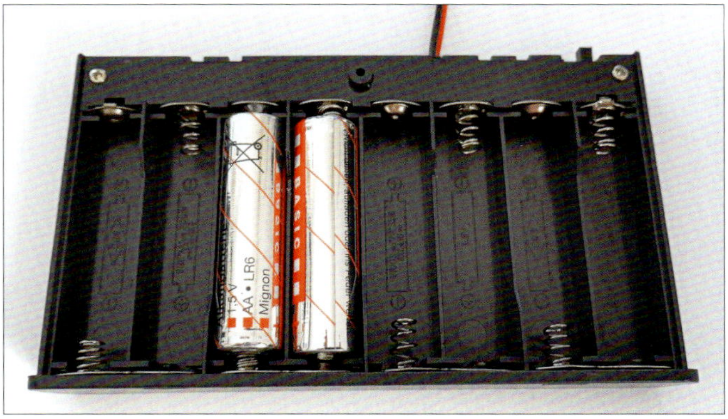

Abbildung 9.2 Ein Batteriefach für AA-Batterien

Bei herkömmlichen Batteriehalterungen achten Sie auf die korrekte Polarität. Der Merksatz »Die Feder kommt nicht an die Nase« hilft Ihnen dabei, die Batterien richtig herum einzulegen.

Korrosionsrückstände an den Kontakten, die weißlich und kristallin aussehen, lassen sich mit einem in Essig oder Zitronensäure getauchten Wattestäbchen entfernen. Trocknen Sie die Kontakte nach der Reinigung gründlich, bevor Sie neue Batterien einsetzen.

Bei Kontakten mit Rostspuren können Sie ein kleines Stück feines Schmirgelpapier oder einen Glasradierstift nehmen und die Kontakte blank machen.

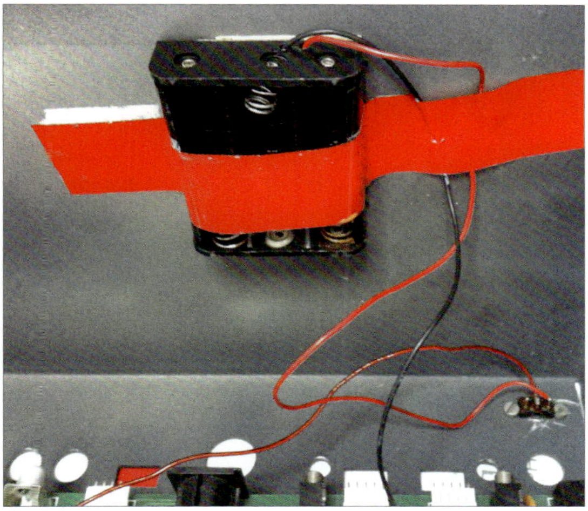

Abbildung 9.3 Eine Batteriehalterung mit Korrosionsspuren (am Kontakt unten rechts)

Batteriegrößen

Die gängigsten Batteriegrößen tragen standardisierte Bezeichnungen, die Ihnen beim Kauf helfen. AA-Batterien (auch *Mignon* genannt) werden in Fernbedienungen, Nachttisch-Uhren und kleinen Elektrogeräten eingesetzt. AAA-Batterien (*Micro*) fallen kleiner und dünner aus. Diese finden Sie häufig in Computermäusen, LED-Lampen oder in Spielzeug. 9-V-Blöcke haben eine rechteckige Form und beliefern Rauchmelder oder Messgeräte mit Energie.

Bei fest verbauten Akkus in Elektrogeräten wie Smartphones, Tablets oder Laptops gestaltet sich der Austausch komplexer, ist aber oft machbar. Recherchieren Sie vorab in Reparaturanleitungen, welche Schritte nötig sind und welche Werkzeuge Sie benötigen. Die Webseite *https://de.ifixit.com/* bietet eine große Sammlung an Reparaturanleitungen an. Achten Sie beim Kauf von Ersatzakkus auf Qualitätsprodukte und die richtige

Größe und den passenden Typ – minderwertige Akkus können ein Sicherheitsrisiko darstellen.

Abbildung 9.4 Das große silberne Teil im diesem geöffneten Tablet ist die Batterie, die getauscht wird.

Kontaktschwierigkeiten

Fernbedienungen reagieren häufig nicht mehr, selbst mit neuen Batterien. In diesem Fall hilft eine Reinigung der inneren Kontakte. Öffnen Sie die Fernbedienung und reinigen Sie die Gummikontakte unter den Tasten mit Alkohol. Auch die Leiterplatte kann durch sanftes Reiben mit einem Radiergummi von Oxidschichten befreit werden.

Abbildung 9.5 Die Knopfzelle in einem Gerät, gut beschriftet mit dem Typ: CR2032

Falls elektronische Geräte anfangen, ihre Einstellungen zu vergessen, ist oft eine leere Knopfzellen-Batterie schuld, die zur Sicherung der Einstellungen (z. B. in älteren Computern oder HiFi-Anlagen) benötigt wird. Ein Austausch dieser Batterie stellt die volle Funktionalität meist wieder her. Diese Reparatur erfordert meist das Öffnen des Gehäuses, ist aber mit Geduld durchführbar.

Jeden Schritt dokumentieren

Dokumentieren Sie beim Austausch von Komponenten jeden Schritt. Notieren Sie, welche Schraube wohin gehört, und machen Sie Fotos vom Ausgangszustand. So vermeiden Sie böse Überraschungen beim Zusammenbau.

Alte Batterien und Akkus zur Sammelstelle!

Entsorgen Sie alte Batterien und Akkus unbedingt fachgerecht über entsprechende Sammelbehälter im Handel oder auf Wertstoffhöfen. Batterien und Akkus enthalten umweltschädliche Substanzen, die nicht in den Hausmüll gehören.

9.4 Recycling und Upcycling

Das Reparieren von Gegenständen ist nur eine Möglichkeit, nachhaltig zu handeln. Manchmal lassen sich Geräte nicht für ihre ursprüngliche Funktion wiederherstellen, können aber durch kreatives Umdenken ein zweites Leben erhalten.

Was passiert beim Recycling?

Beim Recycling werden Materialien in ihre Grundbestandteile zerlegt und als Rohstoffe wiederverwendet. Sie können diesen Prozess unterstützen, indem Sie nicht reparierbare Geräte fachgerecht entsorgen. Elektronikschrott enthält wertvolle Rohstoffe wie Kupfer, Silber oder seltene Erden, die zurückgewonnen werden können.

Was ist Upcycling?

Noch besser als Recycling ist Upcycling – die Verwandlung von Abfall in höherwertige Produkte. Alte Lampen, Schalter, Kabel und Fassungen können für neue Beleuchtungsideen wiederverwendet werden. Selbst die Festplatten aus kaputten Computern lassen sich noch als externer Speicher weiter nutzen, Lüfter für Kühlungsprojekte oder Netzteile für andere Anwendungen gewinnen.

Kreative Upcycling-Projekte verbinden Nachhaltigkeit mit Individualität. Ein alter Koffer wird zum stylischen Beistelltisch, ausgediente Holzpaletten verwandeln sich in Gartenmöbel, und aus einem alten Telefon entsteht eine originelle Tischlampe.

Abbildung 9.6 Ein Beispiel für das Upcycling (Quelle: https://unsplash.com/de/fotos/rot-weisser-wahlscheibentelefon-auf-braunem-holztisch-JuWTGYVC5UI)

Das Internet bietet unzählige Inspirationen für solche Projekte, wie die folgenden Bilder beweisen.

Abbildung 9.7 Ein Upcycling-Beispiel: Europaletten werden zu einer Gartenbank. (Quelle: https://commons.wikimedia.org/wiki/File:Europaletten-Sitzbank_in_Raabs_ad_Thaya.png)

Abbildung 9.8 Ein komplettes Haus, das teilweise aus Recycling-Material gefertigt wurde (Quelle: https://de.wikipedia.org/wiki/Upcycling#/media/Datei:Recycling_home_(3761497616).png)

Secondhand

Für elektronische Komponenten existieren spezialisierte Secondhand-Märkte. Tablets und Smartphones werden mittlerweile auf dem Gebrauchtmarkt zu attraktiven Preisen angeboten und werden auch gerne aufgekauft. Halten Sie Ausschau nach dem Hinweis »refurbished«, um solche Geräte zu finden. Plattformen wie *eBay*, *kleinanzeigen.de* oder spezialisierte Elektronik-Foren ermöglichen den Austausch von Ersatzteilen. Was für Sie unbrauchbar erscheint, kann für andere Bastler ein wertvolles Einzelteil darstellen.

Repair-Cafés

Repair-Cafés bieten eine gemeinschaftliche Dimension des Reparierens und Upcyclings. In diesen offenen Werkstätten treffen sich Gleichgesinnte, um unter Anleitung erfahrener Helfer defekte Gegenstände zu reparieren. Neben der praktischen Hilfe bieten diese Treffpunkte wertvolles Wissen und soziale Kontakte. Informieren Sie sich über Repair-Cafés in Ihrer Nähe – vielleicht entdecken Sie dort nicht nur Lösungen für Ihre Reparaturprobleme, sondern auch eine neue Gemeinschaft.

Kapitel 10

Haushaltsgeräte warten und reparieren

Haushaltsgeräte begleiten uns täglich und erleichtern unser Leben erheblich. Wenn sie plötzlich ausfallen, bedeutet das nicht nur Unannehmlichkeiten, sondern oft auch hohe Reparaturkosten oder sogar Neuanschaffungen. Mit regelmäßiger Wartung und einfachen Reparaturkenntnissen können Sie die Lebensdauer Ihrer Geräte verlängern und häufige Probleme selbst beheben. Dieses Kapitel zeigt Ihnen, wie Sie Waschmaschine, Geschirrspüler und Kühlschrank fachgerecht pflegen und gängige Störungen beheben.

Die regelmäßige Wartung Ihrer Haushaltsgeräte erfordert zwar etwas Zeit und Mühe, zahlt sich jedoch durch längere Lebensdauer und geringere Betriebskosten aus. Bevor Sie bei Problemen gleich einen teuren Reparaturdienst rufen, lohnt es sich, die hier beschriebenen einfachen Lösungsansätze auszuprobieren. Viele häufige Störungen lassen sich mit etwas Grundwissen und den richtigen Handgriffen selbst beheben.

Wasserschäden vorbeugen

Der Einbau von Wasserstopp-Systemen stellt eine der wichtigsten vorbeugenden Maßnahmen dar, um kostspielige Wasserschäden zu vermeiden. Die Investition von wenigen Euro kann Ihnen Tausende Euro an Reparaturkosten für Wasserschäden ersparen.

Rufen Sie den Fachmann, wenn es zu komplex wird

Bei allen Reparaturarbeiten an elektrischen Geräten gilt: Trennen Sie das Gerät vollständig vom Stromnetz, bevor Sie mit der Arbeit beginnen. Bei Unsicherheiten oder komplexeren Problemen – besonders, wenn es um Eingriffe in die Elektronik oder das Kühlsystem geht – sollten Sie einen Fachmann hinzuziehen.

10.1 Verkalkungen

Alle Haushaltsgeräte, die mit Wasser arbeiten, haben einen gemeinsamen Feind: den Kalk.

Kalkablagerungen entstehen in vielen Haushaltsgeräten und auch an Sanitärarmaturen (siehe Abschnitt 13.3). Verkalkungen können aber mit einfachen Mitteln schnell entfernt werden. Durch regelmäßige Pflege können Sie neue Ablagerungen vermeiden – und damit auch teure Schäden.

10.1.1 Wie entsteht Kalk?

Kalkablagerungen entstehen, wenn mineralhaltiges Wasser verdunstet und Kalzium- sowie Magnesiumverbindungen zurückbleiben. Außer destilliertem Wasser enthält jedes Wasser mehr oder weniger Mineralstoffe. In manchen Regionen verkalken Haushaltsgeräte schneller als in anderen, je nachdem wie kalkhaltig das Wasser ist. Auf der Infoseite Ihres Wasserversorgers oder auf der Website Ihrer Stadt oder Gemeinde ist die Information zum Kalkgehalt Ihres Wassers (dem *Härtegrad*) zu finden. Es gibt aber auch Teststreifen aus der Drogerie, falls die Information nirgendwo zu finden sein sollte.

Der Härtegrad des Wassers

Außer um die Anfälligkeit der eigenen Haushaltsgeräte abzuschätzen, ist diese Information auch für eine weitere Sache gut: um Waschmittel zu sparen. Auf Waschmittelpackungen ist immer eine Anleitung abgedruckt, wie viel Waschmittel Sie je nach Härtegrad Ihres Wassers benötigen.

Abbildung 10.1 Dosierempfehlungen je nach Härtegrad des Wassers

Härte und Kalkgehalt des Wassers

Hartes Wasser ist in der Regel auch kalkhaltig. Das ist kein Zufall, sondern hat geologische Gründe und der intuitive Zusammenhang ist real und recht verlässlich. Wasserhärte und Kalkhaltigkeit sind aber trotzdem nicht dasselbe, auch wenn sie eng miteinander verbunden sind und ich das eben sehr vereinfacht dargestellt habe. Wasser kann einen mittleren Härtegrad haben, aber trotzdem starke Kalkablagerungen verursachen, wenn sein Calcium-Anteil besonders hoch ist. Umgekehrt kann sehr hartes Wasser mit hohem Magnesium-Anteil weniger Kalkprobleme bereiten als erwartet. Für Haushaltsgeräte ist daher nicht nur der Gesamthärtegrad relevant, sondern auch das Verhältnis zwischen Calcium und Magnesium im Wasser.

10.1.2 Beeinträchtigungen durch Kalk und die Folgen

Was passiert, wenn sich zu viel Kalk gebildet hat?

- **Beim Duschkopf:** Kalkablagerungen verstopfen die feinen Öffnungen des Duschkopfes. Dadurch verändert sich das Strahlbild: Statt eines gleichmäßigen Wasserstrahls erleben Sie unregelmäßige, oft schwächere Wasserstrahlen, die in verschiedene Richtungen spritzen. In extremen Fällen bleiben einzelne Düsen komplett blockiert.
- **Bei der Kaffeemaschine:** Verkalkungen im Wasserkreislauf führen zu verlängerten Durchlaufzeiten. Der Kaffee läuft langsamer durch, was den Brühvorgang verzögert. Dies beeinträchtigt auch den Geschmack, da die ideale Brühtemperatur nicht konstant gehalten werden kann.
- **Bei Wasserhähnen:** Kalkablagerungen in den Perlatoren, den Mischdüsen der Armaturen, reduzieren den Wasserdurchfluss. Anstatt eines vollen Wasserstrahls erhalten Sie nur noch ein Rinnsal, und die Regelung zwischen warm und kalt funktioniert möglicherweise nicht mehr präzise.

Bei elektrischen Geräten sorgen Kalkablagerungen fast immer für einen erhöhten Energieverbrauch:

- **Beim Wasserkocher:** Eine verkalkte Heizplatte oder Heizspirale benötigt deutlich mehr Energie, um Wasser zum Kochen zu bringen. Eine nur 1 mm dicke Kalkschicht kann den Energieverbrauch bereits um bis zu 10 % steigern. Bei täglichem Gebrauch summiert sich dies zu erheblichen zusätzlichen Stromkosten.
- **Bei der Waschmaschine:** Verkalkungen im Heizelement verlängern die Aufheizphase deutlich. Eine verkalkte Waschmaschine verbraucht bis zu 30 % mehr Strom, weil das Gerät länger heizen muss, um die gewünschte Wassertemperatur zu erreichen.
- **Bei Boilern/Durchlauferhitzern:** Kalkschichten wirken wie eine Isolierschicht auf den Heizelementen. Ein stark verkalkter Durchlauferhitzer muss länger arbeiten und mehr Energie aufwenden, um dieselbe Wassermenge auf die eingestellte Temperatur zu erhitzen.

Eine weitere Folge ist oft eine verkürzte Lebensdauer des Gerätes:

- **Bei Kaffeevollautomaten:** Verkalkungen im Brühsystem und den Wasserleitungen führen zu erhöhtem Verschleiß der Pumpen. Diese müssen gegen den erhöhten Widerstand ankämpfen und geben früher nach. Ein regelmäßig entkalkter Vollautomat hält oft drei bis fünf Jahre länger als ein vernachlässigtes Gerät.
- **Bei Waschmaschinen:** Kalkablagerungen können zur Überhitzung des Heizelements führen. Dies beschädigt nicht nur das Heizelement selbst, sondern kann auch die angeschlossene Elektronik beeinträchtigen. Reparaturen in diesem Bereich kosten häufig mehrere Hundert Euro.
- **Bei Warmwasserbereitern:** Massive Verkalkungen führen zu *Kalksprengungen*. Das sind lokale Überhitzungen, die Risse in Dichtungen und Behältern verursachen können. Dies führt meist zum Totalausfall des Geräts.

Kalk lässt sich aber auch recht einfach entfernen, und eine erneute Kalkablagerung in den Geräten oder an den Badezimmerarmaturen lässt sich genauso einfach reduzieren.

Essig und Zitronensäure

Die bewährtesten Hausmittel gegen Kalk sind Essig und Zitronensäure. Diese lösen Kalkablagerungen durch ihre natürliche Säurewirkung. Haushaltsessig (5 % Säuregehalt) oder Essigessenz (15–25 % Säuregehalt) gibt es in jedem Supermarkt, und Zitronensäure (als Pulver oder in Tablettenform) findet man auch bei den Haushaltsreinigern.

10.1.3 Wie geht man vor? Entkalken leicht gemacht!

Kalk setzt sich überall dort fest, wo warmes Wasser fließt. Deshalb brauchen Ihre Haushaltsgeräte regelmäßige Pflege, damit sie einwandfrei funktionieren. Hier folgen ein paar konkrete Beispiele für das Vorgehen.

Ihre Kaffeemaschine von Kalk befreien

Beginnen Sie mit dem Wassertank. Füllen Sie ihn mit einer Mischung aus gleichen Teilen Wasser und Essig. Starten Sie einen normalen Brühvorgang ohne Kaffee. Stoppen Sie die Maschine, sobald die Hälfte der Flüssigkeit durchgelaufen ist. Diese Pause gibt der Essiglösung Zeit, hartnäckige Ablagerungen zu lösen. Lassen Sie die Mischung dreißig Minuten einwirken, bevor Sie den Brühvorgang beenden. Spülen Sie die Maschine anschließend mindestens zweimal mit klarem Wasser durch. Nur so entfernen Sie den Essiggeschmack vollständig.

Bei einer Pad-Kaffeemaschine kann der Hersteller aber auch eine leicht andere Vorgehensweise empfehlen, wie beispielsweise ein altes Pad im Filterhalter zu belassen, um die gelösten Kalk-Krümel einzufangen und den Vorgang – ohne Pause – dreimal zu wiederholen.

Werfen Sie also auch einen Blick in die Bedienungsanleitung und schauen Sie, welche Vorgehensweise der Hersteller für Ihr Modell empfiehlt.

Den Wasserkocher wieder zum Glänzen bringen

Füllen Sie Ihren Wasserkocher zur Hälfte mit Wasser und geben Sie zwei Esslöffel Zitronensäurepulver hinzu. Kochen Sie die Mischung auf und lassen Sie sie fünfzehn bis zwanzig Minuten einwirken. Entleeren Sie den Kocher und spülen Sie ihn mehrmals gründlich aus. Bei besonders hartnäckigen Verkalkungen erhöhen Sie die Menge der Zitronensäure oder wiederholen den Vorgang einfach.

Bad und Dusche kalkfrei halten

Ihr Duschkopf braucht besondere Aufmerksamkeit, weil sich hier besonders viel Kalk sammelt. Schrauben Sie ihn ab und legen Sie ihn in eine Schüssel mit einer Wasser-Essig-Mischung im Verhältnis eins zu eins. Nach dreißig bis sechzig Minuten Einweichzeit spülen Sie ihn gründlich mit klarem Wasser ab. Eine alte Zahnbürste hilft Ihnen dabei, hartnäckige Ablagerungen aus den kleinen Öffnungen zu entfernen. Bei starker Verschmutzung verwenden Sie unverdünnten Essig. In Abschnitt 13.5 wird dieser Vorgang Schritt für Schritt erklärt.

Badarmaturen entkalken Sie am einfachsten mit Essigwasser im Mischverhältnis eins zu eins. Sprühen Sie die Lösung auf die verkalkten Flächen oder wickeln Sie bei senkrechten Oberflächen ein in Essigwasser getränktes Stück Küchenrolle um die Armatur. Nach zehn bis fünfzehn Minuten Einwirkzeit wischen Sie die Oberflächen mit einem weichen Tuch ab, spülen mit klarem Wasser nach und polieren mit einem trockenen Mikrofasertuch für extra Glanz.

Spezielle Oberflächen brauchen spezielle Reiniger

Bei empfindlichen Oberflächen wie Marmor, Naturstein oder Aluminium verwenden Sie besser spezielle Reiniger, da Säuren diese Materialien angreifen können.

Entkalken sorgt für ein langes Leben

Regelmäßiges Entkalken verlängert die Lebensdauer Ihrer Haushaltsgeräte erheblich. Essig und Zitronensäure sind kostengünstige und umweltfreundliche Alternativen zu chemischen Entkalkern. Passen Sie die Entkalkungsintervalle an die Wasserhärte an und bleiben Sie konsequent bei der Pflege – so vermeiden Sie teure Reparaturen oder Neuanschaffungen.

10.2 Waschmaschine

Die Waschmaschine zählt zu den meistgenutzten Haushaltsgeräten und ist entsprechend anfällig für Verschleiß. Viele Probleme entstehen durch Kalkablagerungen, verstopfte Filter oder abgenutzte Dichtungen.

10.2.1 Regelmäßige Wartung

Führen Sie diese Wartungsarbeiten alle drei Monate durch, um Ihre Waschmaschine in optimalem Zustand zu halten:

- **Reinigung der Waschmittelschublade**: Entfernen Sie die Schublade (meist durch Drücken einer Entriegelungstaste) und reinigen Sie alle Fächer gründlich mit warmem Wasser. Achten Sie auf Biofilme und Waschmittelreste in den Ecken. Trocknen Sie die Schublade vor dem Wiedereinsetzen vollständig ab.
- **Säuberung des Flusenfilters:** Der Flusenfilter sitzt meist hinter einer kleinen Klappe, vorne und unten an der Maschine. Legen Sie ein flaches Gefäß und ein Handtuch bereit, da wahrscheinlich Wasser ausläuft, wenn Sie den Filter entfernen. Die Bedienungsanleitung Ihrer Maschine sollte diese Schritte erklären, aber meist können Sie den Verschluss gegen den Uhrzeigersinn drehen und dann den Filter einfach herausziehen. Entfernen Sie Flusen, Münzen und andere Fremdkörper. Kontrollieren Sie auch die Filterkammer auf Gegenstände wie Socken oder Taschentücher.
- **Maschinentrommel reinigen:** Führen Sie einen Leerlauf bei 60°C mit Maschinenreiniger oder 100 ml Essigessenz durch. Dies entfernt Kalkablagerungen und beseitigt unangenehme Gerüche. Wischen Sie anschließend die Gummidichtung der Tür gründlich ab und lassen Sie die Tür zum Trocknen offen stehen.

Alle Schritte zur Wartung Ihres Waschmaschinentyps sollten in der Bedienungsanleitung aufgelistet und erklärt sein.

10.2.2 Wasserstopp-Schutz – Sicherheit vor Wasserschäden

Der Wasserstopp-Schutz, auch *Aquastop* genannt, zählt zu den wichtigsten Sicherheitseinrichtungen moderner Waschmaschinen und Geschirrspüler. Er verhindert kostspielige Wasserschäden in Ihrer Wohnung.

Man unterscheidet drei Arten von Wasserstopp-Systemen:

- **Mechanischer Wasserstopp:** Er besteht aus einem doppelwandigen Zulaufschlauch. Bei einem Schlauchdefekt fließt austretendes Wasser in den Außenschlauch und aktiviert ein Ventil, das die Wasserzufuhr sofort stoppt.

- **Elektronischer Wasserstopp:** Er enthält zusätzlich einen Sensor im Bodenteil des Geräts. Erkennt dieser Sensor Feuchtigkeit, schaltet ein Magnetventil die Wasserzufuhr ab und die Ablaufpumpe ein.
- **Aquastop-System:** Die fortschrittlichste Variante kombiniert mechanische und elektronische Elemente und bietet mehrfachen Schutz durch Sensoren im Boden des Geräts und im Zulaufschlauch.

Abbildung 10.2 Der sogenannte Aquastop einer Waschmaschine (Quelle: https://commons.wikimedia.org/wiki/File:Aquastop_20200522_212938.png)

Nachrüstmöglichkeiten

Falls Ihr Gerät keinen integrierten Wasserstopp besitzt, können Sie relativ einfach nachrüsten, indem Sie den standardmäßigen Zulaufschlauch durch einen Sicherheitszulaufschlauch mit mechanischem Wasserstopp ersetzen (ca. 20 bis 40 €) oder einen Wasserstopp zwischen den Schlauch und dem Wasseranschluss einsetzen.

Die Installation ist einfach und benötigt kein Spezialwerkzeug. Schrauben Sie einfach den alten Schlauch ab und den neuen an – achten Sie dabei auf die korrekte Platzierung der Dichtungen.

10.2.3 Typische Probleme und Lösungen bei einer Waschmaschine

Die Waschmaschine pumpt nicht ab.

- Prüfen Sie zuerst den Flusenfilter auf Verstopfungen.
- Kontrollieren Sie den Ablaufschlauch auf Knicke oder Verstopfungen.

Falls das Problem weiterhin besteht, könnte die Ablaufpumpe defekt oder verstopft sein. Diese befindet Sie meist hinter dem Flusenfilter. Meist ist in der Wartungsanleitung der Waschmaschine beschrieben, wie Sie die Pumpe überprüfen können und Fremdkörper aus dieser entfernen können.

Die Maschine vibriert stark beim Schleudern.

- Stellen Sie sicher, dass die Maschine auf festem, ebenem Untergrund steht.
- Justieren Sie die Füße. Diese sollten sich drehen und so in der Höhe verstellen lassen, bis die Waschmaschine absolut waagerecht steht. (Prüfen Sie das mit einer Wasserwaage.)
- Verteilen Sie die Wäsche gleichmäßig in der Trommel, um Unwucht zu vermeiden.
- Falls die Waschmaschine neu ist: Kontrollieren Sie die Transportsicherungen – sie müssen für den Betrieb entfernt sein.

Die Tür öffnet nach dem Waschgang nicht.

- Warten Sie zwei bis drei Minuten nach dem Programmende, da viele Maschinen eine Sicherheitsverriegelung besitzen.
- Prüfen Sie, ob Wasser in der Trommel steht. (Das weist auf ein Problem beim Abpumpen hin; siehe oben.)

Die Notentriegelung ist oft hinter der Flusenfilter-Klappe

Bei einigen Waschmaschinenmodellen gibt es eine Notentriegelung – meist eine kleine Zuglasche hinter der Flusenfilter-Klappe. Die Bedienungsanleitung der Waschmaschine sollte Ihnen helfen, sie zu finden.

Sollten die Probleme mit der Waschmaschine auf die Pumpe zurückzuführen sein und Sie keine Anleitung finden, wie diese bei Ihrem Waschmaschinenmodell überprüft werden kann, sollten Sie lieber den Kundendienst des Herstellers anrufen, um das weitere Vorgehen zu besprechen. Wahrscheinlich kommen Sie in diesem Fall nicht umhin, einen Techniker mit der Reparatur zu beauftragen.

10.3 Geschirrspüler

Ein Geschirrspüler spart Zeit und auch Energie. Er benötigt nämlich weniger Wasser als beim Spülen mit der Hand. Durch regelmäßige Wartung vermeiden Sie unangenehme Gerüche, schlechte Reinigungsergebnisse und auch kostspielige Reparaturen.

10.3.1 Regelmäßige Wartung

Führen Sie diese Pflegemaßnahmen monatlich durch:

- **Reinigung der Sprüharme:** Nehmen Sie die Sprüharme aus der Maschine. Der untere Arm lässt sich meist durch Drehen und Hochziehen lösen, der obere durch Abschrauben der Halterung. Überprüfen Sie alle Düsen auf Verstopfungen durch Essensreste oder Kalkablagerungen. Reinigen Sie verstopfte Öffnungen mit einem dünnen Draht oder einem Zahnstocher. Spülen Sie die Arme gründlich unter fließendem Wasser ab.
- **Siebsystem säubern:** Entfernen Sie den unteren Geschirrkorb und nehmen Sie das Siebsystem heraus. (Das gelingt meist durch Drehen und Anheben.) Das Siebsystem besteht typischerweise aus einem Grobsieb, einem Feinsieb und einem Mikrofilter. Reinigen Sie alle Komponenten unter fließendem Wasser mit einer weichen Bürste. Kontrollieren Sie auch den Siebschacht auf Speisereste, gelöste Etiketten oder Scherben.
- **Entkalken und Dichtungen pflegen:** Führen Sie einen Leerlauf mit Spülmaschinenreiniger bei Höchsttemperatur durch. Wischen Sie anschließend die Türdichtungen mit einem feuchten Tuch ab und kontrollieren Sie sie auf Risse oder Verschleißspuren. Überprüfen Sie auch den Salzbehälter und füllen Sie bei Bedarf Regeneriersalz nach.
- **Wasserstopp-System überprüfen:** Auch Geschirrspüler verfügen meist über Wasserstopp-Systeme ähnlich wie Waschmaschinen. Kontrollieren Sie daher regelmäßig:
  - den Zustand des Zulaufschlauchs auf Risse oder poröse Stellen
  - die korrekte Funktion des Schwimmerschalters in der Bodenwanne (falls vorhanden)
  - die Dichtigkeit aller Schlauchanschlüsse

Bei Geschirrspülern erfolgt die Nachrüstung eines Wasserstopps analog zur Waschmaschine. Achten Sie jedoch auf die richtige Größe der Anschlüsse, da diese bei manchen Geschirrspülermodellen vom Standard abweichen können.

10.3.2 Typische Probleme und Lösungen

Das Geschirr wird nicht richtig sauber.

- Überprüfen Sie die Sprüharme auf Verstopfungen und freie Drehbarkeit.
- Kontrollieren Sie die Siebe auf Verschmutzungen.
- Prüfen Sie die Dosierung von Reiniger und Klarspüler.
- Messen Sie die Wassertemperatur – sie sollte im Hauptwaschgang mindestens 55°C erreichen. Wenn Sie während des Spülgangs die Maschine öffnen, können Sie mit einem Infrarot-Thermometer die Wassertemperatur messen. Alternativ können Sie direkt nach der Beendigung des Spülgangs mit dem Infrarot-Thermometer den Innenraum messen. Die angezeigte Temperatur dürfte dann zwar ein paar Grad niedriger sein als die für den Spülgang eingestellte Temperatur, aber es sollten nicht deutlich weniger sein.
- Achten Sie auf korrekte Beladung – vermeiden Sie das *Abschatten* von Geschirr und stellen Sie sicher, dass sich der Wasser-Sprüharm frei drehen kann.

Die Maschine pumpt nicht ab.

- Kontrollieren Sie das Siebsystem auf Verstopfungen.
- Überprüfen Sie den Ablaufschlauch auf Knicke.
- Das Abpumpen des Wassers erfolgt in einer Senke am Boden des Innenraums, unter dem Geschirrkorb. Prüfen Sie, ob irgendetwas in den Ablauf hineingeraten ist und den Abfluss des Wassers blockiert.

Weiße Schlieren auf Gläsern

- Überprüfen Sie die Klarspülerdosierung und stellen Sie sie höher ein.
- Kontrollieren Sie den Salzstand im Enthärter.
- Prüfen Sie die Wasserhärteeinstellung – sie sollte der lokalen Wasserhärte entsprechen. Die Bedienungsanleitung Ihres Geschirrspülers sagt Ihnen, wo diese eingestellt wird.
- Verwenden Sie bei sehr hartem Wasser zusätzlich Glasschutz-Additive.

Auch hier gilt: Wenn dies alles nichts hilft, nehmen Sie Kontakt mit dem Kundenservice des Herstellers Ihrer Geschirrspülmaschine auf.

10.4 Kühlschrank

Der Kühlschrank läuft rund um die Uhr und verbraucht entsprechend viel Energie. Durch richtige Pflege halten Sie den Energieverbrauch niedrig und verlängern die Lebensdauer erheblich.

10.4.1 Regelmäßige Wartung

Diese Wartungsarbeiten sollten Sie alle sechs Monate durchführen:

- **Abtauen und Reinigen:** Bei Kühlschränken ohne No-Frost-System bildet sich mit der Zeit eine Eisschicht im Gefrierfach. Schalten Sie den Kühlschrank zum Abtauen ab und entfernen Sie alle Lebensmittel. Fangen Sie das Schmelzwasser auf. Beschleunigen Sie diesen Vorgang *nicht* mit scharfen Gegenständen! Reinigen Sie anschließend alle Flächen mit einer Lösung aus Wasser und mildem Reinigungsmittel. Trocknen Sie gründlich nach.
- **Dichtungen pflegen:** Reinigen Sie die Türdichtungen mit warmem Wasser und einem milden Reinigungsmittel. Trocknen Sie sie gründlich ab und behandeln Sie sie dünn mit Talkumpuder oder Silikonspray, um sie geschmeidig zu halten. Überprüfen Sie die Dichtigkeit, indem Sie ein Blatt Papier zwischen Tür und Kühlschrank klemmen – beim Herausziehen sollten Sie Widerstand spüren.
- **Kondensator reinigen:** Der Kondensator befindet sich meist an der Rückseite des Kühlschranks oder hinter einer Abdeckung im unteren Bereich. Er sieht aus wie ein schwarzes oder metallisches Gitter aus dünnen Rohren oder Drähten. Ziehen Sie den Netzstecker und entfernen Sie Staub mit einem Staubsauger mit Bürstenaufsatz oder einem weichen Pinsel. Bei stark verschmutzten Kondensatoren verbessert eine Reinigung die Kühlleistung deutlich und senkt den Stromverbrauch.

10.4.2 Typische Probleme und Lösungen

Der Kühlschrank kühlt nicht richtig.

- Überprüfen Sie die Temperatureinstellung.
- Kontrollieren Sie die Türdichtungen auf Beschädigungen.
- Prüfen Sie, ob der Kondensator stark verstaubt ist.
- Stellen Sie sicher, dass die Lüftungsöffnungen im Inneren nicht durch Lebensmittel blockiert werden.
- Achten Sie auf ausreichend Abstand zur Wand (mindestens 5 cm), damit die Wärme abgeführt werden kann.

Wasser sammelt sich im Gemüsefach.

- Lokalisieren Sie das Tauwasserablaufloch. Es befindet sich meist in der Rückwand über dem Gemüsefach.
- Reinigen Sie die Öffnung mit einem Wattestäbchen oder einer Pfeifenreinigerbürste.
- Kontrollieren Sie den Ablaufkanal auf Verstopfungen.

Der Kühlschrank vereist schnell.

- Überprüfen Sie die Türdichtungen auf Undichtigkeiten.
- Vermeiden Sie zu häufiges oder langes Öffnen der Tür.
- Stellen Sie keine warmen Speisen direkt in den Kühlschrank.

10.5 Wasserfilter

Wasserfilter sind eine Filtermöglichkeit für den Haushalt. Wenn Sie hartes Wasser haben und Ihnen dessen Geschmack nicht angenehm ist, können es verbessern, indem Sie es filtern. Tischfilter, beispielsweise die bekannten *Brita*-Filter, können eine praktische Methode darstellen, wobei Sie aber auch deren Möglichkeiten und Grenzen kennen sollten.

Solche Tischfilter arbeiten mit einem Kombi-Filter aus Aktivkohle. Sie reduzieren nicht nur den Kalkgehalt, sondern entfernen auch Chlor und andere Geschmacksstoffe aus dem Leitungswasser. Für Trinkwasser und die Zubereitung von Kaffee oder Tee ist diese Lösung durchaus sinnvoll. Sie verbessert den Geschmack und schützt Ihre Kaffeemaschine vor übermäßiger Verkalkung. Aber solch ein Filter ist recht langsam und Sie können nur ein bis zwei Liter gefiltertes Wasser in dem Behälter des Filters sammeln. Solche Tischfilter eignen sich damit nur für kleine Wassermengen und nicht für den gesamten Haushalt. Für Waschmaschine, Geschirrspüler oder Boiler sind diese Tisch-Filter leider keine Lösung.

Abbildung 10.3 Ein Brita-Tisch-Wasserfilter
(Quelle: https://commons.wikimedia.org/wiki/File:Haushalts-Wasserfilter.png)

10.5.1 Wasserfilter für die Küche – professionelle Lösungen für Ihr Zuhause

Für die Küche gibt es praktische Filterlösungen, die Sie direkt an der Spüle installieren können. Diese Unterschrank-Filtersysteme sind besonders interessant, wenn Sie viel kochen oder generell in Ihrer Ernährung Wert auf gefiltertes Wasser legen.

Abbildung 10.4 Einbau-Wasserfilter mit Aktivkohlefilter
(Quelle: File: Wasserfilter mit Aktivkohle-Filterpatrone.png – Wikimedia Commons)

Der Einbau eines Wasserfilters in den Wasseranschluss der Spüle ist die praktikabelste und eleganteste Lösung für die Verwendung von sauberem Wasser. Dieser Filter wird unsichtbar im Unterschrank montiert und an Ihren bestehenden Wasserhahn angeschlossen. Er kann aber auch mit einem separaten Wasserhahn auf der Arbeitsplatte installiert werden. Sie haben dann zwei Armaturen: Eine für normales Leitungswasser und eine für gefiltertes Wasser. Der große Vorteil dieser Lösung ist, dass Sie den Filter nicht wie beim Tischfilter ständig nachfüllen müssen. Das Wasser wird direkt beim Durchlauf gefiltert.

Die Installation ist dabei überraschend unkompliziert: Der Filter wird mit einem T-Stück an die bestehende Kaltwasserleitung angeschlossen. Die meisten Filter-Systeme können Sie mit etwas handwerklichem Geschick selbst montieren. Falls Sie sich unsicher sind, hilft Ihnen aber auch jeder Sanitärfachbetrieb bei der Installation.

10.5.2 Filtertypen

Bei der Auswahl des Filters haben Sie verschiedene Möglichkeiten. Einfache Aktivkohlefilter verbessern vor allem den Geschmack und den Geruch, während Mehrstufensysteme auch Kalk, Schwermetalle und andere unerwünschte Stoffe reduzieren. Für die meisten Haushalte ist ein 2- oder 3-Stufen-Filter ideal, der sowohl Schwebstoffe als auch gelöste Substanzen entfernt.

Die Wartung ist einfach: Je nach Nutzung und Wasserhärte müssen Sie die Filterpatronen etwa alle 6 bis 12 Monate wechseln. Viele Systeme haben eine Anzeige, die Sie rechtzeitig an den Wechsel erinnert. Die laufenden Kosten sind dabei überschaubar und liegen deutlich unter denen von Tafelwasser aus dem Supermarkt.

Ein zusätzlicher Vorteil dieser Systeme: Sie können das gefilterte Wasser nicht nur zum Kochen verwenden, sondern auch für Ihre Kaffeemaschine oder zum Trinken. Gerade beim Kochen von Gemüse oder bei der Zubereitung von Tee und Kaffee werden Sie den Unterschied deutlich schmecken. Auch die Kalkbildung in Ihren Küchengeräten wird spürbar reduziert.

Die Investition in einen Untertischfilter zahlt sich besonders dann aus, wenn Sie täglich größere Mengen gefiltertes Wasser benötigen. Im Vergleich zu Tischfiltern bietet er mehr Komfort und eine konstantere Wasserqualität. Achten Sie beim Kauf auf die Qualität der Filterpatronen und deren Verfügbarkeit – hier lohnt es sich, auf bekannte Markenhersteller zu setzen.

Mikroplastik

Sie fragen sich sicherlich, ob Wasserfilter auch das viel diskutierte Mikroplastik aus unserem Leitungswasser entfernen können. Die Antwort darauf ist kompliziert: Moderne Mehrschicht-Filtersysteme können tatsächlich einen Teil des Mikroplastiks aus dem Wasser entfernen. Dabei kommt es allerdings stark auf die Filterfeinheit an. Die meisten Haushaltsfilter arbeiten mit Aktivkohle und können Partikel bis zu einer Größe von etwa 0,5 Mikrometern zurückhalten, aber nichts Kleineres. Das bedeutet, sie fangen nur größere Mikroplastikpartikel ab, die meisten gehen jedoch noch durch den Filter hindurch.

Es kommt auch auf die Wahl des richtigen Filtersystems an. Untertischfilter mit mehreren Filtrationsstufen und besonders feinen Membranen leisten hier deutlich mehr, aber auch hier ist die Filterleistung für solch kleine Partikelgrößen wie bei Mikroplastik nicht perfekt.

Sie können aber trotzdem relativ sicher sein, was das Mikroplastik im Leitungswasser betrifft: Das deutsche Leitungswasser gehört zu den am besten kontrollierten Lebensmitteln überhaupt. Die Belastung mit Mikroplastik ist in der Regel sehr gering. Wenn Sie dennoch auf Nummer sicher gehen möchten, ist ein hochwertiger Mehrschichtfilter eine gute Investition. Achten Sie beim Kauf besonders auf die angegebene Porengröße des Filters: Je kleiner sie ist, desto besser funktioniert die Filtration von Mikroplastik.

Besonders interessant ist der Vergleich mit Wasser aus PET-Flaschen: Untersuchungen zeigen, dass Flaschenwasser deutlich stärker mit Mikroplastik belastet sein kann – oft bis zu 20-mal mehr als Leitungswasser. Der Grund dafür liegt in der Verarbeitung und Lagerung: PET-Flaschen setzen unter Sonneneinstrahlung und Wärme kleine Plastikpartikel frei. Dieser Prozess beschleunigt sich, wenn Flaschen längere Zeit in der Sonne stehen oder in warmen Räumen gelagert werden. Daher ist Leitungswasser nicht nur umweltfreundlicher, sondern oft auch die bessere Wahl in Bezug auf Mikroplastik. Wer kein Leitungswasser trinken möchte und daher lieber Wasser in Glasflaschen kauft, kann allerdings auch enttäuscht werden: Eine französische Studie fand in Glasflaschen mit Metallkronkorken durchschnittlich 100 Mikroplastikpartikel – das sind 5- bis 50-mal mehr als in PET-Einwegflaschen. Die Partikel stammen laut Studie hauptsächlich von der Farbe auf den Kronkorken, die durch Kratzer beim Transport und der Lagerung abgerieben wird.

Allerdings ist Mikroplastik überall: Wenn Wasserwerke ihren Klärschlamm als Dünger auf landwirtschaftlichen Flächen ausbringen, gelangt das darin enthaltene Mikroplastik in den Boden. Von dort nehmen es unsere Nutzpflanzen auf. Über Futterpflanzen erreicht es auch unsere Nutztiere. Wissenschaftler finden Mikroplastik heute im Regen, in den Weltmeeren und sogar im Polareis der Arktis. Wir hatten den Kampf gegen das Mikroplastik schon verloren, noch bevor wir überhaupt merkten, dass er begonnen hatte.

Ein praktischer Tipp

Notieren Sie sich die Termine für die Wartung der Geräte und für die Entkalkung Ihrer verschiedenen Maschinen im Kalender Ihres Smartphones. So vergessen Sie nichts und Ihre Geräte bleiben länger fit. Eine regelmäßige, sanfte Entkalkung ist immer besser als eine einmalige intensive Behandlung, wenn sich der Kalk bereits sehr stark abgelagert hat.

10.5.3 Filterwechsel

Falls Sie einen *Brita*-Wasserfilter verwenden: Auch dieser Filter muss regelmäßig gewechselt werden. Ein verbrauchter Filter kann sonst selbst zur Quelle von Verunreinigungen werden. Die meisten Tischfilter-Hersteller empfehlen einen Wechsel alle zwei bis drei Monate. Untertischfilter hingegen sind deutlich größer dimensioniert und arbeiten nach einem anderen Prinzip. Hier müssen Sie die Filterpatronen nur alle sechs bis zwölf Monate austauschen – je nachdem, wie viel Wasser Sie filtern und wie hart Ihr Wasser ist. Die meisten modernen Untertischfilter haben aber eine Anzeige, die Ihnen den notwendigen Filterwechsel signalisiert. Die längeren Wechselintervalle machen Untertischfilter auch kostengünstiger im Unterhalt als Tischfilter – ein weiterer Vorteil dieser Systeme.

10.6 Wasser sparen

Das Wasser, das aus Ihrem Hahn fließt, hat bereits einen langen Weg hinter sich. Es stammt aus Grundwasser, Oberflächenwasser oder Quellen und wird in Wasserwerken aufbereitet. Dabei durchläuft es mehrere Reinigungsstufen, bis es Trinkwasserqualität erreicht. Die strengen deutschen Kontrollen garantieren dabei höchste Qualität: Unser Trinkwasser wird häufiger kontrolliert als jedes andere Lebensmittel. Über 50 verschiedene Werte werden dabei regelmäßig gemessen.

Wasser sparen im Alltag

Wasser zu sparen, bedeutet nicht, dass Sie auf Komfort verzichten müssen. Mit den richtigen Strategien können Sie Ihren Wasserverbrauch deutlich senken und dabei sogar Geld sparen:

- Im Badezimmer bieten sich die größten Einsparmöglichkeiten. Ein wassersparender Duschkopf reduziert den Verbrauch von etwa 20 Liter auf 6 bis 8 Liter pro Minute – und Sie werden den Unterschied kaum spüren. Diese Investition amortisiert sich bereits nach wenigen Monaten. Wenn Sie zusätzlich die Duschzeit um zwei Minuten verkürzen, sparen Sie pro Jahr etwa 10.000 Liter Wasser.
- Ihre Toilettenspülung bietet weiteres Sparpotenzial: Eine Spartaste verbraucht nur 3 bis 4 Liter statt der üblichen 9 Liter bei einer kompletten Spülung. Nutzen Sie diese konsequent, wo es ausreicht. Ein undichter Spülkasten kann übrigens unbemerkt bis zu 40 Liter pro Tag verschwenden! Ein einfacher Test zeigt, ob Ihre Spülung dicht ist: Geben Sie etwas Lebensmittelfarbe oder Tinte in den Spülkasten. Verfärbt sich das Wasser in der Toilette, ohne zu spülen, haben Sie eine Undichtigkeit, die Ihren Wasserverbrauch in die Höhe treibt.
- In der Küche zahlen sich kleine Verhaltensänderungen aus: Nutzen Sie zum Gemüsewaschen eine Schüssel statt fließendes Wasser. Das in der Schüssel aufgefangene Wasser eignet sich perfekt für Ihre Zimmerpflanzen.
- Geschirrspüler arbeiten wassersparender als Handwäsche – vorausgesetzt, Sie starten sie nur bei voller Beladung.

- Moderne Haushaltsgeräte unterstützen Sie beim Wassersparen: Eine neue Waschmaschine verbraucht pro Waschgang etwa 40 Liter, ältere Modelle benötigen oft das Doppelte. Ähnliches gilt für Geschirrspüler. Achten Sie beim Kauf auf die Angaben zum Wasserverbrauch im Energie-Label.
- Im Garten oder auf dem Balkon können Sie möglicherweise Regenwasser nutzen, indem Sie eine Regentonne aufstellen. Das gesammelte Wasser ist gut für Ihre Pflanzen und Sie benötigen weniger Leitungswasser zum Wässern. Gießen Sie zudem am besten morgens oder abends, wenn weniger Wasser verdunstet.

Mit all diesen Maßnahmen können Sie Ihren Wasserverbrauch um bis zu einem Drittel senken – das ist gut für die Umwelt und für Ihr Portemonnaie.

Kapitel 11

Schöner wohnen

Die eigenen Wohnräume verschönern und renovieren zu können, ist der Traum vieler Menschen. Mit den richtigen Techniken und etwas Übung verwandeln Sie Ihr Zuhause in einen Ort, der Ihre persönliche Note trägt. Von kleinen Reparaturen bis zu umfangreicheren Renovierungsarbeiten – schauen wir uns nun die verschiedenen Aspekte der Wohnraumgestaltung an, um Ihr Heimwerker-Repertoire aufzubauen.

Kein Meister und keine Meisterin fällt vom Himmel! Nehmen Sie sich für jedes Projekt ausreichend Zeit zur Vorbereitung und Planung – das ist der Schlüssel zum Erfolg. Vergessen Sie nicht: Übung macht den Meister, und selbst kleine Verschönerungsarbeiten können eine große Wirkung auf Ihr Wohlbefinden in den eigenen vier Wänden haben.

11.1 Lackieren und grundieren

Lackieren ist einfach, und ein neuer Anstrich kann Möbeln und Gegenständen neues Leben einhauchen. Ob alte Holzstühle, Bilderrahmen oder Dekorationsobjekte – mit der richtigen Vorbereitung und Technik erzielen Sie professionelle Ergebnisse.

Beginnen Sie stets mit einer gründlichen Reinigung der zu lackierenden Oberfläche. Entfernen Sie Staub, Fett und alte Farbreste. Bei Holzoberflächen empfiehlt sich leichtes Anschleifen mit feinem Schleifpapier (Körnung 180 bis 240), um die Haftung zu verbessern. Wischen Sie danach den Schleifstaub mit einem feuchten Tuch ab und lassen Sie die Oberfläche vollständig trocknen.

Die Grundierung bildet die Basis für eine darauf aufgetragene gleichmäßige Farbschicht. Sie verbessert die Haftung der Farbe und verhindert, dass unerwünschte Substanzen aus dem Untergrund durchschlagen. Für Holzoberflächen eignet sich eine Holzgrundierung, für Metall eine rostschützende Grundierung. Tragen Sie die Grundierung in dünnen Schichten auf und lassen Sie sie gemäß Herstellerangaben trocknen.

Abbildung 11.1 Grundierung für verschiedene Untergründe

Beim Auftragen der Farbe arbeiten Sie am besten in einem staubfreien, gut belüfteten Raum. Für kleine Objekte empfiehlt sich ein Pinsel mit weichen Borsten, für größere Flächen ein Schaumstoffroller. Tragen Sie mehrere dünne Schichten auf statt einer dicken – so vermeiden Sie herunterlaufende Farbtropfen und die Oberfläche sieht gleichmäßiger aus. Lassen Sie jede Schicht vollständig trocknen, bevor Sie die nächste auftragen.

Verarbeitungshinweise beachten

Auf jeder Farbdose stehen Verarbeitungshinweise und Informationen, aus welchem Material die verwendbaren Pinsel oder Rollen sein sollten. Schauen Sie gleich beim Kauf der Dose im Baumarkt darauf und nehmen Sie gegebenenfalls das passende Material gleich mit.

Für besonders glatte Oberflächen schleifen Sie zwischen den Farbschichten leicht an (Körnung 320 bis 400). Entfernen Sie den Schleifstaub vor dem nächsten Anstrich gründlich. Verwenden Sie dafür einen Staubsauger mit Bürstenaufsatz oder wischen Sie mit einem leicht feuchten Lappen nach. Nur so haftet die neue Farbschicht richtig.

Schleifstaub ist Feinstaub und gesundheitsschädlich

Tragen Sie bei Schleifarbeiten eine Staubmaske und sorgen Sie für ausreichende Belüftung beim Lackieren. Zum Schutz Ihrer Hände empfehlen sich Einweghandschuhe.

Abbildung 11.2 Schreiben Sie auf Farbdosen das Kaufdatum, wenn Sie diese nicht aufbrauchen.

11.2 Löcher in Wänden fixen

Kleine Löcher und Risse in Wänden lassen sich mit wenigen Handgriffen ausbessern. Mit der richtigen Technik verschwinden Dübellöcher, Risse und kleine Beschädigungen nahezu unsichtbar.

Das Vorgehen bei Dübellöchern

Für kleine Löcher (bis etwa 5 mm Durchmesser) reicht häufig handelsüblicher Fertig- oder Füllspachtel. Entfernen Sie zunächst lose Teile um und aus dem Loch mit einem Spachtel oder Schraubenzieher. Tragen Sie den Spachtel mit einem kleinen Kunststoffspachtel auf, wobei Sie etwas über das Loch hinaus arbeiten. Bei tieferen Löchern sollten Sie in mehreren Schichten arbeiten, da zu dicke Füllungen beim Trocknen etwas schrumpfen und eine Delle in der Wand hinterlassen. Warten Sie bei solchen Löchern einen Tag und füllen Sie die entstandene Delle mit einer zweiten Schicht Spachtel. Diese trocknet schneller als die ursprüngliche Füllung, da die zweite Schicht nur flach ist und deswegen auch schneller durchtrocknet.

SCHRITT FÜR SCHRITT

Ein Dübelloch entfernen

1. Zuerst entfernen Sie den Dübel aus dem Loch. Falls die Schraube noch im Dübel sitzt, drehen Sie diese so weit heraus, dass nur noch etwa ein halber bis ganzer Zentimeter der Schraube im Dübel sitzt.

   Steckt nur noch der Dübel in der Wand, nehmen Sie eine Schraube zu Hilfe und drehen diese einen bis zwei Zentimeter in den Dübel

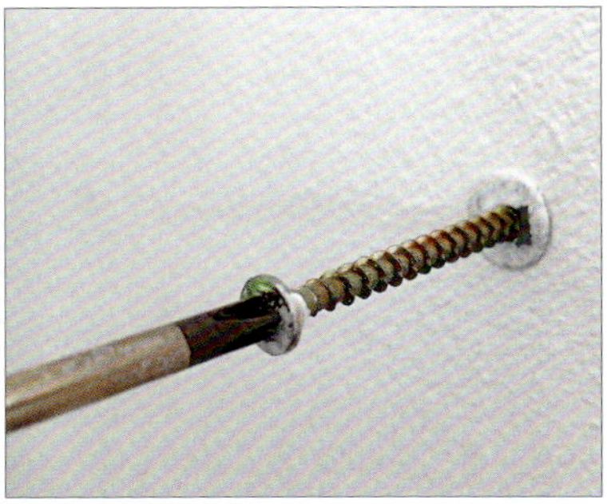

2. Nun ziehen Sie den Dübel mit Hebelwirkung aus dem Bohrloch. Setzen Sie mit einer Zange an der Schraube an und legen Sie ein Stück Holz oder irgendetwas anderes, das geeignet ist, unter die Spitze der Zange, damit beim Heraushebeln keine Dellen in der Wand entstehen.

   Wenn der Dübel aus der Wand kommt, müssen Sie gegebenenfalls noch mal mit der Zange neu ansetzen, aber normalerweise sollten Sie dann zum Schluss hin den Dübel einfach mit den Fingern aus der Wand ziehen können.

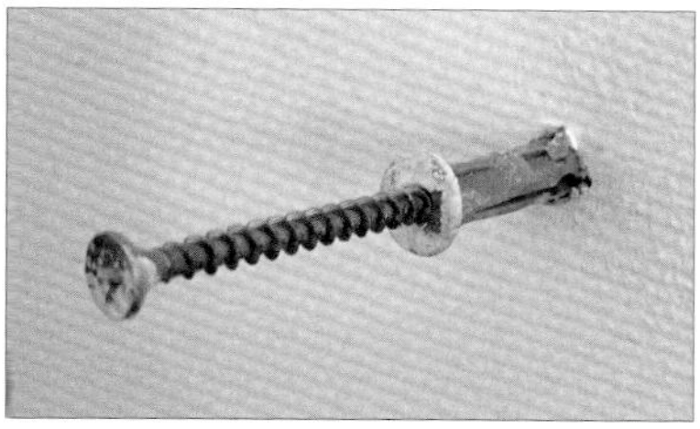

3. Nachdem der Dübel herausgezogen ist, sollte das Bohrloch frei sein. Wahrscheinlich ist es an den Rändern etwas ausgefranst. Rubbeln Sie mit dem Finger loses Material weg, um das Bohrloch für die Füllung vorzubereiten.

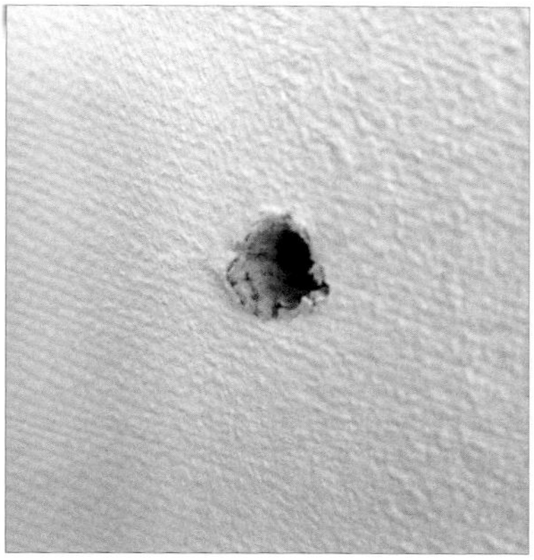

4. Füllen Sie das Bohrloch nun mit Füllspachtel. Am einfachsten ist Füllspachtel aus der Tube, da Sie mit der Spitze der Tube den Füllspachtel gut in das Bohrloch einbringen können. Achten Sie darauf, das Bohrloch wirklich auszufüllen und nicht nur eine oberflächliche Schicht am Eingang des Lochs einzubringen.

5. Bei hohlen Wänden oder Hohlkammersteinen, wenn das Bohrloch in einem Hohlraum endet, füllen Sie nur den Weg dahin mit Füllspachtel aus. Versuchen Sie, zumindest rund zwei Zentimeter des Lochs mit Füllspachtel zu füllen, um eine gute Haftung zu gewährleisten.

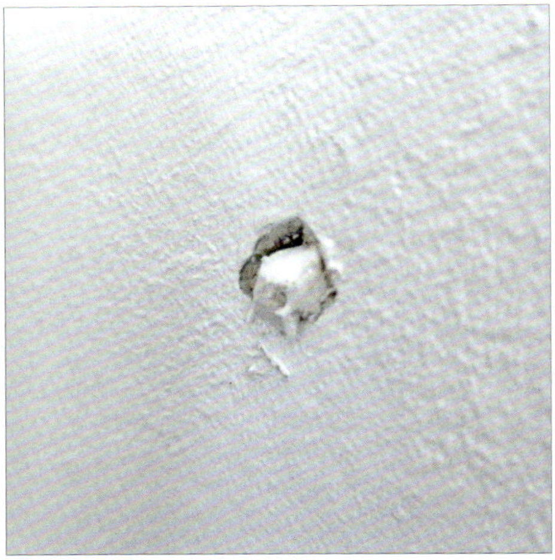

6. Nachdem Sie den Füllspachtel in das Loch eingebracht haben, glätten Sie das Loch mit einem kleinen Spachtel, um es an die Umgebung anzugleichen. Tragen Sie dafür etwas Spachtelmasse auf den Spachtel auf und glätten Sie damit das Bohrloch.

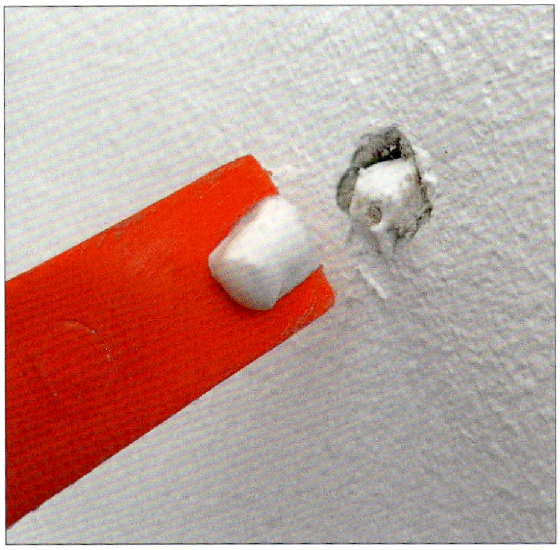

7. Achten Sie dabei darauf, die Spachtelmasse etwas in das gefüllte Bohrloch hineinzudrücken. Vermeiden Sie es aber, durch zu weites Hineindrücken eine Kuhle zu bilden.

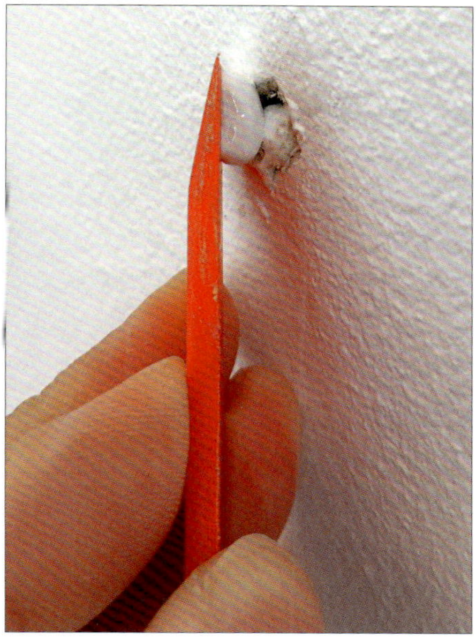

8. Glätten Sie nun die Spachtelmasse mit dem Spachtel, indem Sie den Spachtel aus verschiedenen Richtungen über das Bohrloch ziehen.

Zum Ende sollte das Bohrloch gefüllt sein und keine Risse oder Löcher aufweisen.

9. Wenn die Spachtelmasse am Ende der Füllung eine kleine Erhebung aufweist, ist dies kein Problem, sondern eher sogar erwünscht, denn beim Trocknen zieht sich manche Spachtelmasse gern etwas ins Bohrloch zurück und bildet eine Kuhle, die Sie in einem zweiten Durchgang auffüllen sollten. Wenn die Spachtelmasse allerdings zu Beginn eine kleine Beule hat, ist die Chance groß, dass diese nach dem Trocknen und Schrumpfen eben zur umliegenden Wand wird und kein weiteres Auftragen nötig ist.

Falls doch eine kleine Erhebung übrig bleibt, nehmen Sie etwas Schleifpapier mit 120er- oder 180er-Körnung und schleifen den getrockneten Füllspachtel vorsichtig flach. Das ist alles etwas abhängig von der verwendeten Spachtelmasse, manche Produkte haben diese Eigenschaft, manche nicht. Nach den ersten ausgebesserten Bohrlöchern werden Sie ein Gefühl dafür bekommen, was die beste Strategie ist.

Wenn der Dübel nicht raus will – versenken!

Falls der Dübel sich nicht entfernen lässt, schneiden Sie ihn mit dem Cuttermesser etwas unterhalb ab, oder drücken Sie ihn mit einer Schraube weiter ins Bohrloch hinein. Füllen Sie dieses dann mit Spachtelmasse und verdecken Sie den Dübel. Das ist nicht perfekt, aber auch eine Lösung, wenn es nicht anders geht.

In diesem Beispiel befand sich das Bohrloch in einer weißen Wand und der Füllspachtel war auch weiß. Falls Sie eine andersfarbige Wand haben bzw. der Füllspachtel nicht mit der Wandfarbe übereinstimmt, erfolgt als letzter Arbeitsgang ein Ausbessern der Reparaturstelle mit der passenden Wandfarbe. Dafür gibt es spezielle Tuben mit Tupfschwamm im Baumarkt, die eine schnelle Ausbesserung ermöglichen.

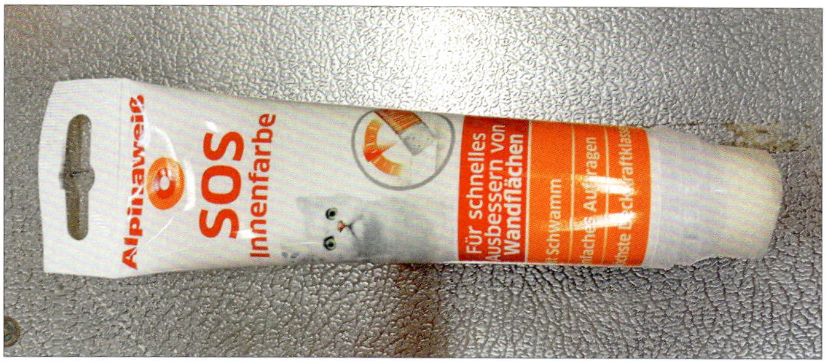

Abbildung 11.3 Farbfix-Tube mit Applikatorschwamm

Abbildung 11.4 Farbe mit dem Farbfix auftupfen

Größere Löcher oder Risse in der Wand fixen

Die Reparatur anderer Schadstellen in der Wand unterscheidet sich nicht grundsätzlich von der eben demonstrierten Schritt-für-Schritt-Anleitung zum Ausbessern eines Dübellochs. Allerdings empfiehlt sich für größere Löcher in der Wand immer ein zwei- bis dreistufiges Vorgehen: Füllen Sie das Loch zunächst mit Reparaturmörtel oder Gips. Nach dem Trocknen tragen Sie eine dünne Schicht Feinspachtel auf, um die Oberfläche der umgebenden Wand anzugleichen. Dabei sollten Sie nie mehr als zwei Zentimeter Tiefe in einem Arbeitsgang auffüllen. So gewährleisten Sie erstens ein zügiges Trocknen und vermeiden zweitens, dass die trocknende Spachtelmasse reißt.

Das bedeutet auch: Sie benötigen bei großen Löchern etwas anderes als den Füllspachtel aus der Tube. Dübellöcher können Sie im ersten und zweiten Schritt problemlos mit Füllspachtel aus der Tube füllen, bei großen Löchern sollten Sie für die erste Füllung aber lieber Reparaturmörtel oder Gips verwenden, da diese eine bessere Haftung mit der Oberfläche des Loches herstellen können.

Abbildung 11.5 Schnellmörtel für Reparaturen

Schnellmörtel gibt es als Pulver in kleinen Säcken oder schon fertig angemischt in Dosen. Die Säcke mit Pulver haben den Vorteil, fast ewig haltbar zu sein, Fertigmörtel hingegen hat ein Ablaufdatum, weil er irgendwann austrocknet und hart wird. Wenn Sie also direkt loslegen werden, können Sie sich Arbeit sparen und fertig angemischten Mörtel in der Dose kaufen. Wenn es größere Arbeiten werden, sollten Sie den Mörtel im Sack kaufen und selbst mit Wasser anmischen. Das ist günstiger.

Risse in der Wand

Bei breiten und langen Rissen in Wänden oder Decken kommt ein weiterer Arbeitsschritt hinzu: Sie sollten in der Spachtelmasse ein Rissband bzw. Gitterband einbetten.

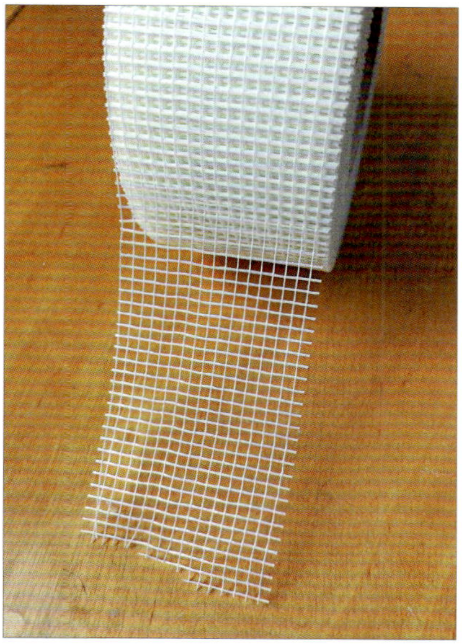

Abbildung 11.6 Rissband von der Rolle kann man sich auch in der Breite zuschneiden.

Verbreitern Sie den Riss zunächst leicht mit einem Spachtel, um mehr Haftfläche zu schaffen und um loses Material am Rand zu entfernen. Tragen Sie dann die Spachtelmasse im Riss auf und drücken Sie das Rissband leicht in die Spachtelmasse hinein. Danach überziehen Sie alles mit einer weiteren dünnen Spachtelschicht und passen das Niveau der umgebenden Wand an.

Abbildung 11.7 Expressspachtel aus der Kartusche für breitere Risse (links). Für sehr feine Risse in den Wänden gibt es »Riss & Putz Acryl« (rechts).

Nach vollständiger Trocknung (beachten Sie die Herstellerangaben) schleifen Sie die gespachtelte Stelle vorsichtig mit feinem Schleifpapier der Körnung 180 bis 220.

Haftgrund

Bei einem lockeren oder pulverigen Untergrund (beispielsweise in alten Fachwerkhäusern) grundieren Sie die auszubessernde Stelle vorher mit einer Haftgrundierung (auch Tiefgrund genannt). So verbessern Sie die Verbindung zwischen dem Gips oder Mörtel und dem Untergrund und vermeiden, dass sich die Reparatur wieder von der Wand lösen kann.

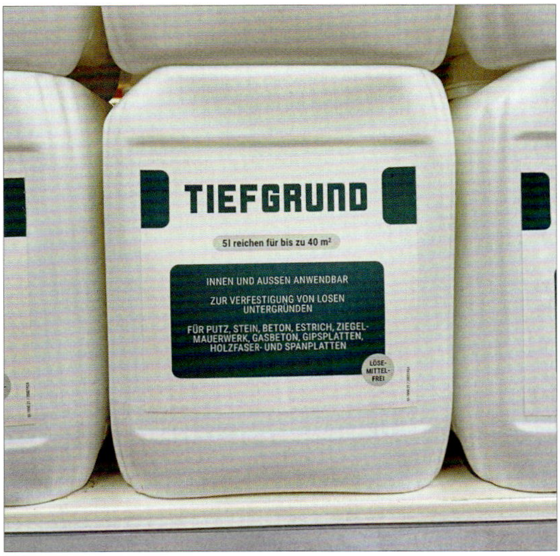

Abbildung 11.8 Haftgrund/Tiefgrund dient zum Verfestigen von losen Untergründen.

11.3 Tapezieren

Das Tapezieren von Wänden verändert den Charakter eines Raumes grundlegend. Mit der richtigen Vorbereitung und Technik gelingt auch Anfängerinnen und Anfängern ein professionelles Ergebnis beim Anbringen der nassen Tapetenbahnen.

Beginnen Sie mit der Vorbereitung der Wände. Entfernen Sie die alte Tapete vollständig mit einem Tapetenablöser (ein Gerät, das mit Wasserdampf arbeitet) oder mit einer Lösung aus warmem Wasser und etwas Spülmittel, die Sie mit der Bürste auf die Tapete aufbringen. Füllen Sie Unebenheiten und Löcher, die unter der Tapete zum Vorschein kommen, mit Spachtelmasse aus und schleifen Sie diese nach dem Trocknen glatt. Bei stark saugenden Untergründen wie Gipskarton oder Putz sollten Sie vor dem Anbringen der neuen Tapete den Untergrund frisch grundieren.

Das Werkzeug zum Tapezieren

Als Werkzeuge brauchen Sie: einen Tapeziertisch, ein scharfes Tapetenmesser, einen Nahtroller, eine Tapezierbürste, eine Wasserwaage, einen Zollstock, einen Bleistift, eine Schere, Tapetenkleister und einen Eimer. Ein Lot oder eine lange Wasserwaage hilft beim exakten vertikalen Ausrichten der ersten Bahn.

Abbildung 11.9 Eine Kleisterbürste zum Auftragen des Leims auf Tapete und Wand

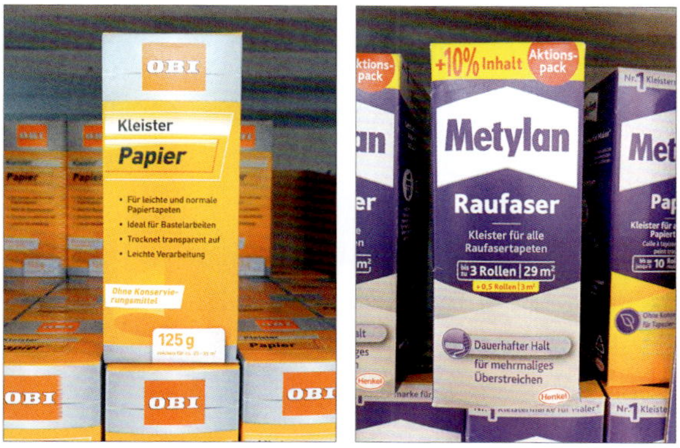

Abbildung 11.10 Tapetenkleister gibt es in verschiedenen Sorten für die jeweiligen Tapeten.

Abbildung 11.11 Eine Tapezierbürste zum Andrücken der Tapete an der Wand

Abbildung 11.12 Ein Nahtroller zum Glätten und Anpressen der Nahtstellen

Vor dem Tapezieren messen Sie die Wandhöhe und schneiden die Tapetenbahnen mit etwa 10 cm Zugabe zu. Beachten Sie bei gemusterten Tapeten den *Rapport* (Musterversatz) und planen Sie entsprechend mehr Material ein.

SCHRITT FÜR SCHRITT

Das Zuschneiden, Einkleistern und Anbringen einer Tapete

1. Bereiten Sie den Kleister nach Packungsangabe vor. Verrühren Sie das Pulver in einen Eimer voller sauberem Wasser mit einem Holzstück oder einem Quirl, den Sie an einer Bohrmaschine oder Akkuschrauber befestigen. Der fertige angerührte Kleister muss zehn bis fünfzehn Minuten quellen – diese Zeit braucht er, um seine volle Klebkraft zu entwickeln. Rühren vor dem Gebrauch noch einmal um. Der Kleister hat die richtige Konsistenz, wenn er am Tapezierpinsel hängen bleibt.
2. Rollen Sie die Tapetenbahn mit dem Muster nach unten auf dem Tapeziertisch ab. Dabei halten Sie die Rolle mit einer Hand und halten die Bahn mit der anderen Hand fest. Ziehen Sie die Bahn gleichmäßig über die ganze Tischlänge. Legen Sie dann die Rolle ab und hindern Sie diese mit einem Gegenstand daran, wieder zurückzurollen. Die Tapete sollte jetzt glatt vor Ihnen liegen, ohne Knicke oder Wellen.
3. Jetzt messen Sie die Länge ab, die Sie brauchen. Zur Wandhöhe rechnen Sie zehn Zentimeter dazu – fünf oben und fünf unten. Mit einer großen Schere schneiden Sie die Bahn sauber ab.
4. Jetzt kommt der Kleister drauf. Mit der Kleisterbürste streichen Sie diesen gleichmäßig auf, von der Mitte nach außen. Die Ränder kleistern Sie besonders gut ein, weil sich dort gerne Blasen bilden und der Rand der Tapete gut halten soll. Der Kleister muss überall gleichmäßig sein – nicht zu dick, aber auch nicht zu dünn.
5. Nach dem Einkleistern warten Sie die Einweichzeit ab. Die steht auf der Tapetenpackung und beträgt meist fünf bis zehn Minuten. In dieser Zeit wird die Tapete weich und geschmeidig. Dies verhindert Risse beim Anbringen. Sie nutzen die Zeit und bereiten schon mal die nächste Bahn vor.

6. Dann falten nun Sie die Tapete zusammen – das nennt sich »Böckeln«. Dazu klappen Sie die beiden Enden zur Mitte hin, sodass die Kleisterseiten aufeinander liegen. So können Sie die Bahn problemlos zur Wand transportieren, ohne dass der Kleister verschmiert oder die Tapete reißt.
7. Aber bevor Sie zur Wand gehen, kontrollieren Sie noch einmal: Sind alle Ränder richtig eingekleistert? Hat die Tapete genug Einweichzeit gehabt? Erst dann heben Sie die gefaltete Bahn vorsichtig an und tragen sie zur Wand.
8. Steigen Sie nun auf den Tritt (oder die Leiter). Ziehen Sie einen schmalen Streifen an der Oberseite der Tapetenbahn ab und heften Sie diesen an die Wand – mit etwas Überstand. Halten Sie nun mit einer Hand die Tapete an der Wand fest, damit sie nicht verrutscht, und ziehen Sie mit der anderen Hand den gefalteten Teil der Tapete herunter. (Meist fällt die Bahn von allein herunter und die Faltung öffnet sich dabei.)
9. Setzen Sie die Tapetenbahn immer oben an der Decke an und drücken Sie sie vorsichtig mit einer Tapezierbürste von der Mitte zu den Rändern hin an, um Luftblasen zu entfernen. Achten Sie nun auf die Naht zu vorherigen angebrachten Tapetenbahnen. Das Muster muss gegebenenfalls ausgerichtet werden, und es darf kein Spalt zwischen den Tapetenbahnen entstehen.
10. Nun falten Sie den unteren Teil auf und richten diesen mit den Händen aus. Dann streichen Sie auch hier mit der Büste die Tapete an der Wand fest. Bürsten Sie nun über die gesamte Tapete, um sicherzugehen, dass diese komplett mit der Wand verklebt ist.
11. Die überstehenden Ränder schneiden Sie mit einem scharfen Cuttermesser ab.

Die beste Strategie beim Ankleben der Tapete

Jeder hat seine eigenen kleinen Tipps und Tricks beim Tapezieren, und jeder arbeitet etwas anders, aber es gibt ein paar allgemeingültige Punkte, die Sie beherzigen sollten:

- Bevor Sie mit dem Tapezieren beginnen, schauen Sie sich den Raum an und suchen Sie eine gerade Kante. Beginnen Sie das Tapezieren an einer Ecke oder neben einem Fenster oder einer Tür. Setzen Sie die erste Bahn exakt senkrecht an und kontrollieren Sie das mit dem Lot oder der Wasserwaage. Die nachfolgenden Bahnen richten Sie an dieser ersten Bahn aus.
- Bei Vliestapeten tragen Sie den Kleister direkt auf die Wand auf – ein erheblicher Vorteil gegenüber herkömmlichen Papiertapeten, bei denen der Kleister auf die Tapete aufgetragen werden muss. Arbeiten Sie zügig und gleichmäßig, um ein Antrocknen des Kleisters zu vermeiden, denn auf der Wand aufgetragener Kleister trocknet deutlich schneller als auf der Rückseite einer Tapete.

- Die Einweichzeit kann je nach Kleister und Dicke der Tapete von den Herstellerangaben auf der Packung abweichen. Experimentieren Sie ruhig etwas herum, wenn die Tapete zu weich wird und reißt oder zu störrisch ist und sich nicht gut um Kanten legen möchte.
- Sie werden auf Hindernisse wie Steckdosen oder Lichtschalter stoßen. Schalten Sie im Vorfeld zunächst den Strom ab und entfernen Sie die Abdeckungen der Dosen. Tapezieren Sie über die Öffnungen hinweg und schneiden Sie die Tapete anschließend mit einem X diagonal ein. Die überstehenden Ecken schneiden Sie dann mit einer Schere ab und setzen danach die Abdeckung wieder auf.
- Bei manchen Tapeten empfiehlt sich ein Nahtroller. Damit drücken Sie die Kanten und Nahtstellen vorsichtig an, ohne dabei die Tapete zu beschädigen. Dies verbessert die Haftung an den Rändern der Tapete und verhindert ein Abblättern nach dem Antrocknen.

Zu zweit tapeziert es sich leichter
Beim Tapezieren ist es am besten, zu zwei zu arbeiten. Während der eine die Tapete anbringt, kann der andere die nächste Bahn vorbereiten. Bei besonders schwierigen Tapeten oder Wänden sind beim Ankleben oft zwei zusätzlich helfende Hände notwendig.

11.4 Laminat oder Vinyl verlegen

Laminat- und Vinylböden bieten eine kostengünstige Alternative zu Parkett oder anderen hochwertigen Bodenbelägen. Die schwimmende Verlegung ohne feste Verbindung zum Untergrund ermöglicht auch Einsteigern eine erfolgreiche Installation.

Beginnen Sie mit der Akklimatisierung des Materials. Lassen Sie die Pakete mit Laminat oder Vinyl mindestens 48 Stunden im Raum liegen, in dem sie verlegt werden sollen. So passen sie sich der Raumtemperatur und der Luftfeuchtigkeit an, was spätere Verformungen minimiert.

Laminat

Der Untergrund muss trocken, sauber und eben sein. Unebenheiten von mehr als 2 bis 3 mm pro Meter müssen ausgeglichen werden. Legen Sie eine lange Wasserwaage auf den Boden und versuchen Sie, eine Münze unter ihr hindurchzuschieben. Wenn das funktioniert, ist der Boden zu uneben und muss mit einer speziellen Ausgleichsmasse ausgeglichen, d. h. geebnet werden. Diese Ausgleichsmasse gibt es im Baumarkt. Lassen Sie sich beraten, was für Ihren Untergrund am besten geeignet ist und wie die Ausgleichsmasse am besten aufgebracht wird.

Auf Estrich oder Beton verlegen Sie zunächst eine Dampfsperrfolie (0,2 mm PE-Folie), die Sie an den Stößen etwa 20 cm überlappen lassen und am Rand hochziehen. Darauf kommt eine Trittschalldämmung oder eine kombinierte Unterlage mit integrierter Dampfsperre.

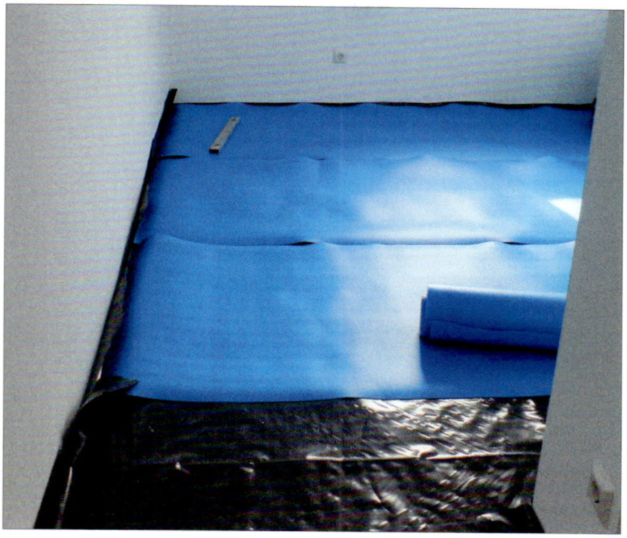

Abbildung 11.13 Die Dampfsperrfolie (schwarz) und die Trittschalldämmung (blau) kommen unter das Laminat.

Planen Sie vorab die Verlegerichtung. In länglichen Räumen verlegt man den Boden üblicherweise in Längsrichtung. Berechnen Sie, ob die letzte Reihe mindestens eine halbe Dielenbreite aufweist – andernfalls sollten Sie die erste Reihe entsprechend schmaler schneiden.

Halten Sie zu allen Wänden und festen Bauteilen einen Dehnungsabstand von 8 bis 10 mm ein, den Sie mit Abstandskeilen sicherstellen. Dieser Abstand ist notwendig, da sich der Boden bei Temperatur- und Feuchtigkeitsschwankungen ausdehnt und zusammenzieht.

Bei der ersten Reihe entfernen Sie die Federseite (die zur Wand zeigt). Die Dielen werden stirnseitig zusammengesteckt oder -geklopft. Die zweite Reihe beginnen Sie mit dem Reststück der letzten Diele der ersten Reihe, sofern dieses mindestens 30 cm lang ist. Dies gewährleistet einen versetzten Verband, der dem Boden Stabilität verleiht und optisch ansprechender wirkt.

Die Verbindung der Längsseiten erfolgt, indem Sie die Diele im Winkel von etwa 30 Grad in die Nut der bereits liegenden Diele stecken und dann absenken. Verwenden Sie einen Schlagklotz und Hammer, um die Verbindungen vollständig zu schließen. Achten Sie darauf, nie direkt auf die empfindlichen Kanten zu klopfen.

Abbildung 11.14 Die Laminat-Bretter werden Stück für Stück verlegt.

Die letzte Reihe muss in der Regel zugeschnitten werden. Messen Sie den verbleibenden Abstand unter Berücksichtigung des Dehnungsabstands und übertragen Sie ihn auf die Dielen. Nach dem Verlegen entfernen Sie die Abstandskeile, schneiden den überstehenden Folienrand ab und verdecken den Dehnungsabstand mit Fußleisten.

Abbildung 11.15 Die letzte Reihe muss an die Wand angepasst werden.

Vinyl

Bei Vinyl lassen Sie die Dampfsperre und die Trittschalldämmung weg. Klick-Vinyl wird genauso wie Klick-Laminat zusammengeklickt und nach dem gleichen Muster verlegt. Der Untergrund sollte sauber und staubfrei sein, denn das Vinyl hat eine Klebeschicht auf der Rückseite und verklebt sich mit dem Boden.

Der Vorteil von Vinyl ist, dass es mit dem Cuttermesser zugeschnitten werden kann und weicher als Laminat ist. Ein weiterer Vorteil ist die geringere Aufbauhöhe als Laminat. Es ist auch unempfindlicher gegen Feuchtigkeit. Für die Küche und das Bad ist Vinyl also eine gute Alternative zu Fliesen.

11.5 Fliesen legen und verfugen

Das Verlegen von Fliesen zählt zu den anspruchsvolleren Heimwerkeraufgaben, kann aber mit der richtigen Vorbereitung und etwas Geduld durchaus gelingen.

Abbildung 11.16 Das Fliesen einer Wand in einer Waschküche

Die Untergrundvorbereitung ist entscheidend für ein dauerhaft gutes Ergebnis. Der Untergrund muss fest, eben, trocken und frei von Verschmutzungen sein. Auf stark saugenden Untergründen wie Gipsputz oder Porenbeton tragen Sie vorab eine Grundierung auf. In Feuchträumen kann zusätzlich eine Abdichtung erforderlich sein.

Abbildung 11.17 Hier wurde in einem Bad der Untergrund vor dem Fliesen mit einem Dichtanstrich geschützt.

Der Abdichtanstrich ist eine gummiartige Masse, die mit der Rolle aufgebracht wird. Für die Ecken gibt es Profile, die Sie mit dem Cutter zuschneiden und dann einarbeiten.

Das Werkzeug

Sie benötigen folgende Werkzeuge:

- Fliesenschneider
- Fliesenbohrer
- Zahnspachtel
- Fliesenkreuze
- Gummihammer
- Wasserwaage
- Anschlagwinkel
- Fugenkratzer
- Schwamm
- Eimer
- Rührquirl

Die Ausrichtung der Fliesen planen

Die Planung der Fliesenanordnung beginnt mit der Bestimmung des Ausgangspunkts. Vermeiden Sie schmale Fliesenstreifen an sichtbaren Stellen. Messen Sie den Raum aus und fertigen Sie eine Skizze an. Häufig empfiehlt es sich, in der Mitte der Hauptsichtachse zu beginnen und nach außen zu arbeiten. Zeichen Sie sich ruhig eine Linie auf den Untergrund, um die erste Reihe Fliesen an ihr auszurichten.

Vorbereitungen und generelle Vorgehensweise

Die Vorgehensweise sieht grundsätzlich so aus:

1. Schaffen Sie die Fliesen und den Fliesenkleber an den Arbeitsplatz.
2. Planen Sie das Verlegemuster der Fliesen und legen Sie ein paar Fliesen, ohne sie anzukleben, auf den Boden, um einen ersten Eindruck zu bekommen.
3. Definieren Sie eine Kante oder Linie als Richtkante für die erste Reihe Fliesen.
4. Rühren Sie Fliesenkleber gemäß den Verarbeitungshinweisen auf der Packung an. Rühren Sie das Pulver zuerst langsam unter, um ein Umherspritzen zu vermeiden.
5. Verteilen Sie Fliesenkleber mit dem Zahnspachtel an der Stelle, an der Sie die erste Fliese verlegen werden. Tragen Sie den Kleber ruhig etwas breiter auf.
6. Verlegen Sie die Fliesen und legen Sie ihre Abstände mit Fliesenkreuzen fest.
7. Achten Sie beim Verlegen auf eine ebene und gleichmäßige Oberfläche. Es soll keine Buckelpiste werden!
8. Wenn Sie keinen Platz mehr finden, hören Sie auf und machen später weiter, wenn die schon verlegten Fliesen begangen werden können. Bevor Sie aufhören, kratzen Sie noch den überstehenden Fliesenkleber mit einem Spachtel ab.
9. Schneiden Sie zum Schluss die Rand- und Eckstücke zu und kleben Sie diese ein.

Das schauen wir uns aber noch mal Schritt für Schritt genauer an. Zum Fliesenlegen könnte man nämlich noch viel mehr sagen! Es gibt unendlich viele Fliesenarten und Verlegemuster. Die Arbeit, wie Fliesen verlegt werden, ist das eine; die Planung und das Design sind etwas ganz anderes. Deshalb müssen Sie vorher ausführlich planen. Durchdenken Sie Ihre Vorgehensweise lieber einmal mehr als nötig. Schauen Sie sich im Fliesenhandel die für Ihr Projekt verwendbaren Fliesenarten an, und sprechen Sie dort mit einem Fachberater. Schauen Sie auch noch ein paar Videos im Internet an. Dann gilt es, irgendwann die graue Theorie hinter sich zu lassen und das erste Mal die eigenen Fliesen zu verlegen. (Beim ersten Mal wählen Sie am besten einen nicht so wichtigen Raum, beispielsweise die Abstellkammer.)

SCHRITT FÜR SCHRITT

Fliesen verlegen

1. Mischen Sie den Fliesenkleber nach Herstellerangaben an. Tragen Sie nur so viel Kleber mit dem Zahnspachtel auf, wie Sie innerhalb der offenen Zeit (meist 20 bis 30 Minuten) verarbeiten können. Verwenden Sie einen Zahnspachtel, dessen Zahngröße zur Fliesengröße passt – größere Fliesen erfordern größere Zahnungen. Bei kleineren Fliesen in Handgröße nimmt man meist eine 4-mm-Zahnung, bei größeren Fliesen eine 6- bis 8-mm-Zahnung.

2. Dann geht es daran, die erste Reihe zu verlegen. Setzen Sie dazu die Fliesen in das Kleberbett und drücken Sie sie leicht an. Kontrollieren Sie regelmäßig mit der Wasserwaage die waagerechte Ausrichtung. Verwenden Sie Fliesenkreuze, um gleichmäßige Fugenbreiten zu erzielen.

3. Bei großen Fliesen können Sie beim Verlegen auch diagonal arbeiten.

4. Den Zuschnitt der Randfliesen können Sie sich für den nächsten Tag aufheben.

5. Nach dem Verfugen sieht alles gleichmäßiger aus.

6. Detailarbeiten in einer Ecke: Sorgen Sie auch hier mit Fliesenkreuzen für den gleichmäßigen Abstand.

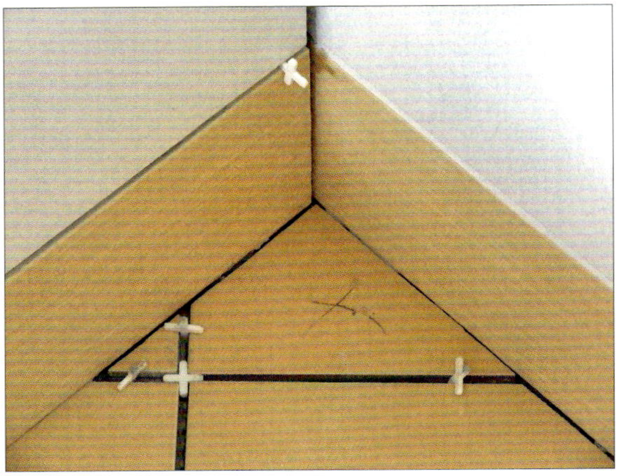

7. Für Ausschnitte (z. B. für Rohre oder Steckdosen) nutzen Sie einen Fliesenbohrer und eine Stichsäge mit Fliesensägeblatt oder eine Fliesenzange für kleinere Aussparungen. Markieren Sie die Aussparungen präzise und arbeiten Sie sorgfältig – hier entstehen die häufigsten Fehler und eine Fliese bricht auch schnell mal beim Bearbeiten. Planen Sie also genug Ersatzfliesen ein, wenn viele Ausschnitte nötig sind.

   Die benötigten Löcher müssen bei einer Fliese sehr exakt ausgemessen und gebohrt werden

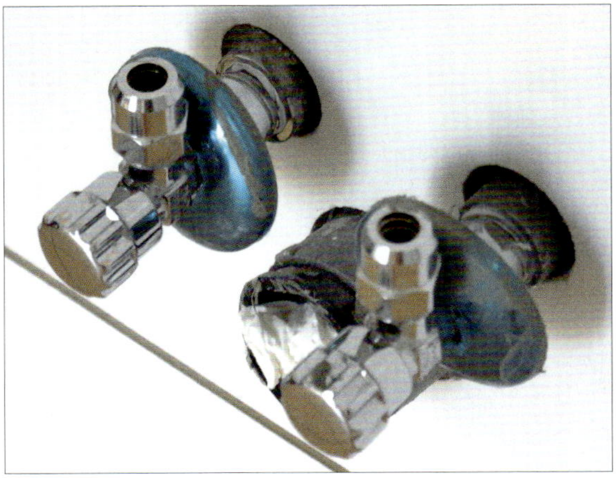

Fliesen verfugen

Nach einer Trocknungszeit von mindestens 24 Stunden (beachten Sie die Herstellerangaben) können Sie mit dem Verfugen beginnen. Entfernen Sie zuvor die Fliesenkreuze und kratzen Sie eventuelle Kleberreste aus den Fugen.

Fugenmörtel gibt es in vielen Farben. Es gibt ihn als »Flexfuge« und als herkömmliche Fugenmasse. Die Flexfuge ist vorzugsweise im Sanitärbereich zu verwenden, sie wird weniger schnell rissig und bleibt so wasserdicht(er). Herkömmliche Fugenmasse kann überall sonst und im Außenbereich verwendet werden.

Fugenmasse einbringen

Die Verarbeitung und das Einbringen sind einfach: Mischen Sie den Fugenmörtel nach Anleitung an und tragen Sie ihn mit einem Gummifugbrett (das ist ein Art Gummispachtel) diagonal zur Fugenrichtung auf. Der Mörtel kann bei Bodenfliesen sehr dünn angerührt werden, damit er beim Verteilen schön in die Fugen fließt. Bei Wandfliesen muss die Fugenmasse etwas dicker sein. Drücken Sie den Mörtel in die Fugen und entfernen Sie überschüssiges Material. Nach einer kurzen Anziehzeit (wenn der Mörtel etwas matt wird) entfernen Sie die überschüssige Fugenmasse von der Fliesenoberfläche. Wischen Sie dazu mit einem Schwamm, den Sie immer wieder in klarem Wasser auswaschen. Achten Sie darauf, dass keine Schleier auf den Fugen zurückbleiben. Lieber einmal mehr mit klarem Wasser nachwischen als zu wenig – nur so erhalten Sie ein sauberes Ergebnis. Wischen Sie immer diagonal zu den Fugen, um diese nicht wieder auszuwaschen.

Dehnungsfugen an Wandecken, Anschlüssen zu anderen Bauteilen oder über Bauteilfugen füllen Sie mit (Sanitär-)Silikon statt mit Fugenmörtel. Ziehen Sie das Silikon mit einem mit Spülmittelwasser befeuchteten Finger oder einem Fugenglätter glatt. (Wie Sie Silikonfugen anlegen, erkläre ich in Abschnitt 13.6.)

Eckprofile

An Kanten können Sie sogenannte Eckprofile verwenden, um eine saubere Fliesenkante zu erzielen.

Abbildung 11.18 Eckprofil für Fliesen

Solche Eckprofile bestehen aus Plastik oder Metall und sind in verschiedenen Farben erhältlich. Am besten ist es, sie zuerst auf dem Untergrund festzutackern und dann den Fliesenkleber aufzubringen.

Was noch wichtig ist ...

Knieschoner! Knieschoner sind definitiv wichtig, wenn Sie Bodenfliesen verlegen. Und ziehen Sie alte Klamotten an, denn Fliesenkleber geht nie wieder aus der Kleidung raus.

Abbildung 11.19 Die besten Freunde eines Fliesenlegers – seine Knieschoner

11.6 Fliesen-Fugen ausbessern

Helle Fugen im Bad können nach einiger Zeit recht unansehnlich werden, insbesondere in der Duschkabine.

Abbildung 11.20 Eine weiße Fuge, die mit Schimmel durchsetzt ist

Hier hilft ein *Pattex Stylo Joints*-Fugenstift. Es gibt diese Stifte in vielen Farben, und sie sind ein praktisches Werkzeug zum Auffrischen und Reparieren von Fliesenfugen.

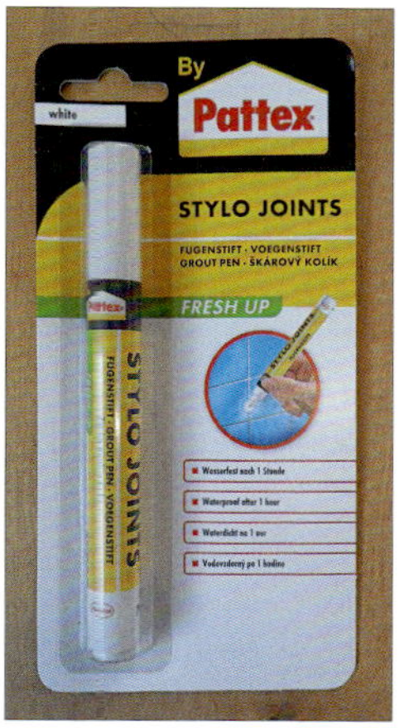

Abbildung 11.21 Ein Fugenstift zu Ausbessern

Der Fugenstift erneuert verfärbte, schmutzige oder beschädigte Fugen zwischen Fliesen. Er funktioniert wie ein dicker Filzstift und trägt eine weiße Fugenmasse auf, die alte Fugen überdeckt und auch kleine Risse ausfüllt, um ein Wiedereindringen von Wasser zu verhindern.

SCHRITT FÜR SCHRITT

Die Fuge ausbessern

1. Reinigen Sie die Fugen gründlich und lassen Sie sie vollständig trocknen.
2. Schütteln Sie den Stift vor Gebrauch und drücken Sie die Spitze mehrmals auf eine Testfläche, bis die weiße Masse gleichmäßig austritt.

3. Übermalen Sie die Fuge mit dem Stift bis zur Fliesenkante, aber nicht darüber hinaus.

4. Falls etwas auf die Fliese kommt, wischen Sie die aufgetragene Masse mit dem Finger oder einem feuchten Tuch direkt von der Fliese ab.

Nach dem Auftragen ist die Farbe in einer Stunde wasserfest. Danach sieht die Fuge wieder wie neu aus.

11.7 Spalten im Laminat schließen

Wenn Laminat länger liegt, können sich in stark frequentierten Bereichen des Bodens Spalten bilden. Diese sind einfach zu schließen: Sie brauchen nur etwas Leim und einen Saugnapf

SCHRITT FÜR SCHRITT

Laminatspalten schließen

1. Reinigen Sie die Spalte mit dem Staubsauger, damit nichts mehr drin ist, was das Zusammenschieben blockieren könnte.
2. Geben Sie etwas Leim auf die Zunge des Laminat-Bretts.
3. Schieben Sie die Bretter zusammen, indem Sie entweder einen Saugnapf auf dem Brett befestigen und an ihm ziehen oder indem Sie mit dem Fuß auf dem Brett »bremsen«.

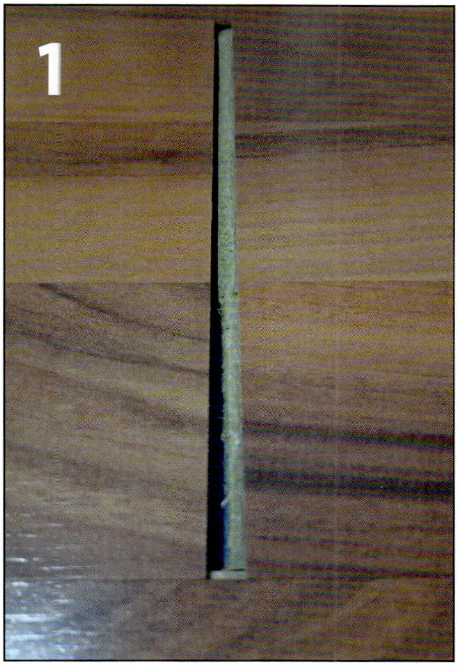
1

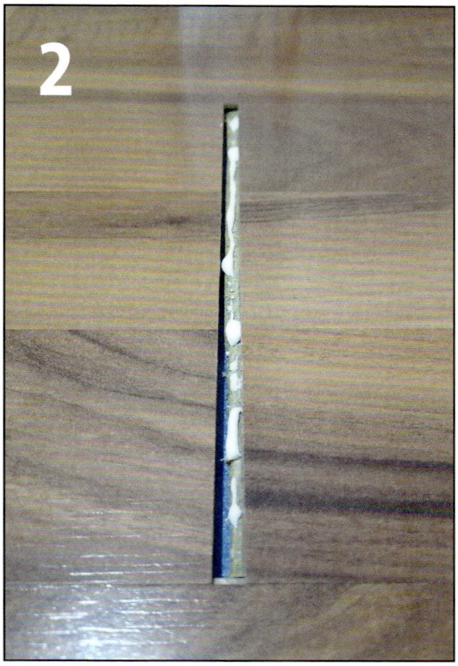
2

3

11.8 Laminat und Fliesen reparieren

Kleinere Beschädigungen in der Oberfläche von Laminat oder Fliesen lassen sich am einfachsten mit entsprechenden Reparatur-Kits ausbessern. Sie sind mit unterschiedlichen Farbkombinationen erhältlich: Holztöne für Laminat und hellere Farben für Fliesen.

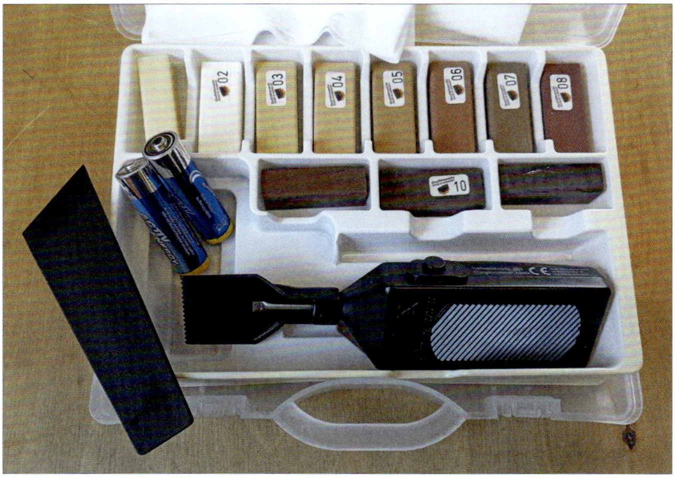

Abbildung 11.22 Ein Reparatur-Kit für Laminat

Den am besten passenden Farbton tropfen Sie mit den Schmelz-Spachtel auf die beschädigte Stelle und ziehen diese dann glatt ab.

Abbildung 11.23 Der Schmelz-Spachtel wird mit Batterien betrieben und erhitzt eine Metallspitze, an der Wachs geschmolzen wird. Das Wachs wird dann mit einem Plastik-Spachtel geglättet. Es gibt viele verschiedene Spachtel-Modelle in den Reparatur-Kits.

Abbildung 11.24 Holzdekorstifte können eine Reparatur fast unsichtbar machen.

Falls eine Maserung fortgeführt werden soll, können Sie Holzdekorstifte nutzen, die mit den Kits erhältlich sind.

11.9 Teppichboden verlegen oder austauschen

Teppichböden schaffen eine warme, gemütliche Atmosphäre und verbessern die Raumakustik. Die richtige Verlegetechnik garantiert ein schönes Ergebnis und lange Haltbarkeit

Vorbereitungen

Entfernen Sie zunächst den alten Bodenbelag vollständig. Bei alten Teppichböden schneiden Sie diese in handliche Streifen und Rollen. Entfernen Sie Klebereste, Nägel, Profil- und Randleisten vom Untergrund. Reinigen Sie den Boden gründlich und reparieren Sie nötigenfalls Unebenheiten mit geeigneter Spachtelmasse.

Lose oder fest?

Sie haben zwei grundlegende Möglichkeiten, den neuen Teppichboden zu verlegen: die lose Verlegung und die feste Verklebung.

Für die lose Verlegung eignen sich Teppichböden mit stabilem Rücken. Diese Methode ermöglicht einen späteren einfachen Austausch, bietet jedoch weniger Stabilität. Bei der losen Verlegung fixieren Sie den Teppich lediglich an den Rändern mit doppelseitigem Klebeband. Bei kleinen Räumen ist dies eine schnelle und einfache Methode. Für Räume mit viel Fläche und viel »Gehverkehr« ist ein lose verlegter Teppich weniger geeignet; er schlägt dann oft Wellen und geht anschließend an Knickstellen kaputt.

Zuschneiden und verlegen

Die Verklebung bietet maximale Stabilität und verhindert Wellen- oder Faltenbildung. Verwenden Sie einen für den Teppich geeigneten Klebstoff und tragen Sie ihn mit einem Zahnspachtel gleichmäßig auf. Beachten Sie die Ablüftzeit des Klebstoffs, bevor Sie den Teppich einlegen.

Messen Sie den Raum vorher exakt aus und schneiden Sie den Teppichboden mit etwa 5 bis 10 cm Überstand zu. Lassen Sie den Teppich sich vor dem Verlegen 24 Stunden im Raum akklimatisieren. Rollen Sie ihn dazu nach Möglichkeit so weit es geht aus, damit sich Knicke und Falten legen und der Teppich sich ausbreiten kann.

Beginnen Sie die Verlegung an der längsten, geradesten Wand des Raums und richten Sie den Teppich sorgfältig an ihr aus. Drücken Sie ihn dann fest in die Ecken des Raums und schneiden Sie ihn zunächst grob mit Überstand zu, sodass er an den Wänden hochsteht.

Für den präzisen Zuschnitt an den Wänden verwenden Sie ein Teppichmesser mit frischer Klinge. Drücken Sie den Teppich mit einem Lineal oder Spachtel fest in die Ecke zwischen Wand und Boden und schneiden Sie den Teppich entlang des Lineals. Lassen Sie dabei etwa 5 mm Abstand zur Wand. (Und heben Sie etwas von dem abgeschnittenen Material für spätere Reparaturen auf, siehe Abschnitt 11.10.)

Stöße und Übergänge

Bei mehreren Bahnen müssen diese an den Stößen verbunden werden. Legen Sie die Bahnen dazu mit etwa 3 bis 5 cm Überlappung aus. Schneiden Sie dann beide Schichten gleichzeitig mit einem scharfen Messer entlang eines Stahllineals. So erhalten Sie eine perfekt passende Naht. Verbinden Sie die Bahnen mit Nahtband, das Sie unter der Nahtstelle platzieren, um so die beiden Teppichkanten miteinander zu verbinden.

An Durchgängen zu anderen Bodenbelägen, beispielsweise in Türdurchgängen, montieren Sie Übergangsprofile, die den Höhenunterschied ausgleichen und die Teppichkante schützen. Befestigen Sie diese mit Schrauben oder Kleber, je nach Herstelleranweisung.

Nach der Verlegung saugen Sie den neuen Teppichboden gründlich ab, um alle Flusen und Teppichreste zu entfernen. Dabei werden auch die Teppichfasern aufgerichtet, was Naht- und Übergangsstellen verschwinden lässt.

Was noch wichtig ist ...
Teppich lässt sich sehr einfach verlegen; man kann nicht viel falsch machen. Nur beim Ausmessen und Zuschneiden sollten Sie sorgfältig vorgehen und keine Fehler machen. Der Vorteil von Teppichboden, der nicht verklebt wurde, ist: Man kann jederzeit nachbessern und Probleme beseitigen.

11.10 Teppichboden reparieren

Teppichflecken sind ärgerlich, können aber mit der richtigen Technik entfernt werden, ohne den gesamten Teppichboden austauschen zu müssen. Ich zeige Ihnen, wie Sie einen hartnäckigen Fleck herausschneiden und durch ein passendes Stück ersetzen. Diese Methode eignet sich für tiefe, nicht mehr zu reinigende Verfärbungen oder Beschädigungen, wie beispielsweise Brandspuren.

Benötigte Materialien
Für die Reparatur benötigen Sie folgende Werkzeuge:

- ein scharfes Teppichmesser mit Klingen-Ersatz
- ein Metalllineal oder eine stabile Schiene
- doppelseitiges Teppichklebeband
- ein unbeschädigtes Reststück Ihres Teppichs
- ein Stück Kreide oder einen wasserlöslichen Stift

Am einfachsten ist es, wenn Sie ein Stück Teppichboden aufbewahrt haben, als Sie den Bodenbelag gekauft und verlegt hatten. Dann haben Sie perfektes Ersatzmaterial für die Reparaturen. Falls nicht, müssen Sie versuchen, ein Stück dieses Teppichbodens noch einmal zu kaufen oder einen möglichst ähnlichen Teppich.

SCHRITT FÜR SCHRITT
Den Ersatzflicken platzieren und zuschneiden

1. Suchen Sie zunächst ein Ersatzstück Ihres Teppichs, das etwas größer als der Fleck ausfällt – egal ob rund oder eckig. Legen Sie dieses Stück direkt auf den Fleck im Teppich. Achten Sie darauf, dass die Faserrichtung mit dem Originalteppich übereinstimmt.

2. Halten Sie das Ersatzstück fest in Position und schneiden Sie mit dem Teppichmesser durch beide Schichten gleichzeitig. Verwenden Sie die Anlegeschiene als Führung und drücken Sie das Messer senkrecht durch alle Lagen. Durch diesen präzisen Schnitt erhalten Sie zwei exakt passende Teile: ein sauberes Loch im Teppich und ein perfekt passendes Ersatzstück. Heben Sie nun das Ersatzstück ab und entfernen Sie vorsichtig den beschädigten Teppichteil.

   Falls Sie kein Metall-Lineal als Schneidkante zur Verfügung haben, können Sie auch eine Wasserwage als Führung für die Klinge verwenden. Achten Sie dann aber darauf, die Schneide senkrecht zu halten und nicht angeschrägt, was bei der Dicke einer Wasserwage schnell passieren kann. Falls Sie schräg schneiden, kann es passieren, dass der Flicken nicht exakt in das ausgeschnittene Loch hineinpasst.

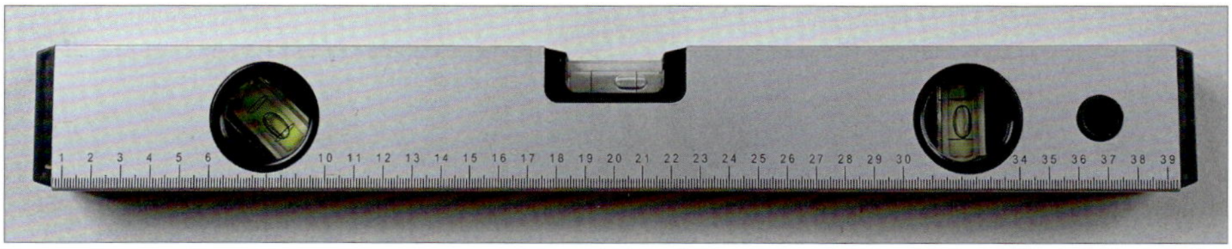

3. Bringen Sie doppelseitiges Teppichklebeband auf dem Untergrund der ausgeschnittenen Stelle an und versuchen Sie auch, das Klebeband nach Möglichkeit unter die Ränder des verbliebenen Teppichs zu schieben. So können die Ränder des Flickens und des Teppichbodens eng aneinandergeklebt werden. Dies verhindert, dass sich der Teppichrand aufwölben kann.
4. Setzen Sie nun das neue Teppichstück vorsichtig ein und richten Sie dabei die Faserrichtung aus, damit ein einheitliches Erscheinungsbild entsteht. Drücken Sie den Flicken fest an und streichen Sie mit den Fingern über die Nahtstellen, um sie anzugleichen.
5. Bürsten Sie anschließend die Fasern in die richtige Richtung, damit sich das neue Stück optimal in die Umgebung einfügt. Bei Schlaufenteppichen hilft Ihnen eine Häkelnadel, um einzelne Fasern über die Schnittstelle hinwegzuziehen.

Nachbearbeitung

Nach dem Einsetzen können Sie die Reparaturstelle mit einem trockenen Handtuch abreiben. Dies richtet die Fasern aus, und die Kanten des eingepassten Teppichstücks verschwinden. Bei größeren Teppichreparaturen empfiehlt es sich, die gesamte Fläche abzusaugen, um ein einheitliches Erscheinungsbild zu erzielen.

Bei hochflorigen Teppichen kann es passieren, dass sich die Fasern am Rand der Flickstelle aufbauschen. Schneiden Sie dort überstehende Fasern an den Nahtstellen vorsichtig mit einer kleinen Nagelschere zurück, um ein gleichmäßiges Höhenniveau zu erreichen.

Mit etwas Übung erzielen Sie nahezu unsichtbare Ergebnisse und können die Lebensdauer Ihres Teppichbodens erheblich erhöhen. Bei Renovierungen ist diese Methode gut geeignet, um einen noch nicht ganz abgenutzten Teppich eine Weile weiterzuverwenden.

Stanzeisen für kleine Teppichreparaturen

Für kleinere Flecken bieten Teppich-Stanzeisen eine effiziente Alternative. Diese kreisförmigen Werkzeuge funktionieren ähnlich wie Plätzchenausstecher und schneiden mit einem gleichmäßigen Druck präzise Kreise aus Teppichmaterial. Sie erhalten Stanzeisen in verschiedenen Durchmessern (typischerweise 2 bis 10 cm) im Fachhandel oder in gut sortierten Baumärkten. Platzieren Sie das Stanzeisen über dem Fleck, drücken Sie es mit leichter Drehbewegung durch den Teppich und wiederholen Sie den Vorgang auf Ihrem Ersatzmaterial. Die gestanzten Kreise passen perfekt ineinander und hinterlassen nahezu unsichtbare Nahtstellen. Diese Methode eignet sich besonders für punktuelle Schäden wie Brandlöcher, Farbkleckse oder lokale Verschmutzungen. Die Begrenzung liegt in der festen Größe der Stanzen – für unregelmäßige oder größere Flecken ist die Schneidemethode notwendig.

Abbildung 11.25 Die scharfe Kante des Stanzeisens schneidet das Teppichstück heraus.

11

11.11 Wackelnde Tische und Stühle

Wackelnde Möbelstücke gehören zu den alltäglichen Ärgernissen, die sich mit einfachen Mitteln beheben lassen. Mit diesen Techniken stabilisieren Sie Ihre Sitzgelegenheiten und Tische nachhaltig.

Lockere Verbindungen

Die häufigste Ursache für Instabilität sind lockere Verbindungen. Überprüfen Sie systematisch alle Schrauben und ziehen Sie diese bei Bedarf nach. Verwenden Sie einen passenden Schraubendreher oder Inbusschlüssel, um Beschädigungen der Schraubenköpfe zu vermeiden. Bei Holzschrauben, die keinen Halt mehr finden, hilft ein alter Tischlertrick: Stecken Sie ein Streichholz oder ein Stück Pappe in das ausgenutzte Loch, bevor Sie die Schraube erneut eindrehen.

Leimverbindungen lösen sich mit der Zeit durch Belastung und Klimaschwankungen. Für eine dauerhafte Reparatur müssen Sie die alten Leimreste entfernen und die Verbindung neu verleimen. Hebeln Sie die Verbindung vorsichtig auseinander, säubern Sie beide Flächen mit feinem Schleifpapier und tragen Sie neuen Holzleim auf. Spannen Sie das Möbelstück mit Schraubzwingen zusammen, bis der Leim vollständig getrocknet ist.

Holzverbindungen wie Zapfen oder Schwalbenschwänze können sich mit der Zeit auch lösen. In trockenen Heizungsperioden schrumpft das Holz, während es bei hoher Luftfeuchtigkeit quillt. Bei gelockerten Zapfenverbindungen tragen Sie etwas Holzleim auf und treiben den Zapfen mit einem Gummihammer wieder fest. Überstehendes Material können Sie nach dem Trocknen vorsichtig abschleifen.

Unebene Böden

Bei unebenen Böden wackeln selbst stabile Möbel. Korkscheiben oder selbstklebende Filzgleiter unter den kürzeren Beinen schaffen Abhilfe. Für feine Anpassungen eignen sich auch Unterlegscheiben aus Metall. Falls nicht der Boden schuld ist, sondern das Möbelstück Probleme mit ungleichmäßigen Beinlängen hat, ist die richtige Strategie davon abhängig, ob ein Bein oder mehrere Beine zu kurz oder zu lang sind. Stellen Sie den Stuhl dafür auf eine ebene Oberfläche und prüfen Sie genau, welche Stuhlbeine Luft zum Boden haben, wenn die anderen Stuhlbeine aufstehen. Prüfen Sie, ob Sie wirklich etwas absägen wollen oder ob die Variante mit Unterlegscheibe und Filzgleiter nicht ausreicht.

Gebrochene Möbelteile

Gebrochene Möbelteile stellen eine größere Herausforderung dar. Bei Holzbrüchen leimen Sie die Teile zusammen und verstärken die Verbindung mit eingelassenen Holzdübeln. Für stark belastete Bereiche (z. B. Stuhllehnen) ist möglicherweise eine zusätzliche Verstärkung an der Bruchstelle notwendig.

Vielleicht lieber doch zum Restaurator?

Bei antiken oder besonders wertvollen Möbelstücken nehmen Sie besser professionelle Hilfe in Anspruch. Unsachgemäße Reparaturen können den Wert erheblich mindern. Ein Restaurator verfügt über das nötige Fachwissen und die richtigen Materialien, um historische Möbel fachgerecht zu behandeln.

11.12 Schleifende Türen

Schleifende Türen sind einfach zu reparieren. Meist ist durch einen neuen Bodenbelag der Abstand zur Tür zu gering geworden und diese setzt nun auf dem Boden auf. Auch bei unebenen Böden in alten Häusern kann eine Tür beim Auf- und Zumachen schleifen.

Das Problem kann durch sogenannte Fitschenringe behoben werden. Mit diesen wird die Tür ein Stück angehoben.

SCHRITT FÜR SCHRITT

Eine schleifende Tür anheben

1. Schauen Sie zuerst, ob die Tür oben noch etwas Luft zur Zarge hat. In dem Fall ist ein Spalt zwischen der Tür-Oberseite und der Zarge zu sehen, was notwendig ist, um die Tür etwas anheben zu können.

2. Türen hängen in Scharnieren, aus denen sie herausgehoben werden können. Öffnen Sie dafür die Tür mindestens 90° weit, um zu verhindern, dass sie beim Herausheben an die Zarge stößt.

   Das Scharnier einer Tür, also der obere Teil, gehört zu Tür, der untere zum Türrahmen. Beim Anheben der Tür entsteht zwischen ihnen ein Spalt.

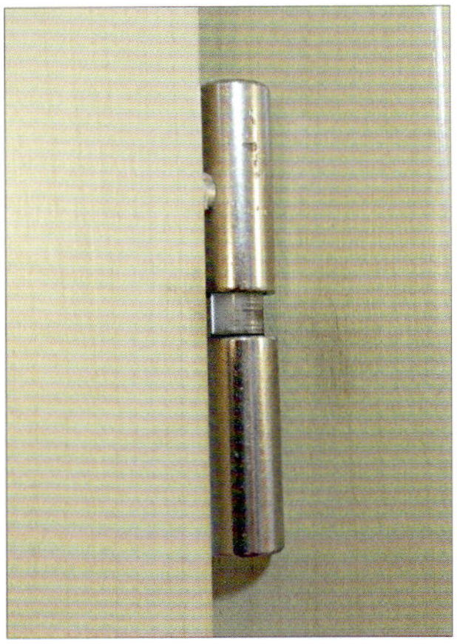

3. Schieben Sie nun ein aufpumpbares Luftkissen unter die Tür, um diese anzuheben. Türen können sehr schwer sein und Sie brauchen beide Hände, um die Tür zu halten, während Sie diese aus den Scharnieren heben.

   Den Blasebalg des Luftkissens können Sie mit dem Fuß betätigen und so die Tür langsam anheben.

4. Nachdem Sie die Tür ausgehängt haben, können Sie einen Fitschenring einlegen.

5. Ein Fitschenring ist ein speziell für Türen hergestellter Kupfer- oder Plastik-Ring für Türscharniere.

Verwenden Sie nur Fitschenringe und keine Federringe, wie es manche Menschen gedankenlos tun. Federringe haben scharfe Kanten, die die Zapfenscharniere der Tür mit der Zeit beschädigen.

6. Setzen Sie die Tür nun wieder ein. Der eingesetzte Fitschenring hat die Tür nun angehoben und Sie können testen, ob die Tür noch schleift.

7. Falls notwendig, können Sie auch mehrere Fitschenringe einlegen.

8. Die Tür sollte nun wieder genug Abstand zum Boden haben.

Wenn Distanzringe nicht helfen

Falls kein Spalt zwischen Tür-Oberseite und Zarge vorhanden ist, um die Tür mithilfe von Fitschenringen etwas anzuheben, müssen Sie sie kürzen. Jede Holztür lässt sich an der Unterseite um mehrere Zentimeter kürzen – dafür haben die Hersteller entsprechend Platz vorgesehen.

SCHRITT FÜR SCHRITT

Eine schleifende Tür kürzen

1. Öffnen Sie die Tür so weit, bis sie gerade anfängt zu schleifen. Legen Sie einen Bleistift flach auf den Boden und führen Sie ihn entlang der Türunterkante. Die höchste Stelle dieser Linie zeigt Ihnen, wie viel Sie mindestens absägen müssen.

   Achtung: Der halbe Durchmesser des Bleistifts entspricht später dem Bodenabstand Ihrer Tür. Wollen Sie mehr oder weniger Abstand, markieren Sie zusätzliche Millimeter ober- oder unterhalb der Bleistiftlinie.
2. Hängen Sie die Tür aus und legen Sie sie auf zwei Böcke. Kleben Sie die Schnittkante mit Malerkrepp ab. Das verhindert Ausrisse beim Sägen.
3. Verwenden Sie eine Stichsäge oder Handkreissäge mit Führungsschiene. Die Führungsschiene garantiert einen geraden Schnitt. Sägen Sie langsam und gleichmäßig.

11

Die Alternative ist ein Elektrohobel

Falls nur ein Hauch von der Tür gekürzt werden muss, ist ein Elektrohobel die bessere Alternative. Müssen nämlich nur wenige Millimeter entfernt werden, arbeitet ein Elektrohobel präziser als die Säge. So können Sie Millimeter für Millimeter abtragen und nach jedem Durchgang sofort kontrollieren, ob die Tür noch schleift. Einen Handhobel empfehle ich hier nicht: Für diesen müssen Sie einiges an Übung haben, um ihn erfolgreich an einer Tür einsetzen zu können.

11.13 Regalbodenträger

Wenn Sie einen Blick in Ihre Wohnung werfen, werden Sie sie möglicherweise überall entdecken: Regalböden, die auf kleinen Metallstiften oder Plastikwinkeln ruhen. Diese kleinen Regalbodenträger sind aus unserem Alltag gar nicht mehr wegzudenken. Sie ermöglichen es Ihnen, die Höhe jedes einzelnen Regalbretts flexibel an Ihre Bedürfnisse anzupassen. Die Dinger sind eine ziemlich geniale Erfindung.

Loch an Loch

Das Prinzip ist denkbar einfach: In den Seitenwänden Ihrer Möbel finden Sie senkrechte Reihen von Löchern, alle in regelmäßigen Abständen. In diesen Löchern stecken die Regalbodenträger – meist vier Stück für ein Regalbrett. Darauf ruht der Boden und kann daher bei Bedarf jederzeit in der Höhe verändert werden, indem Sie einfach die Bodenträger in andere Löcher umstecken.

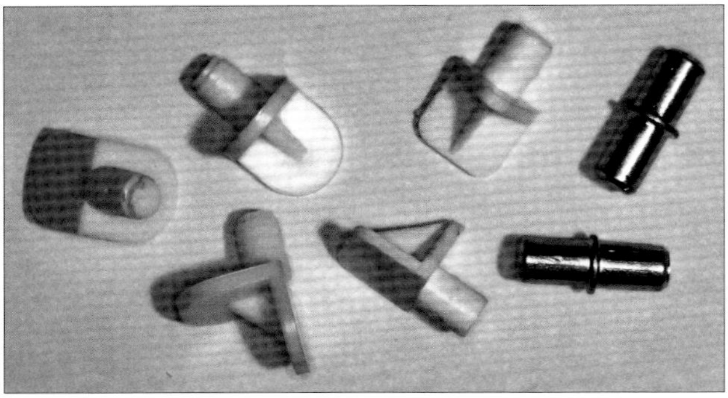

Abbildung 11.26 Regalbodenträger gibt es sowohl mit flacher Auflagefläche als auch in Stiftform.

» **System 32**

Schauen Sie sich um: Sie finden diese Lochreihen in nahezu allen modernen Möbeln. Es ist das sogenannte *System 32*. Ob in Ihrer Küche, wo Sie den Abstand der Böden an hohe Vorratsgläser anpassen möchten, ob im Badezimmerschrank für Ihre Handtücher oder im Wohnzimmerregal für Ihre Bücher – überall sorgen Regalbodenträger für Flexibilität.

Das System 32 folgt klaren Regeln: Die Lochreihen beginnen exakt 37 mm von der Oberkante des Möbelstücks. Von dort aus folgen die Bohrungen im gleichmäßigen Abstand von 32 mm – daher der Name. Dieser Abstand ist international festgelegt und gilt für alle Möbel, die nach diesem System gefertigt werden. Die Bohrungen selbst sind mindestens 13 mm tief. Sie verlaufen parallel zur Vorderkante des Möbels und haben einen Abstand von 37 mm zu dieser. Dank dieser präzisen Vorgaben passen alle Beschläge perfekt: Nicht nur die Regalbodenträger, sondern auch Scharniere für Türen oder Führungen für Schubladen nutzen diese Lochreihen.

Die Geschichte des 32-mm-Systems ist ein Beispiel dafür, wie aus der Not eine zukunftsweisende Lösung entstand. Als Europa nach dem Zweiten Weltkrieg vor dem Wiederaufbau stand, mussten die Techniker mit dem arbeiten, was verfügbar war. Die verfügbaren Maschinen aus der Kriegsproduktion waren auf standardisierte Fertigung ausgelegt – mit einheitlichen 32-mm-Getrieben und -Lagern. Diese vorhandene Maschinentechnik wurde nun geschickt für die Möbelproduktion umgenutzt.

Abbildung 11.27 Die maschinelle Herstellung der Lochreihen (Quelle: https://de.wikipedia.org/wiki/Datei:Lochreihe_System32.png)

Die europäischen Maschinenhersteller, besonders aus Deutschland und Italien, erkannten das Potenzial. Sie entwickelten in den 1950er-Jahren die ersten industriellen Bohrmaschinen speziell für Möbel. Diese Maschinen legten den Grundstein für ein System, das die Möbelproduktion revolutionieren sollte.

Die großen Beschlaghersteller sprangen auf den Zug auf: Sie entwickelten ein komplettes Sortiment – von Scharnieren über Schubladenführungen bis zu den Regalbodenträgern. Alles war nun perfekt aufeinander abgestimmt.

Danach begann der Siegeszug dieses Systems: Die präzise europäische Technik überzeugte Möbelhersteller weltweit. Den entscheidenden Schritt zur globalen Verbreitung machte dann das schwedische Unternehmen IKEA. Mit seinen zerlegbaren Möbeln, die sich leicht transportieren und aufbauen ließen, brachte IKEA das 32-mm-System in Wohnungen auf der ganzen Welt. In den USA wurde dies »Euro-Style« genannt, wie so oft, wenn Dinge mit dem exotischen metrischen Maßsystem genutzt werden.

Was als pragmatische Lösung in der Nachkriegszeit begann, etablierte sich zum weltweiten Standard. Heute profitieren wir alle davon: Möbel lassen sich flexibel einrichten und einfach montieren. Ersatzteile passen überall – ein cleveres System.

Der Durchmesser von Regalbodenträgern

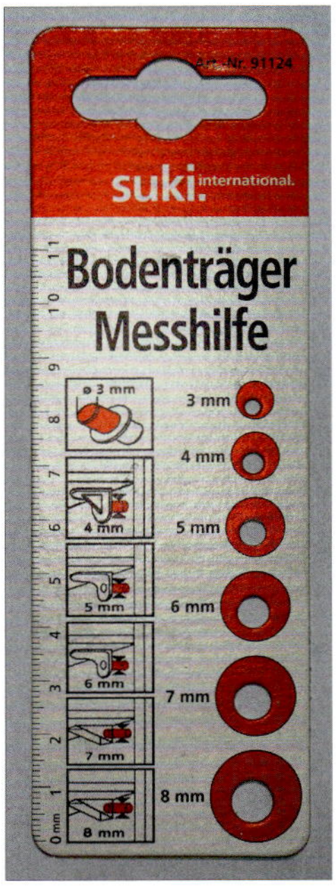

Abbildung 11.28 Eine Messhilfe aus dem Baumarkt, um den Durchmesser zu bestimmen

Wenn Sie Träger nachkaufen möchten, ist eines besonders wichtig: der Durchmesser. Messen Sie die vorhandenen Bohrungen in Ihrem Möbelstück sorgfältig aus. Die Bohrungen gibt es in drei standardisierten Durchmessern, jeder für einen bestimmten Einsatzbereich:

- 3-mm-Löcher finden Sie oft in leichten Regalsystemen.
- 5-mm-Bohrungen sind der Standard für die meisten Möbel.
- 8-mm-Löcher kommen bei schweren Lasten zum Einsatz.

Welchen Durchmesser ein Hersteller wählt, hängt von der gewünschten Belastbarkeit ab. Je größer das Loch ist, desto stabiler kann die Verbindung sein. Der 32-mm-Abstand bleibt dabei immer gleich – das ist der eigentliche Kern der Standardisierung.

Regalbodenträger aufbewahren

Bewahren Sie überzählige Regalbodenträger auf. Sie werden sie früher oder später brauchen – sei es als Ersatz oder für eine neue Regalbodenanordnung. Achten Sie beim Kauf auf Qualität: Hochwertige Träger aus Metall oder stabilem Kunststoff halten ein Möbelleben lang.

Kapitel 12

Sicherheit bei Türen und Fenstern

Die Sicherheit Ihres Zuhauses beginnt an den Zugangspunkten, also an Türen und Fenstern. Diese Elemente bieten nicht nur Schutz vor Witterung und unerwünschten Blicken, sondern stellen auch die erste Verteidigungslinie gegen Einbruchsversuche dar. In diesem Kapitel erfahren Sie, wie Sie Türen und Fenster optimal sichern, welche Sicherheitstechnik sich für welchen Zweck eignet und wie Sie präventive Maßnahmen ergreifen können, um Ihr Zuhause zu schützen. Beginnen Sie mit der Analyse der Schwachstellen Ihres Zuhauses und entwickeln Sie ein stufenweises Sicherungskonzept. Oft reichen bereits einfach nachrüstbare Maßnahmen wie Sicherheitsbeschläge oder abschließbare Fensterriegel.

Abbildung 12.1 Ein Beispiel für die Möglichkeiten, ein Fenster und Balkontüren zu sichern (Quelle: https://de.wikipedia.org/wiki/Einbruchschutz#/media/Datei:Einbruchsicherungen.png)

Kostenlose Beratung durch die Polizei

Ihre örtliche Polizeidienststelle hilft Ihnen bei der Bewertung Ihrer Sicherheit und berät Sie zu Maßnahmen, die Sie zur Verbesserung vornehmen können.

Die Polizei bietet Ihnen dazu eine persönliche Beratung vor Ort an. Ein Experte kommt zu Ihnen nach Hause und schaut sich Türen, Fenster und andere Schwachstellen genau an. Sie erhalten konkrete Empfehlungen, welche Sicherheitstechnik für Ihr Zuhause sinnvoll ist – von einfachen Zusatzschlössern bis hin zu Alarmanlagen.

Diese Beratung kostet Sie nichts, und Sie müssen nichts kaufen. Die Polizei verkauft keine Produkte, sondern gibt nur unabhängige Tipps. Termine vereinbaren Sie direkt bei Ihrer örtlichen Dienststelle oder über die Internetseite Ihrer Polizei.

Viele Menschen wissen nicht, dass es diesen Service gibt. Nutzen Sie ihn – erfahrene Beamte erkennen Schwachstellen, die Laien oft übersehen.

12.1 Die Haustür

Die Haustür ist mehr als nur ein Eingang zu Ihrem Zuhause – sie ist ein entscheidendes Sicherheitselement. Eine qualitativ hochwertige Tür zeichnet sich durch robuste Materialien, solide Konstruktion und widerstandsfähige Beschläge aus.

Bei der Auswahl einer Sicherheitstür sollten Sie auf mehrere Kriterien achten:

- Die Widerstandsklasse RC (»Resistance Class«) gibt Auskunft über die Einbruchsicherheit. Für Wohnungen und Einfamilienhäuser empfiehlt sich mindestens RC2, besser RC3. Diese Türen widerstehen Einbruchsversuchen mit einfachem Werkzeug für mehrere Minuten.
- Das Material der Tür beeinflusst ihre Stabilität maßgeblich. Massivholztüren bieten guten Schutz bei entsprechender Stärke (mindestens 40 mm). Metalltüren mit Stahlverstärkungen oder Aluminiumtüren mit stabilem Kern kombinieren Sicherheit mit modernem Design. Achten Sie bei Glaselementen auf Sicherheitsverglasung nach DIN EN 356.
- Auch die Zarge (der Türrahmen) muss dem Sicherheitskonzept entsprechen. Eine stabile Zarge aus Metall oder massivem Holz mit mehreren Verankerungspunkten in der Wand verhindert, dass Einbrecher die Tür einfach aus dem Rahmen hebeln.

Für die Nachrüstung bestehender Türen bieten sich verschiedene Maßnahmen an:

- Zusätzliche Scharniere auf der Bandseite erschweren das Aufhebeln. Bandseitensicherungen greifen bei geschlossener Tür in den Rahmen und verhindern, dass die Tür auf der Scharnierseite aufgehebelt werden kann.

- Eine Türverstärkung durch aufschraubbare Stahlbleche erhöht den Widerstand gegen Durchbruchsversuche. Diese Bleche werden auf der Innenseite der Tür montiert und sind von außen nicht sichtbar.

Achten Sie auf die korrekte Installation: Selbst die beste Sicherheitstür bietet keinen ausreichenden Schutz, wenn sie nicht fachgerecht eingebaut wurde. Die Befestigung der Zarge in der Wand muss solide sein, und alle Sicherheitselemente müssen korrekt justiert werden.

Die Widerstandsklassen

Verschiedene Normen definieren die Widerstandsklassen RC (»Resistance Class«) danach, wie lange die Tür einem Einbruch standhält, und zwar differenziert nach dem Modus Operandi und dem Tätertyp. Weitere Informationen dazu finden Sie unter:

https://das-richtige-fenster.de/fensterwissen/sicherheit/einbruchschutz/widerstandsklassen-rc1-n-bis-rc6/

12.2 Schließzylinder

Der Schließzylinder ist das Herzstück der Türsicherheit. Ein hochwertiger Zylinder erschwert Manipulationsversuche und bietet Schutz vor gängigen Öffnungsmethoden.

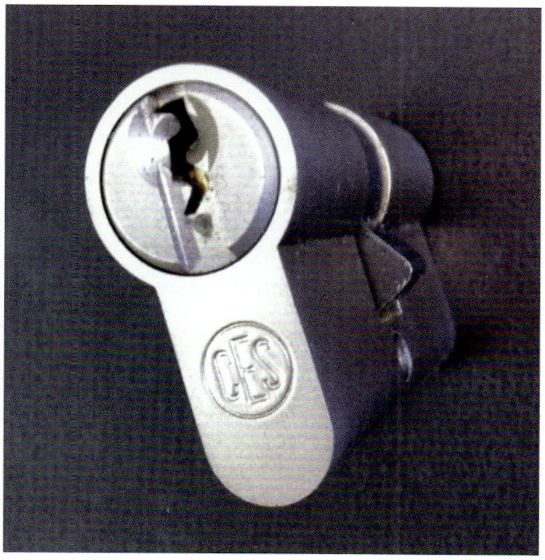

Abbildung 12.2 Ein Schließzylinder für die Tür
(Quelle: https://de.wikipedia.org/wiki/Datei:Profilsylinder.png)

Moderne Sicherheitszylinder verfügen über verschiedene Schutzmechanismen:

- Der Ziehschutz verhindert, dass der Zylinder mit speziellen Werkzeugen aus dem Schloss gezogen werden kann. Dieser Schutz ist besonders wichtig, wenn der Zylinder über die Türoberfläche hinausragt.
- Ein Aufbohrschutz wird durch spezielle Stiftkonfigurationen und gehärtete Materialien erreicht, die das Aufbohren des Schließmechanismus erschweren.

Bei der Auswahl eines Schließzylinders achten Sie auf Zertifizierungen nach DIN EN 1303 und VdS-Anerkennungen (*Verband der Sachversicherer*). Diese bestätigen die Sicherheitsmerkmale des Produkts nach unabhängigen Tests.

Das Schließsystem sollte zu Ihren individuellen Bedürfnissen passen:

- **Gleichschließende Systeme** ermöglichen das Öffnen mehrerer Türen mit einem Schlüssel – praktisch für Haupt- und Nebeneingänge.
- **Zentralschließanlagen** bieten verschiedene Zugriffsebenen, wobei bestimmte Schlüssel nur bestimmte Türen öffnen können – ideal für Mehrfamilienhäuser oder Gebäude mit unterschiedlichen Zugriffsberechtigungen.

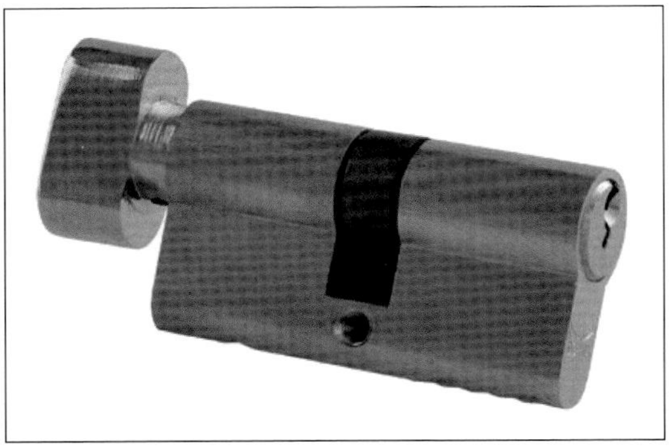

Abbildung 12.3 Ein Knaufzylinder
(Quelle: https://de.wikipedia.org/wiki/Datei:Cylinder_Europrofile.png)

- Ein **Knaufzylinder** kann von innen ohne Schlüssel betätigt werden.
- **Elektronische Schließzylinder** kombinieren mechanische Sicherheit mit digitaler Zutrittskontrolle und bieten Funktionen wie zeitgesteuerte Zugangsberechtigungen oder die Protokollierung von Öffnungsvorgängen.

Beim Austausch eines Zylinders messen Sie zunächst die exakte Länge des vorhandenen Zylinders (von der Mitte der Befestigungsschraube zu beiden Enden). Um die Ziehschutz-Sicherheit nicht zu beeinträchtigen, sollte der neue Zylinder auf der Außenseite maximal 3 mm überstehen.

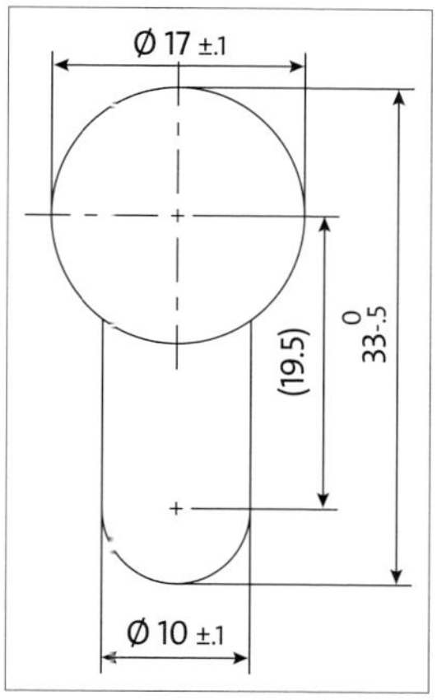

Abbildung 12.4 Maßangaben für einen Schließzylinder
(Quelle: https://de.wikipedia.org/wiki/Datei:Profilzylinder.png)

12.3 Smarte Türschlösser

Smarte Türzylinder ersetzen Ihren herkömmlichen Schließzylinder und ermöglichen es Ihnen, die Tür per Smartphone-App zu öffnen. Bekannte Hersteller wie *Nuki*, *Tedee* oder *Danalock* bieten verschiedene Systeme an. Sie schrauben den alten Zylinder heraus und setzen den smarten ein – meist ohne Bohren oder große Umbauten.

Der Vorteil: Sie brauchen keinen Schlüssel mehr und können die Tür von überall aus öffnen oder schließen. Praktisch wird das, wenn Sie Handwerkern, Reinigungskräften oder Gästen Zutritt gewähren möchten, ohne extra Schlüssel für sie zu kopieren. Über die App vergeben Sie zeitlich begrenzte Zugangscodes oder öffnen die Tür per Knopfdruck.

Die meisten Systeme erkennen automatisch, wenn Sie sich der Tür nähern, und öffnen sie ohne Ihr Zutun. Das funktioniert über Bluetooth oder GPS-Ortung. Abends schließt sich die Tür automatisch wieder ab – Sie müssen nicht mehr kontrollieren, ob Sie abgeschlossen haben.

Achten Sie beim Kauf darauf, dass der smarte Zylinder zu Ihrem Türschloss passt. Messen Sie vorher die Länge Ihres alten Zylinders aus. Die meisten Hersteller bieten Messanleitungen und Konfiguratoren auf ihren Websites an.

Elektronik kann streiken

Bewahren Sie trotzdem einen mechanischen Schlüssel auf. Wenn der Akku leer ist oder die Technik streikt, kommen Sie sonst nicht mehr in Ihre Wohnung!

12.4 Querriegel

Querriegel, auch Panzerriegel genannt, bieten zusätzlichen Schutz für Türen und sind eine effektive Nachrüstlösung, wenn ein kompletter Austausch von Tür oder Schloss nicht möglich ist. Diese Riegel blockieren die Tür auf ganzer Breite und machen sie gegen Aufhebelversuche widerstandsfähiger.

Abbildung 12.5 Ein Querriegel für die Tür zum Nachrüsten (Quelle: https://de.wikipedia.org/wiki/Querriegelschloss#/media/Datei:Querriegelschloss.png)

Querriegel können fest installiert sein oder auch abnehmbar. Sie werden an der Tür und im angrenzenden Mauerwerk befestigt. Sie bestehen aus einer stabilen Metallschiene und einem oder mehreren Riegeln, die in Halterungen an der Wand greifen. Diese Variante bietet den höchsten Schutz.

Bei der Installation eines Querriegels sollten Sie beachten, dass die Befestigung in tragendes Mauerwerk erfolgt, nicht nur im Putz oder in Gipskartonwänden. Verwenden Sie dafür lange, robuste Schrauben und bei Bedarf Spezialdübel für das jeweilige Wandmaterial.

Querriegel eignen sich besonders für Wohnungs- und Nebeneingangstüren, die nicht ständig genutzt werden, da das Öffnen und Schließen etwas umständlicher ist als bei konventionellen Schlössern. Für den Haupteingang, der täglich mehrfach genutzt wird, sind sie weniger praktikabel.

12.5 Fenster

Fenster sind nach Türen die zweithäufigsten Einstiegsstellen für Einbrecher. Besonders Fenster im Erdgeschoss und schwer einsehbare Fenster stellen potenzielle Schwachstellen dar.

Die Grundsicherheit eines Fensters hängt von mehreren Faktoren ab:

- Die Verglasung sollte mindestens aus Verbundsicherheitsglas (VSG) bestehen. Diese Scheiben sind mit einer reißfesten Folie zwischen den Glasschichten ausgestattet, die verhindert, dass die Scheibe bei einem Bruch komplett durchdrungen werden kann.
- Der Fensterrahmen muss stabil und verwindungssteif sein. Moderne Kunststoff- und Aluminiumrahmen bieten gute Sicherheitseigenschaften, wenn sie mit entsprechenden Verstärkungen ausgestattet sind.

Die Beschläge sind entscheidend für die Sicherheit. Pilzkopfzapfen greifen in spezielle Schließstücke im Rahmen und bieten Schutz gegen Aufhebelversuche. Mindestens an den Ecken sollten solche Sicherheitsbeschläge vorhanden sein.

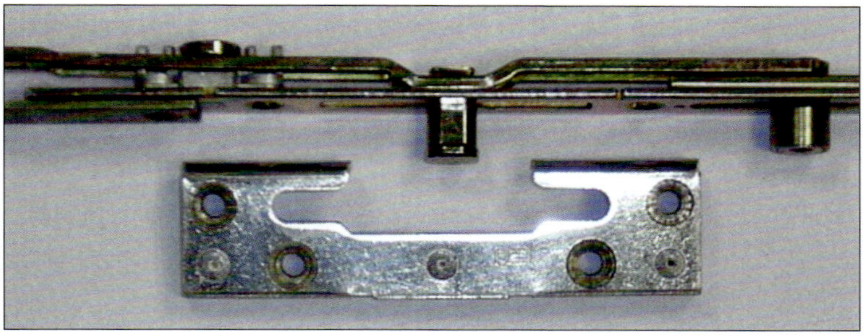

Abbildung 12.6 Pilzkopfverriegelung für Fenster (Quelle: https://de.wikipedia.org/wiki/Einbruchschutz#/media/Datei:Pilzkopfverriegelung.png)

Für Bestandsfenster gibt es verschiedene Nachrüstoptionen:

- **Abschließbare Fenstergriffe** verhindern das Öffnen des Fensters von außen, nachdem die Scheibe eingeschlagen oder ein Loch gebohrt wurde. Sie ersetzen den Standardgriff und kosten wenig.
- **Nachrüstbare Fensterschlösser** werden auf den Rahmen montiert und blockieren die Öffnung des Fensters. Sie sind in verschiedenen Ausführungen erhältlich, von einfachen Riegeln bis hin zu abschließbaren Systemen.
- **Fenstersicherungsstangen** werden diagonal zwischen Fensterflügel und Rahmen montiert und verhindern das Aufhebeln. Sie sind besonders für Kippfenster geeignet.
- **Fenstergitter** bieten maximalen Schutz, beeinträchtigen aber oft die Optik und den Lichteinfall. Moderne Varianten sind optisch ansprechend gestaltet und können ein gestalterisches Element sein.

Abbildung 12.7 Ein abschließbarer Fenstergriff
(Quelle: https://commons.wikimedia.org/wiki/File:Fenstergriff_Tensolock_F_04.png)

Bei der Planung von Sicherheitsmaßnahmen für Fenster sollten Sie auch praktische Aspekte berücksichtigen: Fluchtwege müssen gewährleistet bleiben. Mindestens ein Fenster pro Raum, das als Fluchtweg dienen könnte, sollte also von innen ohne Schlüssel zu öffnen sein.

12.6 Rauchmelder

Rauchmelder retten Leben. Sie warnen frühzeitig vor Brandentwicklungen, oft lange bevor diese durch Geruch oder Sicht wahrnehmbar sind. In den meisten Bundesländern sind Rauchmelder in Wohnräumen inzwischen gesetzlich vorgeschrieben.

Abbildung 12.8 Ein Rauchmelder für Privatwohnungen
(Quelle: https://upload.wikimedia.org/wikipedia/commons/5/54/Heimrauchmelder.png)

Es gibt verschiedene Typen von Rauchmeldern:

- **Optische Rauchmelder** arbeiten mit einem Lichtstrahl, der bei Rauchpartikeln in der Luft reflektiert wird und den Alarm auslöst. Sie eignen sich für die meisten Wohnbereiche und erkennen Schwelbrände frühzeitig.
- **Thermomelder** reagieren auf schnelle Temperaturanstiege oder die Überschreitung einer Maximaltemperatur. Sie sind besonders für Küchen oder staubige Räume geeignet, wo optische Melder häufig Fehlalarme auslösen würden.
- **Kombinierte Rauch- und Hitzemelder** vereinen beide Technologien und bieten umfassenden Schutz.

Bei der Installation beachten Sie folgende Regeln:

- Montieren Sie Rauchmelder an der Decke, mindestens 50 cm von Wänden und Hindernissen entfernt, da sich Rauch zunächst an der Decke sammelt.
- In mehrgeschossigen Gebäuden sollte auf jeder Etage mindestens ein Rauchmelder installiert werden.
- Schützen Sie mindestens Schlafräume, Kinderzimmer und Flure, die als Fluchtwege dienen. Optimal ist die Installation in allen Räumen außer Bad und Küche.
- Vernetzte Rauchmelder bieten zusätzliche Sicherheit. Wenn ein Melder auslöst, schlagen alle anderen Geräte im Netzwerk ebenfalls Alarm. Die Vernetzung kann drahtgebunden oder funkbasiert erfolgen.
- Moderne Smart-Rauchmelder können mit Ihrem Smartphone verbunden werden und Sie auch bei Abwesenheit alarmieren. Einige Systeme lassen sich in Hausautomationsnetzwerke integrieren und können bei Alarm automatisch Lichter einschalten oder Türen entriegeln.

Die Wartung ist einfach, aber unerlässlich:

- Prüfen Sie monatlich die Funktion, indem Sie die Testtaste drücken.
- Reinigen Sie die Geräte zweimal jährlich von außen mit einem Staubsauger oder einem leicht feuchten Tuch.
- Tauschen Sie die Batterien jährlich aus, am besten an einem leicht zu merkenden Datum. Bei modernen Rauchmeldern mit 10-Jahres-Batterien kann die Batterie nicht getauscht werden. Der ganze Rauchmelder muss dann ersetzt werden.

Rauchmelder haben ohnehin eine begrenzte Lebensdauer. Es wird empfohlen, die Geräte nach 8 bis 10 Jahren zu ersetzen, auch wenn sie noch funktionieren, da die Sensoren mit der Zeit an Zuverlässigkeit verlieren können.

12.7 Blitzschutz

Blitzschutz schützt Ihr Haus und Ihre Elektrogeräte vor den enormen Spannungen, die bei Blitzeinschlägen entstehen. Dabei wird zwischen Außen- und Innenblitzschutz unterschieden. Der *Außenblitzschutz* fängt Blitze über eine Blitzstange auf dem Dach ab und leitet die Energie sicher in die Erde. Das ist eine bauliche Maßnahme, mit der Sie als Mieter nichts zu tun haben. Der *Innenblitzschutz* schützt Ihre wertvollen Elektrogeräte vor Überspannungen, und hier können Sie durchaus selbst Hand anlegen.

Blitzschutz durch Überspannungsschutz

Überspannungsschutz-Zwischenstecker gehören in jeden modernen Haushalt und sind in jedem Baumarkt und Discounter zu finden. Sie schalten sich bei gefährlichen Spannungsspitzen automatisch ab und retten so Fernseher, Computer oder Waschmaschinen vor dem Totalschaden. Diese Geräte stecken Sie als Zwischenstecker in die Steckdose.

Abbildung 12.9 Ein Blitzschutzstecker für Elektrogeräte

Vorsicht ist besser als Nachsicht

Halten Sie sich bei Gewitter an einfache Regeln: Ziehen Sie den Stecker wichtiger Geräte aus der Steckdose. Vermeiden Sie es, zu duschen oder zu baden, weil Wasser Strom leitet. Fenster und Türen bleiben geschlossen. Am sichersten sind Sie im Inneren des Hauses.

Ein Tipp für Hausbesitzer

Ein professioneller Blitzschutz kostet mehrere Tausend Euro, lohnt sich aber besonders bei freistehenden Häusern oder Gebäuden in exponierten Lagen. Viele Versicherungen gewähren Rabatte, wenn Sie einen zertifizierten Blitzschutz installieren lassen.

12.8 Überwachungskameras

Überwachungskameras dienen nicht nur zur Abschreckung, sondern liefern im Ernstfall wichtige Beweise. Die Technik hat sich in den letzten Jahren stark entwickelt, sodass heute hochwertige Systeme zu erschwinglichen Preisen verfügbar sind.

Die verschiedenen Kameratypen bieten unterschiedliche Vor- und Nachteile:

- **Außenkameras** müssen wetterfest sein und sollten über Infrarot-Nachtsicht verfügen Sogenannte Dome-Kameras mit getönter Abdeckung verbergen die genaue Blickrichtung.
- **Innenkameras** fokussieren sich auf Eingangsbereiche und wertvolle Gegenstände. Sie benötigen keine Wetterbeständigkeit, sollten aber diskret platziert werden.
- **PTZ-Kameras** (*Pan-Tilt-Zoom*) können ferngesteuert schwenken, neigen und zoomen, um größere Bereiche zu überwachen.

Bei der Installation müssen Sie rechtliche und technische Aspekte beachten:

- Die Überwachung öffentlicher Bereiche, also von Gehwegen oder Nachbargrundstücken, ist in Deutschland stark eingeschränkt. Richten Sie Kameras so aus, dass nur Ihr eigenes Grundstück erfasst wird.
- Installieren Sie deutlich sichtbare Hinweisschilder, die auf die Videoüberwachung hinweisen.
- Die Stromversorgung erfolgt entweder über Netzanschluss, Batterien oder Solarpaneele. Kabelgebundene Systeme bieten höhere Zuverlässigkeit, erfordern jedoch eine aufwendigere Installation.

Abbildung 12.10 Ein Hinweisschild für die Videoüberwachung

Die Datenspeicherung kann lokal oder cloudbasiert erfolgen:

- **Lokale Speicherung** auf SD-Karten bietet eine einfache Installation ohne monatliche Kosten, aber begrenzten Speicherplatz und das Risiko des Datenverlusts bei Diebstahl der Kamera.

- **Network Video Recorder (NVR)** speichern Aufnahmen mehrerer Kameras zentral und bieten größeren Speicherplatz und besseren Diebstahlschutz.
- **Cloud-Speicherung** ermöglicht den Zugriff von überall, erfordert jedoch ein kostenpflichtiges Abonnement und kontinuierliche Internetverbindung.

Manche NAS-Hersteller unterstützen Kameras out-of-the-box

Wenn Sie ein Synology-NAS benutzen, ist eine Lizenz für die Aufnahme mit zwei Kameras schon standardmäßig enthalten.

Moderne Überwachungskameras bieten zahlreiche Zusatzfunktionen:

- **Intelligente Bewegungserkennung** unterscheidet zwischen Menschen, Fahrzeugen und anderen Bewegungen und reduziert Fehlalarme durch Tiere oder Pflanzen.
- **Zwei-Wege-Audio** ermöglicht eine Kommunikation über die Kamera, etwa mit Besuchern oder zur Abschreckung.
- **Gesichtserkennung** kann vertraute Personen identifizieren und selektive Benachrichtigungen senden.
- Die **Integration in Smart-Home-Systeme** ermöglicht die Verknüpfung mit anderen Sicherheitskomponenten. Bei erkannter Bewegung können automatisch Lichter eingeschaltet oder Alarme ausgelöst werden.

Beachten Sie den Datenschutz: Informieren Sie Besucher, Gäste und gegebenenfalls Personal über die Überwachung. Richten Sie private Zonen ein, in denen keine Aufzeichnung stattfindet.

12.9 Weitere Sicherheitsmaßnahmen

Neben den bereits beschriebenen Sicherheitselementen gibt es weitere sinnvolle Ergänzungen für ein umfassendes Schutzkonzept:

- **Tresore** bieten Schutz für besonders wertvolle Gegenstände und wichtige Dokumente. Je nach Schutzbedürfnis wählen Sie zwischen verschiedenen Widerstandsgraden und Verankerungsmöglichkeiten. Ein in der Wand oder dem Boden verankerter Tresor bietet deutlich höheren Schutz als ein freistehender und bietet auch im Brandfall mehr Schutz für den Inhalt.
- **Sicherheitsfolien für Fenster** verstärken vorhandene Verglasungen. Sie werden auf die Innenseite der Scheiben geklebt und erschweren das Durchdringen erheblich. Im Gegensatz zum aufwendigen Austausch der Verglasung ist dies eine kostengünstige Nachrüstlösung.

- **Anwesenheitssimulation** durch programmierbare Lichtsteuerung täuscht bei Abwesenheit Anwesenheit vor. Moderne Systeme variieren die Ein- und Ausschaltzeiten, um natürliches Verhalten zu simulieren, und imitieren das Licht- und Schattenspiel eines Fernsehers.
- **Sicherheitsbeleuchtung** mit Bewegungsmeldern im Außenbereich reduziert dunkle Ecken und potenzielle Verstecke. Eine dauerhafte niedrige Grundbeleuchtung, die mit heller Beleuchtung bei erkannter Bewegung kombiniert wird, bietet eine gute Abschreckung.

Kapitel 13
Sanitärarbeiten

Sanitärarbeiten haben einen schlechten Ruf – dabei gehören sie zu den dankbarsten Heimwerker-Aufgaben überhaupt. Die meisten Probleme im Bad lösen Sie mit wenigen Handgriffen und einfachen Werkzeugen. Eine neue Klobrille montieren oder einen tropfenden Wasserhahn reparieren: Das schafft jeder und jede mit der richtigen Anleitung.

Der große Vorteil bei Sanitärarbeiten ist, dass Sie sofort das Ergebnis sehen. Nichts tropft mehr, alles funktioniert wieder einwandfrei, und Sie haben dabei noch Geld gespart. Moderne Sanitärtechnik macht Ihnen die Arbeit leicht – die meisten Komponenten lassen sich ohne teures Spezialwerkzeug austauschen. Fangen wir mit der einfachsten Aufgabe an: dem Austausch einer Klobrille. Das ist der perfekte Einstieg, weil Sie dabei alle wichtigen Grundlagen lernen, ohne dass etwas schiefgehen kann.

13.1 Klobrille tauschen

Es gibt verschiedene Befestigungssysteme für Klobrillen. In den letzten Jahren haben sich aber Systeme durchgesetzt, die ein einfaches Abnehmen des Deckels und der Brille ohne Werkzeug ermöglichen, was das Reinigen deutlich vereinfacht.

SCHRITT FÜR SCHRITT
Eine Klobrille tauschen

1. Unser Startpunkt: Lose Klobrillen begegnen einem überall.

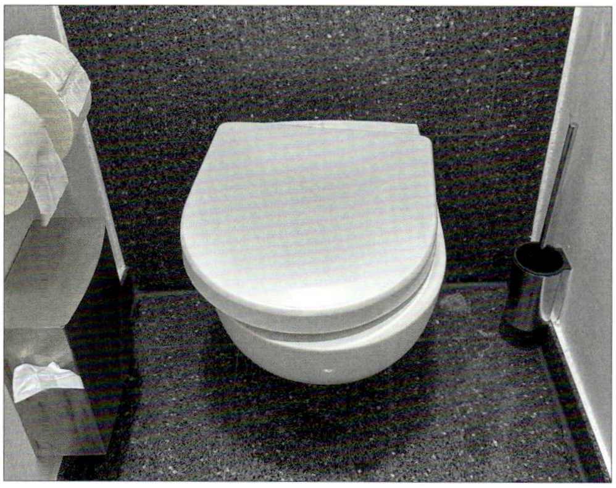

2. Um den Deckel und die Brille zu lösen, muss meist ein Druckknopf betätigt werden. Dann kann die Einheit nach oben von der Halterung abgezogen werden. Die Deckel-Brille-Einheit ist auf eine Halterung gesteckt.

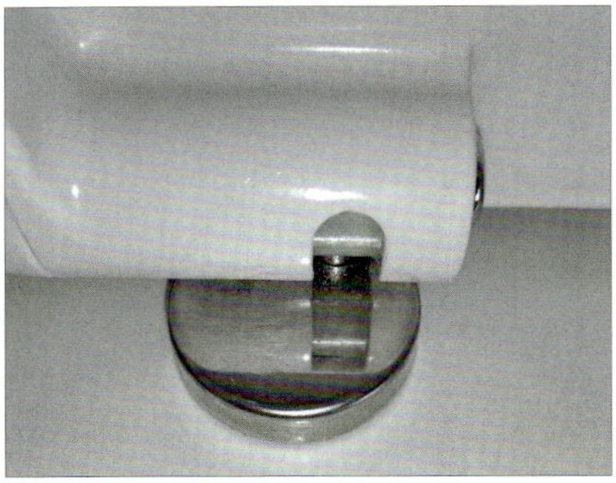

3. Übrig bleibt dann der Halter, der mit dem Befestigungsloch der Keramik verschraubt ist.

4. An jeder Keramik sind zwei Halter in den entsprechenden Befestigungslöchern verschraubt. Die Überwurfmutter wird mit der Hand fest angezogen.

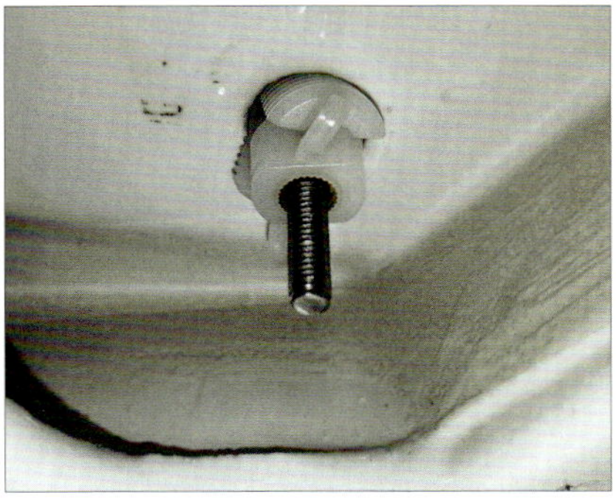

5. Ziehen Sie diese Überwurfmutter nicht mit einem Werkzeug fest, die Keramik könnte sonst bei zu viel Druck zerspringen.

Insgesamt ist der Austausch einer Klobrille nur eine Sache von ein paar Minuten. Und sobald man erst einmal weiß, dass da Muttern an der Unterseite sitzen, gehört eine wackelnde Klobrille schon der Vergangenheit an.

13.2 Wasserhahn tauschen

Wenn eine alte Armatur sich nicht mehr reparieren lässt, ist ein Austausch angesagt. Um einen Wasserhahn zu tauschen, müssen Sie erst die Eckventile unter dem Waschbecken zudrehen, damit während des Austauschs kein Wasser fließen kann.

Abbildung 13.1 Die Eckventile unter einem Waschbecken

Drehen Sie die Ventilräder im Uhrzeigersinn, um sie zu schließen.

Benötigte Werkzeuge
Sie benötigen eine Armaturenzange und meist auch spezielle Armaturen-Schlüssel, um die Überwurfmuttern der Befestigungsstange erreichen zu können.

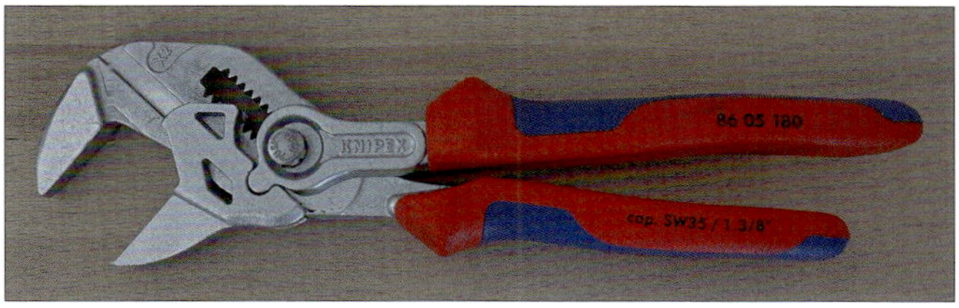

Abbildung 13.2 Eine »Knippex«-Armaturenzange mit flachen Backen

Ausbau der alten und Einbau der neuen Armatur

Lösen Sie nun beide Flexschläuche von den Eckventilen mit der Armaturenzange oder mit einem passenden Maulschlüssel. Danach lösen Sie die Befestigungsschraube, mit der die Armaturenhalterung ans Waschbecken geklemmt ist.

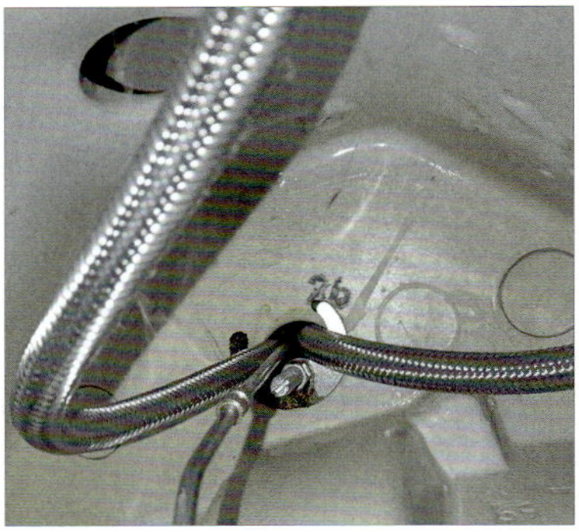

Abbildung 13.3 Das Waschbecken von unten – die Durchführung und die Befestigungsmutter auf der halbrunden Halterung sind gut zu sehen.

Um diese Schraube zu lösen, benötigen Sie meist spezielle Armaturenschlüssel, weil man mit einem Schraubenschlüssel oder einer Zange nicht gut genug an diese Stelle kommt.

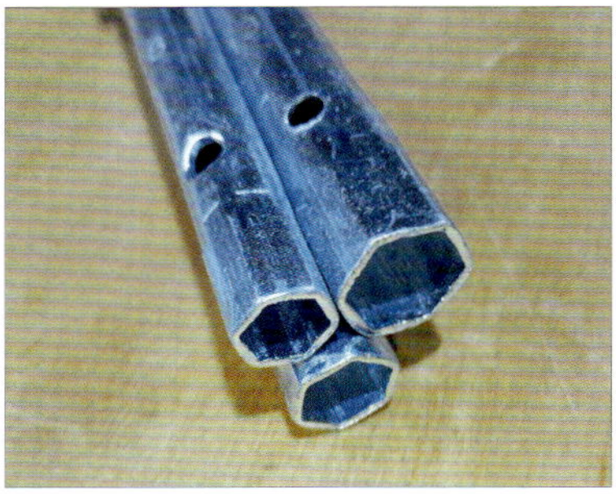

Abbildung 13.4 Armaturenschlüssel gibt es als Set in den gängigsten Größen, denn jede Armatur ist etwas anders!

Abbildung 13.5 Gesamtansicht eines Armaturenschlüssels. Es gibt sie in verschiedenen Längen. Sie wollen unbedingt die längsten!

Sobald Sie die Mutter gelöst haben, fallen Ihnen mehrere Teile entgegen. Falls Ihr neuer und Ihr alter Wasserhahn baugleich sind, versuchen Sie, sich die Reihenfolge zu merken, in der diese Teile auf Sie zu gekommen sind. Die Teile müssen später wieder in umgekehrter Reihenfolge angebracht werden.

Eigenschutz geht vor

Wenn Sie unter dem Waschbecken liegen und die Armaturen-Halterung lösen, positionieren Sie Ihren Kopf etwas seitlich der Falllinie.

Falls die neue Armatur eine andere Bauform als die alte hat, wird sich das Befestigungssystem unterscheiden. Studieren Sie die mit der Armatur mitgelieferte Montageanleitung ganz genau, damit die Montage auf Anhieb gelingt. Es macht keinen Spaß, unnötig Zeit unter einem Waschbecken zu verbringen!

Nehmen Sie nun die alte Armatur von oben aus dem Waschbecken und setzen Sie die neue Armatur ein. Befestigen Sie dann die neue Armatur wie in der Montageanleitung beschrieben am Waschbecken. Nehmen Sie sich die erforderliche Zeit und gehen Sie so vor wie vom Hersteller beschrieben!

Wenn die neue Armatur festsitzt, können Sie die Eckventile an sie anschließen. Bevor Sie die Flexschläuche des neuen Wasserhahns befestigen, achten Sie darauf, dass die Gummidichtungen in der Überwurfmutter vorhanden sind.

Abbildung 13.6 Ein Flexschlauch, in dessen Überwurfmutter keine Dichtung mehr enthalten ist. Das kann nicht funktionieren!

Vorsicht! Flexschläuche sind nicht immer dabei

Nicht jede Armatur wird mit schon angeschlossenen Flexschläuchen verkauft. Achten Sie beim Kauf also darauf, ob diese Schläuche schon enthalten sind oder ob sie noch extra in der passenden Länge dazugekauft werden müssen.

Hat der Austausch der Armatur problemlos funktioniert? Glückwunsch, dann haben Sie die Heimwerker-Meisterprüfung erfolgreich bestanden! Da jede Armatur, jeder Wasserhahn und jedes Waschbecken verschieden ist, wie auch die Zugänglichkeit von Fall zu Fall verschieden ist, können Sie sich sicher vorstellen, dass die vorherige Anleitung, wie eine Armatur getauscht wird, niemals vollständig sein kann und der Vorgang immer eine Herausforderung darstellt. Planen Sie also alle notwendigen Schritte akribisch genau und legen Sie sich alle Materialien und das Werkzeug vorher zurecht.

Viel Glück!

13.3 Perlator reinigen

Der Wasserhahn gehört zu den Dingen im Bad, die gern mal Ärger machen. Sie drehen den Hahn auf und statt eines normalen Strahls kommt nur ein trauriges Rinnsal raus. Oder noch schlimmer – das Wasser spritzt in alle Richtungen wie ein Mini-Springbrunnen.

Schuld daran ist meist das kleine Sieb, das vorne am Wasserhahn aufgeschraubt ist – der *Perlator*. Dieser ist zum einen ein Filter für Ihr Wasser, zum anderen sorgt er erst für einen gleichmäßigen Wasserstrahl. Wasser, das aus einem Hahn ohne Perlator fließt, ist eher chaotisch unterwegs. Im Filtergitter des Perlators können sich aber Kalkablagerungen oder sonstiger Dreck festsetzen, und dann kommt es zu den bekannten Problemen.

Abbildung 13.7 Die verkalkte Vorderseite eines Perlators und seine Rückseite – gut zu sehen sind das Feinsieb und das Gewinde.

Besonders wenn es im Haus zu Arbeiten an den Wasserleitungen gekommen ist, kann es schnell passieren, dass sich die Perlatoren der Wasserhähne mit Ablagerungen zusetzen. Das zu reparieren, sind nur etwa 15 Minuten Arbeit plus die Zeit zum Einweichen.

Den Perlator tauschen oder reinigen

Am sichersten ist es, den Perlator mit einer kleinen Zange oder einen speziellen Perlator-Schlüssel zu tauschen, den Sie im Baumarkt für etwa 5 € in der Sanitärabteilung bekommen.

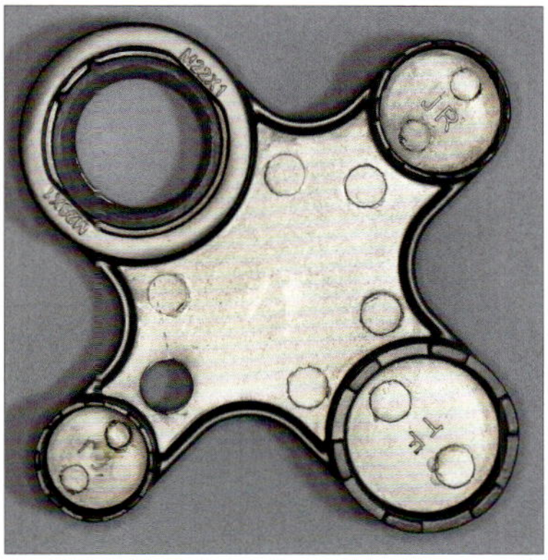

Abbildung 13.8 Ein Perlatorschlüssel, der auf alle gängigen Größen passt

Dann brauchen Sie noch:

- Essigessenz aus dem Supermarkt
- ein altes Glas, um darin den Perlator in der Essigessenz einzuweichen
- vielleicht noch eine alte Zahnbürste, um hartnäckigere Ablagerungen zu entfernen

SCHRITT FÜR SCHRITT

Einen Perlator reinigen

1. Legen Sie zuerst ein Handtuch ins Waschbecken, das erspart es Ihnen, nach heruntergefallenen Teilen zu angeln. Schauen Sie sich nun das Ende des Wasserhahns an. Sie sollten sehen können, dass der Perlator aufgeschraubt ist. Entweder hat er zwei gegenüberliegende abgeflachte Seiten oder andere Einkerbungen, die genau zu einem für den Perlator gemachten Schlüssel passen.

   Schrauben Sie den Perlator nun gegen den Uhrzeigersinn aus dem Hahn. Aber Achtung: Der Perlator steht auf dem Kopf! Das heißt, von oben geschaut dreht man den Perlator im Uhrzeigersinn heraus.

2. Mixen Sie Essigessenz mit Wasser (im Verhältnis 1:1) und legen Sie den Perlator darin ein. Er sollte komplett bedeckt sein. Rund 30 Minuten sollten ausreichen. Danach können Sie das Sieb noch einmal abspülen und schauen, ob noch weitere Verunreinigungen oder Kalkablagerungen zu sehen sind. Falls ja: Weichen Sie es einfach noch mal ein; falls nein, können Sie den Perlator nun wieder einschrauben.

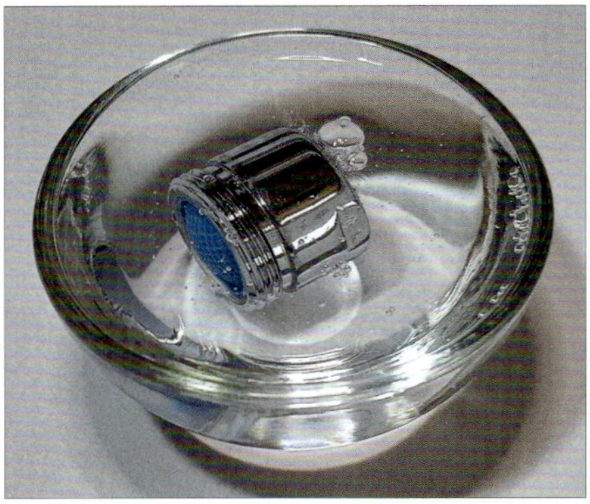

3. Hinter dem Perlator gibt es manchmal noch ein Dichtungsgummi oder eine Dichtungsscheibe. Setzen Sie diese wieder ein, bevor Sie den Perlator wieder einsetzen. Ziehen Sie den Perlator in dem Gewinde nur leicht fest.

Bilder sind gut, um hinterher Dinge nachvollziehen zu können

Machen Sie Fotos, während Sie alles auseinanderbauen. Ihr zukünftiges Ich wird Ihnen danken!

Wie Sie Probleme vermeiden

Der Perlator-Schlüssel ist definitiv die bessere Wahl als eine Zange. Wenn Sie geschickt und geübt sind, können Sie eine Zange benutzen, um einen Perlator aus dem Wasserhahn zu schrauben. Aber die Gefahr ist immer gegeben, dass man mit der Zange abrutscht und etwas verkratzt.

Wann sollten Sie aufhören?

Falls sich der Perlator auch mit sanfter Gewalt nicht lösen will, sollten Sie den Versuch lieber abbrechen. Dieser Punkt ist definitiv erreicht, wenn Sie anfangen, mit der Zange abzurutschen, den Chromüberzug vom Perlator abgekratzt haben oder der Perlator schon durch die Zange leicht deformiert wurde.

Wenn die Reinigung nichts gebracht hat

Ist nach der Reinigung der Wasserstrahl immer noch chaotisch und spritzt das Wasser in der Gegend herum? Dann besteht die letzte Möglichkeit darin, einen neuen Perlator zu kaufen und gegen den alten zu tauschen. Falls danach allerdings immer noch keine Besserung eingetreten ist, brauchen Sie womöglich eine neue Armatur.

Brausen beim Spülen

Es gibt Perlatoren mit Wassersparfunktion. Bei einem Küchenwasserhahn können Sie den Perlator auch durch einen kleinen Brausekopf ersetzen. Falls Sie mit der Hand spülen, ist so ein Ding super. Lesen Sie weiter!

13.4 Sparstrahler

Anstatt den alten Perlator ihrer Küchenarmatur zu reinigen, können Sie ihn auch durch einen Sparstrahler ersetzen. Ein Sparstrahler reduziert den Wasserdurchfluss Ihres Wasserhahns, sodass Sie Wasser einsparen können, ohne auf Komfort zu verzichten.

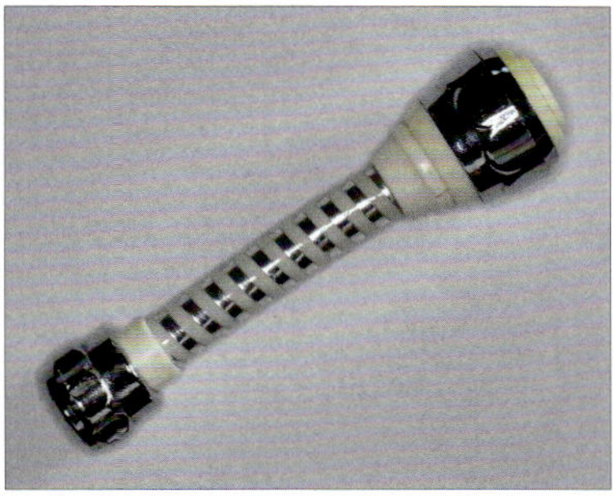

Abbildung 13.9 Sparstrahler mit Brausekopf und biegbarem Hals

Durch herkömmliche Wasserhähne fließen durchschnittlich 12 bis 15 Liter Wasser pro Minute. Ein Sparstrahler reduziert diesen Verbrauch auf 6 bis 8 Liter, was einer Wassereinsparung von etwa 50 % entspricht. Diese Einsparung wirkt sich auf Ihre Wasserrechnung aus, mit der Installation eines Sparstrahlers können Sie also Ihre jährlichen Wasserkosten deutlich reduzieren.

Die Brausefunktion moderner Sparstrahler ist praktisch, wenn Sie mit der Hand spülen. Der fein verteilte Wasserstrahl löst Speisereste effektiver von Tellern und Töpfen als ein kompakter Wasserstrahl. Weil die Wasserverteilung eine größere Fläche bedeckt, reinigen Sie Ihr Geschirr schneller und sparen trotzdem Wasser.

Die Montage eines Sparstrahlers

Gehen Sie ähnlich vor wie bei der Demontage des Perlators im vorherigen Kapitel:

- Schrauben Sie den vorhandenen Strahlregler durch Linksdrehung mit der Hand oder einer Zange vom Wasserhahn ab.
- Reinigen Sie das Gewinde von Kalkablagerungen und alten Dichtungsresten.

- Drehen Sie anschließend den Sparstrahler per Hand fest ins Gewinde und ziehen Sie ihn vorsichtig mit einer Zange nach.
- Nach dem Öffnen des Wasserhahns prüfen Sie die Installation auf Dichtigkeit und korrekten Wasserfluss.

13.5 Duschkopf entkalken oder tauschen

Einen Duschkopf zu tauschen oder zu entkalken, ist nicht weiter schwierig, weil dieser nur leicht aufgeschraubt ist. Der Kalk setzt sich je nach Wasserhärte früher oder später in Ihrem Duschkopf ab und reduziert so den Wasserdurchfluss. Seit Hersteller Düsen aus Gummi verwenden, verlangsamt sich der Verkalkungsprozess etwas, doch irgendwann springt man trotzdem in der Dusche von Strahl zu Strahl, um nass zu werden. Bevor es ganz so weit kommt, sollten Sie den Duschkopf entkalken.

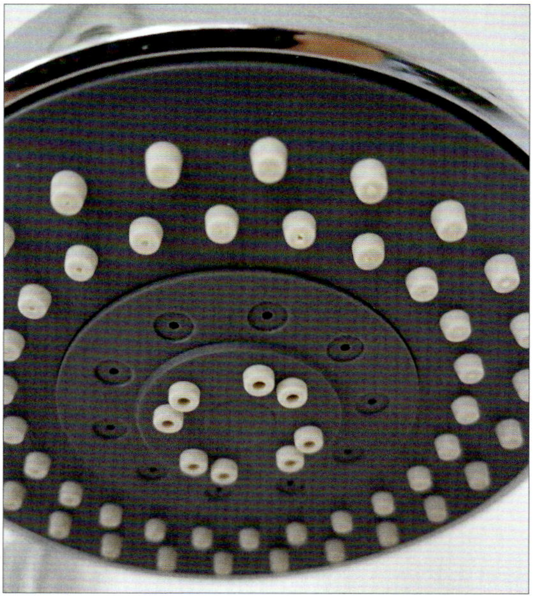

Abbildung 13.10 Ein moderner Duschkopf mit Wasserdüsen aus Gummi

Auf dem Markt existieren zahlreiche Duschkopftypen, die aber alle das standardisierte ½-Zoll-Anschlussgewinde nutzen. Dieser Standard gilt für Duschköpfe, Brausen und deren Anschlussschläuche. Dank dieser Normung finden Sie in jedem Fachgeschäft passenden Ersatz, falls die Reinigung nicht gelingt oder Sie den Duschkopf direkt ersetzen wollen.

SCHRITT FÜR SCHRITT

Duschkopf demontieren und entkalken

1. Die Demontage gelingt einfach mit einer Wasserpumpenzange.

Wasserpumpenzangen besitzen jedoch gezahnte Backen, die die Beschichtung verchromter Badarmaturen beschädigen. Greifen Sie deshalb stattdessen lieber zur Armaturenzange bzw. zum Zangenschlüssel.

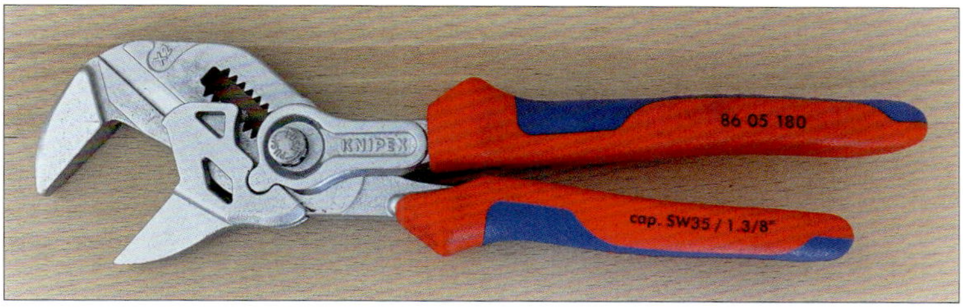

Der Zangenschlüssel, auch Armaturenzange genannt, packt mit seinen glatten, parallel greifenden Backen zu, ohne sichtbare Spuren zu hinterlassen – solange Sie nicht abrutschen. Mit diesem Werkzeug können Sie gefahrlos verchromte Muttern an Badarmaturen ohne Beschädigungen festziehen oder lösen.

2. Für maximale Sicherheit legen Sie einen Lappen zwischen Zange und Überwurfmutter, dann schützt der Stoff bei versehentlichem Abrutschen die beschichtete Oberfläche.

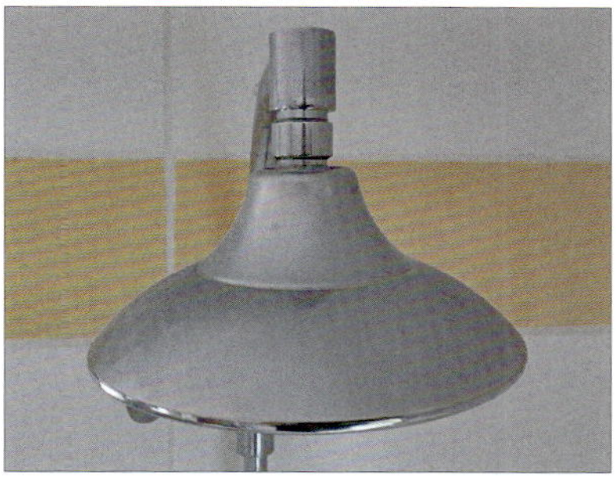

3. Greifen Sie also die Mutter mit einem ins Werkzeug gelegten Lappen.

4. Um die Überwurfmutter zu lösen, drehen Sie die Zange gegen den Uhrzeigersinn.

5. Nach ein paar Umdrehungen löst sich der Duschkopf.

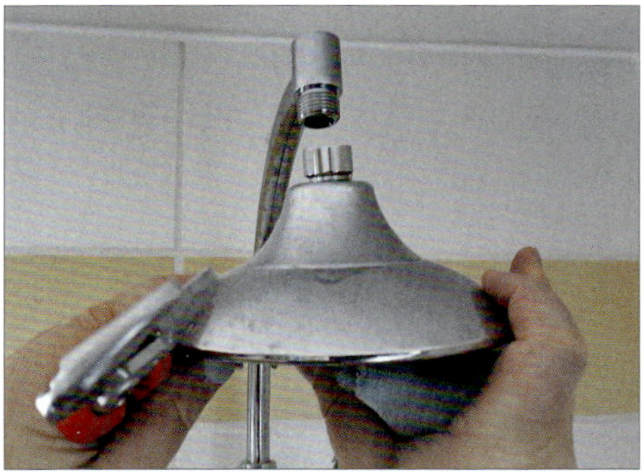

6. Nach dem Lösen des Duschkopfes kontrollieren Sie, ob das Feinsieb und das Dichtungsgummi noch in der Überwurfmutter stecken. Sie benötigen beide Teile nach dem Reinigen wieder bei der Montage.

7. Falls Sie stattdessen einen neuen Duschkopf anbringen wollen, montieren Sie ihn nun in umgekehrter Reihenfolge. Wollen Sie das vorhandene Teil hingegen reinigen, geht es mit den folgenden Schritten weiter.

8. Legen Sie den Duschkopf nun wie gezeigt in eine passende Schüssel und füllen Sie ihn mit der Essigessenz-Wasser-Mischung (siehe unten). Lassen Sie ihn über Nacht (oder entsprechend lange) stehen, damit sich aller Kalk lösen kann.

Die Mischung macht's

Die benötigte Essigessenz erhalten Sie in jedem Supermarkt. Manche Produkte werden gebrauchsfertig verkauft und benötigen keine Verdünnung. Eine selbst hergestellte Mischung bietet jedoch den Vorteil, dass Sie die Wirkung durch das Mischungsverhältnis selbst anpassen können. Essigessenz baut sich biologisch ab, weshalb Sie Restmischungen auch bedenkenlos in den Abfluss gießen dürfen.

Standardmäßig verdünnen Sie Essigessenz im Verhältnis 1:4 mit Wasser (1 Teil Essigessenz auf 4 Teile Wasser). Bei starken Verkalkungen empfiehlt sich eine 1:2- oder sogar 1:1-Mischung für schnellere Ergebnisse.

Abbildung 13.11 Ein Messbecher hilft bei der Mischung.

Mit einem Messbecher stellen Sie das exakte Verhältnis her. Für eine 1:4-Mischung füllen Sie 400 ml Wasser und anschließend 100 ml Essigessenz ein.

9. Nach der Einweichzeit nehmen Sie den Duschkopf aus der Lösung und begutachten das Ergebnis. Die Wasserdüsen sollten nun kalkfrei sein. Montieren Sie den Duschkopf nun in der umgekehrten Reihenfolge wie beim Demontieren. Setzen Sie die Überwurfmutter von Hand an das Gewinde und drehen Sie sie zunächst handfest im Uhrzeigersinn. Legen Sie dann den Lappen um die Mutter und ziehen Sie diese mit der Zange fest.

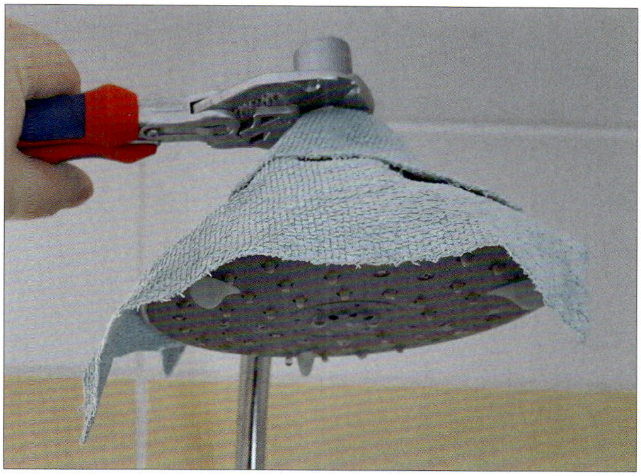

10. Dann können Sie den endgültigen Erfolg durch einen Funktionstest in der Dusche prüfen.

Nichts wegschütten

Die Essigessenz kann mehrfach verwendet werden, falls es noch weitere Duschköpfe oder Vergleichbares zu entkalken gibt. Füllen Sie die Mischung wieder in den Messbecher um, legen Sie den nächsten Duschkopf in die Schüssel und füllen Sie die Essigessenz-Mischung wieder in den Duschkopf ein, bis alle zu entkalkenden Teile unter Wasser stehen.

13.5.1 Wassersparende Duschkopf-Modelle und ihre Technologie

Klassische Duschköpfe verbrauchen etwa 12 bis 15 Liter Wasser pro Minute. Wenn Sie Wasser und Energiekosten sparen möchten, lohnt sich ein Blick auf moderne wassersparende Modelle. Diese reduzieren den Durchfluss auf 6 bis 9 Liter pro Minute, ohne das Duscherlebnis wesentlich zu beeinträchtigen.

Moderne ECO-Duschköpfe arbeiten mit verschiedenen Technologien:

- **Durchflussbegrenzer** mischen Luft unter den Wasserstrahl, wodurch bei gleichem Strahlvolumen weniger Wasser benötigt wird. Die eingemischte Luft erzeugt zudem ein angenehm weiches Strahlbild.
- Einige Modelle verfügen über **Durchflussstopper**, mit denen Sie den Wasserfluss beim Einseifen kurz unterbrechen können, ohne die Temperatureinstellung zu ver-

ändern. (Dieser Typ ist eher in England gebräuchlich, aber praktisch, wenn die Dusche keine Mischarmatur hat!)

- **Druckregulierende Duschköpfe** halten den Wasserdruck unabhängig vom Leitungsdruck konstant und vermeiden so unnötigen Wasserverbrauch bei hohem Leitungsdruck.

Vorteile wassersparender Duschköpfe

Neben der offensichtlichen Wasser- und Kosteneinsparung bieten diese Modelle weitere Vorteile:

- Sie sparen nicht nur Wasser, sondern auch Energie zur Wassererwärmung.
- Wassersparende Duschköpfe verkalken langsamer als herkömmliche Modelle.
- Viele sparsame Duschköpfe bieten trotz geringerem Wasserverbrauch verschiedene Massageeinstellungen.

13.6 Silikonfuge erneuern oder reinigen

Eine Silikonfuge finden Sie meist dort, wo Wasser nicht in eine Ritze gelangen darf. Leider halten Silikonfugen nicht ewig und müssen nach ein bis zwei Jahrzehnten erneuert werden.

!

Es gibt mehrere Gründe für verfärbte Silikonfugen

Silikonfugen laufen häufig an und bekommen nach einiger Zeit eine unansehnliche Farbe. Wenn dies allerdings in den ersten 1 bis 2 Wochen nach dem Aufbringen einer neuen Silikonfuge passiert, dann wurde entweder das falsche Silikon verwendet oder es war schon abgelaufen.

Silikondichtmassen für spezifische Anwendungsbereiche

Silikondichtmassen unterscheiden sich wesentlich in ihrer chemischen Zusammensetzung und ihren Eigenschaften:

- Im Bad benötigen Sie **Sanitärsilikon**, weil es Schimmelschutzadditive enthält und der erhöhten Feuchtigkeit standhält. Es härtet zu einer elastischen, wasserdichten Dichtung aus, die Bewegungen zwischen Materialien ausgleicht.
- Für den Außenbereich eignet sich UV-beständiges **Bausilikon** oder spezielles **Wettersilikon**, weil diese Materialien extremen Temperaturschwankungen trotzen und unter Sonneneinstrahlung nicht vergilben oder brüchig werden.

- **Natursteinsilikon** verhindert durch seine spezielle Beschaffenheit unschöne Verfärbungen an porösen Untergründen wie Marmor oder Granit.
- **Aquariensilikon** verzichtet dagegen auf Fungizide und andere Zusätze, weshalb es für den Kontakt mit Wasser und Lebewesen geeignet ist.
- **Hochtemperatursilikon** hält extremen Temperaturen von bis zu 300°C stand, weshalb es bei Kamin-, Heizungs- und Motoranwendungen zum Einsatz kommt.

Verfärbungen und Alterungsmerkmale bei Silikon

Abgelaufenes Silikon erkennen Sie an mehreren charakteristischen Alterungsmerkmalen. Die Oberfläche zeigt Risse, Sprünge oder eine netzartige Struktur, weil das Material seine Elastizität verliert. Typische Alterserscheinungen umfassen auch Vergilbungen, die gleichmäßig über die gesamte Dichtmasse auftreten und einen gelblichen bis bräunlichen Farbton annehmen.

Dagegen deuten punktuelle oder fleckige Verfärbungen auf Fehler im Einsatzbereich hin:

- Im Sanitärbereich verrät schwarzer oder grünlicher Schimmelbefall den Einsatz von ungeeignetem Bausilikon ohne Fungizide.
- Bei Naturstein führt gewöhnliches Silikon zu dunklen Rändern entlang der Fugen, weil Weichmacher in das poröse Material einziehen.
- Außensilikon ohne UV-Schutz reagiert auf Sonneneinstrahlung mit ungleichmäßiger Farbveränderung und oberflächlicher Versprödung, während die tieferen Schichten noch elastisch bleiben.
- Bei stark belasteten Heizungsanlagen oder Motorteilen verraten braune bis schwarze Verfärbungen und Verhärtungen den Einsatz von herkömmlichem statt hitzebeständigem Spezialsilikon.

Der Zeitfaktor: Frische und Haltbarkeit von Silikondichtmassen

Treten Verfärbungen oder Mängel bereits kurz nach dem Auftragen der Silikonfuge auf, deutet dies häufig auf abgelaufenes Material hin. Silikondichtmassen besitzen eine begrenzte Haltbarkeit von typischerweise 12 bis 18 Monaten nach der Herstellung. Nur während dieser Zeit bewahren sie ihre optimalen Verarbeitungseigenschaften.

Bei zu lange gelagerten Kartuschen setzt der Alterungsprozess bereits in der Verpackung ein, wodurch Inhaltsstoffe sich entmischen oder chemische Prozesse vorzeitig starten. Dies erkennen Sie an verzögerter oder unvollständiger Aushärtung, klebriger Oberfläche und mangelhafter Haftung am Untergrund. Die Dichtmasse verliert ihre Elastizität schneller und reißt bereits bei geringer Belastung.

Vermeiden Sie deshalb die Verwendung alter Silikonkartuschen aus der Garage, weil diese Vorgehensweise letztlich mehr kostet als nützt. Kaufen Sie für jedes Projekt frisches Material und achten Sie auf das Produktionsdatum. So sparen Sie Zeit, Geld und Ärger bei Ihrem nächsten Bauprojekt.

13.6.1 Wann lässt sich eine Silikonfuge noch retten und wann nicht?

Eine verdreckte Silikonfuge im Bad hat ein charakteristisches Aussehen. Ist sie mit schwarzen Flecken durchsetzt, dann hat sich Schimmel festgesetzt und es bleibt Ihnen nichts anderes übrig, als das Silikon zu erneuern. Auch wenn sich das Silikon von der Oberfläche ablöst oder aufgerissen ist und Wasser in den entstandenen Spalt eindringen kann, muss es ersetzt werden.

Ist das Silikon allerdings nur verfärbt, können Sie versuchen, es mit dem richtigen Reinigungsmittel wieder sauber zu bekommen.

13.6.2 Wie reinigt man eine Silikonfuge im Sanitärbereich?

Wenn das Silikon nur verschmutzt ist und sich Mineralablagerungen festgesetzt haben, bekommt die Fuge meist einen rötlich-braunen Farbton.

Solch eine Verfärbung lässt sich einfach mit Zitronensäurereiniger entfernen. Sprühen Sie das Silikon ein und lassen Sie das Mittel ein paar Minuten einwirken.

Abbildung 13.12 Einsprühen der Silikonfuge mit einem Zitronensäurereiniger

Solch einen Zitronensäure-Sprühreiniger bekommen Sie in jedem Supermarkt.

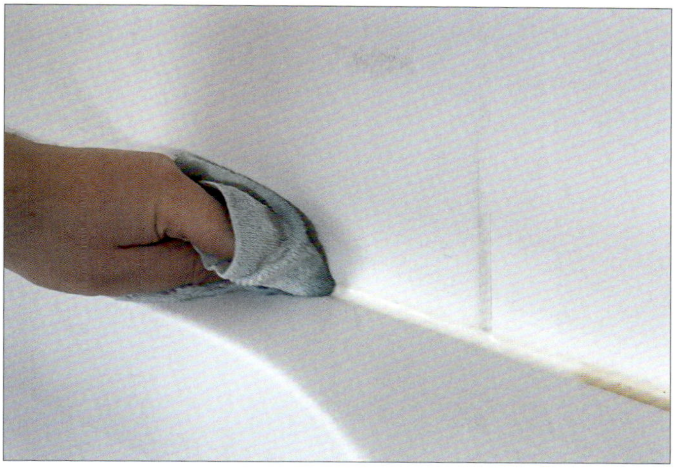

Abbildung 13.13 Abwischen und Entfernen der gelösten Verschmutzung

Nach dem Einwirken wischen Sie die Silikonfuge mit einem angefeuchteten Mikrofasertuch ab. Die Verfärbung sollte sich einfach wegwischen lassen. Wenn ein paar verfärbte Stellen übrig bleiben, sprühen Sie diese noch einmal ein und wiederholen den Vorgang.

13.6.3 Wie ersetzt man eine Silikonfuge?

Bevor Sie eine neue Silikonfuge aufbringen können, müssen Sie das alte Silikon erst entfernen und den Untergrund gründlich sauber machen.

Wählen Sie das passende Silikon für Ihren Anwendungsbereich (siehe oben). Prüfen Sie beim Kauf das Haltbarkeitsdatum der Kartusche, um Probleme mit abgelaufenem Material zu vermeiden. Falls das Ablaufdatum nur wenige Monate bevorsteht, besorgen Sie sich frischeres Silikon in einem anderen Geschäft. Lässt sich kein neueres Produkt finden, verarbeiten Sie das vorhandene Material und hoffen auf gute Ergebnisse. Im ungünstigsten Fall erneuern Sie die Fuge später – Hauptsache, Undichtigkeiten und eindringendes Wasser werden erst einmal verhindert. Solche Wasserschäden beeinträchtigen nämlich die Bausubstanz erheblich und verursachen höhere Kosten, als eine Silikonfuge nochmals zu erneuern.

Farben

Silikon bekommen Sie in vielen Farben. Weiß, Schwarz, Dunkelgrau und Transparent sind die gängigsten Varianten, die in jedem Baumarkt zu finden sind.

Abbildung 13.14 Sanitärsilikon gibt es auch in Mini-Kartuschen für kleinere Arbeiten.

Welches Werkzeug ist nötig?

Bevor Sie mit der Silikonfuge anfangen, sollten Sie folgende Werkzeuge zur Hand haben:

- Cutter-Messer
- Silikon-Ziehklinge
- Ceranfeld-Schaber
- Kartuschenhalter (»Silikonpistole«)
- eine kleine Schüssel mit Seifenlauge

Was auch ab und an gebraucht wird:

- Silikonentferner
- Klebeband

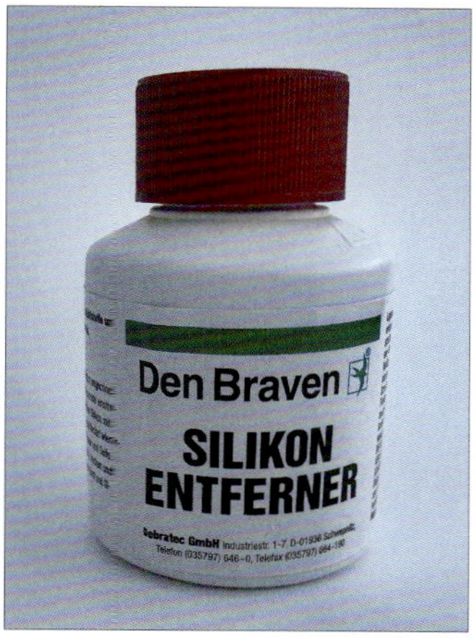

Abbildung 13.15 Silikonentferner dient zum Anlösen alten Silikons.

Es können Dämpfe entstehen

Belüften Sie den Raum während der Arbeit und Aushärtung, weil freigesetzte Essigsäure unangenehm riechen kann.

Bereiten Sie vor dem Beginn der Arbeiten etwas Seifenwasser in einer kleinen Schüssel vor. Geben Sie dazu einfach einen Tropfen Spülmittel in Wasser und rühren Sie um. Damit können Sie Ihren Finger vor dem Glätten des Silikons anfeuchten. Durch das Spülmittel bleibt kein Silikon an Ihrem Finger haften und die Oberfläche wird glatt.

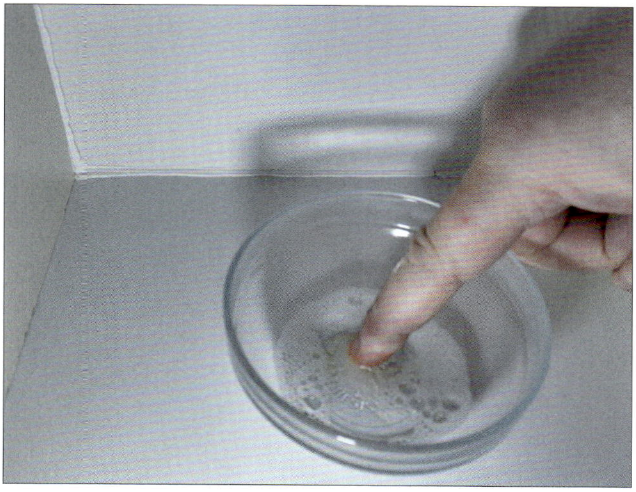

SCHRITT FÜR SCHRITT

Eine Silikonfuge erneuern

1. Rüsten Sie sich mit Schutzhandschuhen, Schutzbrille und einem scharfem Cuttermesser aus. Ein Cuttermesser ist praktisch für die Silikonentfernung: Mit der schmalen, langen Klinge kommen Sie gut in Ritzen hinein.

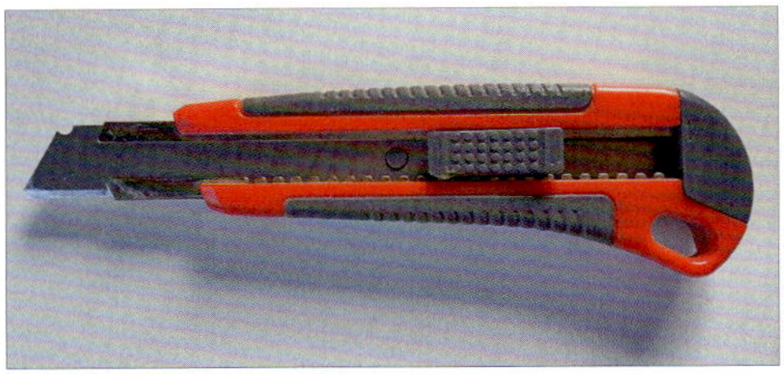

2. Schneiden Sie die alte Silikonfuge mit dem Cuttermesser an beiden Seiten vorsichtig ein, ohne den Untergrund zu beschädigen.

   Lösen Sie dann das Silikon mit einem speziellen Silikonlöser, indem Sie das Mittel auftragen und etwa 30 Minuten einwirken lassen.

   Kratzen Sie das erweichte Silikon mit einem Fugenkratzer oder Silikonschaber vollständig aus der Fuge heraus. Ein Silikonfugenmesser mit speziell geformter Schneide ist hierbei sehr nützlich.

3. Entfernen Sie hartnäckige Silikonreste mit einem Ceranfeld-Kratzer oder einem Stück Schleifvlies. Auch ein Ceranfeld-Kratzer ist sehr gut zum Entfernen von Silikon geeignet.

4. Befreien Sie die gereinigten Fugenflächen mit Isopropylalkohol, Reinigungsbenzin oder Aceton von Fett, Seifenresten und Kalkablagerungen.

Nicht alles ist Keramik, was so aussieht!

Aceton kann nichtkeramische Duschtassen, Badewannen und Waschbecken verfärben! Aceton steckt auch in Nagellackentferner – verwenden Sie diesen nur auf Keramik und Emaille, niemals auf Acryl oder Mineralguss.

So unterscheiden Sie die Materialien:

- **Keramik**: Klingt beim Klopfen hell und hart, fühlt sich kühl an, sehr glatte Oberfläche.
- **Acryl**: Gibt bei Druck leicht nach, fühlt sich warm an, klingt dumpf. Wird häufig bei Duschtassen und Badewannen verwendet.
- **Mineralguss/Kunststein**: Sehr schwer, matte Oberfläche, fühlt sich samtig an. Wird oft bei modernen Waschbecken verwendet.
- **Emaille**: Dünne Glasschicht auf Metall, klingt metallisch. Wird vor allem bei älteren Badewannen verwendet.

5. Tragen Sie das Reinigungsmittel mit einem fusselfreien Tuch auf und wischen Sie gründlich alle Oberflächen ab.

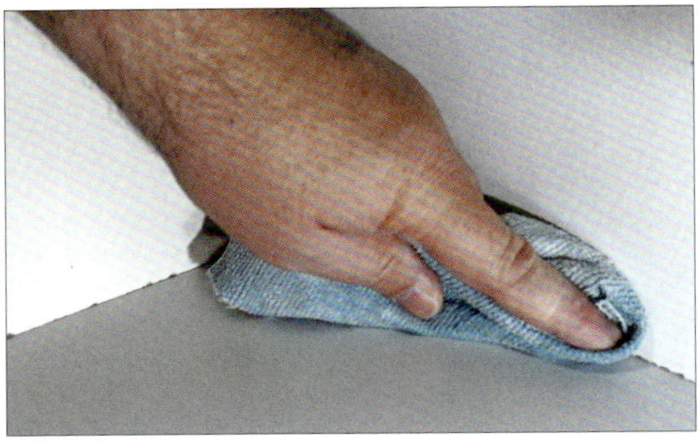

6. Lassen Sie den Untergrund vollständig austrocknen, mindestens 2 bis 3 Stunden, besser über Nacht.
7. Prüfen Sie die Fugenflächen auf Beschädigungen und reparieren Sie diese gegebenenfalls vor dem Neuauftrag.
8. Entfernen Sie Staub und lose Partikel mit einem trockenen, sauberen Tuch kurz vor dem Auftragen der neuen Fuge.
9. Dann geht es daran, die neue Silikonfuge aufzutragen. Wählen Sie das richtige Silikon für Ihren Anwendungsbereich aus – Sanitärsilikon im Bad, Bausilikon für andere Wohnraumbereiche (siehe oben). Prüfen Sie sicherheitshalber noch mal das Haltbarkeitsdatum.
10. Bereiten Sie die Kartusche vor, indem Sie die Spitze schräg abschneiden – je nach gewünschter Fugenbreite etwa 3 bis 5 mm. Schneiden Sie die Düse der Kartusche schräg an.

11. Nun schneiden Sie den Verschluss der Kartusche ab.

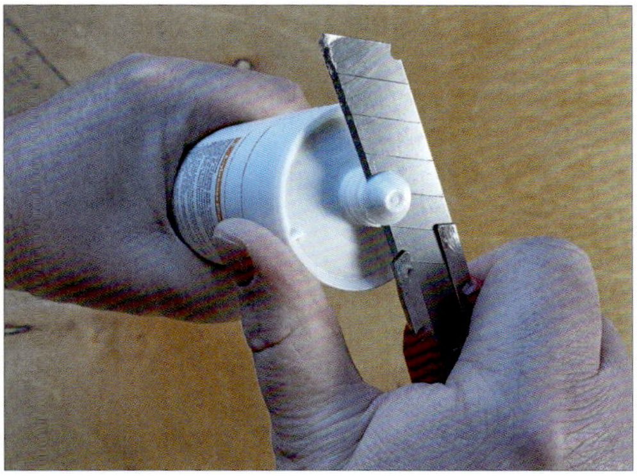

12. Spannen Sie die Kartusche in die Silikonpistole ein, indem Sie die Rasten am Druckgestänge nach oben drehen, um sie zu entsperren. Das Gestänge presst das Silikon aus der Kartusche, wenn die Rasten nach unten schauen.

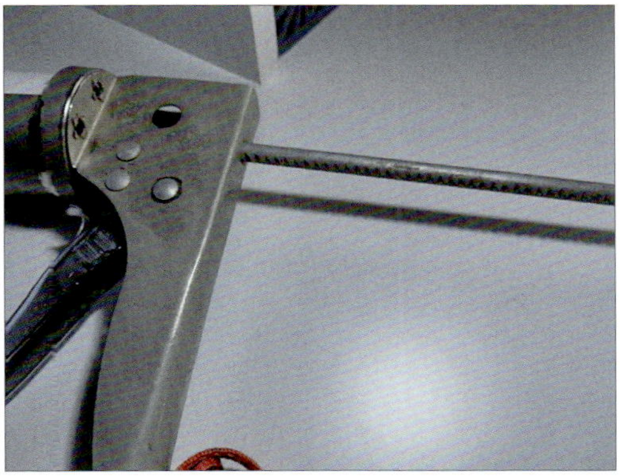

13. Legen Sie die Kartusche mit dem Ende zuerst in die Halterung ein.

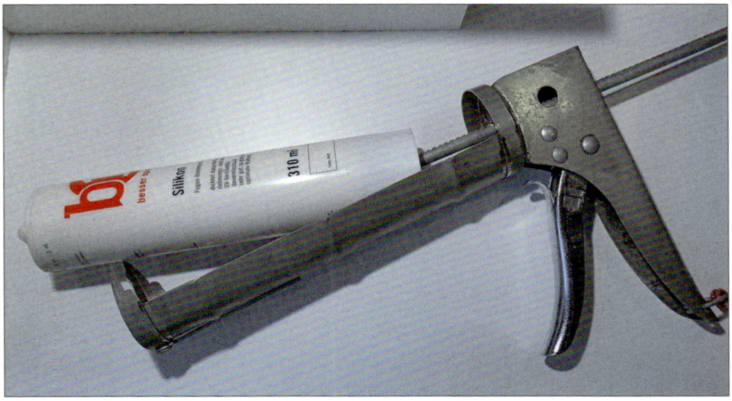

14. Ziehen Sie das Gestänge vollständig zurück, sodass genügend Platz für die Kartusche entsteht, und setzen Sie die Silikonkartusche mit der Spitze nach vorn in die Halterung der Pistole ein. Falls Sie die Spitze noch nicht aufgeschraubt haben, können Sie dies auch jetzt noch tun.

15. Drehen Sie die Rasten des Gestänges wieder nach unten, um das Silikon mithilfe des Griffs aus der Kartusche pressen zu können.

+ Klebeband kann die Silikonfuge begrenzen

Falls Sie unsicher sind und falls je nach Material auch nichts danebengehen darf, dann setzen Sie Klebeband ein und bringen links und rechts von der Fuge eine Fugenbegrenzung auf, um überschüssiges Material leicht zusammen mit dem Band entfernen zu können.

16. Bringen Sie das Silikon gleichmäßig mit leichtem Druck in die Fuge ein und halten Sie dabei die Pistole in einem 35°- bis 45°-Winkel. Silikon ist dickflüssig, Sie brauchen Kraft und Geduld dafür! Wenn das Silikon nicht glatt aussieht und etwas ungleichmäßig ist, müssen Sie sich aber keine Sorgen machen. Beim Glattziehen der Fuge wird alles noch ausgeglichen und geglättet.

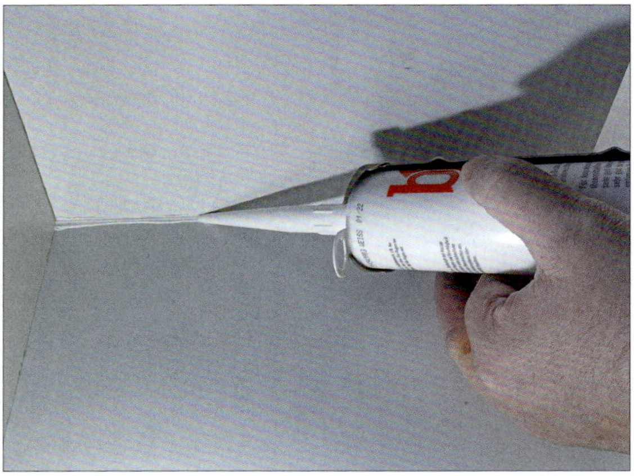

17. Glätten Sie die frische Silikonfuge innerhalb von 5 bis 10 Minuten mit einem Fugenglätter oder mit Ihrem Finger, den Sie mit Spülmittelwasser befeuchtet haben. Der Spüli-Finger ersetzt in vielen Fällen das Werkzeug und sorgt für eine schöne und glatte Fuge.

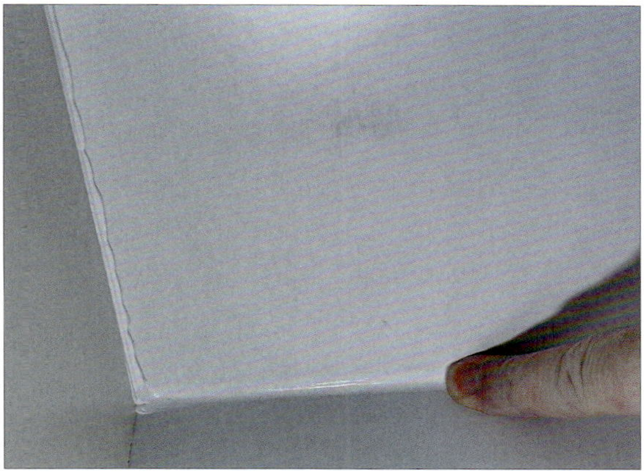

18. Alternativ können Sie die Fuge auch mit einem Glättfix abziehen oder mit einem Holzspatel. Indem Sie sein Ende passend verformen, können Sie der Fuge ein spezielles Profil geben. Insbesondere an schwer zugänglichen Stellen ist ein langer Holzspatel zum Abziehen der Silikonfuge praktisch.

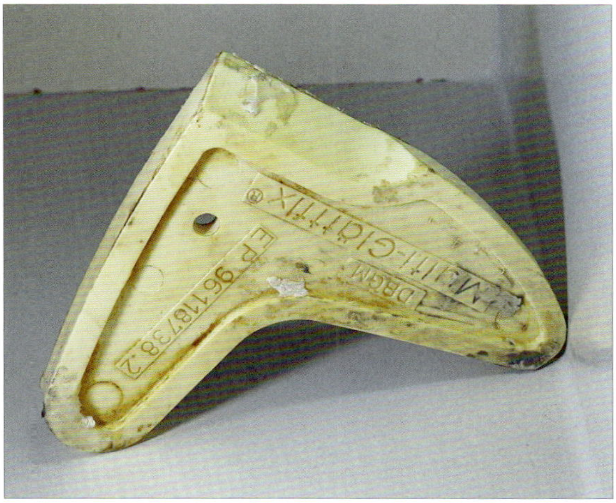

19. Lassen Sie die neue Fuge mindestens 24 Stunden aushärten, bevor sie mit Wasser in Kontakt kommt.

20. Wischen Sie nach dem Glätten der Fuge das überschüssige Silikon mit einem Stück Küchentuch ab. Falls es notwendig werden sollte, feuchten Sie Ihren Finger erneut im Spülwasser an und gehen noch einmal sanft über das schon geglättete Silikon.

21. Ziehen Sie nun das optional angebrachte Klebeband vorsichtig ab, bevor das Silikon anzieht. So erhalten Sie saubere Kanten.

Das »Drei-Flächen-Haftungsverbot«

Diese Regel gibt es unter vielen Namen; sie wird auch häufig das *Zwei-Flanken-Prinzip* genannt. Sie bedeutet in der Praxis, dass bei einer Silikonfuge das Silikon nur an zwei gegenüberliegenden Flächen (Flanken) haften sollte, nicht aber am Fugengrund. Dies verhindert, dass die Fuge bei Bewegungen der Untergründe (z. B. durch Temperaturänderungen oder Materialausdehnung) reißt.

Abbildung 13.16 Rundmaterial für einen Hohlraum hinter einer Fuge

Wenn das Silikon hingegen an drei Flächen haftet (an zwei Seitenflächen und am Boden der Fuge), kann es bei Bewegungen zu Spannungen kommen, da sich das Silikon nicht richtig dehnen kann. Dies führt dann zu Rissen und undichten Stellen. Gerade bei einer Badewanne kann dies auftreten: Wenn Sie heißes Wasser in die Wanne einlassen, kann sich ihr Rand durch die Temperaturänderung im Verhältnis zur Wand bewegen – zwar nur minimal, aber für eine schlechte Fuge schon zu sehr.

Die Lösung besteht darin, den Fugengrund mit einem elastischen Material auszufüllen, meist mit einem speziellen Hinterfüllmaterial (Rundschnur/PE-Rundprofil) oder bei kleineren Fugen mit Klebeband. Dieses Material verhindert, dass Silikon am Fugengrund haftet, und ermöglicht die notwendige Bewegungsfreiheit.

13.7 Siphon reinigen

Wenn das Wasser aus einem Waschbecken schlecht oder auch gar nicht mehr abläuft, ist meist der Siphon verstopft. Sie finden den Siphon unter dem Waschbecken, er ist das halbkreisförmig gebogene Rohr unterhalb des Abflusses. Diese spezielle Form blockiert die unangenehmen Gerüche aus der Kanalisation. Manchmal sammeln sich aber auch übelriechende Ablagerungen im Rohrbogen selbst an. Obwohl er weiterhin die Gerüche aus der Kanalisation blockiert, verströmt der Siphon nun selbst einen unangenehmen Geruch. Einen Siphon zu reinigen ist aber nicht schwer und in ein paar Minuten erledigt.

Abbildung 13.17 Der Siphon eines Waschbeckens besteht aus Segment-Rohrstücken. (Quelle: https://de.wikipedia.org/wiki/Geruchsverschluss#/media/Datei:Siphon_(fcm).png)

Das zeitlose Prinzip eines Waschbeckensiphons

Bereits im Jahr 230 vor unserer Zeitrechnung entdeckten die Griechen das Siphon-Prinzip, und doch hat sich dieser geniale flüssigkeitsdurchlässige Verschluss bis heute nicht weltweit durchgesetzt.

Der Siphon funktioniert nach einem simplen, aber brillanten Konzept: Das Wasser im Bogenteil bildet eine natürliche Barriere gegen unangenehme Kanalisationsgerüche. Fließt Wasser aus dem Waschbecken, steigt der Pegel im Siphonbogen, bis die Flüssigkeit über den Kanalanschluss abläuft. Stellt man die Wasserzufuhr ein, läuft das Wasser nur teilweise ab – ein Restpegel verbleibt im Bogen und sorgt zuverlässig dafür, dass keine üblen Gerüche bis ins Waschbecken aufsteigen. Diese effektive Kombination aus Wasser, Schwerkraft und Überlaufprinzip erzeugt einen Verschluss, der Flüssigkeiten durchlässt, aber Gase blockiert.

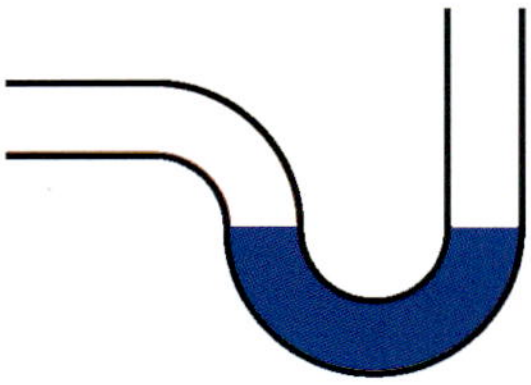

Abbildung 13.18 Prinzip-Zeichnung eines Waschbeckensiphons

SCHRITT FÜR SCHRITT

Einen Siphon reinigen

1. Schaffen Sie zuerst Platz unter der Spüle oder unter dem Waschbecken. Besorgen Sie sich einen alten Lappen, einen Eimer und eine Flaschenbürste. Gummihandschuhe sind sehr empfehlenswert.
2. Stellen Sie den Eimer unter den Siphon und lösen Sie die beiden Überwurfmuttern am unteren Rohrbogen per Hand.

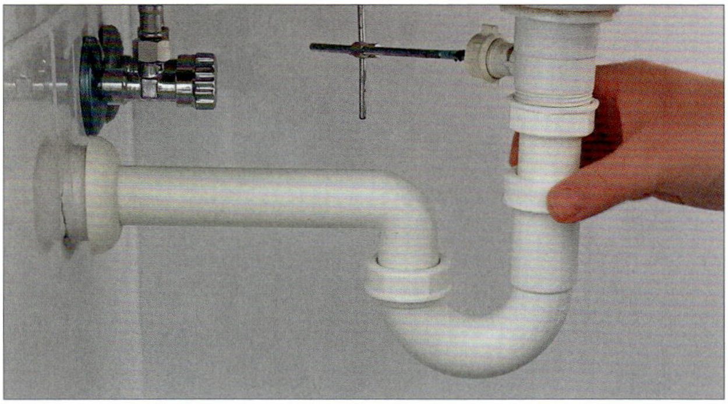

3. Nehmen Sie den gelösten Siphon ab und legen Sie ihn in den Eimer. Der Eimer fängt das austretende Wasser auf. Falls der Siphon blockiert war, sollte das, was die Blockade verursacht hat, im Eimer landen. Sie können die Flaschenbürste zu Hilfe nehmen, um alles aus dem Rohrbogen zu schieben.

4. Reinigen Sie den Siphon danach in einem anderen Waschbecken gründlich mit der Flaschenbürste. Helfen Sie mit reichlich fließendem Wasser nach.

5. Versuchen Sie, die Innenwände von allen Rückständen zu befreien, weil glatte Rohrwände den Wasserfluss verbessern und Verstopfungen sowie Gerüche vorbeugen.

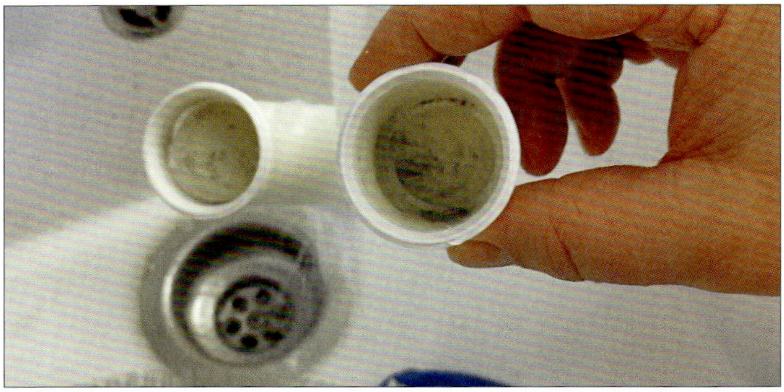

6. Führen Sie die Flaschenbürste auch in beide offen liegenden Rohrenden ein, um das Rohr zum Waschbecken und das Rohr zur Kanalisation zu säubern.

7. Säubern Sie die Gummidichtungen in den Überwurfmuttern. Achten Sie darauf, dass Dichtungen und Rohrenden nach der Reinigung frei von Schmutz sind und die Dichtungen wieder korrekt in den Überwurfmuttern sitzen, damit später kein Wasser austreten kann.

8. Montieren Sie den Siphon wieder an. Drehen Sie dabei die Überwurfmuttern handfest an. Füllen Sie dann das Waschbecken mit Wasser und öffnen Sie den Abfluss, um den Siphon durchzuspülen. Prüfen Sie, ob Wasser austritt. Lassen den Eimer zunächst unter dem Siphon und legen Sie später ein Stück Küchenkrepp unter ihn, um mögliche Undichtigkeiten zu erkennen.

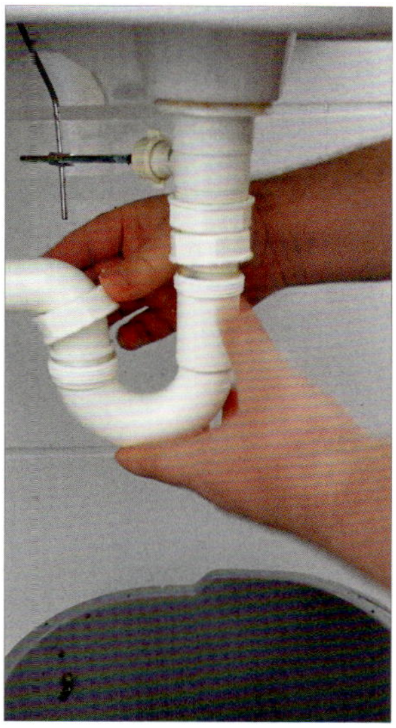

9. Wenn nach mehrmaliger Nutzung des Waschbeckens das Stück Küchenkrepp keine Tropfspuren aufweist, ist alles dicht und die Reinigung des Siphons abgeschlossen.

13.8 Rohrblockade beseitigen

Rohrverstopfungen ereignen sich bevorzugt am Wochenende in den späten Abendstunden: Der Duschabfluss läuft über, während die Waschmaschine läuft. Abwasser staut sich im verstopften Rohr zurück und tritt an der niedrigsten Stelle aus – typischerweise am Duschabfluss. In Mehrfamilienhäusern überschwemmt das Wasser möglicherweise untere Stockwerke, ohne dass die Bewohner in den oberen Etagen davon Kenntnis erlangen.

Wenn Sie eine Verstopfung entdecken, stellen Sie unverzüglich den Wasserzulauf ab. Schalten Sie die Wasch- oder Spülmaschine aus und vermeiden Sie die Nutzung aller Wasserhähne. Beseitigen Sie anschließend die Überschwemmung und entsorgen Sie das Schmutzwasser mit einem Eimer im Garten oder im Straßengully.

Die Blockade lokalisieren

Versuchen Sie die Position der Verstopfung systematisch zu lokalisieren, bevor Sie mit der Beseitigung beginnen. Denken Sie dabei an die Gebäudestruktur: Verstopfungen treten häufig an Rohrverbindungen, Krümmungen oder bei Übergängen zu größeren Abwasserrohren auf.

- Testen Sie alle Abflüsse in Ihrer Wohnung. Abflüsse, die schnell überlaufen, liegen näher an der Blockade als jene, die langsam reagieren.
- Achten Sie auf gurgelnde Geräusche in benachbarten Abflüssen – sie deuten auf Luft hin, die von abfließendem Wasser durch das Material gedrückt wird, das dabei ist, das Rohr zu verstopfen.
- Verfolgen Sie den gedachten Verlauf der Rohre vom überlaufenden Abfluss bis zum Hauptrohr. Die Verstopfung liegt wahrscheinlich an einer Verzweigung oder Biegung.

Es muss nicht klappen, aber einen Versuch ist es wert

Es ist schwierig, in einem Mehrfamilienhaus oder in einem Haus, bei dessen Bau man nicht dabei war, eine Vorstellung vom Verlauf der Abflussrohre zu bekommen. Und normalerweise ist es auch sicherlich sinnvoller, einen Sanitär-Notdienst zu rufen, weil dessen Mitarbeiter Erfahrung haben und sich besser auskennen, was darin resultiert, dass diese Leute solche Blockaden schnell und sicher finden. Aber in diesem Kapitel geht es um den Notfall am Samstagabend und darum, es überhaupt einmal zu versuchen, wenn sonst alle Stricke reißen.

Die Blockade beseitigen

Haben Sie die Rohrblockade also aufgespürt, widmen Sie sich ihrer Beseitigung. Verstopfungen entstehen meist durch Gegenstände, die sich quer im Rohr verhaken und allmählich alles auffangen, was eigentlich ungehindert in die Kanalisation fließen sollte.

Das passende Werkzeug ist die Biegespirale. Sie ist eines jener Werkzeuge, die man auf Vorrat haben kann, vielleicht haben sollte, aber eher selten verwenden wird (hoffentlich).

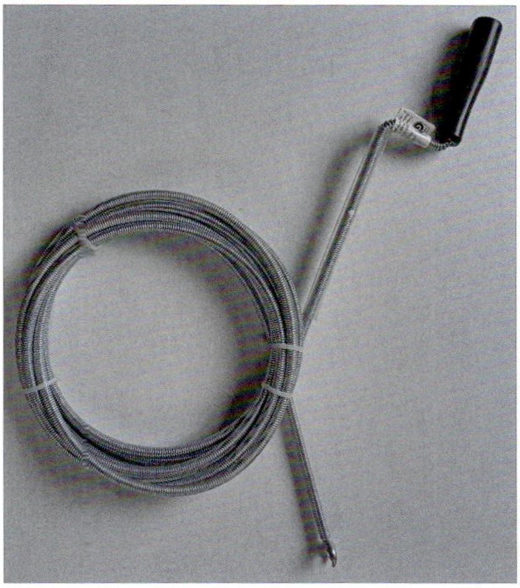

Abbildung 13.19 Eine Biegespirale dient zur Beseitigung von Rohrverstopfungen.

Die Biegespirale ermöglicht es Ihnen, das Rohr selbst zu reinigen. Führen Sie das Ende an der zur Blockade nächstgelegenen Stelle ins Abflussrohr ein und drehen Sie es per Hand, bis die Verstopfung durchbrochen wird.

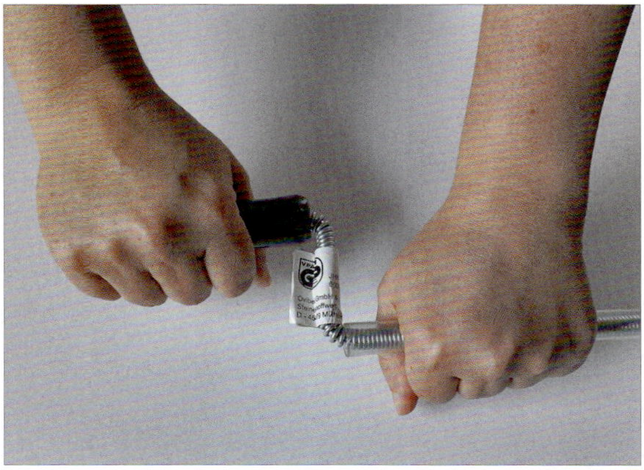

Abbildung 13.20 Eine Biegespirale wird per Hand betätigt. Sie ist an einem Ende entsprechend geformt, damit gekurbelt werden kann.

SCHRITT FÜR SCHRITT

Die Biegespirale einsetzen

1. Beginnen Sie immer an dem Abfluss, der am nächsten zur vermuteten Blockadestelle liegt. Verwenden Sie Gummihandschuhe und schützen Sie den umliegenden Bereich mit alten Handtüchern vor Spritzwasser.
2. Markieren Sie die Spirale mit Klebeband in regelmäßigen Abständen, um die Einführtiefe zu kontrollieren.
3. Kombinieren Sie die mechanische Reinigung mit einfachen Hausmitteln: Gießen Sie vor dem Einsatz der Spirale heißes Wasser (nicht kochend!) mit einer halben Tasse Backpulver und einer Tasse Essig in den Abfluss.
4. Drehen Sie die Spirale vorsichtig im Uhrzeigersinn beim Einführen und Zurückziehen. Spüren Sie einen Widerstand, haben Sie vermutlich die Blockade erreicht. Machen Sie sich auf Dreck und Gestank gefasst. Außerdem kann es eine Weile dauern, eine Blockade mit der Biegespirale zufriedenstellend aufzulösen.

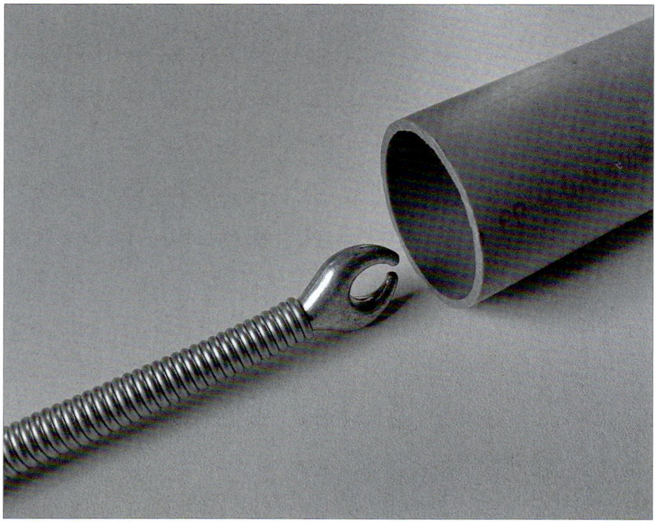

Abbildung 13.21 Das andere Ende der Biegespirale ist für seinen Einsatzzweck auch speziell geformt.

Wegen der beschriebenen Herausforderungen empfiehlt sich die Beauftragung eines Sanitärspezialisten, der mit Rohrkamera und professioneller Ausrüstung anrückt. Dennoch lohnt sich an Wochenenden und in den späten Abendstunden ein Eigenversuch – zumindest um die Situation so weit zu verbessern, dass der teure Wochenend-Notdienst entfällt.

Einzelne Abflüsse reinigen

Für kleinere Blockaden bewährt sich der klassische Saugglocken-Pömpel (auch Pümpel oder Gummistampfer genannt). Setzen Sie dieses Werkzeug luftdicht auf den Abfluss und bewegen Sie es mehrmals auf und ab. Der wechselnde Über- und Unterdruck löst oft Blockaden im Abflussrohr und ermöglicht wieder freien Wasserabfluss. (Bei einem Waschbecken müssen Sie dabei den Überlauf zuhalten, sonst kann sich kein Druck aufbauen.)

Abbildung 13.22 Der Pümpel – wer einmal mit ihm gearbeitet hat, wird ihn nie mehr vergessen.

Viele Blockaden befinden sich oft unmittelbar hinter der Toilettenschüssel – auch hier können Sie dem Pümpel anwenden, oder Sie erreichen die Verstopfung leicht mit einer Biegespirale. Die weiteren Schritte überlasse ich Ihrer Vorstellungskraft!

Präventive Maßnahmen

Beugen Sie zukünftigen Verstopfungen systematisch vor, indem Sie mehrere Strategien kombinieren:

- Installieren Sie Abflusssiebe in allen Waschbecken, Duschen und Badewannen. Diese fangen größere Partikel effektiv ab, bevor sie ins Rohrsystem gelangen. Wählen Sie dabei Modelle mit einem feinen Sieb, das auch kleinere Schmutzpartikel zurückhält.
- Etablieren Sie eine monatliche Rohrreinigungsroutine. Spülen Sie alle Abflüsse mit einem Rohreiniger. Lassen Sie diesen nach Herstellerangaben einwirken, bevor Sie mit reichlich klarem Wasser nachspülen.
- Vermeiden Sie konsequent das Einleiten problematischer Substanzen. Sammeln Sie Speisefette und -öle in separaten Behältern, anstatt sie in den Abfluss zu gießen. Entsorgen Sie Kaffeesatz, Teeblätter und Speisereste im Biomüll. Bei Toiletten gilt die einfache Regel: Nur Toilettenpapier gehört hinein – keine Feuchttücher, Windeln, Wattepads oder Hygieneartikel, selbst wenn diese als »spülbar« gekennzeichnet sind.

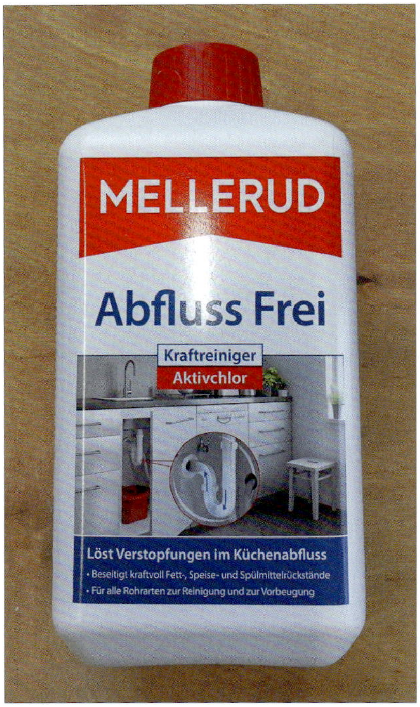

Abbildung 13.23 Ein spezieller Rohrreiniger für den Küchenbereich

Spezielle Maßnahmen für Familien mit langen Haaren

Haarablagerungen verursachen besonders häufig Verstopfungen, denn Haare verfilzen sich leicht zu massiven Barrieren, die andere Partikel auffangen und mit ihnen hartnäckige Blockaden bilden. Treffen Sie daher zusätzliche Vorkehrungen:

- Installieren Sie spezielle Haarfänger in Dusch- und Badewannenabflüssen. Diese feinen Siebe fangen selbst einzelne Haare auf und verhindern deren Eintritt ins Rohrsystem. Reinigen Sie diese Siebe nach jedem Duschvorgang, da sie sich schnell füllen.
- Kämmen Sie langes Haar vor dem Duschen oder Baden gründlich durch. Dies entfernt bereits lose Haare, die andernfalls während der Haarwäsche ausfallen würden. Sammeln Sie die ausgekämmten Haare im Mülleimer – niemals im Waschbecken.
- Wenden Sie bei Abflüssen, in denen Haare landen können, eine Reinigungsroutine an: Gießen Sie einmal im Monat einen Rohrreiniger in den Abfluss, der auch Haare auflöst. Es gibt speziell dafür entwickelte Produkte, die unter Namen wie »Haar-Weg Abflussfrei« zu finden sind.

Abbildung 13.24 Ein Rohrreiniger, der laut Etikett auch Haare auflöst

- Reinigen Sie regelmäßig die Siphons unter Waschbecken und Duschen, um angesammelte Haare manuell zu beseitigen. Diese vorbeugende Wartung erfordert zwar zusätzlichen Aufwand, verhindert jedoch kostspielige Notfallreparaturen.

Kapitel 14

Steckdosen, Schalter und Kabel

In einer Wohnung mit guter Elektrik geht alles einfacher und man fühlt sich wohler. Die richtige Planung und Installation von Steckdosen, Schaltern und Kabeln verbessert die Nutzbarkeit der Räume: Geräte können an der am besten geeigneten Stelle genutzt werden, wenn eine dafür notwendige Steckdose in Reichweite ist. Lichtschalter befinden sich an den Stellen, an denen die Hand intuitiv nach ihnen sucht – man merkt einem Raum schnell an, ob die Elektroinstallation in ihm durchdacht und funktional ist. Wenn sie es allerdings nicht ist, können Sie auch als Heimwerker bestehende Elektroinstallationen optimieren und erweitern, ohne tiefgreifende bauliche Eingriffe vornehmen zu müssen. Besprechen wir in diesem Kapitel einmal, was Sie selbst alles ändern können.

14.1 Fest installierte und steckbare Systeme

Elektroinstallationen teilen sich grundsätzlich in zwei Kategorien auf: in fest installierte und in steckbare Systeme:

- **Fest installierte Systeme** umfassen alle direkt mit dem Hausnetz verdrahteten Komponenten wie die Steckdosen in oder an der Wand sowie Lichtschalter. Veränderungen an diesen Installationen erfordern in Deutschland grundsätzlich einen Elektrofachbetrieb, da sie in die elektrische Grundinstallation des Hauses eingreifen. Ausnahmen bilden einige wenige Arbeiten wie der Austausch von Steckdosen oder Schaltern, die Sie unter bestimmten Voraussetzungen auch selbst durchführen dürfen. Das haben wir schon in Abschnitt 2.1.1 besprochen.
- **Steckbare Systeme** hingegen umfassen alle Komponenten, die über genormte Steckverbindungen mit dem Stromnetz verbunden werden. Hierzu zählen Mehrfachsteckdosen, Verlängerungskabel und mobile Leuchten. Diese Dinge dürfen Sie ohne Einschränkungen selbst installieren und anpassen.

Bei der Planung neuer Installationen – beispielsweise bei einer Renovierung oder einem Neubau – berücksichtigen Sie idealerweise künftige Anforderungen der gedachten Wohnsituation und -anordnung im Raum. Für eine größere Flexibilität planen Sie mehr Steckdosen, als momentan benötigt werden, und wählen Positionen, die auch beim Umstellen der Möblierung sinnvoll bleiben.

14.2 Mehrfachsteckdosen

Mehrfachsteckdosen erweitern die vorhandenen Anschlussmöglichkeiten und passen sich flexibel Ihren Bedürfnissen an. Beispielsweise ist es mit ihnen möglich, an einem Schreibtisch die vielen Steckdosen bereitzustellen, die all die heutigen modernen Arbeitsmittel benötigen. Sogenannte Kabelmanagementsysteme ermöglichen den Anschluss aller nötigen Steckernetzteile und sorgen für eine ordentliche und geordnete Unterbringung der Anschlusskabel.

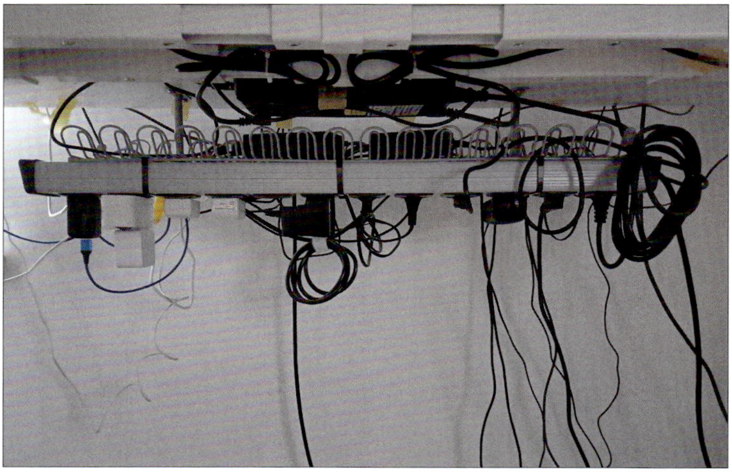

Abbildung 14.1 Schlechtes Kabelmanagement

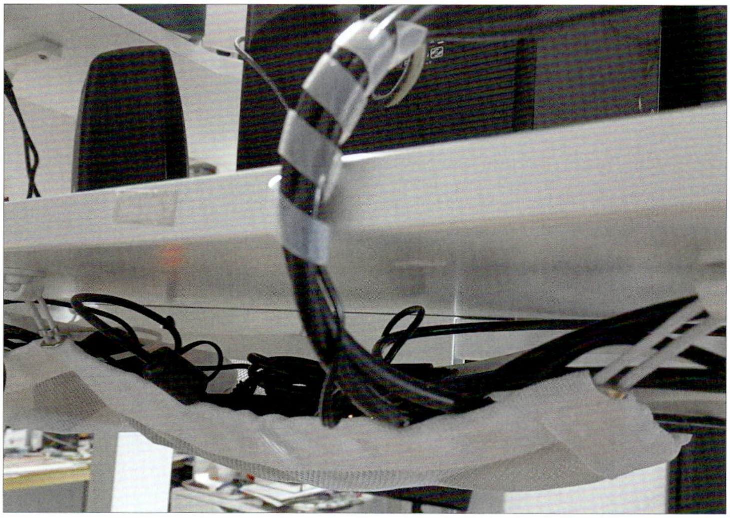

Abbildung 14.2 Gutes Kabelmanagement

Für einen sicheren Betrieb beachten Sie folgende Punkte:

- Die maximale Belastbarkeit einer Mehrfachsteckdose liegt typischerweise bei 3500 Watt. Addieren Sie die Leistungsaufnahme aller angeschlossenen Geräte, um Überlastungen zu vermeiden. Besonders leistungshungrige Geräte wie Wasserkocher, Klimageräte oder Heizlüfter schließen Sie besser direkt an eine Wandsteckdose an.
- Vermeiden Sie das Hintereinanderschalten von mehreren Steckdosenleisten. Diese »Steckdosenketten« erhöhen das Risiko von Überlastungen und Kabelbränden erheblich. Jede Mehrfachsteckdose sollte direkt an eine Wandsteckdose angeschlossen werden.
- Achten Sie auf Qualitätsmerkmale wie das GS-Zeichen und VDE-Prüfsiegel. Hochwertige Modelle verfügen über eingebaute Überspannungsschutzvorrichtungen und Hauptschalter, um sie vollständig vom Stromnetz zu trennen. Diese Funktionen sparen Energie und schützen angeschlossene Geräte.

Für spezielle Anforderungen existieren verschiedene Bauformen: Tischsteckdosen mit Befestigungsmöglichkeiten für Schreibtische, Bodensteckdosen für offene Wohnbereiche oder Ecksteckdosenleisten für die platzsparende Installationen hinter Möbeln.

Abbildung 14.3 Hier wurde eine Mehrfachsteckdose mit Kabelbinder an einem Tischbein befestigt.

14.3 USB-Steckdosen

Mit der zunehmenden Anzahl mobiler Geräte steigt auch der Bedarf an USB-Ladeanschlüssen. USB-Steckdosen kombinieren konventionelle Schutzkontaktsteckdosen mit integrierten USB-Anschlüssen und eliminieren den Bedarf vieler separater Ladegeräte, die die verfügbaren Steckdosen schnell wieder blockieren würden.

Abbildung 14.4 Eine USB-Steckdose zum Einstecken, falls der Austausch der Unterputz-Steckdose nicht infrage kommt

Für die nachträgliche Installation können Sie vorhandene Unterputzsteckdosen gegen USB-Varianten austauschen. Schalten Sie vor Beginn der Arbeiten unbedingt die entsprechende Sicherung aus und prüfen Sie mit einem Spannungsprüfer die Spannungsfreiheit. Die Montage erfolgt analog zu herkömmlichen Steckdosen, wobei Sie auf eine eventuell größere Einbautiefe der USB-Steckdosen achten müssen.

Abbildung 14.5 Eine Steckdose mit zwei USB-Ladeports

Bei der Auswahl der USB-Steckdosen berücksichtigen Sie die Ladeleistung. Moderne Smartphones und Tablets benötigen mindestens 2 Ampere pro Port für effizientes

Laden. Geräte wie Gamepads kommen mit weniger aus, hier reichen oft 500-mA- oder 1-Ampere-USB-Ports. Ähnlich wie bei den Steckernetzteilen ist »mehr« nie »zu wenig«. Das bedeutet, Geräte, die mit weniger Ladeleistung auskommen, können ohne Probleme an USB-Ports geladen werden, die mehr Strom liefern können, als das Gerät beim Laden benötigt. Hochwertige Modelle bieten eine intelligente Ladeelektronik, die die optimale Ladeleistung für das angeschlossene Gerät automatisch erkennt.

Als flexible Alternative dienen Mehrfachsteckdosen mit integrierten USB-Anschlüssen. Diese lassen sich ohne Elektroinstallation einsetzen und bei Bedarf leicht umplatzieren. Für Schreibtische oder Nachttische eignen sich speziell gestaltete Tischsteckdosen mit USB-Ports, die sich direkt an der Kante der Arbeitsfläche montieren lassen.

14.4 Smarte Steckdosen

Smarte Steckdosen verwandeln herkömmliche Elektrogeräte in steuerbare Smart-Home-Komponenten. Durch die Integration in bestehende Sprachassistenten wie *Alexa* oder *Google Assistant* schaffen Sie komfortable Steuerungsmöglichkeiten und automatisierte Abläufe.

Die Einrichtung beginnt damit, dass Sie die smarte Steckdose in eine vorhandene Wandsteckdose stecken. Anschließend laden Sie die entsprechende Hersteller-App auf Ihr Smartphone und folgen den Einrichtungsanweisungen. Die meisten Modelle verbinden sich per WLAN mit Ihrem Heimnetzwerk. Achten Sie auf ein stabiles WLAN-Signal am Installationsort!

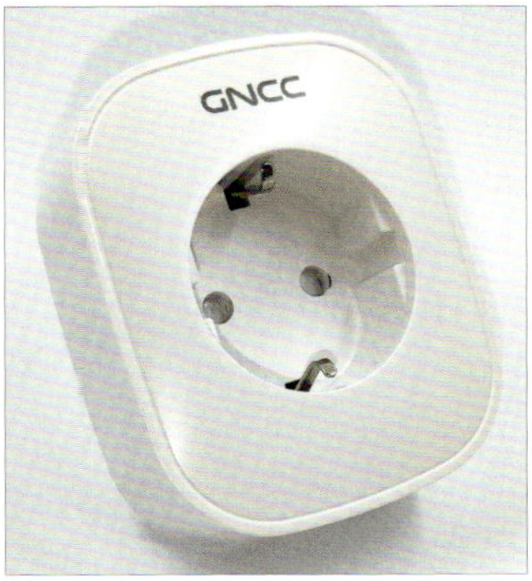

Abbildung 14.6 Achten Sie beim Kauf einer günstigen smarten Steckdose darauf, ob diese sich mit Alexa oder Google koppeln lässt.

Nach der Grundeinrichtung verbinden Sie die Steckdose mit Ihrem bevorzugten Sprachassistenten. Bei *Amazon Alexa* öffnen Sie die Alexa-App, navigieren zu GERÄTE und wählen GERÄT HINZUFÜGEN. Nach der Auswahl des Steckdosentyps oder der Herstellermarke folgen Sie den Anweisungen zur Verbindung. Bei *Google Home* wählen Sie in der Home-App das Plus-Symbol, dann GERÄT EINRICHTEN und folgen ebenfalls den spezifischen Anweisungen.

Für maximalen Komfort erstellen Sie Routinen oder sogenannte *Szenen*, die mehrere Aktionen miteinander verknüpfen. Eine Guten-Morgen-Routine könnte beispielsweise die Kaffeemaschine aktivieren und gleichzeitig das Licht im Badezimmer einschalten. Zeitpläne ermöglichen die automatische Steuerung zur festgelegten Zeit, etwa das Ausschalten des Fernsehers oder WiFi-Routers um Mitternacht.

Beachten Sie die maximale Belastbarkeit der smarten Steckdosen: Sie ist oft geringer als die herkömmlicher Steckdosen. Für leistungsstarke Geräte müssen Sie deshalb genau auf die Spezifikationen achten.

14.5 Verlängerungskabel anfertigen

Manchmal passen Standardlängen einfach nicht. In solchen Fällen lohnt sich die Anpassung vorhandener Verlängerungskabel oder sogar eine komplette Neuanfertigung mit einer individuellen Anschlussleitung.

Zum Kürzen eines Verlängerungskabels trennen Sie zunächst den Stecker vom Stromnetz. Das bedeutet, das Verlängerungskabel darf nicht angeschlossen sein und es darf auch nichts darin eingesteckt sein.

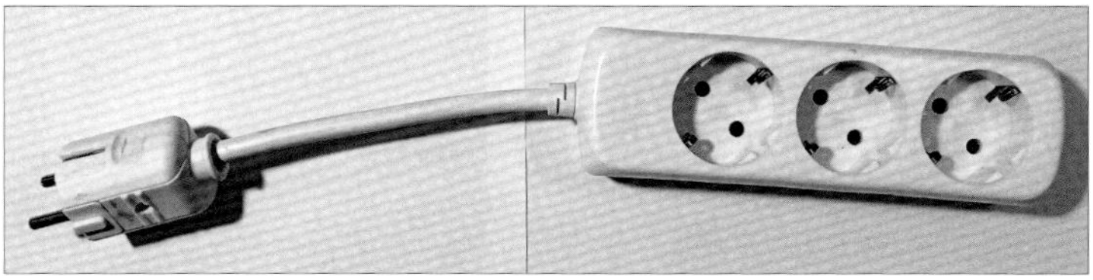

Abbildung 14.7 Ein gekürztes Verlängerungskabel – praktisch an Orten, an denen eine Steckdose in der Wand nicht ausreicht

SCHRITT FÜR SCHRITT

Ein Kabel kürzen

Zum Kürzen eines Kabels brauchen Sie folgendes Werkzeug:

- Schraubendreher
- Seitenschneider

- Cuttermesser
- Abisolierzange
- Aderendhülsen
- Aderendhülsenzange

1. Öffnen Sie das Steckergehäuse. Notieren Sie die Belegung der Kabeladern oder machen Sie ein Foto als Referenz. Nach dem Lösen der Anschlussklemmen kürzen Sie das Kabel auf die gewünschte Länge.

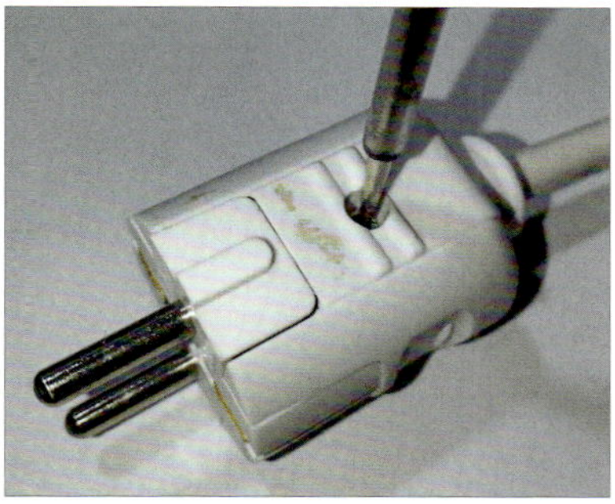

2. Falls sich der alte Stecker nicht öffnen lässt – meist ist er mit Sicherungsschrauben verschlossen oder vernietet –, kneifen Sie den Stecker einfach mit der überflüssigen Länge Kabel ab. Kaufen Sie im Baumarkt einen neuen Stecker.

   Kürzen Sie das Anschlusskabel auf die gewünschte Länge. Für die Neuverbindung entfernen Sie etwa 4 bis 5 cm der äußeren Isolation und kürzen die einzelnen Adern auf ca. 8 mm Abisolierlänge. Auf die freigelegten Drähte quetschen Sie nun die Aderendhülsen.

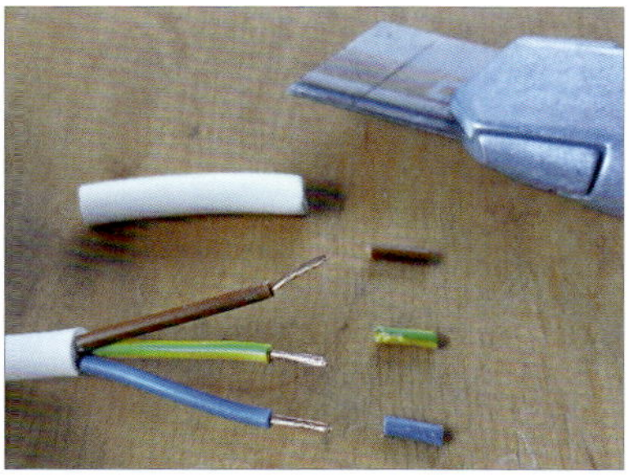

3. Schließen Sie die Adern dann gemäß der gekennzeichneten Belegung im Stecker an:
   - braun (oder schwarz) an L (Phase)
   - blau an N (Neutralleiter)
   - grün-gelb an PE (Schutzleiter)

Achten Sie auf den festen Sitz der Schraubverbindungen und die korrekte Führung der Adern im Stecker!

4. Bringen Sie auf den Aderenden Aderendhülsen an und quetschen Sie diese mit der Aderendhülsenzange fest.

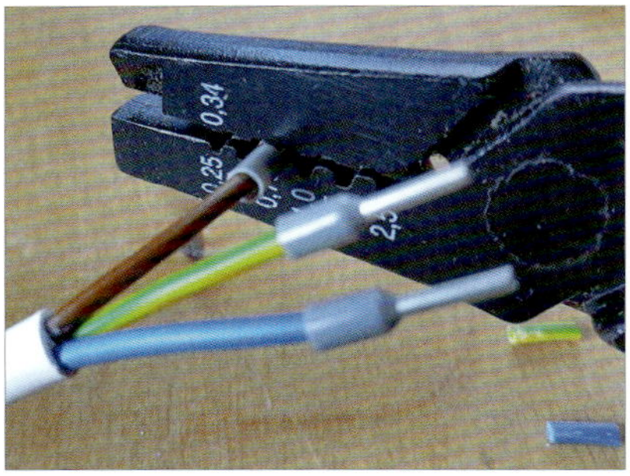

5. Montieren Sie das Kabel im neuen Stecker, und achten Sie darauf, dass die Zugentlastung auf dem Kabelmantel fest sitzt. Alle Adern sollten ohne Knicke in den Steckerkontakten verschraubt sein.

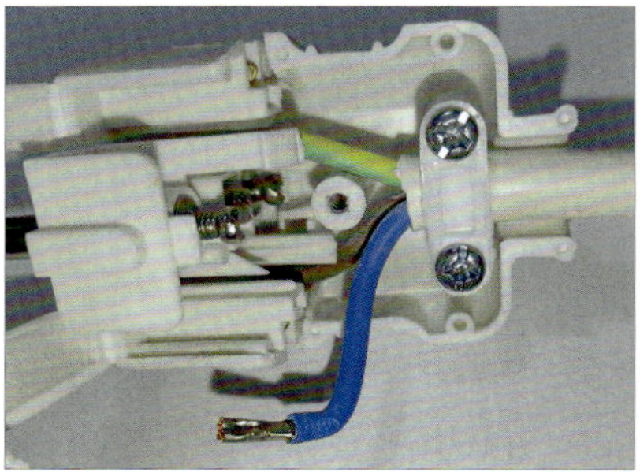

6. Abschließend montieren Sie die Zugentlastung, die das Kabel vor dem Herausreißen schützt. Diese muss fest sitzen, darf das Kabel aber nicht zu sehr quetschen, weil sie sonst die Isolation beschädigt. Verschließen Sie das Steckergehäuse und prüfen Sie den korrekten Zusammenbau.

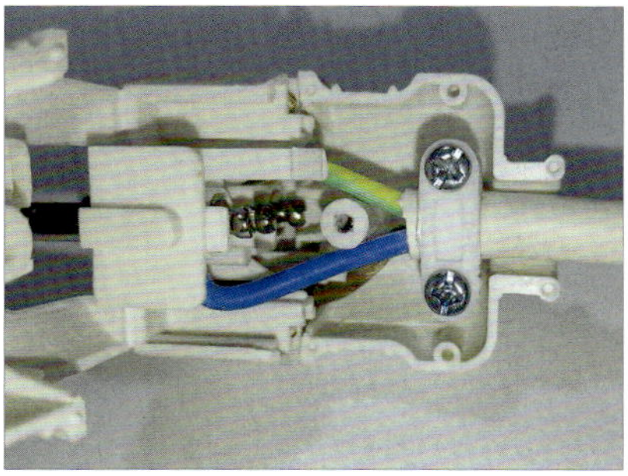

7. Schließen Sie den Stecker und schrauben Sie ihn zu. Ihr neues kurzes »Verlängerungskabel« ist nun fertig.

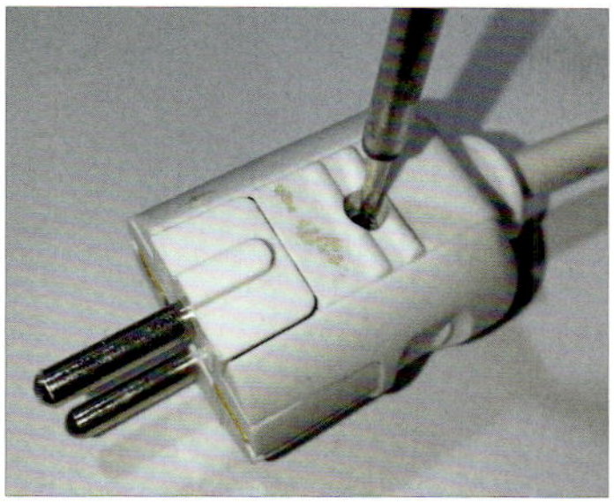

Für Reparaturen beschädigter Kabel an Geräten gelten die gleichen Schritte, wie gleich im nächsten Abschnitt besprochen wird ...

14.6 Selbst Kabel konfektionieren

Die Selbstkonfektionierung von Kabeln ermöglicht die Reparatur defekter Geräte, deren Anschlusskabel defekt ist. Ich habe das Vorgehen im vorherigen Abschnitt mit dem Verlängerungskabel demonstriert. Und auch für Haushaltsgeräte ist diese Vorgehensweise möglich. Allerdings müssen Sie dabei ein paar Dinge beachten, und Sie sollten auch sehr genau arbeiten, insbesondere wenn es um die Kabelbezeichnungen und die Verwendung der geeigneten Kabelquerschnitte geht.

Für die Anfertigung eigener Geräte-Anschlusskabel benötigen Sie zuerst ein passendes Kabel mit der Bezeichnung H03VV-F, einen passenden Stecker sowie die schon verwendete Abisolierzange und einen Schraubendreher.

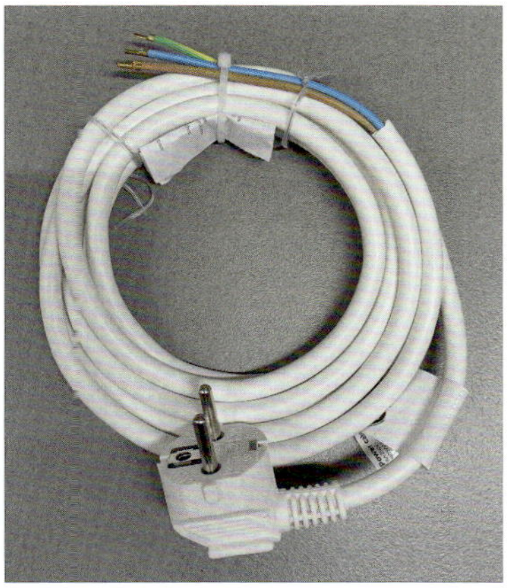

Abbildung 14.8 Anschlusskabel gibt es auch anschlussfertig im Baumarkt zu kaufen.

Die Kabelquerschnitte für das neue Anschlusskabel wählen Sie entsprechend der Belastung: 0,75 mm^2 für normale Haushaltsgeräte und 1,5 mm^2 für Haushaltsgeräte ab 2000 Watt, beispielsweise für einen Fön oder Wasserkocher.

Für die Reparatur defekter Gerätekabel öffnen Sie das Gerät nach Herstelleranweisung und ersetzen das Kabel, indem Sie das Ende des neuen Kabels gemäß der originalen Verkabelung wieder anschließen.

Kabeltypen im Baumarkt

Kabeltyp	Beschreibung	Verwendung	Querschnitt
H03VV-F	Leichte Gummischlauchleitung, flexibel	Standard-Haushaltsgeräte (Mixer, Lampen, kleine Elektrogeräte)	0,75–1,5 mm^2
H05VV-F	Mittelschwere Gummischlauchleitung, flexibel	Stärkere Haushaltsgeräte, Werkzeuge	1,5–2,5 mm^2
H07RN-F	Schwere Gummischlauchleitung, sehr robust	Baustellengeräte, Außenbereich, Werkstatt	1,5–4 mm^2
H03RT-H	Textilummantelung, flexibel	Retro-Geräte, Lampen, dekorative Anwendungen	0,75 mm^2
H05RR-F	Gummi-Rundkabel, wetterfest	Gartengeräte, Außenbereich	1,5–2,5 mm^2

Faustregeln für die Auswahl:

- 0,75 mm^2: bis 1000 Watt (Lampen, Mixer, Radio)
- 1,5 mm^2: 1000 bis 2000 Watt (Staubsauger, Bohrmaschine)
- 2,5 mm^2: über 2000 Watt (Heizlüfter, Wasserkocher, Bügeleisen)

H03VV-F ist der Standard für die meisten Reparaturen im Haushalt und in jedem Baumarkt verfügbar.

SCHRITT FÜR SCHRITT

Eine Anschlussleitung vorbereiten

1. Wir starten mit einer H03VV-F-Schlauchleitung für normale Haushaltsgeräte.

2. Bereiten Sie das Kabel vor, indem Sie zunächst die äußere Isolation auf etwa 4 bis 5 cm entfernen, ohne die inneren Adern zu beschädigen. Schieben Sie gegebenenfalls die Teile des Steckergehäuses auf das Kabel, bevor Sie die Verbindungen herstellen.

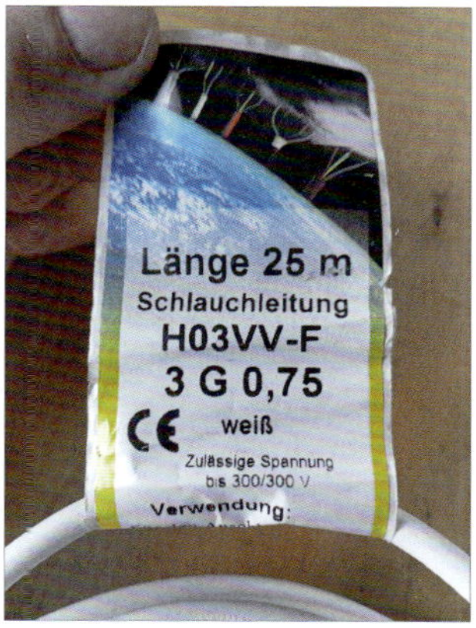

3. Isolieren Sie die einzelnen Adern dann auf 6 bis 8 mm ab und verdrillen Sie die Litzen sorgfältig, bevor Sie Aderendhülsen auf sie aufquetschen.

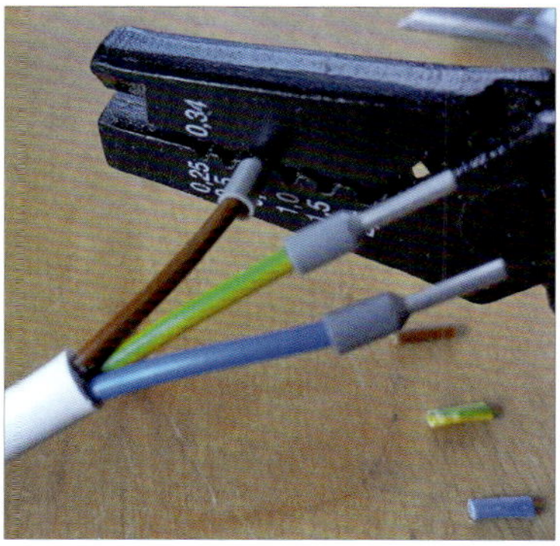

4. Verbinden Sie dann die Adern mit den entsprechenden Anschlüssen im Gerät: braun (oder schwarz) mit L, blau mit N und grün-gelb mit dem Erdungskontakt. (Letzterer ist meist mit einem Erdungssymbol gekennzeichnet.) Ziehen Sie die Schrauben fest an. Montieren Sie eine gegebenenfalls vorhandene Zugentlastung wieder sorgfältig – sie verhindert, dass bei einem Zug am Kabel die elektrischen Verbindungen belastet werden und aus den Kontakten reißen könnten.

Leiterbezeichnung und Querschnitt

Die Farben von Aderendhülsen haben nichts mit den Leiterbezeichnungen zu tun, sondern nur mit dem Querschnitt.

Wenn Sie auf Nummer sicher gehen möchten, lassen Sie die grün-gelbe Ader für die Erdung länger als die beiden anderen. Falls das Kabel eines Tages doch herausgerissen wird, löst sich diese Ader dann als letzte. Das gibt Ihnen etwas mehr Sicherheit vor einem Stromschlag.

Geräte reparieren und dabei noch einen Kaffee trinken

Falls Sie noch nicht den Mut dazu finden, können Sie mit dem Gerät und Ihrer neuen Ersatz-Anschlussleitung auch zu einem Repair-Café gehen und den Austausch zusammen mit einem der dortigen Profis vornehmen.

14.7 Kabelkanäle montieren

Kabelkanäle schaffen Ordnung in der Elektroinstallation und schützen Kabel vor Beschädigungen. Die Installation der Kanäle erfordert keine tiefgreifenden Baumaßnahmen und verbessert deutlich die Ästhetik und Sicherheit.

Auch wenn Kabelkanäle eher etwas für den Hobbyraum oder die Werkstatt sind, kann gelegentlich ein kleiner, dünner Kabelkanal auch gut in Wohnräumen eingesetzt werden. An der richtigen Stelle, möglicherweise verdeckt durch eine Kante, kann er genau die richtige Lösung für ein Problem sein, ohne allzu hässlich auszusehen.

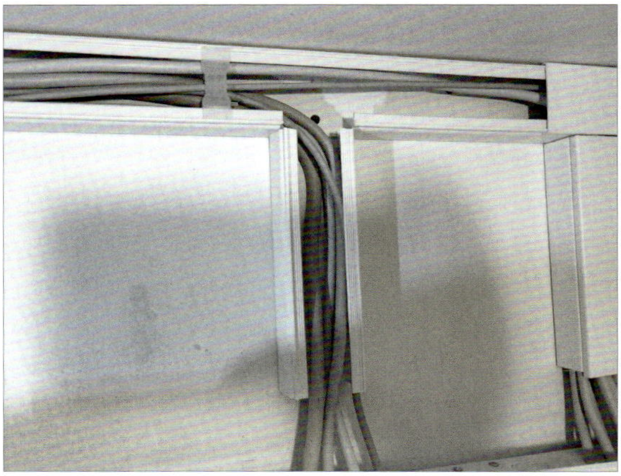

Abbildung 14.9 Kabelkanäle ohne Abdeckung

Vor der Montage planen Sie den Verlauf der Kabelkanäle sorgfältig. Berücksichtigen Sie dabei die Anzahl und den Querschnitt der zu verlegenden Kabel. Für unterschiedliche Mengen an Leitungen stehen verschiedene Kanalgrößen zur Verfügung. Im Baumarkt finden Sie fast immer eine gute Auswahl an Größen und Längen.

Messen Sie die benötigten Längen der Kabelkanäle präzise aus und markieren Sie die Bohrstellen für die Befestigung, um diese mit einem Leitungssucher zu überprüfen – falls sich in der Wand doch eine Leitung oder ein Wasserrohr versteckt.

Abbildung 14.10 Kabelkanäle mit Abdeckung

Schneiden Sie die Kabelkanäle mit einer feinen Säge auf die passende Länge zu. Für Ecken und Abzweigungen können Sie entsprechende Formteile kaufen oder Sie erstellen Gehrungsschnitte für ein nahtloses Erscheinungsbild. Bohren Sie die Löcher für die Befestigungsschrauben vor, um Risse im Plastik der Kabelkanäle zu vermeiden.

Abbildung 14.11 Kabelführung in einem Kabelkanal

Die Montage beginnt mit der Befestigung der Kanalunterteile an der Wand. Verwenden Sie je nach Untergrund passende Schrauben und Dübel. Achten Sie auf ausreichend Abstand zwischen den Befestigungspunkten (etwa alle 30 bis 40 cm) und auf absolute Geradlinigkeit für ein sauberes Erscheinungsbild.

Verlegen Sie dann die Kabel im offenen Kanalunterteil und vermeiden Sie Kreuzungen und Überlappungen, soweit es möglich ist. Halten Sie Starkstrom- und Datenkabel durch ausreichenden Abstand oder durch Trennstege getrennt, um Störeinflüsse zu minimieren. Lassen Sie an den Enden genügend Kabelreserve für spätere Änderungen und führen Sie die Kabel nicht stramm über Ecken.

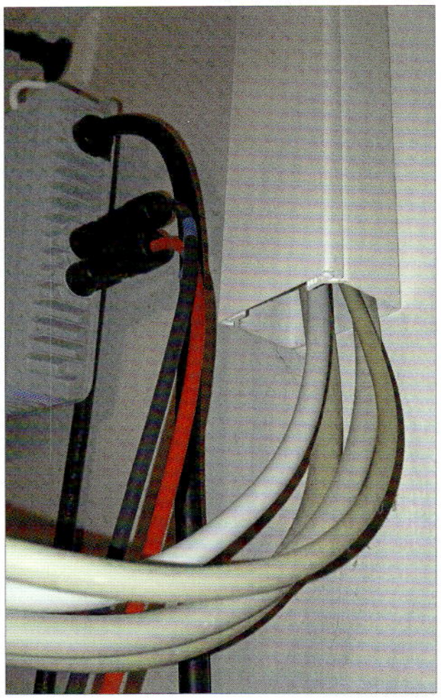

Abbildung 14.12 Die Einführung von Kabeln in das offene Ende eines Kabelkanals

Abschließend drücken Sie die Kanalabdeckung auf das Unterteil, bis sie hörbar einrastet. Für ein professionelles Erscheinungsbild ergänzen Sie Endkappen an offenen Kanalenden und nutzen Innen- und Außeneckstücke für saubere Übergänge.

14.8 Netzwerkkabel konfektionieren

Die Planung für die Kabelführung von Netzwerkkabeln wird in Abschnitt 19.3 besprochen. Hier geht es erst einmal um die verschiedenen Befestigungsmethoden, die sich für eine Verlegung anbieten:

- Für einzelne Kabel eignen sich selbstklebende Kabelclips, die eine saubere Führung entlang von Fußleisten oder Türrahmen ermöglichen oder auch ein Anheften der Leitung mit ein paar Tropfen Heißkleber.
- Für dickere Kabelstränge verwenden Sie Kabelschellen mit Befestigungsnagel oder -schraube.
- In Bereichen mit erhöhter Stolpergefahr empfehlen sich flache Fußbodenkanäle, die sich unauffällig in die Raumgestaltung einfügen.

T568A und T568B

Der T568B-Standard ist, global gesehen, die häufiger verwendete Verdrahtungsmethode für Netzwerkkabel. Allerdings wird T568A eher in Wohneinrichtungen verwendet. Der einzige technische Unterschied zwischen T568A und T568B liegt in der Anordnung der grünen und orangefarbenen Adernpaare: Diese sind vertauscht.

Die wichtigste Regel für Sie lautet: Wählen Sie einen Standard und bleiben Sie dabei. Wenn Sie eine bestehende Installation erweitern, identifizieren Sie zuerst den verwendeten Standard und halten Sie sich an ihn. Bei Neuinstallationen können Sie frei wählen – beide Standards bieten identische Leistung.

Fertige Kabel aus dem Handel

Jetzt machen Sie sich wahrscheinlich Gedanken, wie das mit Netzwerkkabeln ist, die man fertig kauft. Aber keine Sorge, da ist der Standard »egal«. Fertige Patchkabel aus dem Handel sind praktisch immer als *Straight-Through*-Kabel konfektioniert.

Das bedeutet: Beide Enden verwenden denselben Standard, entweder T568A oder T568B durchgängig. In der Praxis bedeutet dies: Solange beide Enden des Kabels nach dem gleichen Standard verdrahtet sind, funktioniert das Kabel in jedem Netzwerk einwandfrei.

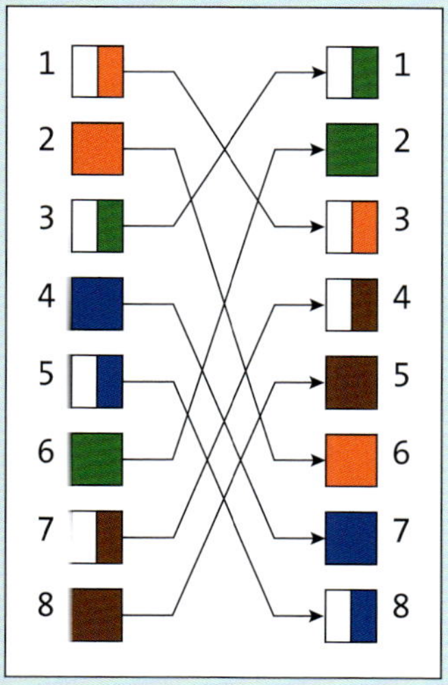

Abbildung 14.13 Die Verdrahtung der RJ45-Stecker an beiden Enden eines Netzwerkkabels nach T568A (Quelle: https://commons.wikimedia.org/wiki/File:Crossoverkabel_1000.svg)

Bei T568A verbinden sich die grünen Adern mit den Pins 1 und 2, während die orangefarbenen Adern zu den Pins 3 und 6 führen.

T568B dreht diese Anordnung um: Orange kommt auf die Pins 1 und 2, Grün auf die Pins 3 und 6. Die blauen und braunen Paare bleiben bei beiden Standards an derselben Position.

SCHRITT FÜR SCHRITT

Ein Netzwerkkabel konfektionieren

Die Kabelenden eines Netzwerkkabels werden immer in einem RJ45-Stecker oder in einer Netzwerkdose angeschlossen. Für die RJ45-Stecker-Montage benötigen Sie eine **Crimpzange**, für den Anschluss der Adern in einer Netzwerkdose benötigen Sie einen Schraubendreher oder ein **Anlegewerkzeug**.

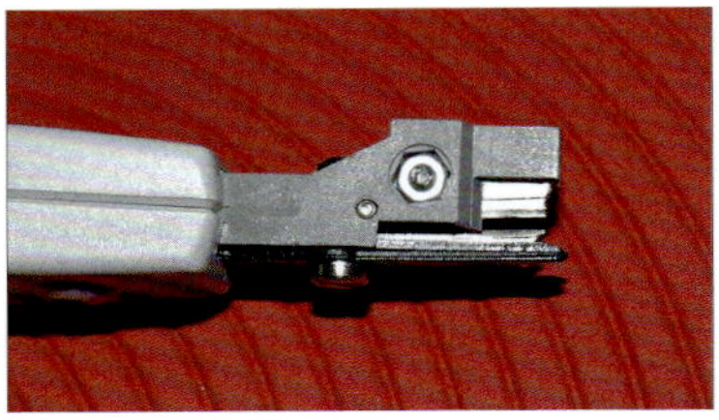

Abbildung 14.14 Ein Anlegewerkzeug, um die Adern auf die Schneidklemme zu legen (Quelle: https://de.wikipedia.org/wiki/Schneidklemme#/media/Datei:Schneidklemme-Anlegewerkzeug.png)

Nun müssen Sie sich für einen Standard für die Belegung entscheiden, der zu Ihrer gegebenenfalls schon bestehenden Netzwerkinstallation passt. Öffnen Sie dafür eine Ihrer schon vorhandenen Netzwerkdosen und identifizieren Sie die Belegung. Wohin gehen die grünen Adern? Auf Pin 1 und 2? Dann ist es T568A. Wenn auf Pin 1 und 2 orange Adern liegen, dann wird bei Ihnen der T568B-Standard eingesetzt.

Wenn es bisher noch keine Netzwerkinstallation gibt, können Sie frei entscheiden. Und dann geht es los:

1. Entfernen Sie den Mantel des Netzwerkkabels.

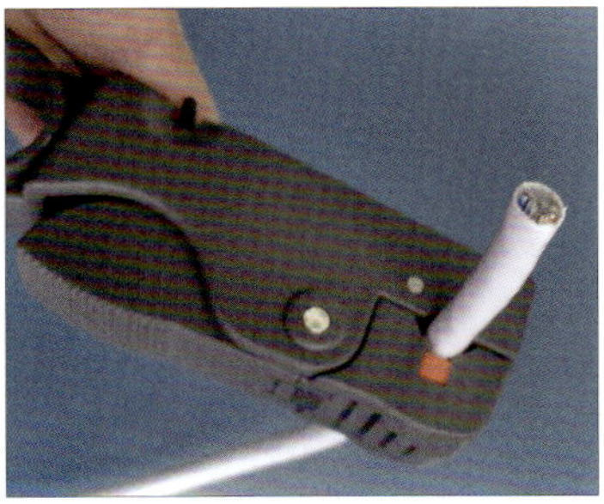

Abbildung 14.15 Entfernen Sie den Mantel des Netzwerkkabels. (Quelle: https://commons.wikimedia.org/wiki/File:Assemblaggio_cavo_RJ45_passo_4.png)

2. Entfernen Sie auch die Folien zur Abschirmung der Adern, bis diese frei liegen.

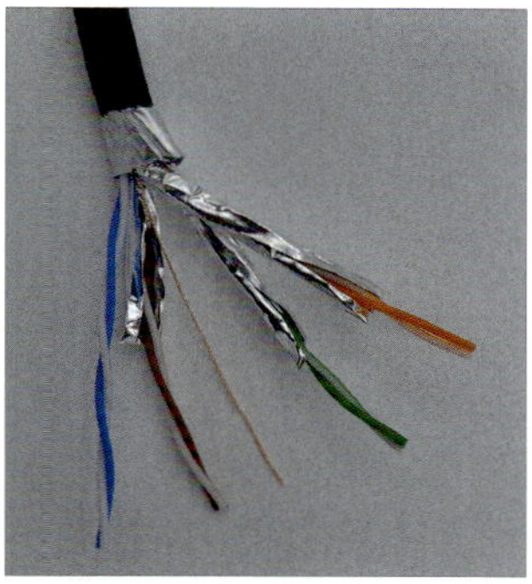

Abbildung 14.16 Das offene Ende eines Cat8-Netzwerkkabels (Quelle: https://commons.wikimedia.org/wiki/File:CAT8_cable_4.png)

3. Nun lösen Sie die verdrillten Adern voneinander.

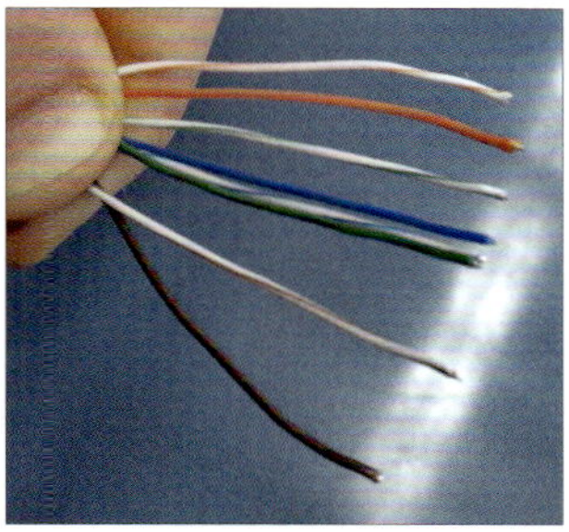

Abbildung 14.17 Alle Adern müssen von der Abschirmfolie befreit werden. (Quelle: https://commons.wikimedia.org/wiki/File:Assemblaggio_cavo_RJ45_passo_9.png)

4. Nun brauchen Sie eine Crimpzange.

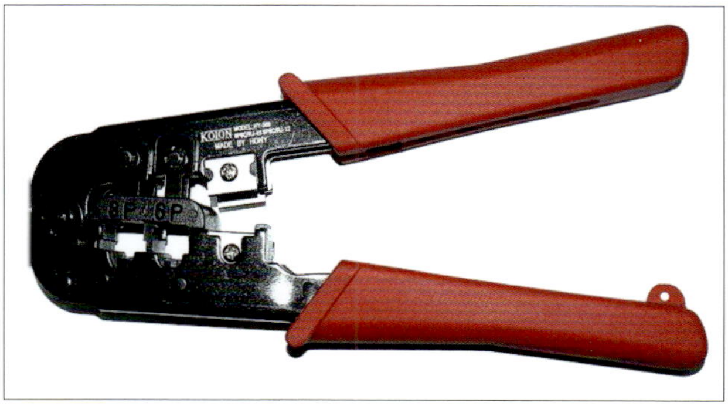

Abbildung 14.18 Die Zange, mit der ein RJ45-Stecker auf ein Netzwerkkabel gecrimpt wird (Quelle: https://commons.wikimedia.org/wiki/File:Crimping_tool_TP2.png)

5. Legen Sie nun den RJ45-Stecker in die Crimpzange und führen Sie die Adernpaare des Netzwerkkabels gemäß des von Ihnen gewählten Standards in den Stecker ein.

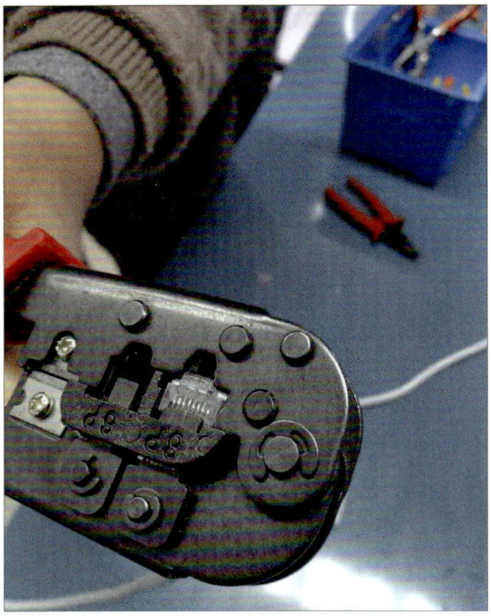

Abbildung 14.19 Aufcrimpen des RJ45-Steckers (Quelle: https://commons.wikimedia.org/wiki/File:Assemblaggio_cavo_RJ45_passo_14.png)

6. Mit einem beherzten Druck auf die Zange pressen Sie die Kontakte im Stecker in die Enden der Adern. Anschließend können Sie Ihr neues Netzwerkkabel verwenden.

Abbildung 14.20 Ein Netzwerkkabel mit Belegung nach dem T568B-Standard in einem RJ45-Stecker (Quelle: https://commons.wikimedia.org/wiki/Category:Foiled_twisted-pair_cables#/media/File:CAT8_cable_5.png)

Bei Netzwerkdosen gilt eine ähnliche Vorgehensweise. Meist ist auf den Dosen die Belegung für die Verdrahtung abgedruckt.

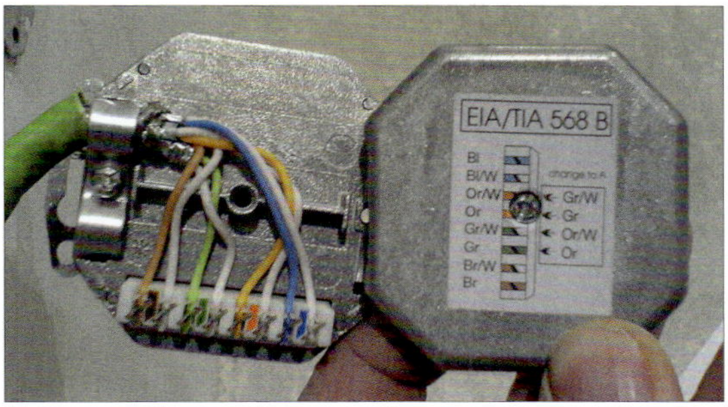

Abbildung 14.21 Die Belegung einer Cat5-Netzwerkdose nach T568B

Sie müssen die Adern des Kabels dann entsprechend in die Befestigungen führen und für einen sicheren Sitz sorgen.

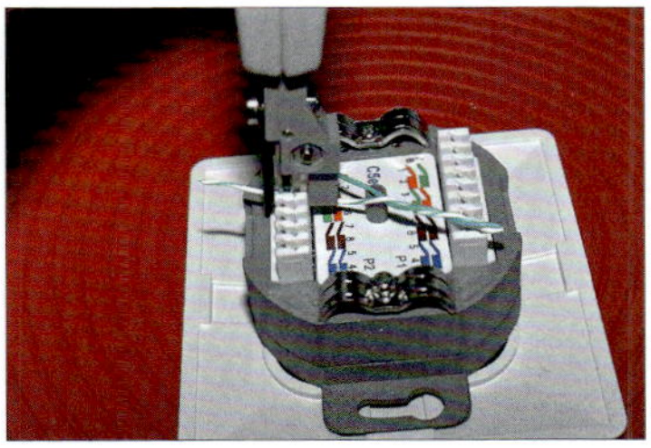

Abbildung 14.22 Die Adern werden einzeln aufgelegt. (Quelle: https://de.wikipedia.org/wiki/Schneidklemme#/media/Datei:Schneidklemme-Angelegte_Ader.png)

Danach montieren Sie die Dosen in der Wand, schrauben die Abdeckung auf und stecken Ihr Netzwerkgerät ein.

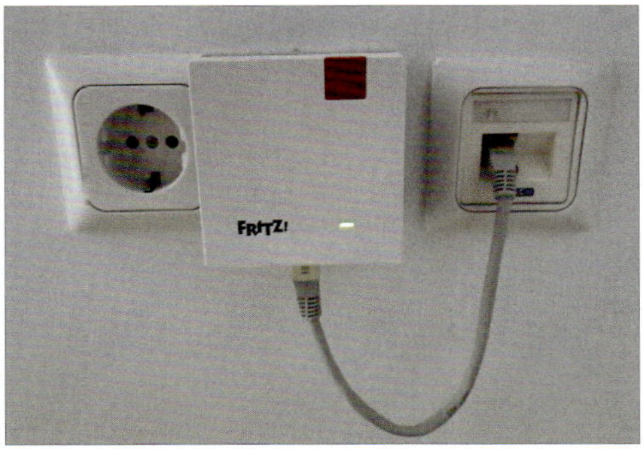

Abbildung 14.23 An solch eine Netzwerkdose kann dann das entsprechende Gerät angesteckt werden.

Arbeiten Sie sehr akribisch. Fehler in der Netzwerkverkabelung sind manchmal extrem schwer zu finden. Testen Sie deshalb nach der Montage die Verbindung mit einem **Netzwerkkabeltester**. Dieser prüft nicht nur die grundsätzliche Funktion, sondern identifiziert auch Probleme wie vertauschte Adernpaare oder Kurzschlüsse.

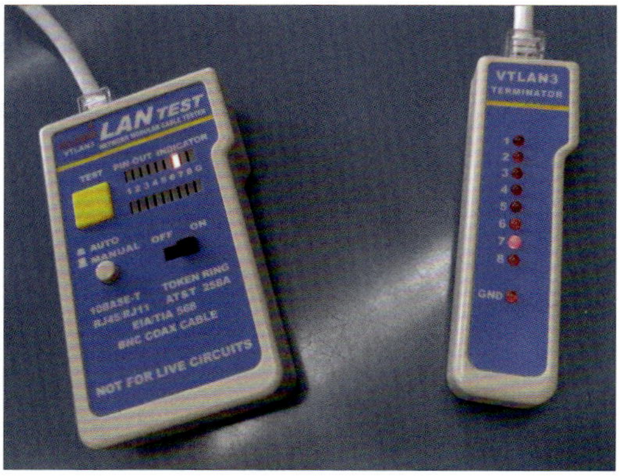

Abbildung 14.24 Mit einem günstigen Kabeltester dieser Art können Sie nach der Montage das Netzwerkkabel überprüfen. (Quelle: https://commons.wikimedia.org/wiki/File:Assemblaggio_cavo_RJ45_passo_15.png)

Wenn der Kabeltester keine Fehler gefunden hat, testen Sie am einfachsten mit zwei Endgeräten, beispielsweise mit zwei Laptops, die Übertragungsgeschwindigkeit. Programme, die Sie dazu nutzen können, sind beispielsweise *IPerf* und *LANSpeedTest*. Diese Tools messen die tatsächliche Datenübertragung zwischen den Geräten und decken Probleme auf, die reine Durchgangsprüfer übersehen.

Starten Sie beispielsweise *IPerf* auf einem Laptop als Server und auf dem anderen als Client – das Programm zeigt Ihnen sofort die erreichte Geschwindigkeit an. Achten Sie darauf, dass beide Laptops über Gigabit-Netzwerkkarten verfügen, sonst limitiert die Hardware das Testergebnis. Ein korrekt gecrimptes Cat-6-Kabel sollte bei dieser Messung nahezu die volle Gigabit-Geschwindigkeit erreichen. Falls die Werte deutlich unter den Erwartungen liegen, prüfen Sie die Steckverbindungen und crimpen das Kabel im Zweifel neu.

Geschwindigkeitstests decken subtilere Probleme auf

Neben den einfachen Verdrahtungsfehlern, die ein einfacher Netzwerktester findet, treten in Netzwerkverkabelungen komplexere Probleme auf, die nur teure Kabelanalysatoren lokalisieren. Da Privatpersonen solche Netzwerkanalysatoren meist nicht besitzen, bleibt der Geschwindigkeitstest die praktikabelste Methode zur Prüfung der Verkabelung.

Was tun bei Verkabelungsfehlern?

Falls Ihr selbst gecrimptes Kabel die erwartete Leistung nicht erbringt, heißt die Devise: systematisch suchen! Beginnen Sie mit einer Sichtprüfung der RJ45-Stecker: Sitzen alle acht Adern sauber in den Kontakten? Prüfen Sie, ob die Kabelmantelisolierung weit genug in den Stecker hineinragt und die Zugentlastung korrekt sitzt. Kontrollieren Sie die Adernreihenfolge anhand des gewählten Schemas (T568A oder T568B). Tauschen Sie versuchsweise ein funktionierendes Kabel gegen Ihr gecrimptes aus – verbessert sich die Übertragung sofort, liegt der Fehler definitiv in Ihrer Verkabelung. Crimpen Sie im Zweifel beide Enden komplett neu, denn fehlerhafte Kontakte entstehen häufig durch ungleichmäßigen Pressdruck. Hartnäckige Probleme erfordern Geduld.

14.9 Überspannungsschutz

Überspannungen durch Blitzeinschläge oder Schaltvorgänge im Stromnetz können empfindliche Elektronik gefährden. Ein mehrstufiger Überspannungsschutz bewahrt Ihre wertvollen Geräte vor kostspieligen Schäden.

Für den Heimbereich empfehlen sich Überspannungsschutzsteckdosen oder -adapter, die direkt zwischen Wandsteckdose und Gerät geschaltet werden. Diese Geräte begrenzen Spannungsspitzen und leiten überschüssige Energie ab. Hochwertige Modelle verfügen über Statusanzeigen, die den funktionsfähigen Zustand des Schutzes signalisieren.

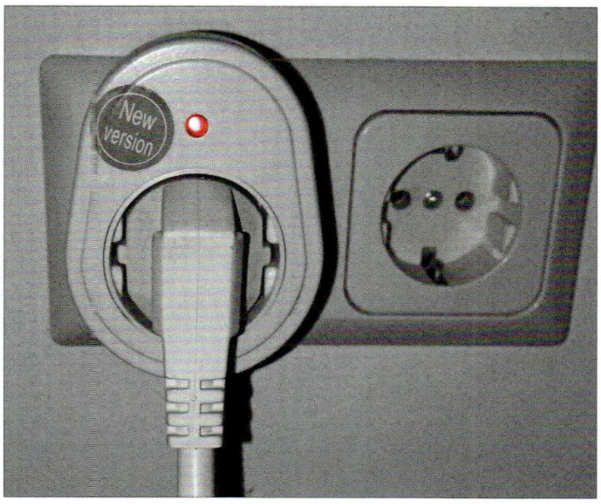

Abbildung 14.25 Überspannungsschutzstecker mit Kontrollleuchte

Besonders schutzbedürftig sind Computerarbeitsplätze im Homeoffice. Hier bietet sich eine unterbrechungsfreie Stromversorgung (USV) an, die neben dem Überspannungsschutz auch kurzfristige Stromausfälle überbrückt und so Datenverluste verhindert. Die Dimensionierung der USV richtet sich nach der Leistungsaufnahme der angeschlossenen Geräte und der gewünschten Überbrückungszeit (siehe Abschnitt 20.1.2.)

Multimedia-Systeme und Spielekonsolen im Wohnzimmer schützen Sie durch spezielle Mehrfachsteckdosen mit integriertem Überspannungsschutz für alle angeschlossenen Leitungen. Moderne Varianten bieten zusätzlichen Schutz für Antennen-, Netzwerk- und Telefonleitungen, da Überspannungen auch über diese Wege eindringen können.

Für optimalen Schutz kombinieren Sie den gerätenahen Überspannungsschutz (Feinschutz) mit einem vorgelagerten Grobschutz im Sicherungskasten. Dieser zentrale Überspannungsableiter darf nur von einer Elektrofachkraft installiert werden und bildet die erste Verteidigungslinie gegen massive Überspannungsereignisse.

14.10 Kindersicherung

Steckdosen üben auf Kleinkinder eine besondere Faszination aus, bergen jedoch erhebliche Gefahren. Moderne Kindersicherungen bieten zuverlässigen Schutz, ohne den Komfort der Steckdosennutzung wesentlich einzuschränken.

Für die nachträgliche Sicherung vorhandener Steckdosen existieren verschiedene Systeme. Steckdoseneinsätze aus Kunststoff blockieren den Zugang zu den Kontakten und lassen sich nur mit einem speziellen Werkzeug wieder entfernen. Diese kostengünstige Lösung eignet sich für selten genutzte Steckdosen, erfordert jedoch etwas Aufwand bei jeder Nutzung.

Abbildung 14.26 Steckdosen-Kindersicherungen gibt es in jedem Baumarkt.

Komfortabler sind Drehsicherungen, die durch eine einfache Drehbewegung entriegelt werden. Zum Einführen eines Steckers drehen Erwachsene den Sicherungsmechanismus, während Kleinkinder nicht über die nötige Kraft und Koordination verfügen. Nach dem Entfernen des Steckers rastet die Sicherung automatisch wieder ein.

Eine weitere sichere Lösung bieten integrierte Kindersicherungen in neuen Steckdosen. Diese verfügen über federbelastete Schutzschieber, die nur dann freigegeben werden, wenn beide Öffnungen gleichzeitig mit den Steckerstiften gedrückt werden. Ein einzelner schmaler Gegenstand, wie ihn Kinder typischerweise verwenden, um die Steckdose zu erkunden, kann den Mechanismus nicht auslösen.

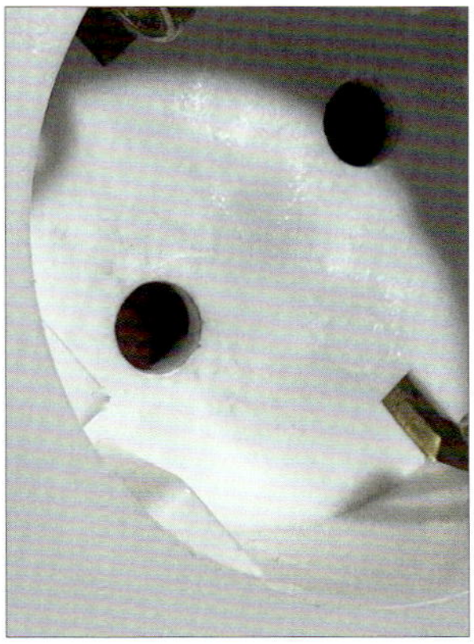

Abbildung 14.27 Die rötlichen Schutzschieber sind hinter den Kontaktöffnungen einer Steckdose zu finden

Ergänzen Sie die technischen Sicherungsmaßnahmen durch konsequente Aufklärung. Erklären Sie Kindern altersgerecht die Gefahren des elektrischen Stroms und machen Sie Steckdosen zu einem Tabu-Bereich. Diese Kombination aus technischem Schutz und Erziehung bietet die beste Sicherheit.

Kapitel 15
Elektroinstallationen und Beleuchtung

Elektroarbeiten im Haushalt sind einfacher als gedacht – zumindest die Grundlagen: wenn eine durchgebrannte Glühbirne ausgetauscht werden muss oder wenn Sie eine neue Lampe anschließen möchten. Das schafft jeder mit etwas Grundwissen und den richtigen Handgriffen.

15.1 Glühbirnentypen und -fassungen

Um Glühbirnentypen und -fassungen identifizieren und austauschen zu können, müssen Sie die Leuchtmittel und Fassungen verstehen.

In der Fachsprache bezeichnet man mit *Birne*, *Lampe* oder *Leuchtmittel* die eigentliche Lichtquelle, die in die Fassung geschraubt wird. Der Begriff *Leuchte* meint hingegen den gesamten Einrichtungsgegenstand mit Fassung, Sockel und Schirm. Diese genaue Unterscheidung hilft Ihnen, Fachbegriffe richtig einzuordnen.

Die Fassung stellt die elektrische Verbindung zwischen Leuchtmittel und Stromquelle her. Sie bestimmt, welche Leuchtmittel Sie verwenden können. Die Bezeichnungen der Fassungen folgen einem klaren System: Der erste Buchstabe beschreibt die Art der Befestigung (z. B. E für Edisonfassung mit Schraubgewinde, G für Stecksockel), die folgende Zahl gibt den Durchmesser oder Abstand der Kontakte in Millimetern an.

15.1.1 Die wichtigsten Fassungstypen und ihre Identifikation

Es gibt einige unterschiedliche Fassungstypen.

- **Schraubfassungen (Edison-Fassungen)**

  Die ältesten und verbreitetsten Fassungstypen funktionieren durch einfaches Einschrauben des Leuchtmittels. Dabei gilt die Regel: Rechts herum drehen zum Einschrauben, links herum drehen zum Herausschrauben.

  - **E27-Fassung**

    Die E27-Fassung mit 27 mm Durchmesser gilt als Standard in Wohnräumen und bietet die größte Vielfalt an kompatiblen Leuchtmitteln. Sie finden diese Fassung in Deckenleuchten, Stehlampen und Pendelleuchten. Verfügbar sind Normallampen, Kerzen, Kugeln, Globes, Kohlefaden-, Reflektor- und Dekolampen.

  - **E14-Fassung**

    Die E14-Fassung (14 mm Durchmesser) kommt bei kleineren Leuchten wie Nachttischlampen, Kronleuchtern oder Kühlschrankbeleuchtungen zum Einsatz. Das Leuchtmittelangebot umfasst auch kleinere Versionen der E27-Formate wie Kerzen, Kugeln oder Tropfen.

- **Stecksockel (G-Typen)**

  Stecksockel bieten schnelle und sichere Verbindungen durch einfaches Einstecken des Leuchtmittels.

  - **G9-Fassung**

    Diese kleine Fassung eignet sich für Hochvolt-Leuchtmittel ohne Reflektor, besonders in kleinen oder mehrflammigen Leuchten wie Lüstern. Typisch sind kleine Stiftlampen und LED-Pins.

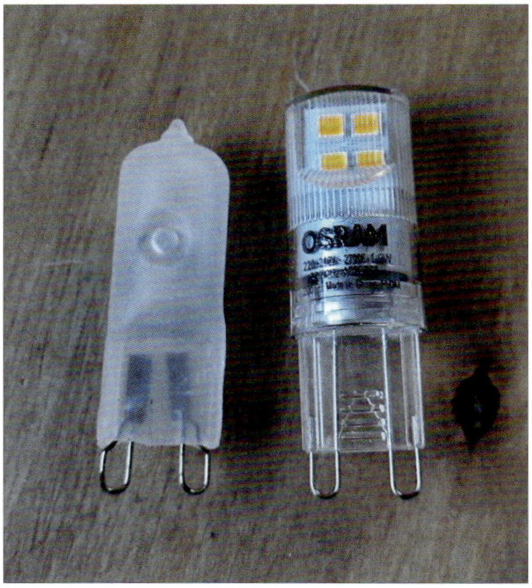

Abbildung 15.1 Eine Halogenlampe (links) zum Stecken und die moderne LED-Version (rechts)mit G9-Sockel

  - **GU10-Fassung**

    Die GU10-Fassung sichert das Leuchtmittel durch Einstecken und anschließendes Drehen. Sie wird hauptsächlich für Hochvolt-Reflektorlampen und Spots verwendet.

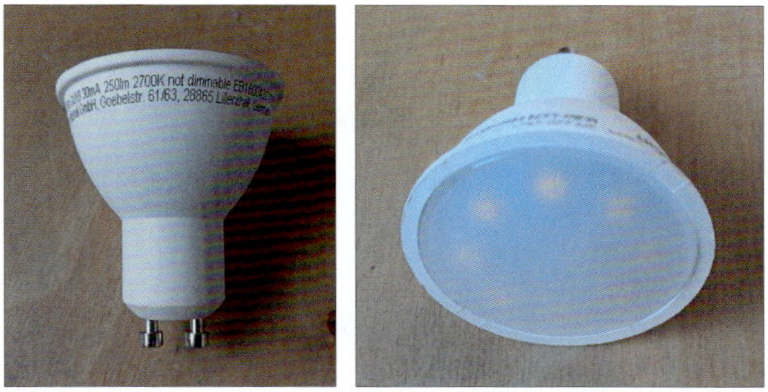

Abbildung 15.2 Ein energiesparender Strahler mit GU10-Steck-Dreh-Sockel. Gut zu sehen sind die kreisrund angeordneten LEDs im Strahler.

Abbildung 15.3 Die Verpackung eines LED-Reflektors mit Angaben zur Fassung und zu den Abmessungen

- **GU5,3-Fassung (MR16)**

  Diese Fassung mit 5,3 mm Stiftabstand finden Sie häufig bei Niedervolt-Reflektorleuchten (12 V) und Seilsystemen.

- **GU4-Fassung**

  Mit 4 mm Stiftabstand dient diese kleine Fassung meist für Niedervolt-Lämpchen in Reflektorgehäusen oder abgehängten Decken.

- **G5/T5-Fassung**

  Diese Fassung kommt bei klassischen Leuchtstoffröhren zum Einsatz und erlebt dank der LED-Röhren ein Comeback. Die Röhre wird eingesteckt und um 90° gedreht, um den Kontakt herzustellen.

15.1.2 Haupttypen von Leuchtmitteln

Die klassische Glühbirne

Die traditionelle Glühbirne dominierte bis in die 2010er-Jahre den Markt, wandelt jedoch nur etwa 5 % der Energie in Licht um – der Rest verpufft als Wärme. Aufgrund dieser Ineffizienz sorgte eine EU-Verordnung dafür, dass sie stufenweise vom Markt verschwanden.

Abbildung 15.4 Eine Glühbirne (links) und ein Strahler (rechts) mit E27-Fassung

Strahler findet man oft in alten Schreibtischlampen. Es gibt sie auch in einer energiesparenden LED-Version, die nicht so viel Wärme erzeugt.

Abbildung 15.5 Eine Glühbirne mit E14-Fassung

Halogenlampen

Halogenlampen funktionieren nach dem gleichen Prinzip wie Glühbirnen, erreichen aber einen höheren Wirkungsgrad. Trotzdem benötigen sie etwa dreimal mehr Strom als Energiesparlampen. Mit einer Lebensdauer von 2.000 bis 4.000 Stunden überdauern sie klassische Glühbirnen, sind aber nicht so haltbar wie LEDs.

Abbildung 15.6 Ein Halogenstrahler mit GU10-Steck-Dreh-Sockel. Die Halogenlampe ist in der Mitte des Reflektors zu sehen.

Leuchtstofflampen und Energiesparlampen

Kompaktleuchtstofflampen, die auch als *Energiesparlampen* bezeichnet werden, verbrauchen etwa 70 % weniger Strom als Glühbirnen. Sie arbeiten mit einem Gas, das, wenn es elektrisch aufgeladen wird, UV-Licht erzeugt, das durch eine Beschichtung in sichtbares Licht umgewandelt wird. Mit einer Lebensdauer von bis zu 10.000 Stunden übertreffen Leuchtstofflampen die Halogenlampen. Allerdings enthalten sie Quecksilber und müssen als Sondermüll entsorgt werden. Seit Februar 2023 sind sie aufgrund des Quecksilbergehalts verboten.

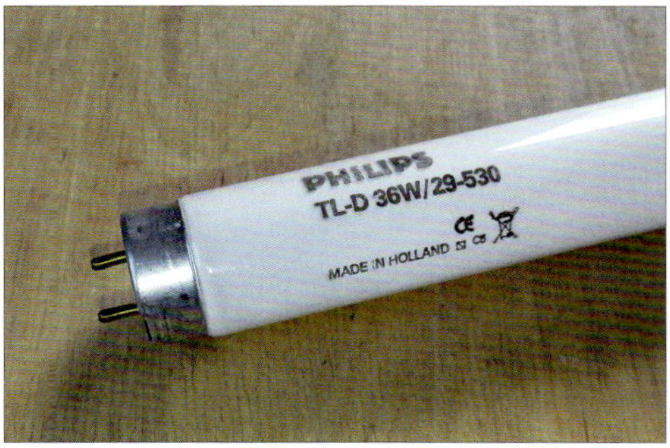

Abbildung 15.7 Eine Leuchtstofflampe mit G5-Stiftsockel

Es gibt die Röhren aber mittlerweile in einer sparsamen LED-Version, die Ihnen den Austausch des Leuchtmittels ohne Tausch der Lampenhalterung ermöglicht.

Abbildung 15.8 Eine Energiesparlampe mit E27-Fassung

Energiesparlampen benötigen eine gewisse Anlaufzeit, bis sie ihre volle Helligkeit erreichen. Moderne, heutige LED-Lampen sind da schneller als Modelle aus der Anfangszeit.

Abbildung 15.9 Eine Energiesparlampe mit E14 Fassung

Diese kleinen Lampen sind wegen ihrer langen Lebensdauer oft noch in Schreibtischlampen, Nachttischleuchten oder Stehlampen mit kleineren Lampenschirmen zu finden.

LED-Leuchtmittel

LED-Lampen sind der Standard in der Beleuchtung geworden. Sie verbrauchen über 80 % weniger Strom als Glühbirnen, erreichen sofort ihre volle Helligkeit und halten mit 15.000 bis 50.000 Stunden extrem lange. LEDs enthalten kein Quecksilber und überzeugen durch ihre Robustheit gegenüber häufigem Ein- und Ausschalten sowie gegenüber Temperatureinflüssen. LED-Lampen werden immer mit einem Äquivalenzwert angegeben, der hilft, die Helligkeit im Vergleich zu traditionellen Glühbirnen einzuschätzen. Die Angabe »2,4 W = 25 W« bezieht sich dabei auf die wahrgenommene Helligkeit und nicht auf den tatsächlichen Verbrauch. Denn nicht die Wattzahl, sondern die Lumen-Angabe ist das eigentliche Maß für Helligkeit. Deshalb ist auf vielen Verpackungen auch der Lumen-Wert (lm) angegeben.

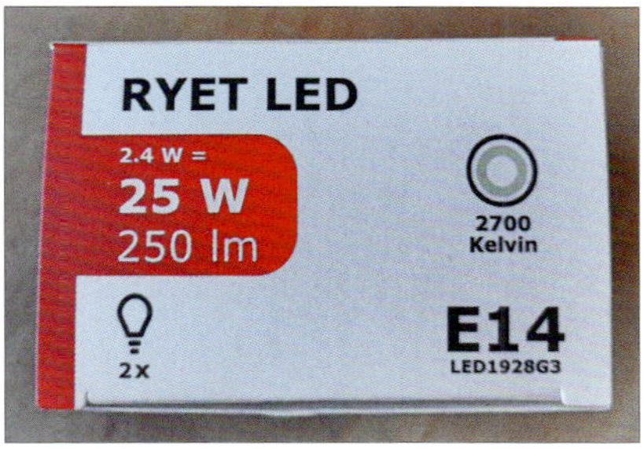

Abbildung 15.10 Die Angaben auf einer LED-Lampenverpackung mit Watt und Lumen-Werten

15

Für eine ungefähre Umrechnung können Sie sich an Tabelle 15.1 orientieren. Je nach Hersteller und Modell können diese Werte leicht variieren.

Glühbirne	LED	Lumen
15 W	2 W	150–200 lm
25 W	3–4 W	250–350 lm
40 W	5–6 W	450–500 lm
60 W	7–9 W	800–900 lm
75 W	10–12W	1100–1200 lm
100 W	13–15 W	1600–1800 lm

Tabelle 15.1 Die meisten von uns denken bei der Auswahl von Leuchtmitteln noch in der Watt-Angabe von Glühbirnen. Das tatsächliche Maß für die Helligkeit ist jedoch Lumen. Hier finden Sie den Zusammenhang mit den modernen LED-Leuchten.

15.1.3 So identifizieren Sie die passende Fassung

Prüfen Sie die vorhandene Lampe: Entnehmen Sie das alte Leuchtmittel und suchen Sie nach Prägungen oder Aufkleber auf dem Sockel (z. B. »E27« oder »GU10«). Bei E14- und E27-Schraubsockeln geben die Zahlen den Durchmesser des Gewindes in Millimeter an, bei Stecksockeln den Abstand zwischen den Stiften.

Beachten Sie außerdem die Kodierung in der Bezeichnung: Die Buchstaben-Zahlen-Kombination gibt Aufschluss über den Typ (E = Edison/Schraubsockel, G = Stecksockel, GU = Stecksockel mit U-förmigen Rillen). Und schließlich: Achten Sie auf die Spannungsangabe: Es gibt eine Verwechselungsgefahr bei Strahlerlampen in der Niedervolt- (12 V) und Hochvolt-Variante (230 V), da beide die gleiche Fassung haben.

Austausch und Kompatibilität

Wenn Sie alte Leuchtmittel durch die energieeffizienten LEDs ersetzen, müssen Sie folgende Punkte beachten:

- **Passende Fassung:** Wählen Sie exakt den gleichen Sockeltyp.
- **Watt-Äquivalenz:** LEDs benötigen weniger Watt für die gleiche Helligkeit. Orientieren Sie sich an der Lumen-Angabe für die tatsächliche Lichtstärke (siehe Tabelle 15.1). Eine 60-Watt-Glühbirne entspricht etwa einer LED mit 7 bis 9 Watt.
- **Farbtemperatur:** Für Wohnbereiche empfehle ich Ihnen warmweiße Leuchtmittel (2.700 bis 3.000 Kelvin), die dem Licht klassischer Glühbirnen ähneln.
- **Dimmbarkeit:** Nicht alle LEDs lassen sich dimmen. Achten Sie auf entsprechende Hinweise auf der Verpackung.
- **Abstrahlwinkel:** Bei Strahlern und Spots beeinflusst der Abstrahlwinkel den Durchmesser des Lichtkegels. Halogenspots haben typischerweise einen Winkel von 30° bis 36°.

Baufassungen

Eine Baufassung ist praktisch für Renovierungsarbeiten, denn man muss keine besondere Rücksicht auf sie nehmen. Ein Spritzer Farbe oder auch zwei schaden ihr nicht. Hängen Sie also die normale Leuchte ab und ersetzen Sie sie durch solch eine Baufassung, bevor Sie mit der Renovierung beginnen. Baufassungen bekommen Sie im 3er-Pack für wenig Geld im Baumarkt. Sie ersparen Ihnen dunkle Räume und das Hantieren mit einem zusätzlichen Strahler in der Steckdose, während Sie ein Zimmer renovieren.

Der Vorteil einer temporären Lampe in einer Baufassung ist, dass sie den Raum in etwa wie die Deckenlampe beleuchtet. Wenn Sie die Decke unregelmäßig gestrichen haben, fällt Ihnen das schon frühzeitig auf und nicht erst, wenn Sie später wieder die normale Deckenleuchte aufgehängt haben und dann das Desaster von der Couch aus entdecken.

Abbildung 15.11 Eine E27-Baufassung – praktisch für Renovierungen

15.2 LED-Beleuchtungstransformatoren

LED-Leuchten benötigen einen Transformator (*Trafo*), um die Netzspannung von 230 Volt auf die niedrige Betriebsspannung der LEDs zu reduzieren. Welche Spannung die LEDs benötigen, hängt von der elektrischen Anordnung der LEDs ab, aber direkt an der Netzspannung können sie nicht betrieben werden. Aus diesem Grund wandelt der Transformator die 230 Volt Wechselspannung in eine passende Gleichspannung um. Der Trafo ist dabei immer auf die Anzahl und Stärke der Leuchtmittel ausgelegt, für die er eingesetzt werden soll.

Bei Deckenleuchten versteckt sich der Trafo meist direkt in der Leuchte oder in der Deckendose. Bei Seilsystemen hingegen verbirgt er sich entweder in der Halterung oder in einem separaten Gehäuse am Kabel.

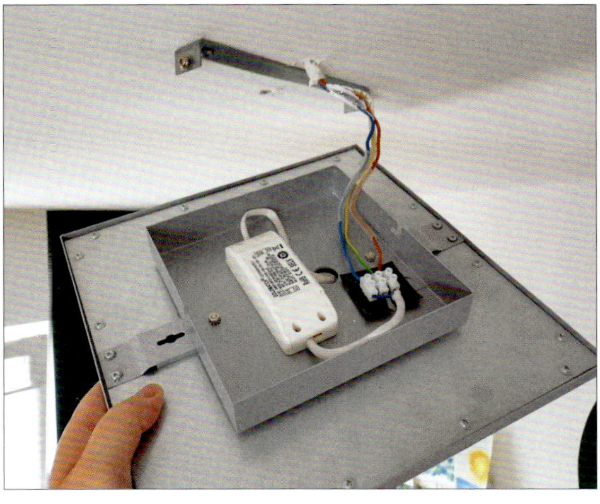

Abbildung 15.12 LED-Deckenlampe mit integriertem Trafo (hier in Weiß zu sehen)

Achten Sie beim Kauf eines LED-Systems mit Trafo auf folgende Punkte:

- **Wärmemanagement:** Der Trafo erwärmt sich im Betrieb. Sorgen Sie für ausreichend Belüftung um ihn herum. Ein überhitzter Transformator verkürzt seine Lebensdauer drastisch und stellt im schlimmsten Fall ein Brandrisiko dar.
- **Belastbarkeit:** Prüfen Sie die maximale Leistung des Trafos und überschreiten Sie diese nicht. Addieren Sie die Wattleistung aller angeschlossenen LEDs und planen Sie eine Sicherheitsreserve von 20 % ein.
- **Qualität:** Investieren Sie in hochwertige Geräte mit Prüfsiegel. Billige Trafos können elektromagnetische Störungen verursachen, surren oder flackern.
- **Dimmbarkeit:** Falls Sie Ihre LEDs dimmen möchten, benötigen Sie einen speziellen dimmbaren Transformator, der mit Ihrem Dimmer kompatibel ist.

In Deckenleuchten mit fest integriertem Trafo müssen Sie auf ausreichende Luftzirkulation achten. Schließen Sie die Leuchte nicht luftdicht ab und montieren Sie sie nicht in gedämmten Hohlräumen ohne Belüftung.

Bei Seilsystemen positionieren Sie den Trafo idealerweise an einer gut zugänglichen Stelle, um ihn bei Bedarf austauschen oder die gegebenenfalls darin verbaute Sicherung tauschen zu können. Verlegen Sie die Kabel so, dass sie nicht zu stark gebogen werden und keinen Zug auf den Trafo ausüben.

15.3 Batteriebetriebene LED-Leuchten

Batteriebetriebene LED-Leuchten sind überall dort praktisch, wo nur sporadisch Licht benötigt wird und kein Stromanschluss zur Verfügung steht. Diese flexiblen Lichtquellen eignen sich hervorragend für schlecht beleuchtete Bereiche im Haushalt sowie für unterwegs.

Die LED-Technologie macht diese Leuchten besonders effizient, wodurch die Lebensdauer der Batterien lang ist und der Einsatz solcher Batterie-Leuchten tatsächlich recht praktisch wird.

Die Einsatzbereiche batteriebetriebener LED-Leuchten sind weit gestreut:

- In Kleiderschränken sorgen sie für klare Sicht beim Heraussuchen der Garderobe. Küchenschubladen profitieren von automatischen Lichtleisten, die beim Öffnen aktiviert werden.
- In Abstellkammern und Vorratsräumen und Dielenschränken ohne Stromanschluss erleichtern sie das Auffinden von Gegenständen erheblich.

- An Bettkanten angebracht und mit einer Bewegungsaktivierung versehen, dienen sie als praktische Orientierungshilfe für nächtliche Wege.
- In Werkzeugkoffern helfen sie, das richtige Werkzeug schnell zu identifizieren.
- In Briefkästen verbessern sie die Lesbarkeit der Post in dunklen Hauseingängen.
- Für Treppenaufgänge bieten sie mehr Sicherheit bei Dunkelheit.
- In Hotelzimmern helfen sie bei der nächtlichen Orientierung.
- Im Zelt und beim Camping dienen sie als nächtliche Beleuchtung.

Für batteriebetriebene Leuchten stehen verschiedene Energiequellen zur Verfügung. Alkaline-Batterien eignen sich für selten genutzte Leuchten. Bei häufigerem Einsatz sparen wiederaufladbare NiMH-Akkus auf lange Sicht Geld. Für Außenbereiche oder bei niedrigen Temperaturen bieten langlebige Lithium-Batterien die beste Performance.

Abbildung 15.13 Eine batteriebetriebene LED-Leuchte mit Klebepads

Die Installation batteriebetriebener LED-Leuchten

Die Installation gestaltet sich denkbar einfach. Die Leuchten lassen sich mit Magneten, Klebepads oder Schrauben befestigen und genau dort platzieren, wo zusätzliches Licht benötigt wird. Diese Flexibilität erweist sich auch in Notfällen wie Stromausfällen als besonders wertvoll, weil sie schnell in Fluren, Treppenhäusern oder an potenziellen Gefahrenstellen platziert werden können.

Die passende Helligkeit

Bei der Auswahl einer batteriebetriebenen LED-Leuchte sollten Sie auf die passende Helligkeit achten. Für einen Kleiderschrank reichen 50 bis 100 Lumen völlig aus, während ein Gartenpfad mindestens 200 bis 300 Lumen erfordert. Im Campingbereich erfüllen leistungsstarke Modelle mit 500 bis 1000 Lumen die Funktion einer Hauptlichtquelle im Zelt oder als Lagerbeleuchtung.

Praktische Zusatzfunktionen

Moderne LED-Batterielampen verfügen über praktische Zusatzfunktionen. Bewegungsmelder aktivieren das Licht nur bei tatsächlichem Bedarf und verlängern dadurch die Batterielebensdauer. Dies erweist sich als besonders nützlich für Kellergänge, Dachböden oder Garagen, die nur gelegentlich betreten werden. Dämmerungssensoren schalten die Außenbeleuchtung automatisch ein, sobald die Dunkelheit hereinbricht – ideal für Hausnummern, Briefkästen oder Eingangsbereiche. Manche Modelle bieten Steuerungsmöglichkeiten per Fernbedienung oder Zeitschaltuhr, was den Komfort bei schwer erreichbaren Leuchten unter Dachvorsprüngen oder in hohen Regalen deutlich erhöht (aber einen Batteriewechsel trotzdem nicht einfacher macht).

Batterien und Umweltschutz

Aus Umweltschutzgründen empfehlen sich vorwiegend wiederaufladbare Modelle. Spezielle Hybrid-Leuchten lassen sich entweder über USB aufladen oder mit herkömmlichen Batterien betreiben, falls kein Ladegerät verfügbar ist. Diese Leuchten eignen sich hervorragend für längere Camping- oder Angelausflüge, während denen keine regelmäßige Lademöglichkeit besteht.

Wasser und Licht vertragen sich auch

Für den Außenbereich benötigen Sie wetterfeste Leuchten. Die IP-Schutzart informiert über die Widerstandsfähigkeit gegen Wasser und Staub. Mindestens IP44 sollten Leuchten für überdachte Außenbereiche aufweisen, für den freien Garten empfehlen sich mindestens IP65-zertifizierte Modelle. Gartenpartys und Grillabende profitieren von dekorativen LED-Lichterketten, während Teiche und Wasserläufe durch schwimmende LED-Leuchten atmosphärisch in Szene gesetzt werden können.

15.4 Backofenbeleuchtung wechseln

Zum Austausch einer Backofenbeleuchtung benötigen Sie eine passende Glühbirne und die Abschraubhilfe, die mit dem Backofen geliefert wurde.

Das Glas, das die Birne abdeckt, ist erstaunlicherweise ein Quasi-Standard und aus hitzebeständigem dickem Glas. Da ein Backofen sehr heiß werden kann und oft auch Fette im Innenraum herumspritzen können, wird die Birne durch diese Glasabdeckung geschützt, die in die Wand des Backofenraums eingeschraubt ist.

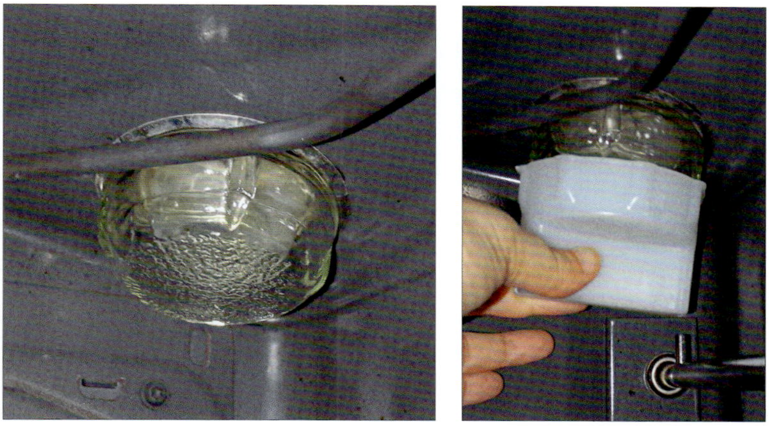

Abbildung 15.14 Die hitzebeständige Abdeckung der Backofenbeleuchtung. Mit der Abschraubhilfe kann die Glasabdeckung einfach entfernt werden.

Da die Abdeckung schwer zu greifen ist, weil sie oft an einer recht unzugänglichen Stelle in der Ecke angebracht ist, liefern die Backofenhersteller meist eine Abschraubhilfe mit, die das Herausschrauben der Abdeckung einfach macht.

Setzen Sie die Abschraubhilfe auf das Glas und drehen Sie es gegen den Uhrzeigersinn heraus. Es dürfte nur eine viertel oder halbe Umdrehung benötigen, denn das Gewinde ist recht kurz.

Sollten Sie keine Abschraubhilfe haben, versuchen Sie, mit den Händen die Abdeckung abzuschrauben. Vermutlich müssen Sie vorher mit einem Reinigungsmittel das Fett von ihr entfernen, um das Glas vernünftig greifen zu können. Verwenden Sie auf keinen Fall eine Zange, denn das Glas ist oft spröde und kann brechen!

Abbildung 15.15 Eine spezielle hitzebeständige Backofenbirne. Backofenbirnen erkennen Sie am Aufdruck »oven«.

Als Backofenlampe kann nicht jede Glühbirne verwendet werden, die in den Sockel passt. Es muss eine spezielle Backofenbirne sein, die bis 300 °C hitzebeständig ist. Meist ist auf der Verpackung die Temperaturangabe und das Wort »oven« zu finden.

Schrauben Sie nun die alte Birne heraus, drehen Sie die das neue Exemplar hinein und setzen Sie die Glasabdeckung wieder ein. Danach sollte das Backofenlicht wieder leuchten.

15.5 Deckenlampen montieren

Die Installation einer Deckenlampe gehört zu den häufigsten Heimwerkerprojekten. Mit der richtigen Vorbereitung und Sorgfalt gelingt diese Aufgabe auch ohne Vorkenntnisse in der Elektrik.

Sicherheit geht vor: Die Stromversorgung unterbrechen

Vor Beginn der Arbeiten schalten Sie zunächst den Lichtschalter aus. Diese Maßnahme allein bietet jedoch keine absolute Sicherheit. Jemand könnte aus Versehen den Schalter betätigen und den Strom wieder einschalten. Unterbrechen Sie daher auch die Stromversorgung durch Ausschalten der zugehörigen Sicherung im Sicherungskasten. Markieren Sie die ausgeschaltete Sicherung deutlich, damit niemand sie versehentlich wieder aktiviert.

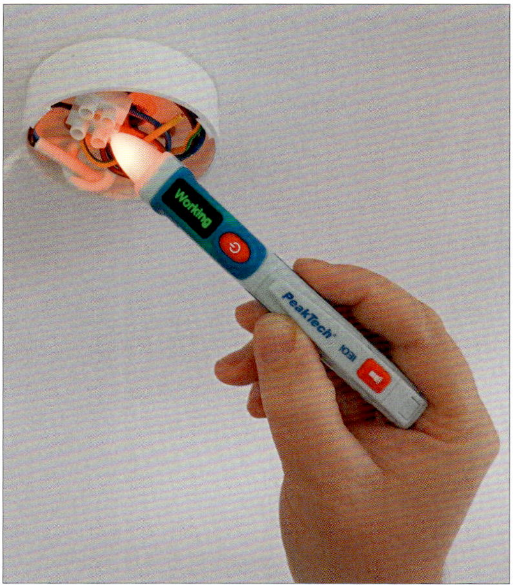

Abbildung 15.16 Hier ist der Strom noch nicht abgeschaltet, der Spannungsprüfer leuchtet rot!

Für maximale Sicherheit prüfen Sie mit einem Spannungsprüfer oder Multimeter, ob tatsächlich keine Spannung mehr an den Anschlusskabeln anliegt. Diese zusätzliche Kontrolle schützt vor gefährlichen Stromschlägen, falls die Sicherungen in Ihrem Haus nicht eindeutig beschriftet sind oder mehrere Leitungen durch einen Raum führen.

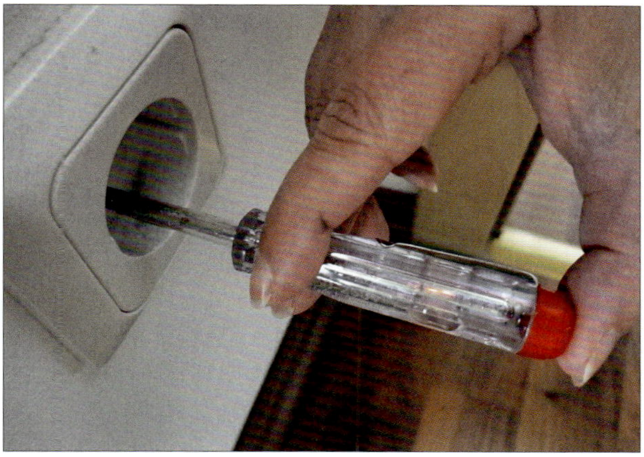

Abbildung 15.17 Hier ist Strom auf der Steckdose – das Glimmlämpchen leuchtet!

Stromkreise beachten

Die Stromkreise für das Licht und die Steckdosen sind in modernen Häusern nicht zwingend durch die gleiche Sicherung geschützt. Prüfen Sie deshalb nicht nur an einer Steckdose, ob der Strom abgeschaltet ist, sondern an der Deckenleuchte selbst!

SCHRITT FÜR SCHRITT

Eine Lampe aufhängen

1. **Die Demontage der vorhandenen Beleuchtung**

   Beginnen Sie mit der vorsichtigen Demontage der alten Leuchte. Lösen Sie zunächst die Befestigungsschrauben oder den Befestigungsmechanismus und halten Sie dabei die Leuchte und gegebenenfalls den Lampenschirm gut fest.

   Öffnen Sie die Lüsterklemme durch Lösen der Schrauben und trennen Sie die elektrischen Verbindungen. Falls die Farbkennzeichnung der Kabel nicht der aktuellen Norm entspricht (blau für Neutralleiter, braun für Außenleiter/Phase, grün-gelb für Schutzleiter), dokumentieren Sie sorgfältig, welches Kabel an welcher Position angeschlossen war. Machen Sie ein Foto mit Ihrem Smartphone oder notieren Sie die Verbindungen auf einem Zettel.

Die korrekte Zuordnung der Kabel verhindert Funktionsstörungen und potenzielle Gefahrenquellen durch Verwechslung der Leitungen. Besonders in älteren Gebäuden finden sich häufig abweichende Farbkodierungen, die noch nicht der heutigen DIN-Norm entsprechen.

2. **Die Vorbereitung der Montagepunkte**

   Überprüfen Sie nun, ob die vorhandenen Befestigungspunkte an der Decke für die neue Leuchte passen. Häufig müssen neue Bohrlöcher gesetzt werden. Nutzen Sie hierzu die mitgelieferte Montageschablone oder markieren Sie die Bohrlöcher anhand der Befestigungsplatte der neuen Leuchte.

   Bohren Sie mit einem geeigneten Bohrer für Ihr Deckenmaterial die nötigen Löcher. Verwenden Sie für Betondecken einen Schlagbohrer, für Gipskartondecken einen normalen Bohrer. Setzen Sie anschließend die passenden Dübel ein. Bei Hohlraumdecken benötigen Sie spezielle Hohlraumdübel, die sich hinter der Deckenfläche spreizen und dadurch sicheren Halt bieten.

Im Zweifelsfall den Fachmann fragen

Sollten Sie sich bei irgendeinem Schritt unsicher fühlen, scheuen Sie sich nicht, einen Fachmann hinzuzuziehen – besonders bei komplexeren Installationen wie Deckeneinbauleuchten oder bei unklaren elektrischen Voraussetzungen.

3. **Der Anschluss und Montage der neuen Leuchte**

   Schließen Sie die Adern der neuen Deckenleuchte gemäß dem notierten Schema oder den Farbkennzeichnungen an. Achten Sie auf eine feste Verbindung in der Lüsterklemme: Lockere Kontakte können zu Wackelkontakten oder Überhitzung führen. Die Adern sollten etwa 8 bis 10 mm abisoliert sein, damit ausreichend Kontaktfläche besteht, ohne dass blanke Leiter herausschauen.

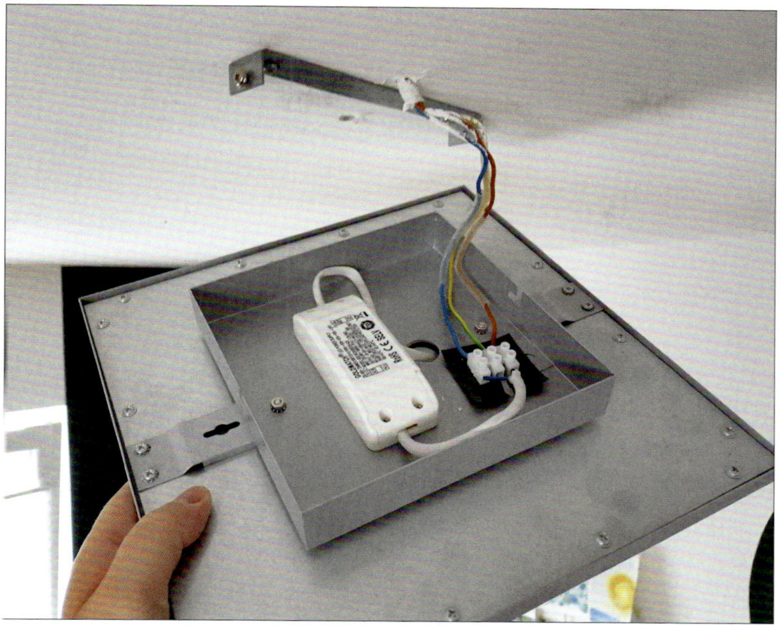

Befestigen Sie die Lampenbasis an den vorbereiteten Montagepunkten. Achten Sie darauf, dass keine Kabel eingeklemmt werden oder unter mechanischer Spannung stehen. Ziehen Sie die Schrauben fest an, aber überdrehen Sie sie nicht, um Beschädigungen an der Leuchte oder der Deckenkonstruktion zu vermeiden.

Setzen Sie dann das Leuchtmittel in die Fassung ein und montieren Sie abschließend den Lampenschirm oder die Abdeckung gemäß der Herstelleranleitung. Bei schweren Glasschirmen empfiehlt sich die Hilfe einer zweiten Person, um Beschädigungen durch Herunterfallen zu vermeiden.

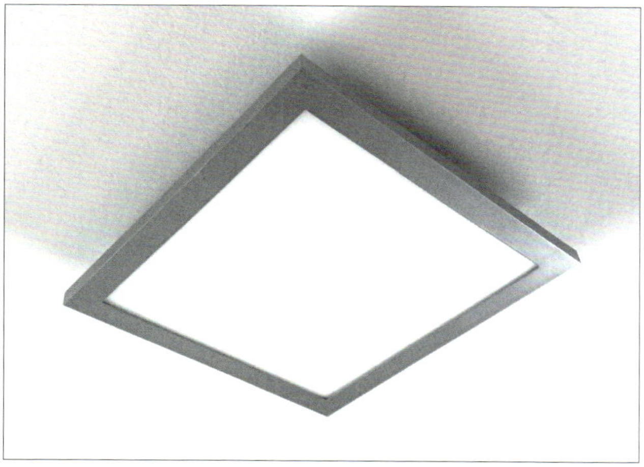

4. **Funktionstest und abschließende Kontrolle**

   Schalten Sie nun die Sicherung wieder ein und testen Sie die Lampe mit dem Lichtschalter. Überprüfen Sie alle Funktionen wie Dimmer oder verschiedene Beleuchtungsmodi, falls vorhanden. Achten Sie auf ungewöhnliche Geräusche oder Gerüche, die auf fehlerhafte Verbindungen hindeuten könnten.

   Kontrollieren Sie den festen Sitz aller Komponenten und justieren Sie gegebenenfalls den Lampenschirm oder die Ausrichtung von Strahlern. Bei Pendelleuchten stellen Sie die gewünschte Höhe ein und kürzen überflüssige Kabel oder Seile nach Herstellerangaben.

   Halten Sie auch nach schmutzigen Fingerabdrücken an der weißen Decke Ausschau, um diese noch zu beseitigen, bevor Sie die Leiter wegräumen.

LED-Birnen gibt es auch mit einstellbarer Farbtemperatur und Helligkeit

Falls Sie eine ältere Deckenlampe mit einer modernen LED-Birne ausrüsten wollten, bieten sich auch Modelle an, deren Farbtemperatur und Helligkeit einstellbar sind.

Abbildung 15.18 Eine LED-Birne mit Fernsteuerung und vielfältigen Einstellmöglichkeiten zum smarten Upgrade einer alten Lampe

15.6 LED-Lichtstreifen installieren

LED-Lichtstreifen revolutionieren die moderne Raumbeleuchtung durch ihre Flexibilität und vielseitigen Einsatzmöglichkeiten. Diese schmalen, biegsamen Leuchtbänder ermöglichen indirekte Beleuchtungskonzepte, die mit klassischen Lampen nicht möglich sind. Mit minimalen Installationsanforderungen schaffen sie beeindruckende Lichteffekte und werten jeden Wohnraum optisch auf.

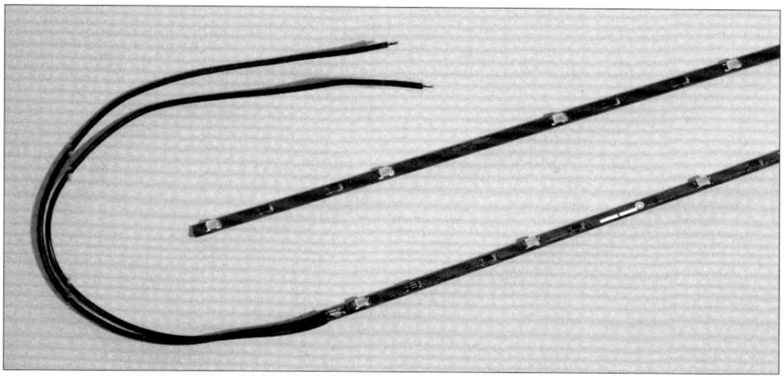

Abbildung 15.19 Die DIY-Variante eines LED-Streifens mit offenen Anschlüssen

Auswahl des passenden LED-Streifens

Die Auswahl des richtigen LED-Streifens entscheidet maßgeblich über das spätere Ergebnis. Achten Sie auf folgende Kennwerte:

- Die Helligkeit wird in Lumen pro Meter angegeben. Für eine dezente Akzentbeleuchtung reichen 350 bis 500 Lumen pro Meter, während eine Arbeits- oder Hauptbeleuchtung 1000 bis 1500 Lumen erfordert. Die Lichtfarbe, gemessen in Kelvin, bestimmt die Atmosphäre: Warmweiß (2700–3000 K) schafft eine gemütliche Stimmung, Neutralweiß (4000 K) eignet sich für Funktionsräume, und Kaltweiß (6000–6500 K) wirkt aktivierend und modern.
- Die LED-Dichte auf dem Streifen beeinflusst die Gleichmäßigkeit des Lichts. Für sichtbare Installationen empfehlen sich mindestens 60 LEDs pro Meter; besser sind 120 LEDs pro Meter, um einzelne Lichtpunkte zu vermeiden. Der Schutzart (IP-Klassifizierung) bestimmt die Einsatzmöglichkeiten: Standard-Streifen (IP20) eignen sich für trockene Innenräume, während Küche und Bad wasserfeste Varianten (IP65) erfordern. Für Außenbereiche wählen Sie vollständig vergossene Modelle (IP67 oder IP68).
- Hochwertige LED-Streifen verfügen über eine gleichmäßige Farbwiedergabe (CRI-Wert über 90) und einen geringen Helligkeitsverlust über die Lebensdauer. Die Qualität der Leiterplatte und der Klebeschicht entscheiden über die langfristige Zuverlässigkeit. Billigprodukte sparen oft an diesen entscheidenden Faktoren.

Das richtige Netzteil dimensionieren

Falls kein Netzteil mitgeliefert wird, müssen Sie selbst auf die korrekte Dimensionierung des Netzteils achten, um eine Überlastung zu verhindern und die volle Leistungsfähigkeit der LED-Streifen zu gewährleisten. Falls Sie sich das nicht zutrauen, lassen Sie sich von einem Fachberater helfen. Dieser berechnet den Gesamtstrombedarf durch Multiplikation der Streifenlänge in Metern mit der Wattzahl pro Meter. Lassen Sie zusätzlich eine Leistungsreserve von 20 % einplanen, um Spannungsverluste auszugleichen und die Lebensdauer des Netzteils zu verlängern.

Für längere Strecken kann eine beidseitige Einspeisung oder eine Aufteilung in mehrere Stromkreise notwendig sein, um Helligkeitsunterschiede durch Spannungsabfall zu vermeiden.

> **!**
>
> **Auf das richtige Netzteil achten**
>
> Verwenden Sie ausschließlich LED-spezifische Konstantspannungsnetzteile mit 12 V oder 24 V Ausgangsspannung. Einfache zweckentfremdete Standard-Trafos führen zu Flackern und verkürzter Lebensdauer.

Das Netzteil sollte in einem belüfteten Bereich installiert werden, da während des Betriebs Wärme entsteht. Eine Überhitzung führt zu vorzeitiger Alterung oder Ausfall. Flache, leistungsstarke Netzteile lassen sich problemlos hinter Sockeln oder in abgehängten Decken unterbringen.

Fachgerechte Montage und Verkabelung

Vor der Montage planen Sie sorgfältig die Position der LED-Streifen. Reinigen Sie die Montagefläche gründlich mit Alkohol, um Staub und Fett zu entfernen. Dies verbessert die Haftung des Klebebands erheblich und verhindert frühzeitiges Ablösen.

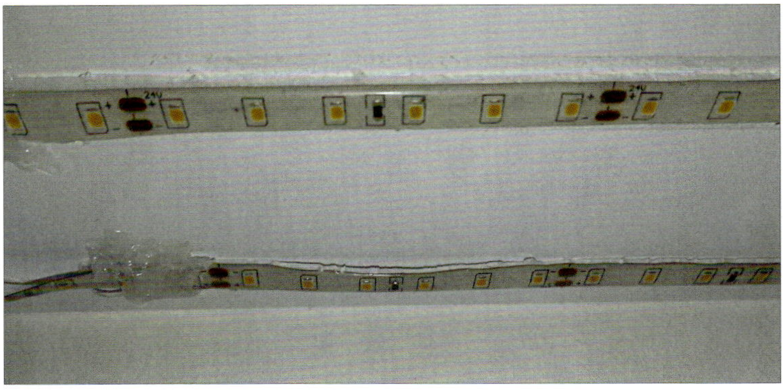

Abbildung 15.20 Selbstklebende LED-Streifen unter einem Regalboden – der hintere Streifen wurde mit einem Klecks Heißkleber gesichert, weil er sich immer wieder abgelöst hat.

Messen Sie die benötigten Längen präzise ab und durchtrennen Sie die Streifen ausschließlich an den markierten Schnittstellen. Die Schnittstellen erkennen Sie an den Kupferkontakten und Schnittmarkierungen auf dem Streifen. Sie finden sie meist alle 5 bis 10 cm, je nach Modell.

Eckverbinder vereinfachen die Velegung

Bei der Montage um Ecken verwenden Sie entweder flexible Eckverbinder oder erstellen eine saubere Ecke durch zwei separate Stücke mit Verbindungskabeln. Vermeiden Sie es, die LED-Streifen stark zu biegen, da dies zu Beschädigungen führen kann.

Für eine unsichtbare Verkabelung nutzen Sie schmale Kabelkanäle oder integrieren die Zuleitungen bereits in der Bauphase. Achten Sie bei längeren Strecken auf einen ausreichenden Querschnitt der Verbindungskabel, um Spannungsverluste zu minimieren. Für 12-V-Systeme empfiehlt sich ab 5 m Kabellänge ein Querschnitt von 1,5 mm².

Befestigen Sie das Netzteil an einer zugänglichen Stelle für eventuelle Wartungsarbeiten.

Steuerungsmöglichkeiten

Die einfachste Steuerungsvariante bietet ein manueller Schalter oder Dimmer. Diese kostengünstige Lösung eignet sich für Installationen mit fester Lichtfarbe und gleichbleibender Helligkeit. Bei LED-Streifen mit mehr Funktionen wird in der Regel eine Fernbedienung mitgeliefert. Diese einfachen Funk-Fernbedienungssystem erweiterne den Komfort erheblich und ermöglichen die Steuerung aus jedem Winkel des Raumes.

Abbildung 15.21 Die Fernbedienung eines LED-Lichtstreifens mit der Möglichkeit, die Farbtemperatur und Helligkeit einzustellen

Die Anbindung an das Smart Home

Viele LED-Lichtstreifen und Lampen bieten mittlerweile eine Anbindung an digitale Assistenten wie *Alexa, Google Home* oder *Apple HomeKit*. Dadurch werden Sprachsteuerung und automatisierte Lichtszenarien möglich. Die Einbindung in Routinen wie »Guten Morgen« oder »Film-Abend« schafft individuelle Lichtstimmungen für jeden Anlass.

Besonders faszinierend wirken Music-Sync-Funktionen, die das Licht im Rhythmus der Musik pulsieren lassen. Hochwertige Systeme analysieren verschiedene Frequenzbereiche und erzeugen dynamische Lichteffekte passend zum Musikstil. Für Filmabende bietet das sogenannte Ambient-Light die Möglichkeit, das Umgebungslicht farblich an die Bildschirminhalte anzupassen, was das Seherlebnis deutlich intensiviert.

» **Adaptive Beleuchtungsszenarien – Licht in Szene setzen**

Die fortschrittlichsten Steuerungen erlauben adaptive Beleuchtungsszenarien. Diese passen sich automatisch an Tageszeit, Aktivität oder Anwesenheit an. Morgens unterstützt kaltweißes, aktivierendes Licht Ihren Start in den Tag, während abends warmweiße Töne die natürliche Melatoninproduktion fördern und die Schlafqualität verbessern.

Einsatzbereiche und Gestaltungsideen

LED-Streifen sind ideal für eine indirekte Beleuchtung. Hinter Sockeln, unter Küchenschränken oder entlang von Vorhangblenden installiert, schaffen sie eine angenehme Grundbeleuchtung ohne Blendeffekte. In abgehängten Decken oder Lichtnischen erzeugen sie die Illusion eines größeren, luftigeren Raumes.

In Treppenaufgängen erhöhen LED-Streifen entlang der Stufen oder des Handlaufs nicht nur die Sicherheit, sondern setzen auch gestalterische Akzente. Smarte Bewegungsmelder aktivieren das Licht bedarfsgerecht und sparen Energie.

Für Feuchtbereiche wie Badezimmer oder Saunen benötigen Sie speziell geschützte LED-Streifen mit mindestens IP65-Zertifizierung. Hinter Spiegeln oder unter Waschtischen installiert, schaffen sie ein Spa-ähnliches Luxus-Ambiente.

15.7 Deckenventilator installieren

Ein Deckenventilator hilft, die zunehmenden Hitzeperioden zu ertragen. Die sommerlichen Temperaturen steigen kontinuierlich an, wodurch Räume ohne aktive Luftzirkulation schnell unerträglich warm werden. Ein Deckenventilator verbessert die Luftqualität erheblich und schafft durch die ständige Bewegung ein angenehmes Raumklima – selbst dann, wenn die Außentemperaturen die 30-Grad-Marke überschreiten.

Vorbereitung und Planung

Vor der Montage sollten Sie die Tragfähigkeit Ihrer Decke prüfen. Moderne Deckenventilatoren, die größtenteils aus Kunststoff gefertigt sind, wiegen deutlich weniger als ihre metallischen Vorgänger. Dennoch benötigen Sie einen stabilen Befestigungspunkt. Wenn es in dem Raum nur einen Anschluss für eine Deckenleuchte gibt, sollten Sie einen Ventilator mit integrierter Beleuchtung kaufen, der Ihre bisherige Deckenlampe ersetzt. Bei Rigips-Decken empfiehlt sich die Verwendung spezieller Hohlraumdübel oder die direkte Befestigung an der Unterkonstruktion.

Wählen Sie für Schlafzimmer oder Arbeitsbereiche unbedingt ein flüsterleises Modell mit maximal 30 bis 35 Dezibel Betriebslautstärke. Diese leisen Modelle stören weder den Schlaf noch die Konzentration bei der Arbeit.

SCHRITT FÜR SCHRITT

Einen Deckenventilator montieren

1. Die Montage eines Deckenventilators beginnt mit dem Abschalten der entsprechenden Sicherung im Stromkreis. Überprüfen Sie mit einem Spannungsprüfer, ob tatsächlich keine Spannung mehr anliegt. Diese Sicherheitsmaßnahme verhindert lebensgefährliche Stromschläge während der Installation.
2. Anschließend befestigen Sie die mitgelieferte Montageplatte an der Decke. Verwenden Sie hierzu die passenden Schrauben und Dübel für Ihren Deckentyp. Die Halterung muss absolut waagerecht und fest angebracht werden, da sie das gesamte Gewicht des Ventilators trägt und selbst bei höchster Drehzahl stabil bleiben muss.

3. Der elektrische Anschluss erfolgt gemäß der Anleitung des Herstellers. Verbinden Sie die farblich gekennzeichneten Kabel mit den entsprechenden Anschlüssen in der Decke. Bei Unsicherheiten konsultieren Sie einen Elektriker, denn fehlerhafte Verkabelungen gefährden Ihre Sicherheit und die Funktionsfähigkeit des Geräts.

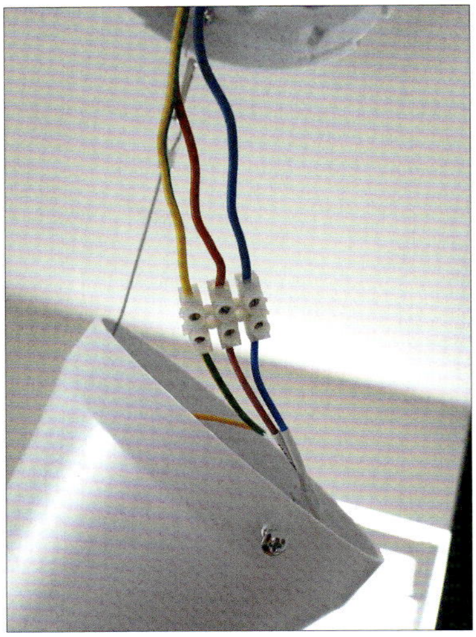

4. Nach der elektrischen Verbindung montieren Sie das Motorgehäuse an der Halterung. Hängen Sie vorher das Sicherungsseil ein, das ein Abstürzen des Motors verhindert, falls dieser sich lösen sollte. So ist der eingehängte Motor auch während der Montage gesichert, und Sie haben beide Hände frei, um den den Strom anzuschließen.

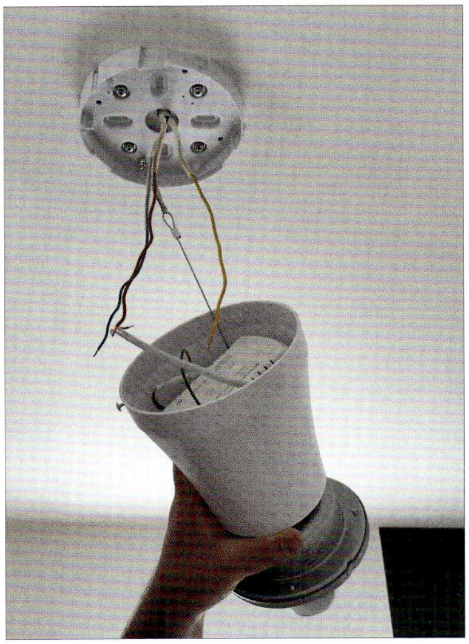

5. Arretieren Sie nun gemäß der Montageanleitung den Motor an der Basisplatte. Achten Sie auf einen festen Sitz und prüfen Sie, ob sich der Motor frei drehen lässt. Anschließend befestigen Sie die Rotorblätter am Motor.

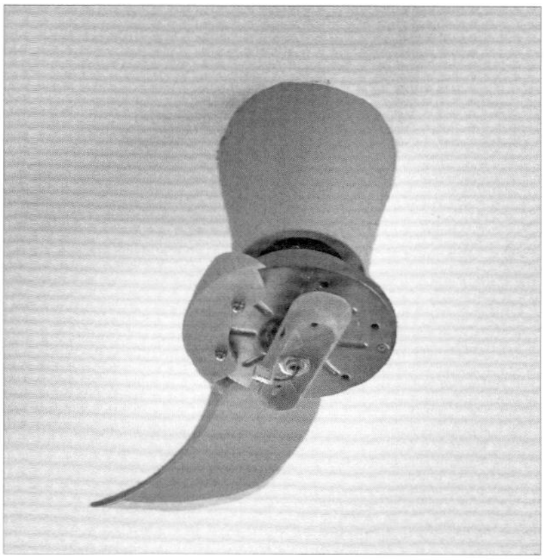

6. Zum Abschluss führen Sie einen Funktionstest durch. Schalten Sie die Sicherung wieder ein und testen Sie alle Geschwindigkeitsstufen des Ventilators. Achten Sie auf ungewöhnliche Geräusche oder Vibrationen, die auf Montagefehler hindeuten könnten.

7. Falls Sie einen Deckenventilator mit Beleuchtung gewählt haben, bringen Sie jetzt noch das Leuchtmittel an.

Vorteile für das Raumklima

Ein Deckenventilator kühlt nicht aktiv wie eine Klimaanlage, senkt aber die gefühlte Temperatur um etwa 4 bis 5 Grad Celsius. Diese Wirkung entsteht durch den kühlenden Effekt der Luftbewegung auf der Haut, vergleichbar mit einer leichten Brise an heißen Tagen. Während der zunehmenden Hitzewellen der letzten Jahre kann dieser Unterschied entscheidend für erholsamen Schlaf oder produktives Arbeiten sein.

Besonders effektiv wirkt ein Deckenventilator beim nächtlichen Stoßlüften. Die kühle Nachtluft wird gleichmäßig im Raum verteilt und senkt die Temperatur der Wände und Einrichtungsgegenstände. Dadurch heizt sich der Raum am folgenden Tag deutlich langsamer auf.

Die konstante Luftzirkulation verhindert zudem die Bildung von Schimmel in gefährdeten Räumen. Durch die Bewegung der Luft trocknen feuchte Stellen schneller, wodurch Schimmelpilzen die Lebensgrundlage entzogen wird. Besonders in Badezimmern oder nordwärts ausgerichteten Räumen bietet ein Deckenventilator daher ganzjährig Vorteile.

In Kombination mit einem Klimagerät entfaltet der Deckenventilator sein volles Potenzial. Während das Klimagerät die Luft aktiv kühlt, sorgt der Ventilator für eine gleichmäßige Verteilung der kühlen Luft im gesamten Raum. Dadurch können selbst mit kleineren Klimageräten größere Räume von 25 bis 30 Quadratmetern effektiv gekühlt werden.

Energieeffizienz und Nachhaltigkeit

Mit einem Stromverbrauch von lediglich 20 bis 60 Watt arbeitet ein Deckenventilator äußerst energieeffizient. Im Vergleich zu Klimageräten mit 1.000 bis 2.000 Watt Leistungsaufnahme spart der Ventilator Ihnen erhebliche Energiekosten und belastet die Umwelt deutlich weniger.

Abbildung 15.22 Deckenventilatoren bekommen Sie in vielen Farben und Formen. Sie finden bestimmt einen, der zu Ihrer Einrichtung passt.

Und im Winter?

Im Winter kann ein Deckenventilator im Uhrzeigersinn mit niedriger Geschwindigkeit betrieben werden. Diese Einstellung zirkuliert die warme Luft, die sich unter der Decke sammelt, zurück in den unteren Raumbereich und senkt dadurch die Heizkosten um bis zu 10 %.

Fazit: Ein Deckenventilator verbessert das Raumklima deutlich und hilft, hochsommerliche Temperaturen erträglicher zu gestalten. Die Installation ist sehr einfach, und der geringe Energieverbrauch machen ihn zu einer sinnvollen Investition für nahezu jeden Wohnraum.

15.8 Steckernetzteile

Steckernetzteile versorgen zahlreiche elektronische Geräte in unserem Alltag mit Strom. Sie wandeln die haushaltsübliche Wechselspannung von 230 Volt in die für das jeweilige Gerät benötigte Niederspannung um.

EU-Verordnung für mehr Nachhaltigkeit

Seit 2024 gilt in der Europäischen Union die Ökodesign-Verordnung für externe Netzteile. Diese verpflichtet Hersteller, standardisierte USB-C-Anschlüsse für zahlreiche Elektronikgeräte einzusetzen. Die Regelung zielt darauf ab, Elektroschrott zu reduzieren und die Lebensdauer von Ladegeräten zu verlängern. Dadurch benötigen Verbraucher nicht mehr für jedes neue Gerät ein separates Netzteil.

Das korrekte Ersatznetzteil ermitteln

Bei der Suche nach einem passenden Ersatznetzteil müssen Sie auf zwei zentrale Faktoren achten: auf die Ausgangsspannung und auf die maximale Stromstärke. Die Ausgangsspannung finden Sie auf dem Typenschild des Originalgeräts oder in der Bedienungsanleitung. Übliche Werte liegen bei 5, 9, 12 oder 24 Volt Gleichspannung. Diese Spannung muss exakt mit der des Originalgeräts übereinstimmen.

Die Stromstärke wird in Ampere (A) oder Milliampere (mA) angegeben. Das Ersatznetzteil darf mehr Strom liefern als benötigt, keinesfalls jedoch weniger. Ein 12-Volt-Gerät mit einem Strombedarf von 1 Ampere funktioniert problemlos mit einem 12-Volt-Netzteil, das 1,5 oder 2 Ampere liefert, da das Gerät nur den tatsächlich benötigten Strom zieht.

Abbildung 15.23 Ein Monitor-Netzteil mit einer Ausgangsspannung von 12 V und 4 A

Achten Sie zusätzlich auf die Polarität des Anschlusssteckers. Diese wird durch ein Symbol mit einem Kreis und einem Punkt sowie einem Plus- und Minuszeichen dargestellt. Häufig liegt der Pluspol innen und der Minuspol außen, aber Ausnahmen bestätigen die Regel. Eine falsche Polarität kann Ihr Gerät sofort beschädigen.

Abbildung 15.24 Das Symbol für die Belegung eines Hohlsteckers

Steckertypen verstehen und identifizieren

Der verbreitetste Anschluss bei älteren Geräten ist der Hohlstecker (auch Rundstecker oder Barrel-Connector genannt). Diese zylindrischen Stecker variieren in ihrem Durchmesser, wobei die Maße des Außen- und Innendurchmessers entscheidend sind. Gängige Kombinationen sind 5,5 mm außen / 2,1 mm innen oder 5,5 mm außen / 2,5 mm innen.

Abbildung 15.25 Der typische Hohlstecker, wie er noch an vielen Monitoren und Laptops zu finden ist

Moderne Geräte nutzen zunehmend standardisierte Anschlüsse wie Micro-USB, USB-C oder proprietäre Formate. USB-C setzt sich dank der EU-Verordnung als universeller Standard durch und bietet den Vorteil, dass ein Netzteil für verschiedene Geräte verwendet werden kann, sofern die Leistungsanforderungen erfüllt werden.

Kapitel 16

Klimatisierung und Kühlung

Mit steigenden Temperaturen in den Sommermonaten wird ein angenehmes Raumklima immer wichtiger für unser Wohlbefinden und Leistungsfähigkeit. Während unsere Häuser hier in Deutschland traditionell eher auf Wärmespeicherung und Heizen ausgelegt sind, rückt die Frage der Kühlung zunehmend in den Fokus. Glücklicherweise gibt es heutzutage zahlreiche Möglichkeiten, vom einfachen passiven Sonnenschutz über den Ventilator (siehe Abschnitt 15.7) bis hin zu modernen Klimasystemen, um Ihr Zuhause auch an heißen Sommertagen angenehm kühl zu halten. Besprechen wir ein paar praktische Lösungen für jedes Budget und jeden Anspruch – mit besonderem Augenmerk auf Maßnahmen, die Sie selbst umsetzen können.

16.1 Grundlagen der Raumklimatisierung

Ein angenehmes Raumklima wird von mehreren Faktoren bestimmt: Temperatur, Luftfeuchtigkeit, Luftbewegung und Luftqualität spielen zusammen und beeinflussen Ihr Wohlbefinden maßgeblich. Die ideale Raumtemperatur liegt für die meisten Menschen in Europa zwischen 20°C und 24°C, wobei im Sommer auch 26°C noch als angenehm empfunden werden können, wenn die Luftfeuchtigkeit relativ niedrig liegt. Diese relative Luftfeuchtigkeit sollte dann zwischen 40 % und 60 % liegen – ein Bereich, in dem wir uns wohlfühlen und der gleichzeitig gesundheitliche Risiken minimiert.

Aber besonders die Luftfeuchtigkeit wird oft unterschätzt, dabei spielt sie eine entscheidende Rolle in der Klimatisierung. Zu hohe Luftfeuchtigkeit verhindert die natürliche Kühlung des Körpers durch Schweißverdunstung und kann bei niedrigen Temperaturen zu Schimmelbildung führen. Zu trockene Luft hingegen reizt die Schleimhäute und kann Atemwegsprobleme begünstigen.

Schimmel

Der Kampf gegen Schimmel beginnt damit, zu verstehen, wie er entsteht. Schimmel gedeiht dort, wo warme, feuchte Luft auf kalte Oberflächen trifft und kondensiert. Besonders gefährdet sind daher Außenwände, Fensterlaibungen und andere Wärmebrücken im Haus. Die Kondensation an diesen Stellen schafft ideale Bedingungen für Schimmelsporen.

Lüften

Als Selbermacher können Sie diesem Problem aktiv begegnen. Regelmäßiges Stoßlüften – mindestens zwei- bis dreimal täglich für 5 bis 10 Minuten mit weit geöffneten Fenstern – sorgt für einen schnellen Luftaustausch, ohne die Bausubstanz auszukühlen. Im Gegensatz zum dauerhaften Kippen der Fenster, das die Wände rund um die Fenster auskühlt und das Schimmelrisiko erhöht, ist Stoßlüften die effektivere Methode.

Hygrometer

In Räumen mit hoher Feuchtigkeitsproduktion wie Küche und Bad hilft Ihnen ein einfaches Hygrometer, die Luftfeuchtigkeit im Blick zu behalten. Überschreitet sie regelmäßig 60%, sollten Sie Ihre Lüftungsgewohnheiten anpassen oder über zusätzliche Maßnahmen wie einen Luftentfeuchter nachdenken. Für den heimwerkerischen Ansatz bieten sich auch selbst installierbare Abluftventilatoren an, die Sie mit Feuchtesensoren koppeln können.

Abbildung 16.1 Ein Thermometer und Hygrometer zur Messung des Raumklimas

Dämmung

Die Wärmeleitung der Bausubstanz spielt ebenfalls eine wichtige Rolle. Schlecht gedämmte Wände können im Sommer Hitze ins Haus leiten und im Winter zu kalten Innenwänden führen, an denen Feuchtigkeit kondensiert. Bei einer Renovierung lohnt sich daher der Blick auf moderne Dämmstoffe, die sowohl vor Kälte als auch vor sommerlicher Hitze schützen. Als Übergangslösung können selbst angebrachte Dämmplatten an besonders problematischen Stellen helfen, Wärmebrücken zu entschärfen. Auch Baumschaum kann an schwierigen Stellen gute Dienste zum Dämmen leisten. Der Wärmeleitwert für Baumschaum liegt etwa auf dem Niveau von Mineralwolle. Für das Dämmen von Flächen nimmt man lieber Dämmstoffplatten, aber für schwierige Ecken, zur

Beseitigung kleinerer Wärmebrücken und zum Abdichten undichter Stellen, ab denen es sonst ziehen würde, ist Bauschaum eine gute Lösung.

CO_2

Ein weiterer Faktor für ein angenehmes Raumklima ist die CO2-Konzentration in der Luft. In schlecht belüfteten Räumen steigt sie schnell an und führt zu Müdigkeit und Konzentrationsschwäche. Ein CO2-Messgerät kann hier als nützlicher Indikator dienen und Sie rechtzeitig an das Lüften erinnern. Für technisch versierte Selbermacher bieten sich auch DIY-Lösungen mit Mikrocontrollern und entsprechenden Sensoren an, die Sie in Ihr Smart-Home-System integrieren können.

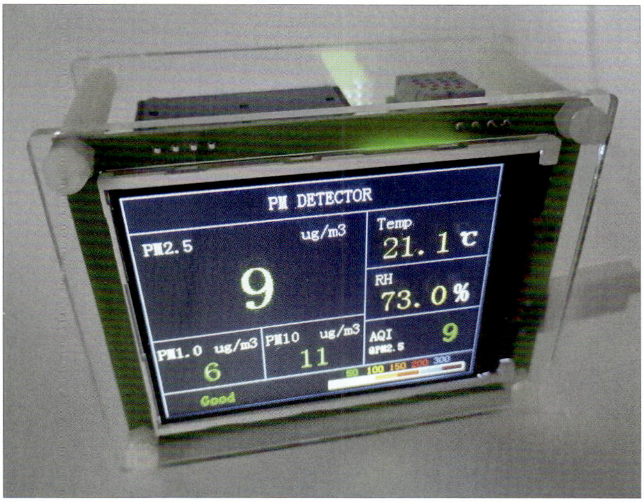

Abbildung 16.2 Ein Messgerät für verschiedene Aspekte der Luftqualität

Die Balance halten

Mit diesen grundlegenden Kenntnissen zur Raumklimatisierung sind Sie bestens gerüstet, um die verschiedenen Methoden und Geräte zur Kühlung Ihres Zuhauses einzuordnen und die für Ihre Situation passende Maßnahme zu finden. Deckenventilatoren habe ich schon in Abschnitt 15.7 angesprochen, werfen wir nun einmal einen Blick auf Klimageräte und deren Möglichkeiten, uns den Hochsommer erträglicher zu machen.

16.2 Mobile Klimageräte

Mobile Klimageräte bieten eine flexible Lösung für temporäre Kühlbedürfnisse, insbesondere für Mietwohnungen, in denen bauliche Veränderungen nicht möglich sind. Sie lassen sich einfach dort aufstellen, wo eine Kühlung benötigt wird, und können bei

Bedarf sogar von Raum zu Raum transportiert werden. Doch trotz ihrer Einfachheit gibt es einige wichtige Aspekte, die Sie beachten sollten, um das Maximum aus diesen Geräten herauszuholen.

Abbildung 16.3 Ein mobiles Klimagerät, dessen Zu- und Abluft direkt durch die Scheibe geführt werden (Quelle: https://commons.wikimedia.org/wiki/Category:Portable_air_conditioners#/media/File:Condizionatore_portatile_3.png)

Das Funktionsprinzip

Die Funktionsweise mobiler Klimageräte basiert auf dem gleichen Prinzip wie bei Kühlschränken: Ein Kältemittel nimmt Wärme aus der Raumluft auf und gibt sie nach außen ab. Dabei durchläuft das Kältemittel einen Kreislauf aus Verdampfung, Kompression, Kondensation und Entspannung. Bei mobilen Geräten wird die entstehende Abwärme über einen Abluftschlauch nach draußen geleitet – ein wichtiger Punkt, den Sie bei der Installation beachten müssen.

Die Energieeffizienzklasse

Die Effizienz mobiler Klimageräte wird in der Regel mit der Energieeffizienzklasse und dem EER-Wert (*Energy Efficiency Ratio*) angegeben. Je höher dieser Wert ist, desto effizienter arbeitet das Gerät. Achten Sie beim Kauf auf mindestens Energieeffizienzklasse A und einen EER-Wert von etwa 2,5 bis 3 oder höher. Dies bedeutet, dass das Gerät zweieinhalb bis dreimal mehr Kühlleistung erzeugt, als es elektrische Energie verbraucht.

Leistungszahl im Kühlbetrieb (EER)	2,6	
Stündlicher Stromverbrauch	1,1	kWh/60 Minuten
Kühlleistung	2,9	kW

Abbildung 16.4 Der EER-Wert eines Klimageräts aus dem Discounter

Zu beachten ist hierbei, dass ein Klimagerät nicht ständig unter Volllast läuft. Wenn die zu kühlende Luft nicht zu heiß ist und sich die Luftfeuchtigkeit in einem normalen Rahmen bewegt, dann verbrauchen die Geräte weniger und der Stromverbraucht ist besser als nominal angegeben.

Die Raumgröße

Bei der Auswahl des richtigen Geräts ist die Kühlleistung entscheidend. Als Faustregel gilt: Pro 10 Quadratmeter Raumfläche benötigen Sie etwa 1 kW Kühlleistung bei normaler Deckenhöhe. Bei gut gedämmten Räumen kann es etwas weniger sein, bei schlecht gedämmten oder Dachgeschosswohnungen mit direkter Sonneneinstrahlung entsprechend mehr. Kaufen Sie lieber ein etwas stärkeres Gerät, als benötigt wird – es muss dann nicht ständig auf Hochtouren laufen und arbeitet dadurch effizienter und leiser.

Luftzirkulation

Die Installation und Positionierung des mobilen Klimageräts beeinflusst maßgeblich seine Wirksamkeit. Stellen Sie das Gerät möglichst mit etwas Abstand zu Wänden und Möbeln auf, um eine gute Luftzirkulation zu gewährleisten. Der Abluftschlauch sollte so kurz und gerade wie möglich verlaufen, da jede Biegung die Effizienz verringert.

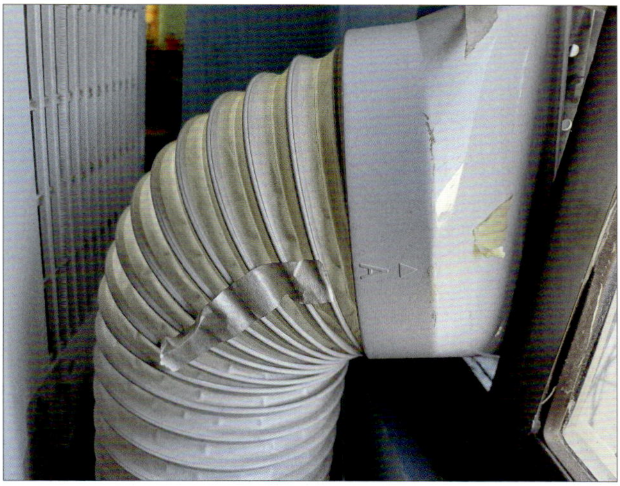

Abbildung 16.5 Der Abluftschlauch eines Klimageräts (Quelle: https://commons.wikimedia.org/wiki/File:Portable_air_conditioner_tube_at_a_school.png)

Abluft

Die größte Herausforderung bei mobilen Klimageräten ist die Abluftführung nach außen. Hier haben Sie als Selbermacher mehrere mieterfreundliche Lösungen zur Auswahl:

- Die einfachste Methode ist die Führung des Abluftschlauchs durch ein gekipptes Fenster. Hierfür gibt es spezielle Fensterabdichtungen aus Stoff mit Reißverschluss oder Klettverschluss, die Sie in den Fensterrahmen einspannen können. Diese Abdichtungen verhindern, dass warme Luft von außen eindringt, und sind in wenigen Minuten angebracht.
- Eine elegantere Lösung für Dreh-Kipp-Fenster sind Fensterdurchführungen aus Kunststoff, die zwischen den Fensterflügel und den Rahmen eingesetzt werden. Diese ermöglichen das vollständige Schließen des Fensters und bieten eine bessere Abdichtung. Mit etwas handwerklichem Geschick können Sie solche Durchführungen auch selbst aus einer Acrylglasplatte herstellen und an Ihre spezifischen Fenstermaße anpassen.
- Für Balkontüren oder Schiebefenster eignen sich spezielle Türabdichtungen, die nach dem gleichen Prinzip funktionieren. Sie bestehen aus einer robusten Stoffbahn mit Reißverschluss, durch den der Abluftschlauch geführt wird.

Abbildung 16.6 Diese Lösung mit dem Abluftschlauch ist nicht optimal: Das Fenster sollte mit einer Abdichtung versehen sein. (Quelle: https://commons.wikimedia.org/wiki/File:Pinguino_DeLonghi_-_installazione_con_bocchetta.png)

Ein oft übersehenes Problem bei der Nutzung mobiler Klimageräte ist der entstehende Unterdruck im Raum. Wenn warme Luft nach außen geblasen wird, muss Luft von außerhalb des Raumes nachströmen. In einem geschlossenen Raum kann dies dazu führen, dass warme Luft aus anderen Teilen der Wohnung oder sogar von außen durch Undichtigkeiten angesaugt wird, was die Effizienz deutlich verringert. Als Lösung können Sie eine Tür zum Flur leicht geöffnet lassen oder – noch besser – das Klimagerät in der Nähe der Tür aufstellen, sodass die benötigte Luft aus anderen Teilen der Wohnung oder des Hauses angesaugt werden kann.

Nachteile

Trotz ihrer Flexibilität haben mobile Klimageräte auch Nachteile. Sie sind in der Regel lauter und weniger energieeffizient als fest installierte Systeme. Zudem nehmen sie Platz im Raum ein, und der Abluftschlauch kann als störend empfunden werden.

Vorteile

Dennoch bieten mobile Klimageräte für viele Situationen eine praktikable Lösung, besonders wenn bauliche Veränderungen nicht möglich oder erwünscht sind. Auch lassen sie sich nur dann aufstellen, wenn sie benötigt werden: im Hochsommer. Den Rest des Jahres können sie in der Rumpelkammer verbringen.

Klimageräte können im Winter die Wohnung auch warm machen

Mobile Klimageräte gibt es auch mit Heizfunktion. Mit ihnen können Sie nicht nur im Sommer kühlen, sondern im Winter auch heizen. Ähnlich energieeffizient ist es auch. Ein mobiles Klimagerät kann sich deshalb auch gut für eine Werkstatt eignen.

16.3 Split-Klimageräte

Split-Klimageräte stellen die effizienteste Lösung für eine dauerhafte Raumklimatisierung dar. Wie der Name andeutet, sind diese Systeme in zwei Hauptkomponenten aufgeteilt:

- in eine Inneneinheit, die die gekühlte Luft in den Raum bläst
- in eine Außeneinheit, die die Wärme abführt

Diese Trennung bietet zahlreiche Vorteile, stellt aber auch höhere Anforderungen an die Installation – ein Aspekt, der besonders für Mieter wichtige Fragen hinsichtlich des Aufwands und der Zustimmung des Eigentümers aufwirft.

Der EER-Wert von Split-Anlagen

Split-Anlagen arbeiten wesentlich effizienter als mobile Klimageräte, da die Wärmeerzeugung komplett außerhalb des zu kühlenden Raumes stattfindet. Dies führt zu EER-Werten von 3,5 bis über 5, was bedeutet, dass für jede Kilowattstunde elektrischer Energie 3,5 bis 5 Kilowattstunden Kühlleistung erzeugt werden. Moderne Inverter-Systeme passen ihre Leistung zudem dynamisch an den tatsächlichen Bedarf an, was den Energieverbrauch weiter reduziert und gleichzeitig für eine gleichmäßigere Temperatur sorgt.

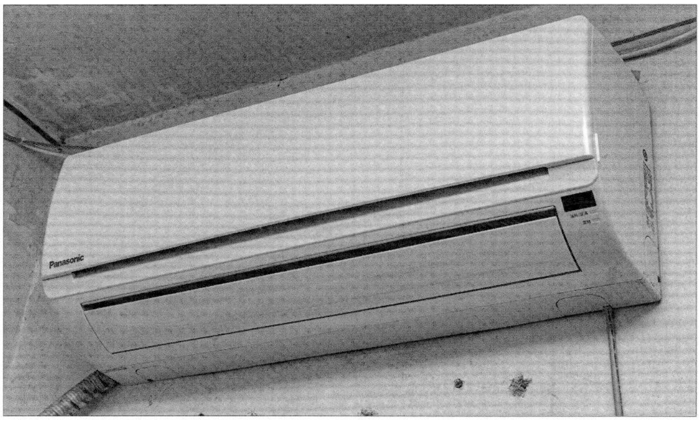

Abbildung 16.7 Die Inneneinheit einer Split-Klimaanlage (Quelle: https://commons.wikimedia.org/wiki/File:Panasonic_AIR_CONDITIONER_INDOOR_UNIT_CS-C10KJ2_(2).png)

Ein weiterer Vorteil von Split-Klimageräten ist ihr geringer Geräuschpegel im Betrieb. Da der Kompressor – die lauteste Komponente des Systems – in der Außeneinheit untergebracht ist, bleibt es im Innenraum angenehm leise. Die Inneneinheiten moderner Geräte arbeiten oft mit nur 20 bis 30 dB(A), was etwa dem Geräuschpegel eines leisen Flüsterns entspricht.

Abbildung 16.8 Die Außeneinheit einer Split-Klimaanlage (Quelle: https://commons.wikimedia.org/wiki/File:Klimaanlage_in_Tauberbischofsheim_7.png)

Was müssen Mieter beachten, wenn sie eine Split-Klimaanlage installieren möchten? Der wichtigste Punkt: Eine solche Installation erfordert fast immer die Zustimmung des Vermieters, da sie einen Eingriff in die Bausubstanz darstellt. Die Außeneinheit wird typischerweise an der Fassade oder auf dem Balkon montiert, und zwischen Innen- und Außeneinheit müssen Kühlmittelleitungen, Stromkabel und ein Kondenswasserschlauch verlegt werden, wofür ein Wanddurchbruch notwendig ist.

Split-Geräte für Mieter

Es gibt jedoch zunehmend mieterfreundliche Lösungen auf dem Markt. Einige Hersteller bieten spezielle *Mieter-Splits* an, die mit minimalen baulichen Eingriffen auskommen. Bei diesen Systemen werden die Verbindungsleitungen durch ein kleines Loch (oft nur mit einem Durchmesser von 25 bis 30 mm) geführt, das deutlich kleiner ist als bei konventionellen Split-Anlagen. Solche Quick-Connect-Systeme werden zudem oft vormontiert und mit Schnellkupplungen geliefert, die eine Installation ohne Eingriff in den Kältemittelkreislauf ermöglichen – ein wichtiger Punkt, da für kältetechnische Arbeiten eine Zertifizierung erforderlich ist. Es ist zwar immer noch ein Loch in der Wand notwendig, aber das lässt sich oft einfacher mit dem Vermieter klären als andere, aufwendigere Lösungen.

Für den ambitionierten Selbermacher bieten diese Mieter-Splits eine interessante Option. Mit guter Vorbereitung und dem richtigen Werkzeug können Sie einen Großteil der Installation selbst durchführen.

SCHRITT FÜR SCHRITT

Ein Split-Klimagerät selbst montieren

1. Planen Sie sorgfältig die Positionen von Innen- und Außeneinheit. Die Inneneinheit sollte für eine optimale Luftverteilung möglichst hoch an der Wand montiert werden, während die Außeneinheit einen Platz mit guter Belüftung benötigt.
2. Bohren Sie den Wanddurchbruch mit leichtem Gefälle nach außen, damit Kondenswasser abfließen kann. Für kleine Durchbrüche genügt oft ein handelsüblicher Bohrhammer mit entsprechendem Bohrer.
3. Montieren Sie die Wandhalterung für die Inneneinheit gemäß den Herstellerangaben und befestigen Sie die Einheit daran.
4. Installieren Sie die Außeneinheit auf einer stabilen Konsole oder einem geeigneten Ständer. Achten Sie auf ausreichenden Abstand zur Wand für eine gute Luftzirkulation.
5. Führen Sie die vormontierten Leitungen durch den Wanddurchbruch und verbinden Sie die Einheiten gemäß Anleitung. Bei Quick-Connect-Systemen müssen Sie lediglich die Schnellkupplungen verbinden und die Ventile öffnen.

6. Der elektrische Anschluss muss von einem Fachmann durchgeführt werden, um die maximale Stromstärke des Anschlusses nicht zu überschreiten und Garantieansprüche nicht zu gefährden.

Was die Kosten betrifft, so sind Split-Klimageräte in der Anschaffung teurer als mobile Lösungen, amortisieren sich aber durch ihre höhere Effizienz und längere Lebensdauer oft innerhalb weniger Jahre. Ein qualitativ hochwertiges Mieter-Split-System mit einer Kühlleistung von etwa 2,5 kW kostet mindestens das Doppelte eines mobilen Klimageräts. Hinzu kommen noch die Installationskosten, falls Sie die Installation nicht selbst übernehmen.

Die Investition in eine Split-Klimaanlage lohnt sich besonders dann, wenn Sie langfristig in der Wohnung bleiben möchten und der Vermieter einer Installation zustimmt – und sie lohnt sich natürlich für Eigenheim-Besitzer. Eventuell übernimmt der Vermieter sogar die Kosten, wenn vereinbart wird, dass die Klimaanlage bei Auszug in der Wohnung bleibt. Nachfragen kann sich lohnen.

16.4 Passive Kühlungsmethoden

Bevor Sie in ein Klimagerät investieren, kann es sinnvoll sein, die Möglichkeiten passiver Kühlungsmethoden auszuschöpfen (oder sie zu kombinieren). Diese Maßnahmen benötigen keine oder nur minimale Energie, schonen die Umwelt und können die Notwendigkeit einer Klimaanlage reduzieren. Vielleicht stellen Sie auch fest, dass Sie dank passiver Kühlung gar kein Klimagerät brauchen. Besonders für Selbermacher gibt es zahlreiche Möglichkeiten, mit einfachen Mitteln das Raumklima deutlich zu verbessern.

Passive Kühlung durch Schatten

Die effektivste passive Kühlungsmethode ist die Vermeidung von Wärmeeintrag durch gezielte Verschattung. Sonnenstrahlen, die direkt durch die Fenster fallen, können die Raumtemperatur erheblich erhöhen. Eine außenliegende Verschattung wie Rollläden, Markisen oder Sonnensegel kann bis zu 75 % der Sonnenwärme abhalten, bevor sie überhaupt ins Gebäude eindringt. Im Vergleich dazu sind innenliegende Systeme wie Vorhänge oder Jalousien weniger effektiv, da die Wärme bereits durch das Fenster eingedrungen ist. Wenn Sie Hausbesitzer sind, haben Sie besonders hier viele Möglichkeiten:

- **Rollläden** bieten den besten Schutz und können nachträglich an fast jedem Fenster installiert werden. Vorsatzrollläden werden außen vor dem Fenster montiert und erfordern nur minimale Eingriffe in die Bausubstanz. Mit etwas handwerklichem Geschick ist die Installation an einem Wochenende zu bewältigen.

- **Markisen** für Fenster oder Balkone sind eine elegante Lösung, die nicht nur Schatten spendet, sondern auch einen zusätzlichen Außenwohnraum schafft. Moderne Markisen mit Gelenkarmen lassen sich relativ einfach an der Fassade befestigen und bei Bedarf ausfahren.
- Besonders flexibel und ohne bauliche Eingriffe zu realisieren sind **Sonnensegel**. Sie können an Balkonen, Terrassen oder vor Fenstern angebracht werden und lassen sich bei Bedarf schnell auf- und abbauen. Mit wetterfesten Materialien und stabilen Befestigungspunkten konstruieren Sie ein effektives und individuelles DIY-Sonnenschutzsystem.
- Schattenspender in Form von **Büschen** und **Bäumen** oder **Sichtschutzwänden** können die Sonneneinstrahlung auf Teile des Hauses mindern und so ein Aufheizen von Wänden reduzieren.

Passive Kühlung durch Lüften

Neben der Verschattung spielt die optimierte Lüftungsstrategie eine wichtige Rolle bei der passiven Kühlung. Die richtige Technik kann mehrere Grad Unterschied bewirken:

- Nutzen Sie die kühleren Nacht- und frühen Morgenstunden für intensives Durchlüften. Öffnen Sie dabei gegenüberliegende Fenster, um einen effektiven Luftaustausch zu erzeugen. Wenn möglich, schaffen Sie einen *Kamineffekt* durch das Öffnen von Fenstern auf verschiedenen Etagen, wodurch warme Luft nach oben abziehen kann.
- Tagsüber sollten Sie hingegen Fenster und Türen geschlossen halten, besonders auf der sonnenbeschienenen Seite des Hauses. Öffnen Sie nur kurz zum Stoßlüften, wenn die Innentemperatur bereits über der Außentemperatur liegt.
- Ein oft übersehener Aspekt ist der Wärmeeintrag durch die Fensterscheiben selbst. Moderne Wärmeschutzverglasungen bieten bereits einen gewissen Schutz, aber als Mieter haben Sie meist keine Möglichkeit, die Fenster auszutauschen. Hier kommen wärmedämmende Fensterfolien ins Spiel – eine einfache und reversible Lösung, die Sie selbst anbringen können.

16

+

Refektierende Folien

Reflektierende Folien blockieren einen großen Teil der Infrarotstrahlung (Wärme), lassen aber das sichtbare Licht weitgehend ungehindert durch. Die Installation funktioniert einfach: Sie befeuchten die gereinigte Scheibe mit Wasser, legen die Folie auf und streichen sie mit einem Rakel glatt. Bei Mietwohnungen bieten sich einfach ablösbare Varianten an, die ohne Rückstände wieder entfernt werden können. Je nach Qualität der Folie können Sie den Wärmeeintrag um 30 bis 80 % reduzieren.

Passive Kühlung durch Pflanzen

Eine weitere passive Kühlungsmethode nutzt die kühlende Wirkung von Pflanzen. Durch ihre Verdunstung können Pflanzen die Umgebungstemperatur spürbar senken und gleichzeitig die Luftfeuchtigkeit erhöhen. Besonders effektiv sind großblättrige Zimmerpflanzen wie Gummibaum, Ficus oder Palmenarten. Im Außenbereich können Sie gezielt Kletterpflanzen wie Wilden Wein oder Efeu einsetzen, um Fassaden zu begrünen und so vor Aufheizung zu schützen. Bedenken Sie jedoch: Diese Pflanzen greifen den Außenputz an, weil sich ihre Wurzeln tief in die Fassade bohren. Später bekommen Sie das Wurzelwerk nie wieder vollständig entfernt.

Einfache Maßnahmen, die auch helfen

Vergessen Sie auch nicht die einfachsten Maßnahmen: Schalten Sie unnötige Wärmequellen wie Elektrogeräte oder konventionelle Glühlampen aus. Jedes elektronische Gerät, jede Lampe und jeder Kochtopf trägt zur Wärmelast im Raum bei.

Die Kombination all dieser verschiedenen passiven Kühlungsmethoden kann gute Ergebnisse erzielen. Mit durchdachter Verschattung, optimierter Lüftung, Fensterfolien und Begrünung können Sie die Raumtemperatur problemlos um 3 bis 5 °C senken – oft genug, um auf eine aktive Klimatisierung verzichten zu können oder deren Einsatzzeit deutlich zu verkürzen. Als Heimwerker haben Sie dabei die Freiheit, Lösungen zu entwickeln, die genau auf Ihre Wohnsituation zugeschnitten sind und ohne große Investitionen auskommen.

16.5 DIY-Klimaverbesserungen

Für kreative Selbermacher bietet die Klimatisierung spannende Möglichkeiten, mit eigenen Projekten das Raumklima zu verbessern. Diese DIY-Lösungen müssen weder kompliziert noch teuer sein, können aber dennoch eine spürbare Wirkung erzielen. Besonders wenn eine konventionelle Klimaanlage nicht infrage kommt, lohnt es sich, diese alternativen Ansätze zu erkunden.

Der Verdunstungskühler

Ein klassisches und effektives DIY-Projekt ist der selbst gebaute Verdunstungskühler, oft auch als *Swamp Cooler* bezeichnet. Das Prinzip: Wenn Wasser verdunstet, entzieht es der Umgebung Wärme. Diesen Effekt können Sie gezielt nutzen, um kühle Luft zu erzeugen. Für einen einfachen Verdunstungskühler benötigen Sie:

- einen Ventilator (idealerweise mit mehreren Geschwindigkeitsstufen)
- ein Gefäß mit Wasser

- ein feuchtigkeitsspeicherndes Medium (z. B. Zellulose-Kühlpads, feuchte Handtücher oder spezielle Kühlmatten)
- optional: Eis für zusätzliche Kühlung

Der Aufbau ist denkbar einfach: Platzieren Sie das feuchtigkeitsspeichernde Medium vor dem Ventilator, sodass die Luft hindurchströmt und dabei Feuchtigkeit aufnimmt. Für bessere Ergebnisse können Sie das Wasser mit Eis kühlen oder sogar gefrorene Wasserflaschen verwenden. Der Ventilator bläst dann die durch Verdunstung gekühlte Luft in den Raum.

Abbildung 16.9 Die sogenannten »Swamp Cooler« gibt es auch fertig zu kaufen (Quelle: https://upload.wikimedia.org/wikipedia/commons/4/4a/FB_910.png)

Fortgeschrittene Selbermacher können dieses Konzept weiterentwickeln, indem sie einen alten Computer-Lüfter mit einer USB-Stromversorgung, einem kleinen Wasserbehälter und einem Kühlpad kombinieren. Dies ergibt einen kompakten, persönlichen Kühler für den Schreibtisch oder Nachttisch.

Luftfeuchtigkeit und Schimmel

Beachten Sie jedoch, dass Verdunstungskühler die Luftfeuchtigkeit erhöhen. Sie eignen sich daher besonders für trockene Klimazonen oder Räume mit niedriger Luftfeuchtigkeit. In bereits feuchten Umgebungen könnte diese Methode das Raumklima sogar verschlechtern und das Schimmelrisiko erhöhen. Kontrollieren Sie daher regelmäßig die Luftfeuchtigkeit mit einem Hygrometer.

Smart Home

Die Integration in ein Smart-Home-System eröffnet weitere Möglichkeiten für ein optimales Klimamanagement. Mit Temperatur- und Luftfeuchtigkeitssensoren, die mit Ihrem Smart Home verbunden sind, können Sie automatisierte Abläufe erstellen:

- Rollläden fahren herunter, wenn die Sonne auf ein bestimmtes Fenster scheint,
- Ventilatoren schalten sich ein, wenn eine definierte Temperatur überschritten wird, oder
- das System gibt Hinweise zum Lüften, wenn die CO_2-Konzentration zu hoch wird.

Besonders interessant für technikaffine Selbermacher sind Eigenbaulösungen mit dem Raspberry Pi oder ähnlichen Kleincomputern. Diese können als zentrale Steuereinheit dienen, die verschiedene Sensoren auswertet und entsprechende Aktionen auslöst. Mit frei verfügbarer Software wie *Home Assistant* lassen sich komplexe Automatisierungen realisieren, die auf Ihre spezifischen Bedürfnisse zugeschnitten sind.

Stromverbrauch optimieren

Ein weiterer Aspekt, den Sie optimieren können, ist der Stromverbrauch von Klimageräten. Mit einem einfachen Energiemessgerät analysieren Sie zunächst den tatsächlichen Verbrauch unter verschiedenen Bedingungen. Anschließend können Sie gezielte Maßnahmen ergreifen:

- Programmieren Sie Zeitschaltuhren, um das Gerät nur bei Anwesenheit laufen zu lassen.
- Experimentieren Sie mit verschiedenen Temperatureinstellungen – oft genügt es, die Raumtemperatur auf 26°C statt auf 22°C zu senken, was den Energieverbrauch erheblich reduziert.
- Platzieren Sie Reflektorfolien hinter dem Klimagerät, um die Wärmeabstrahlung an die Wand zu minimieren.
- Nutzen Sie in dem Raum auch einen Deckenventilator, um die Luftumwälzung zu verbessern und die Effizienz zu steigern.

Die Kombination aus passiven und aktiven Kühlungstechniken und smarten DIY-Lösungen kann die Energiekosten der Klimatisierung deutlich reduzieren. Als Selbermacher haben Sie dabei den Vorteil, dass Sie Lösungen genau auf Ihre Bedürfnisse und räumliche Gegebenheiten zuschneiden können. Experimentieren Sie mit verschiedenen Ansätzen und beobachten Sie deren Wirkung – so entwickeln Sie schrittweise ein optimales Klimakonzept für Ihr Zuhause.

16.6 Wartung und Reinigung von Klimageräten

Die regelmäßige Wartung und Reinigung Ihrer Klimageräte ist wichtig für deren Effizienz, Lebensdauer und nicht zuletzt für Ihre Gesundheit. Vernachlässigte Klimageräte verbrauchen mehr Strom, kühlen weniger effektiv und können zur Brutstätte für Bakterien und Schimmelpilze werden. Als Selbermacher können Sie diese Wartungsarbeiten eigenständig durchführen und so die Kosten für professionelle Serviceleistungen einsparen. So halten Sie Ihre Klimatisierungslösung im Top-Zustand und sparen gleichzeitig Geld. Die investierte Zeit zahlt sich durch niedrigere Betriebskosten, bessere Kühlleistung und eine längere Lebensdauer Ihres Geräts aus – ein echter Gewinn!

Austausch der Luftfilter

Die wichtigste und einfachste Wartungsmaßnahme ist die regelmäßige Reinigung bzw. der regelmäßige Austausch der Luftfilter. Diese sollten Sie je nach Nutzungshäufigkeit und Umgebungsbedingungen alle 2 bis 4 Wochen kontrollieren. Bei den meisten Geräten lassen sich die Filter leicht entnehmen: Öffnen Sie die entsprechende Klappe des Geräts und ziehen Sie den Filter heraus. Waschbare Filter können Sie unter fließendem Wasser ausspülen und anschließend vollständig trocknen lassen, bevor Sie sie wieder einsetzen. Einwegfilter müssen hingegen ausgetauscht werden.

Filter reinigen

Verschmutzte Filter behindern den Luftstrom und reduzieren die Kühlleistung um 5 bis 15 %. Gleichzeitig steigt der Energieverbrauch, da das Gerät härter arbeiten muss, um die gewünschte Temperatur zu erreichen. Eine regelmäßige Filterreinigung ist daher eine einfache Maßnahme mit großer Wirkung.

Außer den Filtern sollten Sie auch die Verdampferspulen in der Inneneinheit und die Kondensatorspulen in der Außeneinheit regelmäßig reinigen. Staub und Schmutz auf den Spulen wirken wie eine Isolierschicht und verringern den Wärmetransfer. Bei Split-Geräten ist die Reinigung der Inneneinheit relativ einfach.

SCHRITT FÜR SCHRITT

Die Inneneinheit reinigen

1. Schalten Sie das Gerät aus und trennen Sie es vom Stromnetz.
2. Öffnen Sie die Frontabdeckung und entfernen Sie die Filter.
3. Mit einer weichen Bürste oder dem Staubsauger mit Bürstenaufsatz können Sie nun vorsichtig die Verdampferspulen reinigen.

4. Für hartnäckige Verschmutzungen gibt es spezielle Schaumreiniger, die Sie auf die Spulen sprühen und nach kurzer Einwirkzeit abspülen können.

Die Reinigung der Außeneinheit – falls sie ohne Absturzgefahr möglich ist – erfordert etwas mehr Aufwand, ist aber durchaus machbar, wenn Sie handwerklich geschickt sind.

SCHRITT FÜR SCHRITT

Die Außeneinheit reinigen

1. Schalten Sie das Gerät vollständig ab und trennen Sie es gegebenenfalls von der Stromversorgung.
2. Entfernen Sie vorsichtig das Schutzgitter, um Zugang zu den Kondensatorspulen zu erhalten.
3. Beseitigen Sie zunächst gröbere Verschmutzungen wie Blätter oder Zweige.
4. Mit einem speziellen Kondensatorreiniger (das ist ein schäumender und pH-neutraler Spezialreiniger) und einer weichen Bürste können Sie die Lamellen säubern. Arbeiten Sie dabei vorsichtig von oben nach unten und in Richtung der Lamellen, um diese nicht zu verbiegen.
5. Mit einem Gartenschlauch mit sanftem Wasserstrahl spülen Sie anschließend den Schmutz ab. Benutzen Sie hierzu keinen Hochdruckreiniger, da er die empfindlichen Lamellen beschädigen könnte.

Ein weiterer wichtiger Aspekt ist die Kontrolle und Reinigung des Kondenswasserablaufs. Verstopfungen können dazu führen, dass Wasser ins Gerät oder sogar ins Gebäude eindringt und dort Schäden verursacht. Prüfen Sie daher den Ablaufschlauch regelmäßig auf freien Durchfluss. Eine einfache Methode besteht darin, ihn mit einer verdünnten Bleichmittellösung oder speziellen Reinigern für Klimaanlagen zu spülen, die Algen- und Bakterienwachstum verhindern.

Bei mobilen Klimageräten mit Wassertank müssen Sie diesen regelmäßig leeren und reinigen, um Geruchsbildung und Bakterienwachstum zu vermeiden. Einige Geräte verfügen über eine automatische Verdunstungsfunktion, die das Kondenswasser zur Kühlung des Kondensators nutzt und so Ihren manuellen Aufwand reduziert.

Auch die Dichtungen und Isolierungen sollten Sie regelmäßig überprüfen. Risse oder Abnutzungserscheinungen können die Effizienz des Geräts beeinträchtigen und sollten behoben werden. Für kleinere Risse in Isolierungen eignet sich Isolierband, bei größeren Schäden oder bei Dichtungen ist oft ein Austausch notwendig.

Während viele Wartungsarbeiten in Eigenregie durchgeführt werden können, gibt es auch Grenzen für den Selbermacher: Die Arbeit am Kältemittelkreislauf ist gefährlich und darf in der EU nur von zertifizierten Fachleuten durchgeführt werden. Auch bei elektrischen Problemen oder wenn ungewöhnliche Geräusche auftreten, sollten Sie einen Fachmann hinzuziehen.

Eine sinnvolle Strategie für den kostenbewussten Selbermacher ist es, die regelmäßigen Reinigungsarbeiten selbst zu übernehmen und alle ein bis zwei Jahre eine professionelle Wartung durchführen zu lassen. So stellen Sie sicher, dass Ihr Klimagerät effizient arbeitet, eine lange Lebensdauer hat und die Luftqualität in Ihren Räumen verbessert statt verschlechtert.

Kapitel 17

Erneuerbare Energien und E-Mobilität

Erneuerbare Energien, E-Autos und Balkonkraftwerke sind Begriffe, die in den Medien sehr oft genannt werden und die zum Nachdenken anregen: Was ist das genau? Bringt mir das finanziell was, oder sind das nur Kostenfaktoren? Kann ich mir das überhaupt leisten?

Ja! Wenn man sich für Zeit, Geld und Aufwand einen vernünftigen Rahmen setzt, kann man recht schnell die Ausgaben wieder erwirtschaften und auch auf lange Sicht Geld sparen.

17.1 Balkonkraftwerke

Ein Balkonkraftwerk ist die einfachste Methode, eine kleine Solaranlage zu betreiben und die Stromkosten zu senken. Diese kompakten Photovoltaik-Anlagen ermöglichen es Privathaushalten, erneuerbare Energien zu nutzen, ohne dabei auf spezielle handwerkliche Fähigkeiten angewiesen zu sein. Dank ihrer weiten Verbreitung sind sie mittlerweile erschwinglich und leicht zugänglich. Indem sie einen Teil des Stromverbrauchs im Haushalt abdecken, tragen Balkonkraftwerke nicht nur zur Reduzierung von CO2-Emissionen bei, sondern helfen auch beim Sparen. Besonders in Kombination mit intelligenten Stromsparmaßnahmen kann jeder Haushalt einen wertvollen Beitrag zur Energiewende leisten.

Im Grunde ist ein Balkonkraftwerk die kleine Schwester der großen Anlagen, die Sie von Hausdächern oder Solarparks kennen. Während diese kostspielig und aufwendig im Betrieb sind, überzeugt ein Balkonkraftwerk durch günstige Anschaffungskosten und eine unkomplizierte Installation, die auch ohne Fachwissen gelingt.

Abbildung 17.1 Ein Balkonkraftwerk, das am Geländer befestigt wurde

Die handliche Größe und die einfache Anschlussmöglichkeit machen Balkonkraftwerke auch für Laien zugänglich. Durch die Standardisierung der Technik sind die Stecker genormt und die Komponenten modular und austauschbar geworden. Sie erhalten ein Balkonkraftwerk stets als durchdachtes Komplettpaket: Solarmodule, Wechselrichter, Anschlussleitungen und Stecker zur Einspeisung ins Hausnetz – alles ist perfekt aufeinander abgestimmt und fertig konfektioniert.

Abbildung 17.2 Ein steckerfertiger Wechselrichter für ein Balkonkraftwerk

Mittlerweile können Sie Balkonkraftwerke überall erwerben – vom Baumarkt über den Elektrofachmarkt bis hin zum Supermarkt. Die angebotenen Sets enthalten den nötigen Wechselrichter, die Solarmodule und alle Kleinteile für die Befestigung. Natürlich finden Sie im Internet eine noch größere Auswahl an Balkonkraftwerk-Sets in verschiedenen Leistungsklassen und mit vielfältigen Ausstattungsvarianten.

Abbildung 17.3 Ein Wechselrichter für ein größere PV-Anlage mit professioneller Verkabelung

Was bringt Ihnen nun ein solches Balkonkraftwerk? Diese Frage stellen Sie sich vermutlich als Erstes. Lohnen sich die Arbeit und das investierte Geld wirklich?

Installation

Betrachten wir zunächst den Installationsaufwand eines Balkonkraftwerks. Wie viel Arbeit tatsächlich anfällt, hängt von Ihren individuellen Gegebenheiten ab.

Die ideale Situation sieht so aus:

- Sie verfügen über einen großen Balkon oder eine Terrasse mit einem nach Süden ausgerichteten Geländer.
- Das Geländer, an dem die Solarmodule befestigt werden sollen, liegt ganztägig in der Sonne.
- Es handelt sich um ein standardmäßiges Metallgeländer, an dem sich die Halterungen problemlos anschrauben oder mit Klettbändern befestigen lassen.
- Auf Ihrem Balkon oder Ihrer Terrasse befindet sich eine freie Schukosteckdose für den Wechselrichter, um den erzeugten Strom ins Hausnetz einzuspeisen.

Unter solchen Bedingungen lässt sich die Installation eines Balkonkraftwerks schnell und unkompliziert bewerkstelligen, meist sogar an einem einzigen Nachmittag. Sie benötigen lediglich etwas Werkzeug für die Halterungen und idealerweise eine helfende Hand bei der Montage der Solarmodule.

Der Arbeitsaufwand ist also überschaubar und auch für Menschen mit begrenzten handwerklichen Fähigkeiten gut zu bewältigen.

Rentabilität

Die Frage nach der finanziellen Rentabilität ist etwas komplexer. Die Antwort hängt maßgeblich davon ab, inwieweit das Balkonkraftwerk Ihren Geldbeutel entlasten kann. Für eine genauere Betrachtung sollten wir einige Zahlen heranziehen.

Wie leistungsstark ist ein Balkonkraftwerk? Nach aktuellen gesetzlichen Regelungen dürfen Balkonkraftwerke im privaten Betrieb maximal 800 Watt elektrische Leistung ins Hausnetz einspeisen.

Mit einem eigenen Balkonkraftwerk können Sie etwa 10 bis 30 % Ihres Haushaltsstroms selbst erzeugen. Diese Schätzung ist natürlich vereinfacht – die tatsächliche Ersparnis hängt davon ab, ob Ihr Stromverbrauch im durchschnittlichen Bereich liegt oder ob Sie überdurchschnittlich viel Energie benötigen.

17.2 Mobile Solarpanels

Mobile Solarpanels bieten eine flexible Lösung für die Stromversorgung abseits des Hausnetzes. Sie sind die idealen Begleiter für all jene Orte, die nicht direkt an das Stromnetz angeschlossen sind oder wo eine umständliche Verkabelung vermieden werden soll. Besonders in Gartenhütten und Werkstätten, die vom Hauptgebäude entfernt stehen, erweisen sich diese kompakten Energielieferanten als äußerst praktisch. Falls Sie einen Camper oder Wohnwagen besitzen, können Sie auch ihn mit Solarpanels ausstatten.

Abbildung 17.4 Ein flexibles Solar-Panel
(Quelle: https://commons.wikimedia.org/wiki/File:Flexibel_und_Robust.png)

Im Gegensatz zu fest installierten Balkonkraftwerken zeichnen sich mobile Solarpanels durch ihre Flexibilität aus. Sie können je nach Sonnenstand ausgerichtet, bei Bedarf umgestellt oder sogar komplett abgebaut und an einem anderen Ort wieder aufgestellt werden. Diese Anpassungsfähigkeit macht sie für viele Anwendungsbereiche attraktiv.

Für Gartenhütten und Werkstätten im Hinterhof sind sie ideal. Der mühsame Prozess, Stromkabel durch den Garten zu verlegen, entfällt komplett. Stattdessen können Sie die Solarmodule einfach zeitweise auf dem Dach der Hütte platzieren, sie an die Wand lehnen oder auf der Wiese davor aufstellen – einfach dort, wo sie das meiste Sonnenlicht einfangen. Dadurch erzeugen Sie Strom genau dort, wo Sie ihn benötigen, und Sie können die (faltbaren) Solarpanel danach wieder verstauen.

Power-Station

Den Strom, den die mobilen Solarpanels erzeugen, können Sie in sogenannten *Power-Stations* speichern. Diese tragbaren Energiespeicher funktionieren im Prinzip wie große Powerbanks und verfügen über verschiedene Anschlussmöglichkeiten. Sie können damit kleinere elektrische Werkzeuge wie Bohrmaschinen, Stichsägen oder Schleifgeräte betreiben, ohne auf eine feste Stromversorgung angewiesen zu sein. Die meisten modernen Power-Stations bieten sowohl normale Schuko-Steckdosen als auch USB-Anschlüsse für mobile Geräte und spezielle Ausgänge für 12-V-Verbraucher. Für einen Tag in der Werkstatt kommt man damit gut aus.

Abbildung 17.5 Eine mobile Power-Station

Ein weiterer nicht zu unterschätzender Vorteil: Power-Stations dienen als zuverlässige Backup-Lösung bei Stromausfällen. Im Falle eines Blackouts verfügen Sie über gespeicherte Energie, um wichtige Geräte wie Smartphones, Tablets oder medizinische Hilfsmittel zu betreiben oder aufzuladen. Diese Notfallreserve kann in kritischen Situationen wertvoll sein und Ihnen ein Stück Sicherheit geben, wenn das öffentliche Stromnetz ausfällt.

Die Leistungsfähigkeit solcher mobilen Systeme sollte jedoch realistisch eingeschätzt werden. Während sie für gelegentliche Arbeiten mit kleineren Elektrowerkzeugen völlig ausreichend sind, stoßen sie bei energiehungrigen Geräten wie Kreissägen, Kompressoren oder Schweißgeräten schnell an ihre Grenzen. Hier ist eine sorgfältige Nutzungs- und Kapazitätsplanung des Batteriespeichers notwendig, um die richtige Größe der Solarmodule und der Power-Station zu bestimmen.

Die Smart-Home-Integration

Die Integration solcher autarken oder teilautarken Systeme in ein bestehendes Smart-Home-Netzwerk ist eine interessante Möglichkeit. Ob die Integration gelingt, hängt stark von den Komponenten ab, die Sie verwenden, aber oft bietet sich eine Möglichkeit, die Power-Station zumindest zu überwachen. Einige moderne Power-Stations verfügen bereits über WLAN- oder Bluetooth-Funktionalität und können über entsprechende Apps gesteuert und überwacht werden. Diese Apps zeigen Ihnen den aktuellen Ladestand, die Stromproduktion der Solarpanels und den momentanen Verbrauch an.

Die vollständige Einbindung in ein umfassendes Smart-Home-System erfordert jedoch meist zusätzliche Hardware und etwas Tüftelei. Intelligente Zwischenstecker mit Verbrauchsmessung, beispielsweise von *Shelly*, können hier eine Brücke schlagen. Sie werden zwischen die Power-Station und die Verbraucher geschaltet und kommunizieren mit Ihrer Smart-Home-Zentrale. So können Sie den Stromverbrauch all Ihrer Geräte in die Gesamtübersicht Ihres Energiemanagements einbeziehen. Sie können beispielsweise automatisierte Regeln erstellen, die bestimmte Geräte nur dann einschalten, wenn genügend Solarenergie zur Verfügung steht. Oder Sie lassen sich benachrichtigen, wenn der Ladestand der Power-Station unter einen kritischen Wert fällt.

Der Aufwand für die Integration ist mit einigen Stolperfallen versehen, die Sie beachten müssen. Neben der Anschaffung kompatibler Komponenten für Ihr Smart Home ist zudem die Reichweite vieler Smart-Home-Funkprotokolle begrenzt, was bei weiter entfernten Gartenhütten oder Werkstätten zu Verbindungsproblemen führen kann. In solchen Fällen sind WLAN-Repeater oder spezielle Mesh-Netzwerke (siehe Abschnitt 19.4) erforderlich, um eine stabile Verbindung zu gewährleisten. Testen Sie vorher mit einem mobilen Endgerät von der Gartenhütte oder Werkstatt aus, wie es um die Qualität und Reichweite Ihres WLAN-Netzwerks von diesem Ort her bestellt ist.

Mehrere Balkonkraftwerke »draußen« einsetzen

Wie bei herkömmlichen Balkonkraftwerken hängt die Wirtschaftlichkeit stark von Ihrem individuellen Nutzungsverhalten ab. Wenn Sie regelmäßig in Ihrer Werkstatt arbeiten oder viel Zeit im Garten verbringen, kann sich durchaus die Investition lohnen, die Gartenhütte oder Werkstatt mit einem eigenen Balkonkraftwerk auszustatten. Solch eine fest installierte Anlage bietet eine bessere Ausbeute der Sonnenenergie und läuft immer. Wenn die Gartenhütte oder Werkstatt vom Hausnetz getrennt ist, gelten die gesetzlichen Regelungen für die pro Haushalt installierbaren Balkonkraftwerke nicht – insbesondere dann nicht, wenn die gewonnene Energie in einen Batteriespeicher läuft und nicht ins Stromnetz.

So gewinnen Sie nicht nur an Unabhängigkeit vom Stromnetz, sondern leisten auch einen kleinen Beitrag zum Umweltschutz durch die Nutzung erneuerbarer Energien.

Gesetzliche Regularien hinsichtlich mehrerer Balkonkraftwerke

Sie dürfen rechtlich nur ein Balkonkraftwerk pro Hausanschluss betreiben. Diese Regel gilt in Deutschland und in den meisten EU-Ländern. Prüfen Sie vor der Installation die aktuellen Bestimmungen in Ihrem Land, da sich die Gesetze ändern können.

17.3 Energiespeicher für kleine Solaranlagen

Wenn Sie sich für eine kleine Solaranlage entscheiden – sei sie ein mobiles, faltbares Solarpanel oder eine Balkonkraftwerk-Installation mit festen Modulen –, stehen Sie früher oder später vor der Frage, ob und wie Sie die Energie speichern können. Besonders dann, wenn der erzeugte Strom nicht sofort verbraucht werden kann oder für Notsituationen bereitstehen soll, wird ein geeigneter Speicher unerlässlich. Die bereits erwähnten Power-Stations bilden hier die ideale Ergänzung – sowohl für den Notfallgebrauch im Haushaltsbereich als auch für die Energieversorgung abgelegener Orte wie Gartenhütten oder Werkstätten.

Abbildung 17.6 Das Laden einer mobile Power-Station mit einem faltbaren Solar-Panel

Die Auswahl einer passenden Power-Station kann zunächst überwältigend wirken, da das Angebot mittlerweile sehr vielfältig ist. Es reicht von kompakten, tragbaren Lösungen mit wenigen Hundert Wattstunden bis hin zu stationären Systemen im Kilowattstundenbereich. Um die richtige Entscheidung zu treffen, sollten Sie zunächst Ihren individuellen Energiebedarf ermitteln.

Die richtige Kapazität

Bei der Berechnung der benötigten Kapazität spielen mehrere Faktoren eine wichtige Rolle. Zunächst gilt es, die Verbraucher zu identifizieren, die im Notfall oder in Ihrer Gartenhütte betrieben werden sollen. Für jeden dieser Verbraucher multiplizieren Sie dessen Leistungsaufnahme in Watt mit der voraussichtlichen täglichen Nutzungsdauer in Stunden. Das Ergebnis ist der tägliche Energiebedarf in Wattstunden (Wh) für das jeweilige Gerät.

Ein Beispiel zur Verdeutlichung: Ein Laptop mit einer durchschnittlichen Leistungsaufnahme von 50 Watt, der vier Stunden täglich genutzt wird, benötigt 200 Wh pro Tag. Ein LED-Licht mit 10 Watt, das sechs Stunden brennt, verbraucht 60 Wh. Ein Smartphone-Ladegerät mit 15 Watt Leistung, das zwei Stunden täglich angeschlossen ist, benötigt 30 Wh. Summieren Sie alle diese Einzelverbräuche auf, erhalten Sie Ihren täglichen Gesamtbedarf. Für einen Notfallbetrieb im Haushalt sollten Sie besonders auf wichtige Geräte achten. Hierzu zählen Kommunikationsmittel wie Smartphones und Radios, Beleuchtung, eventuell ein kleiner Kühlschrank für Medikamente sowie medizinische Geräte, falls diese benötigt werden. Ein durchschnittlicher Haushalt könnte für die absoluten Grundbedürfnisse etwa 1 bis 2 kWh pro Tag benötigen. Wenn Sie jedoch Komfort wie Unterhaltungselektronik oder kleinere Küchengeräte hinzufügen, steigt dieser Wert schnell auf 3 bis 5 kWh oder mehr.

Abbildung 17.7 Powerbank mit Solarzelle zum Aufladen (links) und Solarklapptisch mit Kühlbox und Solarofen (rechts).

Um für mehrere Tage autark zu sein, multiplizieren Sie diesen Tagesbedarf mit der Anzahl der Tage, die Sie überbrücken möchten. Für drei Tage mit einem täglichen Grundbedarf von 2 kWh würden Sie also eine Speicherkapazität von mindestens 6 kWh benötigen. Doch diese Berechnung ist noch nicht vollständig, denn zwei weitere Aspekte müssen berücksichtigt werden:

1. Power-Stations sollten nie vollständig entladen werden, um ihre Lebensdauer nicht zu verkürzen. Bei Lithium-Ionen-Akkus, die in den meisten modernen Power-Stations zum Einsatz kommen, empfiehlt sich eine Entladetiefe auf maximal 20 %. Für unsere gewünschte nutzbare Kapazität von 6 kWh bedeutet das, dass die tatsächliche Kapazität bei etwa 7,5 kWh liegen sollte.
2. Während eines längeren Stromausfalls könnten Sie die Power-Station durch Ihre Solarmodule nachladen. Die tatsächlich benötigte Kapazität hängt also auch davon ab, wie viel Energie Sie während des Ausfalls erzeugen können. Bei vier Solarmodulen mit je 500 Watt und durchschnittlich drei effektiven Sonnenstunden pro Tag könnten Sie im Idealfall 6 kWh täglich nachladen. In der Praxis liegt der Wert aufgrund von Verlusten und nicht idealen Bedingungen eher bei 3 bis 4 kWh.

Ist es realistisch, einen ganzen Haushalt mehrere Tage mit einer Power-Station zu versorgen? Die ehrliche Antwort lautet: nur mit erheblichen Einschränkungen. Für einen vollständigen autarken Betrieb wären Speicherkapazitäten im Bereich von 10 bis 20 kWh nötig, was sowohl platztechnisch als auch finanziell für die meisten privaten Anwender kaum umzusetzen ist. Dennoch können auch kleinere Systeme wertvolle Dienste leisten, wenn Sie Ihre Prioritäten klug setzen und den Verbrauch auf das Wesentliche reduzieren.

Koppelbare Power-Stations

Bei der Auswahl einer Power-Station sollten Sie besonders auf die Erweiterbarkeit achten. Einige Hersteller bieten modulare Systeme an, bei denen sich die Speicherkapazität durch zusätzliche Akkupacks erhöhen lässt. Diese Flexibilität ermöglicht es Ihnen, mit einer kleineren Investition zu beginnen und das System bei Bedarf oder mit wachsendem Budget zu erweitern.

Besonders interessant sind Systeme, die sich miteinander koppeln lassen. Sie ermöglichen nicht nur eine Erweiterung der Speicherkapazität, sondern oft auch eine Erhöhung der verfügbaren Ausgangsleistung. Während eine einzelne Power-Station vielleicht nur 1.500 Watt kontinuierlich liefern kann, erreichen zwei gekoppelte Geräte möglicherweise 3.000 Watt – genug, um auch anspruchsvollere Verbraucher wie einen Wasserkocher oder sogar kleine Werkzeuge zu betreiben.

Die Preisgestaltung für Power-Stations variiert erheblich je nach Kapazität, Ausgangsleistung und zusätzlichen Funktionen. Als grobe Orientierung können Sie mit folgenden Preiskategorien rechnen (Stand Mitte 2025):

Kapazität	Preisbereich	Typische Anwendung
500–1.000 Wh	300–800 €	Camping, kurze Notfallversorgung, mobile Arbeitsstationen
1.000–2.000 Wh	800–1.500 €	Gartenhütten, erweiterte Notfallversorgung, kleinere Werkstätten
2.000–5.000 Wh	1.500–3.000 €	Mehrtägige Notfallversorgung, Werkstätten mit regelmäßigem Betrieb
> 5.000 Wh	3.000–8.000 € und mehr	Teilautarke Lösungen, professionelle Anwendungen

Tabelle 17.1 Was müssten Sie in Ihre Power-Station investieren?

Beachten Sie, dass diese Preise nur die Power-Station selbst umfassen. Die Solarmodule zur Energiegewinnung kommen noch hinzu und auch der Wechselrichter. Für vier qualitativ hochwertige Module mit je 500 Watt sollten Sie weitere 300 bis 1.200 € einkalkulieren

Wünschenswerte Features

Neben der reinen Kapazität sollten Sie auf weitere Eigenschaften achten, die für den praktischen Nutzen wichtig sind:

- Eine hohe Ausgangsleistung ermöglicht den Betrieb leistungshungriger Geräte.
- Die Vielfalt der Anschlüsse – von Schuko-Steckdosen über USB-C mit Power Delivery bis hin zu 12-V-Ausgängen – bestimmt, welche Geräte Sie direkt anschließen können.
- Smarte Funktionen wie WLAN-Konnektivität und App-Steuerung erhöhen den Bedienkomfort und ermöglichen eine Fernüberwachung.

Batterietechnologie

Die Technologie der verbauten Akkus spielt ebenfalls eine wichtige Rolle. Lithium-Eisenphosphat-Akkus (LiFePO4) bieten zwar eine geringere Energiedichte als herkömmliche Lithium-Ionen-Akkus, überzeugen jedoch durch eine deutlich höhere Zyklenfestigkeit und bessere Sicherheitseigenschaften. Die längere Lebensdauer kann den höheren Anschaffungspreis mehr als ausgleichen.

Ein oft übersehener Aspekt ist die Ladegeschwindigkeit der Power-Station. Achten Sie darauf, wie viel Leistung das Gerät bei der Aufladung aufnehmen kann – sowohl über Solarmodule als auch über das Stromnetz. Eine hohe Ladeleistung kann besonders in Notsituationen wertvoll sein, wenn Sie begrenzte Sonnenstunden optimal nutzen müssen.

Ausgangsleistung
Für den Einsatz in einer Gartenhütte oder Werkstatt empfiehlt sich eine Power-Station mit mindestens 1.500 bis 2.000 Wh Kapazität und einer Ausgangsleistung von 1.000 bis 1.500 Watt. Diese Kombination reicht aus, um kleinere Elektrowerkzeuge für begrenzte Zeit zu betreiben und gleichzeitig eine Grundversorgung mit Licht und Ladefunktionen sicherzustellen. Bei intensiverer Nutzung oder dem Betrieb mehrerer Geräte gleichzeitig sollten Sie jedoch eine größere Kapazität in Betracht ziehen.

Kosten und Amortisierung
Die Investition in einen qualitativ hochwertigen Energiespeicher ist kostspielig. Während günstigere Modelle oft mit eingeschränkter Funktionalität, geringerer Lebensdauer oder unzureichender Sicherheit einhergehen, bieten Premium-Produkte nicht nur bessere Leistungsdaten, sondern oft auch umfassendere Garantien und einen zuverlässigeren Support.

Zusammenfassend lässt sich sagen, dass Power-Stations eine sinnvolle Ergänzung für Solaranlagen darstellen können. Sie ermöglichen die Nutzung der erzeugten Energie auch dann, wenn die Sonne nicht scheint, und bieten wertvolle Reserven für Notfallsituationen. Mit einer durchdachten Planung, die Ihren individuellen Energiebedarf berücksichtigt, und einer sorgfältigen Auswahl des passenden Systems schaffen Sie die Grundlage für mehr Energieautonomie – sei es als Backup für kritische Situationen oder als alltägliche Stromquelle für Ihre Gartenhütte oder Werkstatt.

Aber angesichts der nicht unerheblichen Investition und der erwartbaren Nutzungsdauer kann der Preis nicht ignoriert werden. Rechnet man alles mit einem spitzen Bleistift durch und berücksichtigt realistisch die zu erwartende Lebensdauer und die Verluste im System, dann amortisiert sich – meiner Meinung nach – in den seltensten Fällen die Investition in solch ein System. Aber: Wenn die Lebensdauer dieser Technik steigt, die Energiekosten immer höher werden und es Ihnen einfach um die Aufallsicherheit geht, dann kann so ein Energiespeicher das Richtige für Sie sein.

17.4 Eine Wallbox für das E-Auto

Die Elektromobilität gewinnt zunehmend an Bedeutung im Alltag vieler Menschen. Mit der wachsenden Zahl an Elektrofahrzeugen steigt auch der Bedarf an komfortablen und effizienten Lademöglichkeiten für zu Hause. Eine Wallbox stellt hier die ideale Lösung dar. Im Gegensatz zum herkömmlichen Laden an einer normalen Haushaltssteckdose bietet sie deutlich höhere Ladeleistungen und damit kürzere Ladezeiten.

Abbildung 17.8 Eine öffentliche Wallbox in einer Tiefgarage

Eine Wallbox ist im Grunde ein fest installiertes Ladegerät für Elektrofahrzeuge, das an der Wand montiert wird – daher auch ihr Name. Sie verfügt über spezielle Schutzeinrichtungen und kann deshalb mit deutlich höheren Stromstärken arbeiten als eine gewöhnliche Steckdose.

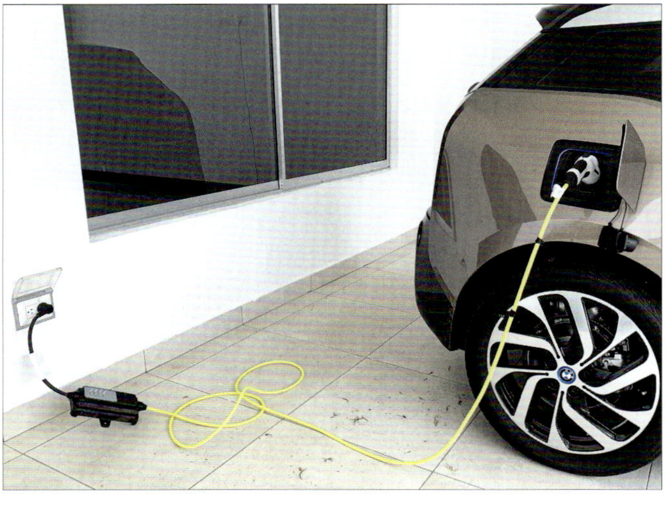

Abbildung 17.9 Ein Ladekabel für unterwegs – so kann das Fahrzeug an jeder Steckdose geladen werden.

Während das Laden an der Haushaltssteckdose meist auf 2,3 kW begrenzt ist, ermöglichen Wallboxen für den privaten Gebrauch Ladeleistungen von 3,7 kW bis 22 kW. Dies bedeutet, dass Ihr Fahrzeug je nach Modell und Batteriegröße statt in über 20 Stunden innerhalb von 2 bis 8 Stunden vollständig aufgeladen sein kann.

Eine Wallbox selbst installieren

Die Installation einer Wallbox ist durchaus ein Projekt, das Sie mit entsprechenden Vorkenntnissen teilweise selbst umsetzen können. Allerdings ist zu beachten, dass der finale Anschluss an das Stromnetz zwingend durch einen qualifizierten Elektriker erfolgen muss! Dies hat sowohl sicherheitstechnische als auch rechtliche Gründe. Die Vorarbeiten hingegen – wie das Anbringen der Wandhalterung, das Verlegen der Kabelrohre oder das Vorbereiten der Anschlüsse – können Sie bei entsprechendem handwerklichem Geschick durchaus selbst durchführen.

Die Wahl der richtigen Wallbox hängt von verschiedenen Faktoren ab. Zunächst sollten Sie die maximale Ladeleistung Ihres Fahrzeugs kennen. Es macht wenig Sinn, in eine teure 22-kW-Wallbox zu investieren, wenn Ihr Auto maximal 11 kW aufnehmen kann. Ebenso wichtig ist die Belastbarkeit Ihres Hausanschlusses. In älteren Gebäuden mit begrenzter Anschlussleistung ist möglicherweise eine Begrenzung der Ladeleistung oder ein intelligentes Lastmanagement erforderlich.

Smarte Wallboxen

Moderne Wallboxen bieten zunehmend smarte Funktionen, die weit über das reine Laden hinausgehen. Dazu gehört beispielsweise die Steuerung via Smartphone-App, die Priorisierung bestimmter Ladezeiten je nach Strompreis oder Sonnenstand, die Integration in bestehende Smart-Home-Systeme oder die Authentifizierung mittels RFID-Karte für mehrere Nutzer. Diese Funktionen erhöhen zwar den Anschaffungspreis, bieten jedoch langfristig einen deutlichen Mehrwert.

Ein besonders interessanter Aspekt ist die Möglichkeit, die Wallbox mit einer eigenen Photovoltaik-Anlage zu koppeln. Dadurch können Sie Ihr Elektrofahrzeug mit selbst erzeugtem Solarstrom laden – eine sowohl ökologisch als auch ökonomisch sinnvolle Lösung. Die Kombination aus Elektroauto und Solaranlage ist gut für eine nachhaltige und unabhängige Energieversorgung im Privathaushalt.

Kosten für eine Wallbox

Die Preisspanne für Wallboxen breit. Einfache Modelle ohne Zusatzfunktionen sind bereits ab ca. 500 € erhältlich, während High-End-Geräte mit umfangreichen Smart-Home-Funktionen, Lastmanagement und eleganten Designs durchaus 1.500 € oder mehr kosten können. Hinzu kommen die Kosten für die Installation, die je nach baulichen Gegebenheiten zwischen 300 € und 1.000 € liegen können.

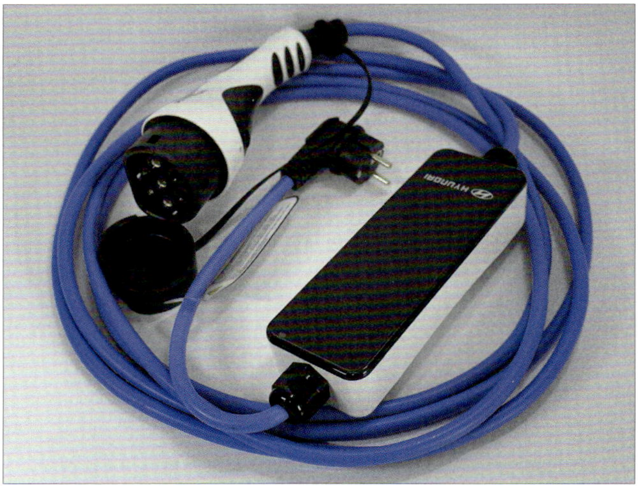

Abbildung 17.10 Solch ein Ladekabel für unterwegs wird auch »Ladeziegel« genannt – praktisch, um das Auto über Nacht zu laden.

Fördermöglichkeiten

Bevor Sie sich für eine Wallbox entscheiden, sollten Sie auch prüfen, ob Fördermöglichkeiten durch die KfW (*Kreditanstalt für Wiederaufbau*) bestehen. In vielen Regionen gibt es staatliche Zuschüsse oder Vergünstigungen durch lokale Energieversorger, die die Anschaffungskosten erheblich reduzieren können. Die Anforderungen für diese Förderungen umfassen oft bestimmte technische Spezifikationen, wie die Möglichkeit zur Steuerung durch den Netzbetreiber oder die Verwendung von Ökostrom.

17.4.1 Wallbox ohne Batteriespeicher

Eine Wallbox ohne Batteriespeicher ist der direkteste Weg, um Ihr Elektrofahrzeug zu Hause zu laden. Sie ist mit dem Hausstromnetz verbunden und leitet die Energie ohne Umwege direkt zum Fahrzeug. Diese Lösung ist sowohl in der Anschaffung als auch in der Installation deutlich unkomplizierter und kostengünstiger als Systeme mit integriertem Speicher, bietet aber dennoch zahlreiche Möglichkeiten zur Optimierung des Ladevorgangs.

Einfach und günstig

Der Vorteil einer Wallbox ohne Speicher besteht in der Einfachheit des Systems. Es gibt weniger Komponenten, die installiert, konfiguriert und gewartet werden müssen. Die Installation beschränkt sich im Wesentlichen auf die Montage der Wallbox an der Wand und ihren Anschluss an das Hausstromnetz.

Hier können Sie zu einem Trick greifen, der die Wallbox nicht nur flexibel macht, sondern auch die Installationskosten deutlich senken kann. Lassen Sie die Wallbox nicht direkt von einem Elektriker anschließen, sondern beauftragen Sie ihn, eine CEE-Dose in die Garage oder an die Hauswand zu setzen. Solch eine Anschlussdose kann auch für andere Geräte verwendet werden, beispielsweise für einen Holzspalter oder andere mehrphasige Maschinen.

Um die Kosten für solch eine Anschlussdose aber nicht zu sehr in die Höhe zu treiben, sollten Sie Ihren Elektriker fragen, wie teuer die einphasige und die dreiphasige Lösung wird. Die dreiphasige lädt zwar schneller, kann aber, was die Kosten für die Anschlussarbeiten betrifft, den Wunsch nach einem kleinen Lottogewinn aufkommen lassen.

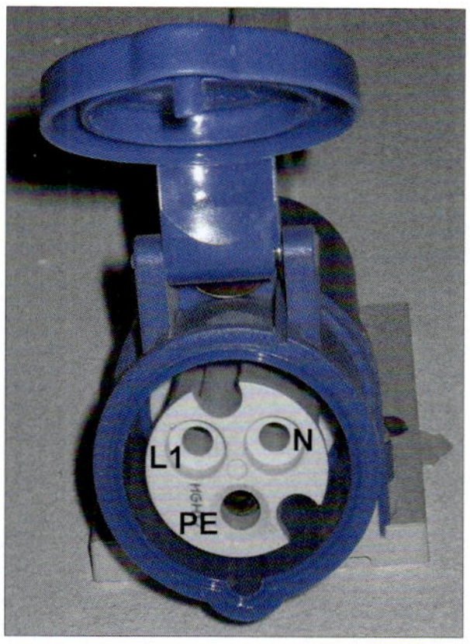

Abbildung 17.11 CEE-Buchsen gibt es in Blau (einphasig) oder in Rot (dreiphasig). (Quelle: https://de.wikipedia.org/wiki/CEE-System#/media/Datei:CEE_16A_230V_Wandsteckdose_Pinning.png)

17

Platzbedarf

Ein weiterer Pluspunkt solch einer einfachen Wallbox ist der geringere Platzbedarf. Während ein Batteriespeicher je nach Kapazität durchaus die Größe eines kleinen Schranks haben kann, ist eine Wallbox ohne Speicher kompakt und fügt sich unauffällig in die Garage oder den Carport ein. Dies ist besonders in beengten Verhältnissen oder in Mietobjekten, wo bauliche Veränderungen begrenzt sein können, ein wichtiger Aspekt.

Auch in finanzieller Hinsicht spricht einiges für die speicherlose Variante. Die Anschaffungskosten liegen je nach Modell und Ausstattung zwischen 500 und 1.500 €, also deutlich unter denen einer Komplettlösung mit Batteriespeicher. Die Bandbreite im Preis kommt dann hauptsächlich durch die »smarten Features« zustande. Hinzu kommen dann noch die Installationskosten, die bei unkomplizierten Verhältnissen und einem gewissen Eigenanteil bei den Vorarbeiten ebenfalls überschaubar bleiben.

Einfach, aber smart

Trotz der Einfachheit dieser Lösung ohne Batteriespeicher und der Nutzung einer CEE-Steckdose bieten moderne Wallboxen ohne Speicher auch zahlreiche Möglichkeiten zur Optimierung des Ladevorgangs. Viele Modelle verfügen über smarte Funktionen, die eine Steuerung via Smartphone und eine zeitabhängige Ladung ermöglichen. Diese Features können in Verbindung mit zeitvariablen Stromtarifen Einsparungen bringen.

Abbildung 17.12 Eine Wallbox an einer dreiphasigen CEE-Buchse – eine flexible Lösung (Quelle: https://go-e.com/de-at/magazin/fehlerstromschutzschalter-go-e-charger)

DIY-Wallboxen

Für den Selbermacher bietet eine Wallbox zahlreiche Ansatzpunkte für eigene Projekte. Es gibt die Möglichkeit, eine Wallbox selbst zu bauen. Die Bausätze und Anleitungen dazu werden in Foren ausführlich besprochen und diskutiert. Allerdings sollten Sie dafür vom Fach sein. Die Montage der Wandhalterung oder das Verlegen der Zuführungskabel in Leerrohren sind Arbeiten, die mit entsprechender Vorbereitung und Sorgfalt durchaus in Eigenregie bewältigt werden können, die innere Verschaltung einer Eigenbau-Wallbox ist aber deutlich diffiziler und komplizierter.

Denken Sie auch daran, dass an dieser Wallbox dann ein Auto hängt, das auch teuer ist, und dass bei einem Schaden durch eine selbst gebaute Wallbox erhebliche Reparaturkosten entstehen können. Schätzen Sie Ihr Können also realistisch ein. Kaufen Sie im Zweifel lieber eine fertige Wallbox. So vermeiden Sie ein unnötiges Risiko.

17.4.2 Wallbox mit Batteriespeicher

Die Kombination einer Wallbox mit einem Batteriespeicher ist auch möglich. Während eine konventionelle Wallbox direkt mit dem Stromnetz verbunden ist, nutzt eine Wallbox mit einem angebundenen Batteriespeicher schon vorher gesammelte Energie zum Laden Ihres Autos (oder Fahrrads).

Ein Batteriespeicher fungiert hier im Grunde als Puffer zwischen Ihrem Stromnetz, einer eigenen Photovoltaik-Anlage und den Verbraucher – in diesem Fall Ihrem Elektrofahrzeug. Er speichert Energie, wenn sie im Überfluss vorhanden ist, und gibt sie ab, wenn sie benötigt wird. Dies kann beispielsweise überschüssiger Solarstrom vom Mittag sein, der dann abends zum Laden des Fahrzeugs verwendet wird.

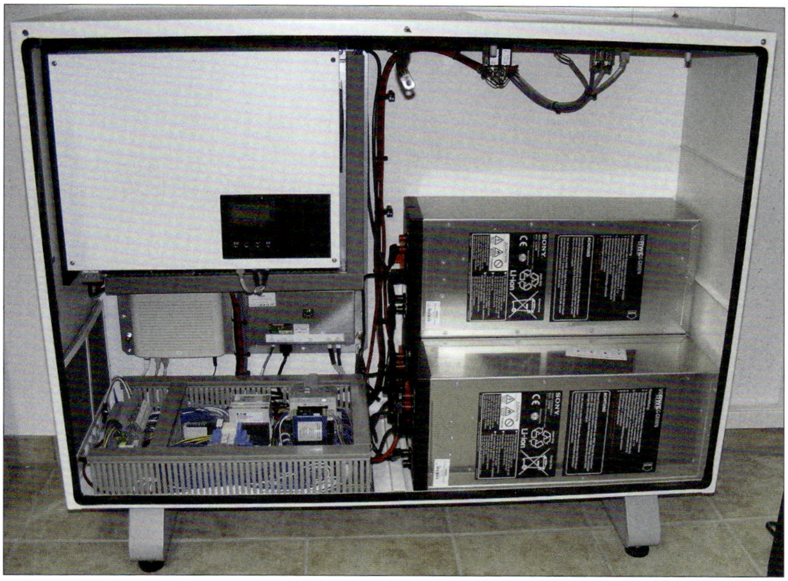

Abbildung 17.13 Der Batteriespeicher einer PV-Anlage – gut zu sehen sind die Stück für Stück erweiterbaren Batteriemodule auf der rechten Seite, um die Kapazität des Speichers erweitern zu können.

Der wesentliche Vorteil einer Wallbox mit Batteriespeicher besteht darin, dass Sie weniger Energie aus dem öffentlichen Stromnetz ziehen werden. Sie können Ihr Fahrzeug laden und in Verbindung mit einer eigenen Photovoltaik-Anlage Ihren Autarkiegrad erheblich steigern.

Ein weiterer Pluspunkt, falls Ihre PV-Anlage auf Inselbetrieb umschaltbar ist, ist die Möglichkeit, auch bei Netzausfällen Ihr Fahrzeug laden zu können oder – je nach System – sogar Energie aus dem Fahrzeug ins Hausnetz zurückzuspeisen. Diese als *Vehicle-to-*

Home (V2H) oder *Vehicle-to-Grid (V2G)* bezeichneten Funktionen setzen allerdings entsprechend kompatible Fahrzeuge und Wallboxen voraus. Sie verwandeln Ihr Elektroauto quasi in einen mobilen Energiespeicher, der bei Bedarf auch Ihren Haushalt versorgen kann.

In Deutschland nicht erlaubt

Die deutschen Netzvorschriften untersagen aktuell den Betrieb in den Modi

- *V2G (Vehicle-to-Grid),*
- *V2L (Vehicle-to-Load)* und
- *V2H (Vehicle-to-Home).*

Netzbetreiber blockieren durch ihre Regulierungen aktiv diese Funktionen, solange Ihre Anlage mit dem öffentlichen Stromnetz verbunden bleibt.

Mit entsprechender Planung Ihre PV-Anlage können Sie dennoch einen autarken Betrieb ermöglichen, wenn Sie diese bei einem Ausfall des Energieversorgers vom Stromnetz trennen können. Die dafür nötige technische Lösung erfordert zwingend die Planung und Installation durch einen Fachbetrieb und verursacht damit weitere Kosten. Es ist jedoch eine mögliche Alternative.

Die Installation einer Wallbox mit Batteriespeicher ist deutlich komplexer als die einer konventionellen Ladestation. Neben der eigentlichen Wallbox müssen der Batteriespeicher, ein Energiemanagement-System und gegebenenfalls weitere Komponenten wie Wechselrichter installiert und konfiguriert werden. Während einige Arbeiten dafür durchaus in Eigenregie durchgeführt werden können, erfordert die endgültige Installation und Inbetriebnahme immer einen Fachmann – auch aus Sicherheitsgründen, um die einwandfreie Funktion des Gesamtsystems zu gewährleisten.

Schrittweiser Ausbau

Für den ambitionierten Heimwerker bietet sich die Möglichkeit, ein modulares System schrittweise aufzubauen. Sie können beispielsweise zunächst mit einer Smart-Wallbox beginnen, die für die spätere Integration eines Batteriespeichers vorbereitet ist. In einem nächsten Schritt fügen Sie dann den Speicher hinzu und erweitern das System gegebenenfalls um weitere Komponenten wie eine Photovoltaik-Anlage oder ein umfassendes Energiemanagementsystem. Dieser stufenweise Ansatz verteilt die Investitionskosten über einen längeren Zeitraum und ermöglicht es Ihnen, Erfahrungen mit den einzelnen Komponenten zu sammeln.

Kosten

Die Kosten für eine Wallbox mit Batteriespeicher sind naturgemäß höher als für eine einfache Ladestation. Während Sie für eine hochwertige Smart-Wallbox mit 11 kW etwa 1.000 bis 1.500 € einplanen sollten, kommen für einen Heimspeicher mit 5 bis 10 kWh Kapazität weitere 5.000 bis 10.000 € hinzu. Dazu kommen die Kosten für Installation, Verkabelung und gegebenenfalls notwendige Anpassungen an Ihrer Elektroinstallation. Die Gesamtinvestition kann sich somit durchaus läppern, was jedoch durch langfristige Einsparungen und erhöhte Unabhängigkeit relativiert wird.

Kompatibilität

Bei der Planung eines solchen Systems sollten Sie besonders auf die Kompatibilität der einzelnen Komponenten achten. Nicht jede Wallbox arbeitet nahtlos mit jedem Batteriespeicher zusammen, und nicht jedes Energiemanagementsystem unterstützt alle Funktionen, die Sie möglicherweise nutzen möchten. Eine gründliche Recherche und gegebenenfalls die Beratung durch einen Fachmann sind hier unerlässlich! Manche Energieversorger bieten auch abgestimmte Komplettpakete an, nachfragen kann sich lohnen.

Selbst machen

Die Selbstmontage erfordert allerdings eine realistische Einschätzung der eigenen Fähigkeiten und Grenzen. Der Umgang mit Hochvoltbatterien und den dazugehörigen elektrischen Komponenten birgt Risiken, die nicht unterschätzt werden sollten. Beschränken Sie sich sicherheitshalber auf die mechanischen Arbeiten wie die Montage der Wandhalterungen oder das Verlegen von Leerrohren, und überlassen Sie die elektrischen Anschlüsse und die Konfiguration des Systems den Profis.

17.5 Smart Charging

In einer Zeit, in der immer mehr Haushalte auf Elektromobilität umsteigen, wird intelligentes Laden – Smart Charging – zunehmend wichtiger. Besonders in Haushalten mit mehreren Elektrofahrzeugen kann das gleichzeitige Laden aller Fahrzeuge schnell zu einer Herausforderung für den Hausanschluss werden. Hier kommen das Smart Charging und ausgeklügelte Energiemanagement-Systeme ins Spiel, die das Laden mehrerer Fahrzeuge automatisch koordinieren können.

Ein modernes Energiemanagement-System für Elektrofahrzeuge geht über die bloße Steuerung der Ladeströme hinaus. Es kann auch das Zusammenspiel aller energierelevanten Komponenten im Haus überwachen – von der Photovoltaik-Anlage über Haushaltsgeräte bis hin zu den Wallboxen. Das System erfasst kontinuierlich Daten zum aktuellen Energieverbrauch, zur Energieerzeugung und zu den Ladebedürfnissen der angeschlossenen Fahrzeuge. Auf Basis dieser Informationen trifft es die Entscheidung, wann welches Fahrzeug mit welcher Leistung geladen wird.

Stellen Sie sich folgendes Szenario vor: Ihre Familie besitzt zwei oder drei Elektrofahrzeuge, die nach Feierabend an ihre jeweiligen Wallboxen angeschlossen werden. Ohne intelligentes Lastmanagement würden die Fahrzeuge sofort mit maximaler Leistung zu laden beginnen – was bei zwei bis drei Wallboxen mit je 11 kW bereits 22 kW bis 33 kW insgesamt benötigte Ladeleistung bedeutet. Viele Hausanschlüsse sind jedoch nicht für solch eine Leistung ausgelegt – bzw. der Energieversorger lässt dies nicht zu, wenn noch andere Verbraucher in der Straße oder im Wohngebiet zu berücksichtigen sind.

Ein smartes Lastmanagement verhindert genau dieses Problem. Es erkennt die Situation und verteilt die verfügbare Leistung intelligent auf die Fahrzeuge. Dabei berücksichtigt es verschiedene Faktoren wie den aktuellen Ladezustand der Fahrzeuge, die geplanten Abfahrtszeiten oder individuelle Prioritäten. Vielleicht muss eines der Fahrzeuge bereits früh am nächsten Morgen wieder einsatzbereit sein, während das andere erst zur Mittagszeit benötigt wird. Das System würde dann dem ersten Fahrzeug Vorrang einräumen und es mit höherer Leistung laden.

Besonders interessant wird Smart Charging in Verbindung mit einer eigenen Photovoltaik-Anlage. Das Energiemanagement-System kann die Ladeleistung dynamisch an die aktuelle Solarstromerzeugung anpassen. An einem sonnigen Tag mit hoher Erzeugung werden die Fahrzeuge mit maximaler Leistung geladen, während bei bedecktem Himmel die Ladeleistung reduziert wird, um den Bezug von teurem Netzstrom zu minimieren. Einige fortschrittliche Systeme berücksichtigen sogar Wettervorhersagen, um die Ladeplanung für die kommenden Tage zu optimieren.

Die technische Umsetzung eines Lastmanagements kann auf verschiedene Weise erfolgen. Bei der einfachsten Variante kommunizieren die Wallboxen direkt miteinander und regeln ihre Leistungsaufnahme untereinander. Komplexere Systeme umfassen einen zentralen Controller, der neben den Wallboxen auch Informationen von Stromzählern, der Photovoltaik-Anlage und anderen relevanten Quellen erhält und auf dieser Basis die Ladeströme steuert. Die fortschrittlichsten Lösungen sind dann vollständig in ein umfassendes Heimenergiemanagement-System integriert.

» **Open Charge Point Protocol**

Ein besonders interessanter Aspekt für technisch versierte Selbermacher ist die Möglichkeit, offene Protokolle und Standards zu nutzen. Das *Open Charge Point Protocol (OCPP)* beispielsweise ermöglicht die herstellerübergreifende Kommunikation zwischen Ladeinfrastruktur und Managementsystemen.

Kosten

Die Kosten für ein smartes Lastmanagement variieren je nach Umfang und Komplexität. Einfache Lösungen, bei denen zwei Wallboxen direkt miteinander kommunizieren, sind oft bereits in den Wallboxen integriert oder können für wenige Hundert Euro nachgerüstet werden. Umfassende Energiemanagement-Systeme mit zahlreichen Sensoren, leistungsfähiger Steuerungshardware und komplexer Software können hingegen durchaus im vierstelligen Bereich liegen. Diese Investition kann sich jedoch schnell relativieren, wenn man die vermiedenen Kosten für eine Hausnetzaufrüstung, die Einsparungen durch optimierte Ladevorgänge und den zusätzlichen Komfort berücksichtigt. Aber der Teufel liegt im Detail – wie das Für und Wider bei Ihnen aussieht, hängt von Ihren speziellen Gegebenheiten ab.

Einsatz in Wohnanlagen

Besonders in Mehrfamilienhäusern oder Wohnanlagen mit gemeinsamer Ladeinfrastruktur für mehrere Elektrofahrzeuge wird ein intelligentes Lastmanagement nahezu unverzichtbar. Ohne eine solche Lösung müsste der Hausanschluss für die theoretisch maximale gleichzeitige Ladeleistung aller Fahrzeuge ausgelegt sein – ein kaum wirtschaftlich zu realisierendes Unterfangen. Mit Smart Charging hingegen kann die vorhandene Anschlussleistung optimal ausgenutzt werden, indem die verfügbare Energie bedarfsgerecht auf die angeschlossenen Fahrzeuge verteilt wird. Wenn Sie Eigentümer einer Wohnung in einer größeren Einheit sind und eine gemeinsame Tiefgarage für alle genutzt wird, könnten Sie auf der nächsten Eigentümerversammlung eine solche Lösung vorschlagen.

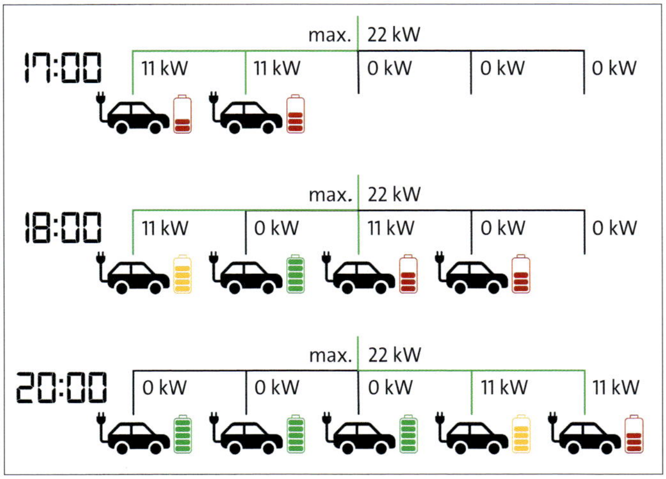

Abbildung 17.14 Lademanagement durch geregelte Ladeleistung (Quelle: https://de.wikipedia.org/wiki/Lastmanagement_(Ladestation)#/media/Datei:Geregelte_Ladeleistung.png)

Kapitel 18

Energieeffizienz und Hausautomation

In Zeiten steigender Energiepreise und wachsenden Umweltbewusstseins rückt die Energieeffizienz im eigenen Zuhause immer stärker in den Fokus. Die moderne Hausautomation bietet hier zahlreiche Möglichkeiten, den Energieverbrauch zu optimieren, ohne dabei auf Komfort verzichten zu müssen. Mit einfachen Mitteln und etwas Systematik lassen sich schnell Einsparpotenziale identifizieren. Besonders für Selbermacher eröffnet sich hier ein spannendes Betätigungsfeld mit unmittelbaren positiven Auswirkungen – sowohl für die Umwelt als auch für den eigenen Geldbeutel.

18.1 Stromverbrauch messen und visualisieren

Was man nicht messen kann, kann man nicht verbessern – dieser Grundsatz gilt besonders für den Stromverbrauch im Haushalt. Ohne genaue Kenntnis darüber, welche Geräte wie viel Strom verbrauchen, tappen Sie im Dunkeln bei dem Versuch, Ihre Energiekosten zu senken. Moderne Messsysteme bieten hier Abhilfe und liefern detaillierte Einblicke in Ihr Verbrauchsverhalten.

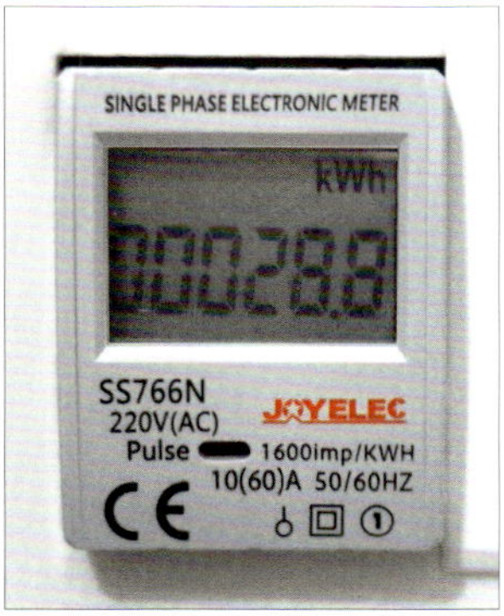

Abbildung 18.1 Ein separat eingebauter Energiezähler im Sicherungskasten

Der Einstieg in die Welt der Verbrauchsmessung gelingt am einfachsten mit Zwischensteckern, die zwischen einem Elektrogerät und seiner Steckdose platziert werden. Diese kompakten Helfer messen präzise den Stromverbrauch des angeschlossenen Geräts und zeigen ihn auf einem integrierten Display an. Fortschrittlichere Modelle übertragen die Daten über WLAN an eine Smartphone-App, wo sie übersichtlich visualisiert werden. Besonders häufig wird die App *Smart Live* genutzt, die mit vielen online käuflichen Messgeräten kompatibel ist. So erkennen Sie auf einen Blick, welche Geräte die wahren Stromfresser in Ihrem Haushalt sind.

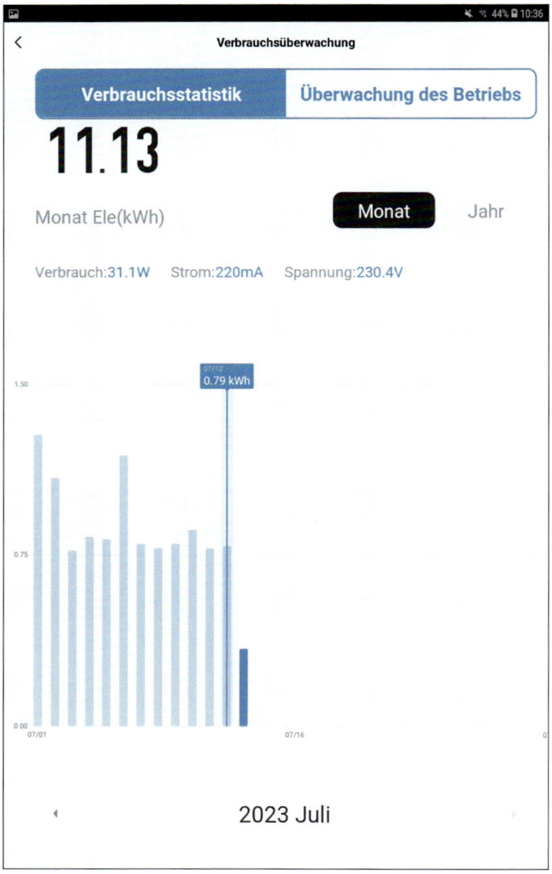

Abbildung 18.2 Der Momentanverbrauch und die Verbrauchsstatistik in der App »Smart Live«

Sammeln Sie Ihre Energiedaten

Für den einfachen Einstieg nutzen Sie entweder eine Papieraufzeichnung, eine Tabellenkalkulation oder eine App auf Ihrem Smartphone. Für die Papieraufzeichnung tragen Sie zum Monatswechsel regelmäßig Ihre Zählerstände in Ihr Wohnungs- oder Hausjournal ein und ermitteln daraus Ihren Verbrauch. Bei einer Excel-Tabelle können Sie auf Knopfdruck anschauliche Diagramme generieren und Ihren Stromverbrauch visualisieren, wodurch Sie langfristige Trends sofort erkennen. Bei all dieses Methoden können Sie zudem unterschiedliche Datenquellen miteinander verknüpfen – beispielsweise die Werte aus einer Energieverbrauchs-App mit den manuell abgelesenen Zählerständen.

Energiemonitoring

Noch umfassendere Einblicke bieten Smart-Home-Systeme mit integriertem Energiemonitoring. Produkte wie *Shelly*-Strommesser oder *AVM*-Stromzähler erfassen den Verbrauch im Haushalt und können bei entsprechender Ausstattung sogar einzelne Stromkreise oder Geräte gezielt separat auswerten. Sie erhalten dann eine übersichtliche Darstellung, die zeigt, was gerade verbraucht wird und wie viel im Monat zusammenkommt. Die Installation solcher Systeme erfordert zwar etwas mehr Aufwand, kann aber dafür ein ganzheitlicheres Bild Ihres Energieverbrauchs bieten.

Trends

Besonders spannend wird es, wenn Sie die gemessenen Daten über einen längeren Zeitraum betrachten. Verbrauchsmuster werden sichtbar, Anomalien fallen auf, und Sie entwickeln ein Gefühl dafür, wie sich Ihr Nutzungsverhalten auf den Stromverbrauch auswirkt. Diese Erkenntnisse bilden die Grundlage für gezielte Optimierungsmaßnahmen und ermöglichen es Ihnen, den Erfolg dieser Maßnahmen konkret zu beziffern.

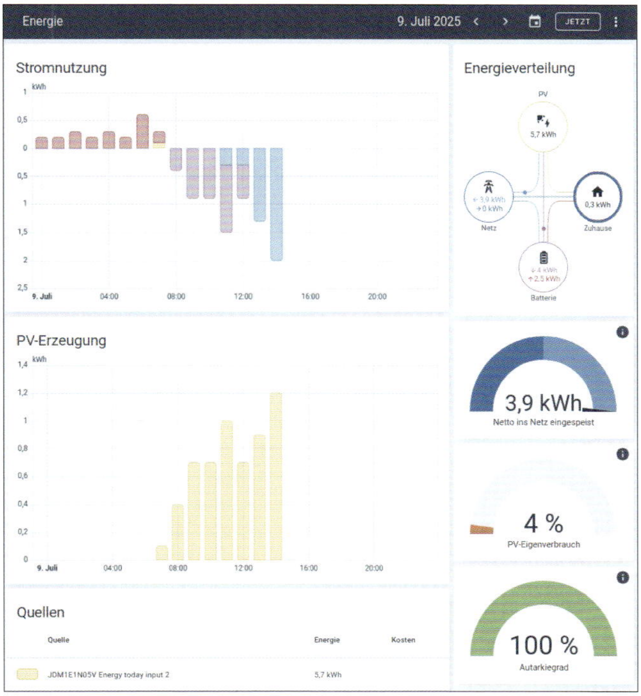

Abbildung 18.3 Der Stromverbrauch eines Gebäudes sowie die Stromerzeugung einer PV-Anlage über den Tag hinweg

> **Datenschutz und Datensicherheit**
> Viele smarte Geräte sind mit der Cloud des Herstellers verbunden. So gelangen Ihre Verbrauchsdaten in fremde Hände. Bedenken Sie diesen Aspekt bei der Auswahl Ihrer Messgeräte, und entscheiden Sie selbst, ob Sie diesen Austausch als akzeptabel erachten. Bei einem Ausfall der Cloud oder einer Firmeninsolvenz sind die gespeicherten Daten im schlimmsten Fall weg.

18.2 Ganz einfach Energie sparen

Es gibt zwei Wege: Neben all der smarten Technik und automatisierten Systemen gibt es auch einfache Maßnahmen, die Sie ohne große Investitionen umsetzen können, um Ihren Stromverbrauch zu senken. Diese »Low-Tech«-Ansätze sind oft ähnlich wirksam und können meist sofort umgesetzt werden. Alternativ können die Low-Tech-Maßnahmen auch die erste Stufe zu einer späteren High-Tech-Energieeinspartechnik sein. Oder Sie schauen einfach mal, wie weit Sie mit Low-Tech kommen und ob überall – oder an welchen Stellen überhaupt – High-Tech nötig ist.

Fangen wir erst einmal mit einer Bestandsaufnahme an. Was ist eigentlich Ihr momentaner Verbrauch und wo lässt sich überhaupt etwas einsparen?

18.2.1 Die Jagd nach Standby-Verbrauchern

In fast jedem Haushalt schlummern viele Geräte unbemerkt im Standby-Modus. Das bedeutet, sie verbrauchen kontinuierlich Strom. Ein durchschnittlicher Haushalt kann durch diese Stand-by-Verbraucher jährlich eine Menge an unnötigen Stromkosten haben. Beispielsweise kostet Sie ein Smartphone-Ladegerät, das dauerhaft in einer Steckdose steckt, im Jahr rund 1 € an Stromkosten zusätzlich. Nicht viel, oder?

In einem normalen Haushalt gibt es aber noch viel mehr Geräte im Standby-Modus. Wenn Sie zusammenrechnen, was ein Fernseher, die Surround-Sound-Anlage, die Spielekonsole, der Computer und andere alltäglichen Elektronik-Geräte im Standby-Betrieb im Jahr an zusätzlichen Stromkosten verursachen, dann kommen Sie auf einem Betrag zwischen 50 und 150 €, je nachdem, wie modern diese Geräte alle sind. Umgerechnet sind dies oft 5 bis 10 % des gesamten jährlichen Stromverbrauchs eines Haushalts – Energie, die buchstäblich im Nichts verpufft! Besonders ältere Geräte wie Fernseher, Receiver, Spielkonsolen oder Kaffeemaschinen sind oft wahre Energiefresser.

Machen Sie eine Bestandsaufnahme: Gehen Sie einmal mit einem Strommessgerät durch Ihre Wohnung und prüfen Sie, welche ausgeschalteten Geräte trotzdem Strom ziehen.

Die einfachste Methode, dem Stand-by-Verbrauch den Kampf anzusagen, ist die konsequente Nutzung von schaltbaren Zwischensteckern. Mit einem einzigen Handgriff trennen Sie mehrere Geräte vollständig vom Stromnetz und unterbinden so jeglichen Standby-Verbrauch. Mit etwas handwerklichem Geschick lassen sich bestehende Möbel um integrierte Steckerleisten mit gut erreichbaren Schaltern erweitern.

Fernschalten

Noch komfortabler wird die Kontrolle des Standby-Verbrauchs mit fernsteuerbaren Steckdosen oder intelligenten Steckerleisten, die über Apps, Zeitpläne oder sogar Sprachbefehle gesteuert werden können (siehe Abschnitt 18.5). So müssen Sie nicht mehr unter den Schreibtisch kriechen, um den Computer samt Peripherie vom Netz zu nehmen – ein Fingertipp auf dem Smartphone genügt. Einige dieser Master-Slave-Systeme erkennen sogar automatisch, wenn sich ein Hauptgerät (z. B. der Fernseher) im Standby befindet, und schalten dann auch alle abhängigen Geräte (wie DVD-Player oder Soundsystem) vollständig ab.

Schaltbare Stromkreise

Bei einem Neubau oder einer umfassenden Renovierung sollten Sie die Chance nutzen, schaltbare Stromkreise durch den Elektriker einbauen zu lassen. Dabei werden bestimmte Steckdosengruppen über einen zentralen Schalter, ein Zeitprogramm oder Bewegungsmelder gesteuert. Sie kennen dies aus Hotelzimmern, wo es an der Zimmertür einen Hauptschalter gibt. So trennen Sie beispielsweise beim Verlassen des Raums mit einem einzigen Knopfdruck alle Verbraucher vom Netz. Die anfänglichen Mehrkosten amortisieren sich schnell durch die langfristigen Einsparungen bei den Stromkosten.

18.2.2 Energie sparen im Alltag

Aber auch während der normalen Nutzung können kleine Verhaltensänderungen einen überraschend großen Effekt haben:

- Kochen mit einem Deckel auf Topf oder Pfanne spart bis zu 70 % Energie.
- Beladen Sie die Waschmaschine stets voll und waschen Sie Ihre Wäsche nur mit 30 oder 40 Grad.
- Öffnen Sie die Kühlschranktür nur kurz und tauen Sie besonders das Eisfach regelmäßig ab.
- Trocknen Sie Wäsche auf der Leine statt im Wäschetrockner.
- Füllen Sie den Wasserkocher nur mit der tatsächlich benötigten Wassermenge.

Beim Kochen können Sie zusätzlich Energie sparen, indem Sie die Nachwärme nutzen – schalten Sie die Herdplatte einige Minuten vor dem Ende der Garzeit aus. Bei E-Herden reicht die Restwärme meist völlig aus, um das Gericht fertig zu kochen.

Beleuchtung optimieren ohne Smart-Technik

Die Umstellung auf LED-Leuchtmittel ist vermutlich die einfachste und effektivste Energiesparmaßnahme. LEDs verbrauchen bis zu 90 % weniger Strom als Glühbirnen und halten deutlich länger. Die anfängliche Investition amortisiert sich meist innerhalb eines Jahres.

Aber auch ohne neue Leuchtmittel können Sie sparen: Nutzen Sie Tageslicht optimal, indem Sie helle Wandfarben verwenden und Möbel so platzieren, dass sie das Licht nicht blockieren. Und der wohl einfachste Tipp: Schalten Sie das Licht konsequent aus, wenn Sie einen Raum verlassen – eine simple Gewohnheit, die erstaunlich viel bewirkt. Denn der beste »intelligente Schalter« sind Sie selbst!

Heizenergie intelligent nutzen

Auch wenn es in diesem Kapitel primär um den Stromverbrauch geht: Die Heizung macht in den meisten Haushalten den größten Teil des Energieverbrauchs aus. Hier sind einige wirkungsvolle Maßnahmen ohne teure Smart-Thermostate:

- Drosseln Sie die Heizung abends rechtzeitig und nutzen Sie die Restwärme.
- Nutzen Sie die Absenkzeiten der Heizung für Warmwasser.
- Halten Sie Türen zu unbeheizten Räumen geschlossen.
- Verdecken Sie Heizkörper nicht durch Möbel oder Vorhänge.
- Gewöhnen Sie sich das Stoßlüften an, anstatt die Fenster lange Zeit gekippt zu stellen.
- Nutzen Sie einfache, programmierbare Thermostate, die deutlich günstiger sind als smarte Varianten.

Besonders effektiv ist das nächtliche Absenken der Raumtemperatur um 4 bis 5 Grad. Das spart erheblich Energie, ohne dass Sie morgens frieren müssen – besonders, wenn Sie die Heizung mittels einer Zeitschaltung so einstellen, dass sie eine halbe Stunde vor dem Aufstehen wieder hochfährt. Fragen Sie gegebenenfalls Ihren Heizungstechniker beim nächsten Wartungstermin, was möglich ist. Das gilt auch für Heißwasser: Während Ihrer Arbeitszeit oder am frühen Morgen kann die Wassertemperatur ruhig um ein paar Grad abgesenkt werden.

Smart handeln statt smarter Technik

Diese einfachen Maßnahmen mögen weniger aufregend klingen als die neuesten Smart-Home-Innovationen, aber sie haben einen entscheidenden Vorteil: Sie kosten wenig bis nichts, funktionieren ohne Internetverbindung, sammeln keine Daten und können sofort umgesetzt werden. Oft ist die Kombination aus smarten Verhaltensänderungen und klugen kleinen Maßnahmen und Ideen der effektivste Weg zu einem energieeffizienten Haushalt.

18.3 Energiesparende Geräte auswählen

Die Wahl energieeffizienter Geräte ist der wirkungsvollste Hebel zur Senkung des Stromverbrauchs. Moderne Haushaltsgeräte sind deutlich sparsamer als ihre Vorgänger von vor zehn oder zwanzig Jahren. Beim Neukauf lohnt sich daher stets ein Blick auf die Energieeffizienzklasse (EEK) und den jährlichen Stromverbrauch.

Die Energieeffizienzklasse (EEK)

Seit 2021 teilt das europäische Energielabel Geräte in die Klassen A bis G ein, wobei A die höchste Effizienz bedeutet. Die alten Klassen A+++, A++ und A+ gibt es nicht mehr – das schafft Klarheit und lässt Raum für zukünftige Effizienzsteigerungen. Achten Sie beim Kauf auf diese aktuelle Klassifizierung.

Abbildung 18.4 Haushaltsgeräte werden von ihrem Verbrauch her in Energieeffizienzklassen eingeordnet. Beim Kauf werden diese klar ausgeschildert.

Besonders bei Großgeräten wie Kühlschränken, Waschmaschinen oder Geschirrspülern, die täglich laufen, macht sich ein energieeffizientes Modell schnell bezahlt. Ein moderner Kühlschrank der Energieklasse A verbraucht beispielsweise oft weniger als die Hälfte des Stroms eines zehn Jahre alten Geräts – bei manchen Modellen sogar bis zu 70 % weniger. Selbst wenn der Anschaffungspreis höher liegt, gleichen die eingesparten Stromkosten den Mehrpreis meist innerhalb weniger Jahre aus.

> **!**
> **Energieeffizienz ist nicht alles!**
>
> Tauschen Sie funktionierende Geräte nicht vorschnell aus. Sie müssen abwägen: Stromersparnis gegen Umweltbelastung durch die Neuproduktion.
>
> Die Herstellung eines neuen Kühlschranks verbraucht etwa so viel Energie, wie Sie in zwei bis drei Jahren einsparen. Dazu kommen Rohstoffabbau, Transport und Entsorgung des alten Geräts.
>
> Faustregel: Umwelt und Geldbeutel profitieren meist erst ab 15 Jahren Gerätealter vom Neukauf.
>
> Tauschen Sie ein Gerät aus, wenn es älter als 15 Jahre ist und über 150 kWh pro Jahr verbraucht. Auch bei häufigen Reparaturen (Kosten über 50 % des Neupreises) rechnet sich der Neukauf. Behalten Sie Geräte unter 10 Jahren, die einwandfrei laufen. Bei 10 bis 15 Jahre alten Geräten rechnen Sie konkret: Sparen Sie jährlich über 100 € Strom und steht das in einem guten Verhältnis zum Anschaffungspreis?

Reinigen und entkalken

Durch gute Pflege können Sie auch bestehende Geräte optimieren. Reinigen Sie regelmäßig die Lüftungsgitter von Kühlgeräten, entkalken Sie Wasserkocher und Kaffeemaschinen und entstauben Sie elektronische Geräte. All diese kleinen Maßnahmen verbessern die Energieeffizienz und verlängern gleichzeitig die Lebensdauer der Geräte.

Stromfresser

Besondere Aufmerksamkeit verdient auch Ihre IT-Ausstattung. Energiesparende Laptops statt Desktop-PCs, effiziente LED-Monitore statt älterer Bildschirmtechnologien und gezieltes Powermanagement können den Stromverbrauch im Home-Office deutlich reduzieren. Bei der Auswahl neuer Geräte achten Sie neben dem Energieverbrauch im Betrieb auch auf den Standby-Verbrauch und die Möglichkeit, das Gerät vollständig vom Netz zu trennen.

> **+**
> **Die unsichtbaren Verbraucher**
>
> Es gibt noch mehr Verbraucher in einer Wohnung oder einem Haus, die gerne vergessen werden, wie beispielsweise Stellmotoren der Heizungsverteilung, Heizungspumpen, Satelliten-Anlagen mit Multi-Switch, Kabelanschlussboxen, Garagentorantriebe im Standby, Überwachungskameras, Alarmanlagen …

Kleinvieh macht auch Mist

Der Illusion, selbst sehr sparsam zu sein, erliegen viele von uns. Ich ertappe mich dabei, dass ich denke: *»Ach, nur dieses eine Gerät verbraucht etwas Strom. Eigentlich führe ich* *einen sparsamen Haushalt, und Solarenergie nutze ich auch.«* Diese Denkweise trügt jedoch. Sie führt dazu, dass ich zahlreiche kleine Stromfresser angesammelt habe, die in Summe meinen Haushalt zum energetischen Großverbraucher machen.

Sie benötigen stattdessen die Denkweise von Marie Kondō: Bei jedem Gerät gilt es sich die kritische Frage zu stellen: *»Dieses Gerät verbraucht recht viel Strom. Kann ich darauf verzichten? Falls nicht, wie reduziere ich den Verbrauch um mindestens 30 Prozent?«*

So eröffnet sich für mich als ambitionierten Selbermacher bei der Optimierung des Verbrauchs von Geräten gleichzeitig ein faszinierendes Experimentierfeld. Mit etwas Geschick lässt sich der Stromverbrauch vieler Alltagsgeräte durch gezielte Einstellungsänderungen oder kleine Modifikationen oft reduzieren. Online-Communitys und Fachforen liefern dafür oft wertvolle praktische Anleitungen.

18.4 Zeitschaltuhren

Zeitschaltuhren gehören zu den Klassikern der Hausautomation und haben auch im Zeitalter smarter Systeme nichts von ihrer Relevanz verloren. Sie ermöglichen es, Geräte zu festgelegten Zeiten automatisch ein- und auszuschalten, ohne dass Sie selbst aktiv werden müssen. Dies spart nicht nur Energie, sondern erhöht auch den Komfort und die Sicherheit in Ihrem Zuhause.

Abbildung 18.5 Eine analoge Zeitschaltuhr(links) und eine digitale Zeitschaltuhr (rechts). Die digitale Variante bietet die Möglichkeit, auch wochentagsabhängige Schaltmuster zu programmieren. So kann beispielsweise am Wochenende eine Lampe erst später ausgeschaltet werden als unter der Woche.

Die einfachste Form der Zeitschaltuhr ist die mechanische Variante mit einem Drehrad, auf dem Schaltzeiten durch kleine Stifte oder Schieber markiert werden. Diese robusten

Helfer sind preiswert, zuverlässig und benötigen keinen eigenen Stromanschluss. Sie eignen sich hervorragend für regelmäßige Schaltaufgaben wie das Ein- und Ausschalten von Beleuchtung, Aquarienpumpen oder Kaffeemaschinen.

Digitale Zeitschaltuhren bieten mehr Flexibilität mit mehreren Schaltzeiten pro Tag und der Möglichkeit, verschiedene Programme für unterschiedliche Wochentage zu definieren. Einige Modelle verfügen zudem über eine Jahreszeitenfunktion, die Schaltzeiten automatisch an Sonnenauf- und -untergangszeiten anpasst – ideal für die Steuerung von Außenbeleuchtung. Es gibt auch Modelle mit zufälligen Schaltzeiten, die während Ihrer Abwesenheit für mehr Sicherheit sorgen können, indem sie den Eindruck erwecken, dass jemand zu Hause ist.

18.5 Intelligente Steckdosen und Schalter

Der Einstieg in die Welt der Hausautomation gelingt besonders einfach mit intelligenten Steckdosen und Schaltern. Diese Geräte lassen sich mit minimalem Installations- und Konfigurationsaufwand in bestehende Elektroinstallationen integrieren und bieten auf einfache Weise Funktionalitäten zur Energieeinsparung und Komfortsteigerung.

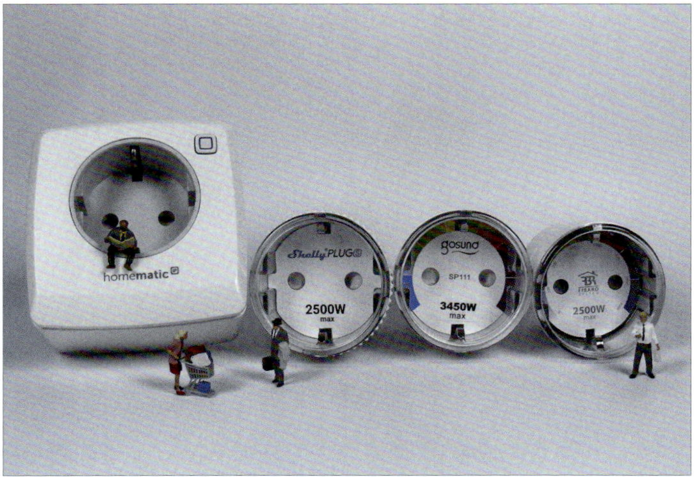

Abbildung 18.6 Eine kleine Funksteckdosen-Parade: Homematic, 2 × WLAN und Z-Wave

Intelligente Steckdosen werden einfach zwischen die Wandsteckdose und das Endgerät geschaltet und ermöglichen die Fernsteuerung des angeschlossenen Geräts über WLAN, Bluetooth oder spezielle Funkprotokolle wie *ZigBee* oder *Z-Wave*. Mit der zugehörigen App können Sie Geräte von überall ein- und ausschalten, Zeitpläne erstellen oder den Stromverbrauch überwachen. Einige Modelle bieten zudem die Möglichkeit, auf Basis des gemessenen Stromflusses automatisierte Aktionen auszulösen – etwa das Abschalten aller Peripheriegeräte, wenn der Computer heruntergefahren wird.

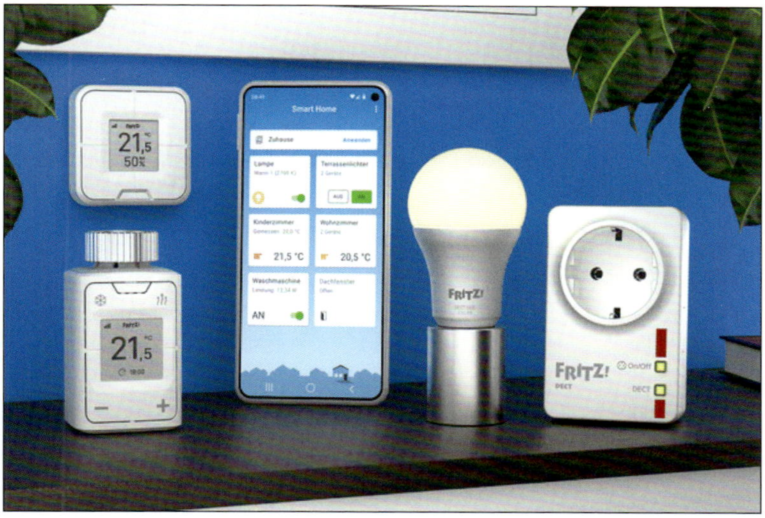

Abbildung 18.7 Die »Fritz!Box« kann mit vielen smarten Zusatzgeräten ausgestattet werden – der perfekte und einfache Einstieg in ein Smart Home.

Beliebte Hersteller für intelligente Steckdosen sind *FRITZ! (AVM)*, *Shelly*, *TP-Link* und verschiedene Marken aus dem Smart-Home-Ökosystem von Amazon und Google. Bei der Auswahl sollten Sie besonders auf die Kompatibilität mit Ihrem bevorzugten Smart-Home-System oder Ihrer genutzten App achten (beispielsweise mit der *Smart Live*-App), da nicht alle Geräte mit allen Systemen gleich gut zusammenarbeiten.

Systeme für die Heimautomation

Die intelligenten Steckdosen bieten interessante Erweiterungsmöglichkeiten und können der erste Schritt in die Automatisierungen eines Smart Homes sein. Mit etwas technischem Verständnis können Sie beispielsweise eigene Automatisierungen programmieren, die weit über die Standardfunktionen hinausgehen. Open-Source-Plattformen wie *Home Assistant*, *OpenHAB*, *FHEM* oder *ioBroker* erlauben die Integration verschiedener Hersteller-Ökosysteme zu einem harmonischen Gesamtsystem.

Shelly

Einen Schritt weiter gehen smarte Unterputzschalter und -steckdosen, die direkt in die Wandinstallation integriert werden. Diese Lösungen sind optisch ansprechender als Zwischenstecker und eignen sich besonders für fest installierte Geräte oder Beleuchtung. Die Installation erfordert zwar mehr handwerkliches Geschick und sollte bei mangelnder Erfahrung einem Elektriker überlassen werden, bietet dafür aber eine nahtlose Integration in Ihr Wohnambiente.

Besonders interessant sind modulare Systeme, bei denen konventionelle Schalter und Steckdosen mit smarten Komponenten aufgerüstet werden können. Sie tauschen dabei nur das Innenleben des Schalters aus, während der sichtbare Rahmen und die Blende unverändert bleiben. So fügen sich die neuen Funktionen harmonisch in Ihr bestehendes Interieur ein.

Ein Smart Home benötigt Vorbereitung

Bei einem Neubau oder einer grundlegenden Renovierung sollten Sie von Anfang an die Integration intelligenter Komponenten einplanen. Verlegen Sie zusätzliche Datenleitungen oder wählen Sie Unterputzdosen mit ausreichender Tiefe für smarte Module. Diese vorausschauende Planung spart später aufwendige Nachrüstarbeiten und ermöglicht eine elegante Integration der Technik.

18.6 Smarte Beleuchtungssysteme

Die Beleuchtung macht einen deutlich bemerkbaren Teil des Stromverbrauchs in Privathaushalten aus. Durch den Einsatz moderner LED-Technik in Verbindung mit intelligenter Steuerung lässt sich hier viel einsparen – ganz zu schweigen von den neuen Möglichkeiten zur Gestaltung verschiedener Lichtstimmungen für jeden Anlass.

LED-Leuchtmittel

Der Umstieg auf energieeffiziente LED-Leuchtmittel (siehe auch Abschnitt 15.1.2) ist der erste und einfachste Schritt. Moderne LEDs verbrauchen bis zu 90 % weniger Strom als herkömmliche Glühlampen und halten wesentlich länger. Die höheren Anschaffungskosten amortisieren sich dadurch meist innerhalb weniger Monate. Den Austausch können Sie problemlos selbst vornehmen. So profitieren Sie sofort von den reduzierten Stromkosten.

Smarte Leuchtmittel

Smarte LED-Leuchtmittel gehen noch eine Stufe weiter. Sie lassen sich per App oder Sprachbefehl steuern, in ihrer Helligkeit dimmen und bieten oft auch die Möglichkeit, die Lichtfarbe anzupassen. Einige Systeme erlauben sogar die Programmierung komplexer Lichtszenen, die auf Knopfdruck aktiviert werden können. So schalten Sie beispielsweise mit einem Befehl alle Lichter im Wohnzimmer auf gedimmte, warme Beleuchtung für einen gemütlichen Filmabend.

Philips Hue, *IKEA TRÅDFRI* und *Osram Smart+* sind nur einige der bekannten Systeme auf dem Markt. Bei der Auswahl sollten Sie auf die Kompatibilität mit Ihrem bevorzugten Smart-Home-System achten, da nicht alle Leuchtmittel mit allen Steuerungssystemen gleich gut funktionieren.

LED-Streifen

Für ambitionierte Heimwerker und Heimwerkerinnen bieten sich im Bereich der smarten Beleuchtung zahlreiche spannende Projekte. Mit LED-Streifen und dazu passenden Controllern lassen sich individuelle Beleuchtungslösungen realisieren – etwa eine indirekte Beleuchtung unter Küchenschränken, eine stimmungsvolle Akzentbeleuchtung im Wohnbereich oder eine praktische Orientierungsbeleuchtung im Flur. Die notwendigen Komponenten sind mittlerweile zu erschwinglichen Preisen erhältlich, und online finden Sie zahlreiche Anleitungen für die Umsetzung.

Interaktive Beleuchtung

Besonders energieeffizient wird die Beleuchtung durch die Integration weiterer Sensoren. Bewegungsmelder in Fluren, Präsenzmelder in Arbeitsräumen oder Dämmerungssensoren für die Außenbeleuchtung sorgen dafür, dass Licht nur dann brennt, wenn es tatsächlich benötigt wird. Solche Sensoren können Sie nachträglich installieren und mit Ihrem Beleuchtungssystem verbinden. Bei einem Neubau sollten Sie die entsprechenden Leitungen und Montageorte für Sensoren von Anfang an einplanen.

Vernetzung

Die wahre Stärke smarter Beleuchtungssysteme zeigt sich in der Vernetzung mit anderen Komponenten Ihres Smart Homes. Stellen Sie sich vor, beim Betreten des Hauses schaltet sich automatisch ein sanfter Lichtkorridor ein, der Ihnen den Weg weist. Oder das System registriert, dass Sie einen Film starten und dimmt automatisch die Beleuchtung für optimalen Sehkomfort. Für engagierte Selbermacher eröffnen sich hier nahezu unbegrenzte Möglichkeiten zur Optimierung von Komfort und Energieeffizienz.

Sprachassistenten

Sprachassistenten wie *Amazon Alexa*, *Google Assistant* oder *Apple Siri* haben in den letzten Jahren große Fortschritte gemacht und sind zu zentralen Steuerungselementen im Smart Home geworden. Die Vernetzung der elektronischen Geräte im eigenen Haushalt hat mit diesen Geräten deutlich zugenommen, da sie mehr Komfort versprechen – etwa, wenn Sie per Sprachbefehl die Kaffeemaschine starten können, unabhängig davon, wo Sie sich gerade im Haus befinden.

Abbildung 18.8 An den Alexa-Sprachassistenten können erstaunlich viele Geräte angekoppelt werden. (Quelle: https://unsplash.com/de/fotos/schwarzer-amazon-echo-punkt-lautsprecher-der-3-generation-Ub4CggGYf2o)

Die großen Vorteile von Sprachassistenten liegen in der intuitiven Bedienung und der zentralen Steuerungsmöglichkeit. Mit einfachen Sprachbefehlen können Sie verschiedene Geräte und Systeme kontrollieren, ohne dafür eine spezifische App öffnen oder zu einem Schalter gehen zu müssen. »Schalte alle Lichter im Obergeschoss aus« oder »Reduziere die Heizung im Wohnzimmer auf 18 Grad« – solche Kommandos werden unmittelbar umgesetzt und fördern so ein energiebewusstes Verhalten.

Smarte Geräte verbrauchen auch Strom

Bei der Integration von smarten Geräten in Ihr Energiemanagement sollten Sie aber deren eigenen Stromverbrauch nicht außer Acht lassen. Moderne Geräte sind zwar relativ sparsam, benötigen aber dennoch eine permanente Stromversorgung. Wägen Sie daher ab, ob der Komfortgewinn und die potenzielle Energieeinsparung durch verbesserte Steuerung den zusätzlichen Grundverbrauch rechtfertigen.

Auf offene Standards achten

Für ein zukunftssicheres Smart Home empfiehlt es sich, auf offene Standards und Kompatibilität zu achten. Systeme, die mit verschiedenen Sprachassistenten und Smart-Home-Plattformen zusammenarbeiten, bieten mehr Flexibilität und schützen Sie vor einer zu starken Abhängigkeit von einem einzelnen Anbieter.

Entscheiden Sie sich hier bewusst für Lösungen, die Ihnen langfristig die größtmögliche Freiheit bei der Gestaltung Ihres intelligenten Zuhauses bieten. Besonders Open-Source-Lösungen wie *Home Assistant*, *OpenHAB*, *FHEM* oder *ioBroker* sind hier einen Blick wert, da sie unabhängig von kommerziellen Anbietern funktionieren und eine große Community an Unterstützern haben.

Die Kombination aus moderner Hausautomation, energieeffizienten Geräten und intelligentem Energiemanagement ist spannend. Als engagierter Selbermacher können Sie diesen Weg Schritt für Schritt gehen, angepasst an Ihre individuellen Bedürfnisse und Möglichkeiten. Jede Maßnahme leistet dabei einen doppelten Beitrag: zur Schonung Ihrer Finanzen und zum Schutz unserer Umwelt. Die Befriedigung, ein solches System selbst aufgebaut und optimiert zu haben, ist dabei ein wertvoller Bonus. Für einen Hobby-Bastler oder eine Makerin kann das alles viel Spaß bedeuten.

18.7 Smart-Meter

Die klassischen Stromzähler mit der rotierenden Scheibe gehören langsam der Vergangenheit an. Seit 2020 läuft in Deutschland der schrittweise Einbau digitaler Stromzähler, sogenannter Smart-Meter. Diese Entwicklung ist Teil der Energiewende und soll nicht nur den Netzbetreibern, sondern auch den Verbraucherinnen und Verbrauchern zugutekommen.

Ein Smart-Meter ist ein digitaler Stromzähler, der den Energieverbrauch deutlich detaillierter erfasst als seine analogen Vorgänger. Er misst nicht nur den Gesamtverbrauch, sondern kann auch Verbrauchsdaten in kurzen Zeitintervallen – teilweise im 15-Minuten-Takt – erfassen und speichern. Die fortschrittlicheren Modelle, die mit einem Kommunikationsmodul (Smart-Meter-Gateway) ausgestattet sind, können diese Daten zudem automatisch an den Netzbetreiber übermitteln.

Smart-Meter bieten Ihnen mehrere Vorteile:

- **Transparenz:** Sie lesen Ihren aktuellen Stromverbrauch direkt am Display des Smart-Meters ab oder nutzen die App Ihres Stromanbieters für detaillierte Verbrauchsgrafiken – also für das, was Sie bisher noch recht umständlich per Hand machen, wenn Sie Abschnitt 18.1 gefolgt sind.
- **Verbrauchsanalyse:** Die 15-Minuten-Messungen zeigen Ihnen genau, wann Sie viel Strom verbrauchen. So entlarven Sie Stromfresser, die nur zu bestimmten Zeiten laufen.
- **Variable Tarife:** Ihr Stromanbieter kann Ihnen günstigere Nachttarife anbieten. Das Smart-Meter misst automatisch, wann Sie Strom verbrauchen, und rechnet entsprechend ab.
- **Automatische Übermittlung:** Bei Smart-Metern mit Kommunikationsmodul übermittelt das Gerät die Zählerstände automatisch an Ihren Versorger – Sie müssen nichts mehr ablesen.

- **Smart-Home-Integration:** Moderne Smart-Meter stellen ihre Daten über eine Schnittstelle zur Verfügung. Ihr Smart-Home-System kann diese Daten abrufen und beispielsweise energieintensive Geräte automatisch in günstige Zeiten verschieben.

Gesetzliche Rahmenbedingungen

Das *Messstellenbetriebsgesetz (MsbG)* regelt den flächendeckenden Einbau dieser intelligenten Messsysteme in Deutschland. Der Einbau erfolgt gestaffelt:

- Für Haushalte mit einem Jahresverbrauch über 6.000 kWh ist der Einbau verpflichtend.
- Gleiches gilt für Haushalte mit Eigenerzeugungsanlagen über 7 kW installierter Leistung.
- Für alle anderen Haushalte werden mindestens moderne Messeinrichtungen (digitale Zähler ohne Kommunikationsmodul) installiert.

Die ursprünglich ambitionierten Zeitpläne wurden allerdings mehrfach angepasst, da sich die Zertifizierung der Geräte und Datenschutzfragen als komplexer erwiesen als erwartet.

Integration in Smart-Home-Systeme

Besonders spannend wird es, wenn Smart-Meter mit Ihrem Smart-Home-System kommunizieren können. Dies ermöglicht intelligente Steuerungsszenarien wie:

- automatisches Einschalten von Verbrauchern wie Waschmaschine oder Geschirrspüler zu Zeiten niedriger Strompreise
- Optimierung des Eigenverbrauchs bei Photovoltaik-Anlagen
- Lastmanagement, d. h. die Vermeidung von Verbrauchsspitzen durch intelligente Verteilung der Lasten
- automatische Reaktion auf Preissignale des Energieversorgers

Für die Einbindung in Ihr Smart Home gibt es verschiedene Möglichkeiten: Manche Messstellenbetreiber bieten eigene Apps oder Schnittstellen an. Zunehmend gibt es auch Lösungen von Drittanbietern, die Daten aus dem Smart-Meter auslesen und in gängige Smart-Home-Systeme wie *Home Assistant* oder *openHAB* integrieren können.

Mit der voranschreitenden Energiewende und dem Ausbau erneuerbarer Energien werden Smart-Meter eine immer wichtigere Rolle spielen. Die Medien berichten, dass die Digitalisierung der Stromversorgung eine Grundvoraussetzung für den Erfolg der Energiewende darstellt. Deshalb plant die Regierung eine Novelle des Messstellenbetriebsgesetzes. Politiker sprechen von Paradigmenwechsel, Smart-Grid, Neustart und vom Abbau regulatorischer Hürden.

Warten wir ab, was daraus wird. Meiner Ansicht nach spart allein der Einbau eines Smart-Meters keine einzige Kilowattstunde. Ich als Verbraucher muss selbst aktiv werden, um Strom zu sparen – und dafür brauche ich eigentlich kein Smart-Meter.

18.8 Smart Home: Ja oder nein?

Bei all der Begeisterung für smarte Technik und automatisierte Systeme stellt sich irgendwann die nüchterne Frage: Lohnt sich die Investition in smarte »High-Tech« wirklich? Schließlich sind Smart-Home-Komponenten nicht gerade günstig, und der versprochene Komfortgewinn ist das eine – aber rechnet sich das Ganze auch finanziell durch tatsächliche Energieeinsparungen?

Stellen wir die gesamten »Smart Tech«-Lösungen mal einem »Low Tech«-Ansatz gegenüber.

Die Investitionskosten im Überblick

Werfen wir zunächst einen Blick auf typische Anschaffungskosten für gängige Smart-Home-Komponenten zur Energieoptimierung:

- smarte Heizkörperthermostate: 40–80 € pro Stück
- Smart-Home-Zentrale/Bridge: 50–200 €
- intelligente Steckdosen: 20–40 € pro Stück
- smarte Beleuchtung: 20–50 € pro Leuchtmittel
- Bewegungsmelder und Fensterkontakte: 30–60 € pro Stück
- komplexere Systeme zur Heizungssteuerung: 300–1.000 €

Für eine durchschnittliche Wohnung mit vier Heizkörpern, sechs Leuchtmitteln und drei smarten Steckdosen kommen Sie schnell auf Investitionen von 500 bis 800 €. Bei einem Einfamilienhaus kann die Summe leicht auf 1.500 bis 2.500 € ansteigen.

Realistische Einsparpotenziale

Dem gegenüber stehen die möglichen Einsparungen. Diese variieren stark je nach Ausgangssituation und tatsächlicher Nutzung. Grundsätzlich haben wir zwei Bereiche, in denen eingespart werden kann: Wärme und Strom.

Heizenergie

Die größten Einsparpotenziale bietet die intelligente Heizungssteuerung. Smarte Thermostate können durch bedarfsgerechtes Heizen den Energieverbrauch um 10–30 % reduzieren. Bei jährlichen Heizkosten von 1.000 € entspricht das einer Einsparung von 100 bis 300 € pro Jahr.

Allerdings: Diese Werte werden in der Praxis oft nur erreicht, wenn zuvor verschwenderisch geheizt wurde. Wer bereits sparsam heizt und Temperaturen manuell absenkt, wird deutlich geringere Einsparungen erzielen.

Stromverbrauch

Bei der Beleuchtung und Elektronik fallen die Einsparungen meist geringer aus:

- Smarte Beleuchtung mit Bewegungsmeldern spart ca. 5–15 % der Beleuchtungskosten.
- Die automatische Abschaltung von Standby-Geräten bringt je nach Haushalt 30 bis 80 € jährlich. (Nicht alles kann ausgeschaltet werden, deshalb ist die Einsparung hier geringer als die gesamten Stand-by-Kosten der Geräte.)
- Mit der intelligenten Steuerung von Haushaltsgeräten können Sie 3 bis 8 % des Stromverbrauchs dieser Geräte einsparen.

Ein durchschnittlicher Haushalt mit Stromkosten von 1.200 € jährlich kann also durch smarte Steuerung etwa 60 bis 150 € pro Jahr sparen.

Amortisationszeiten verschiedener Maßnahmen

Daraus ergeben sich folgende typische Amortisationszeiten für verschiedene Smart-Home-Komponenten:

- **Schnelle Amortisation (2 bis 4 Jahre)**
  - smarte Heizkörperthermostate in schlecht gedämmten Altbauten
  - intelligente oder zeitgesteuerte Steckdosen für Geräte mit hohem Standby-Verbrauch
  - Bewegungsmelder für die Beleuchtung von häufig genutzten Durchgangsbereichen
- **Mittlere und lange Amortisation (4 bis 8 oder mehr Jahre)**
  - komplette Heizungssteuerung in modernen Gebäuden
  - smarte Rollladensteuerung mit Sonnenstandsregelung
  - intelligente Lichtsteuerung in Wohnräumen

In einem Altbau werden sich smarte Heizungsthermostate schon nach zwei Heizperioden amortisiert haben, eine »intelligente Beleuchtung« hingegen wohl eher nie – aber trotzdem möchte man sie nicht mehr missen.

Versteckte Kostenfaktoren

Bei der Berechnung der Wirtschaftlichkeit sollten Sie auch folgende oft übersehene Faktoren berücksichtigen:

- **Wartung und Updates:** Software und Firmware müssen regelmäßig aktualisiert werden.
- **Batteriewechsel:** Viele drahtlose Geräte benötigen regelmäßig neue Batterien.
- **Cloud-Dienste:** Manche Systeme erfordern kostenpflichtige Abonnements.
- **Kompatibilitätsprobleme:** Bei Systemwechseln müssen oft Komponenten ersetzt werden.
- **Stromverbrauch der Smart-Home-Zentralen und Bridges:** ca. 10–30 € pro Jahr

18.8.1 Betriebskosten

Ein kritischer Faktor bei der Wahl der richtigen Plattform für Smart-Home-Anwendungen ist der Energieverbrauch und die mit ihm verbundenen Betriebskosten.

Wann lohnt sich die Investition in ein Smart Home besonders?
Besonders wirtschaftlich sind Smart-Home-Lösungen in diesen Szenarien:

- **Neubauten und Komplettrenovierungen:** Wenn ohnehin neue Technik installiert wird, sind die Mehrkosten für smarte Komponenten geringer.
- **Gebäude mit hohem Energieverbrauch:** Je höher die Energiekosten sind, desto größer ist das Einsparpotenzial.
- **Zweitwohnungen oder Ferienhäuser:** Hier ermöglicht die Fernsteuerung eine bedarfsgerechte Temperaturregelung auch bei Abwesenheit.
- **Haushalte mit »unachtsamen« Bewohnern:** Wo regelmäßig Lichter brennen bleiben oder Geräte nicht ausgeschaltet werden, bieten automatisierte Systeme große Einsparpotenziale.

18

Jenseits der reinen Wirtschaftlichkeit
Die reine Amortisationsrechnung greift allerdings oft zu kurz. Smart-Home-Technik bietet Mehrwerte, die sich nicht in Euro und Cent messen lassen:

- Komfortgewinn durch automatisierte Abläufe
- Sicherheitsaspekte wie simulierte Anwesenheit bei Abwesenheit
- Barrierefreiheit und Unterstützung für ältere Personen oder Menschen mit Behinderung
- Möglichkeit zur detaillierten Verbrauchsanalyse und zum bewussteren Umgang mit Energie

Oft kann sich die intelligente Haussteuerung finanziell nicht komplett amortisieren, aber der Komfortgewinn, die Zeitersparnis und das gute Gefühl, Energie effizient zu nutzen, ist für viele Menschen genauso wertvoll.

Die pragmatische Vorgehensweise

Erweitern Sie das System bei positiven Erfahrungen schrittweise. So halten Sie die initiale Investition überschaubar und können die Wirtschaftlichkeit anhand konkreter Erfahrungen in Ihrem eigenen Haushalt bewerten. Letztendlich ist die Entscheidung für ein Smart Home eine sehr individuelle Abwägung zwischen Kosten, Energieeinsparung, Komfortgewinn und technischem Interesse. Mit einer realistischen Erwartungshaltung und einem bewussten Fokus auf energiesparende Funktionen können Sie jedoch die Wirtschaftlichkeit deutlich verbessern – und nebenbei einen Beitrag zum Umweltschutz leisten.

18.8.2 Nachhaltigkeit und Umweltaspekte

Bei aller Begeisterung für smarte Technik sollten wir einen wichtigen Aspekt nicht aus den Augen verlieren: die Umweltbilanz der Geräte selbst. Denn so paradox es klingen mag – manchmal kann der Versuch, durch Smart-Home-Technologie Energie zu sparen, aus ökologischer Sicht ein Schuss nach hinten sein.

Der ökologische Rucksack smarter Geräte

Jedes elektronische Gerät trägt einen unsichtbaren »ökologischen Rucksack« mit sich, der weit über den Stromverbrauch im Betrieb hinausgeht:

- **Ressourcengewinnung:** Für die Herstellung werden seltene Erden und Metalle benötigt, deren Abbau oft mit erheblichen Umweltbelastungen verbunden ist.
- **Produktionsprozess:** Die Fertigung von Mikrochips und Elektronikkomponenten ist äußerst energieintensiv.
- **Transportwege:** Viele Komponenten werden global gefertigt, mit entsprechend langen Transportwegen.
- **Verpackung:** Elektronikprodukte werden meist aufwendig und nicht immer umweltfreundlich verpackt.
- **Lebensdauer:** Smart-Home-Geräte haben oft eine kürzere Nutzungsdauer als ihre »dummen« Pendants – sei es durch technische Obsoleszenz oder fehlende Software-Updates.
- **Entsorgung:** Elektronikschrott enthält problematische Stoffe und ist schwierig zu recyceln.

Eine Studie des Öko-Instituts hat ergeben, dass bei der Herstellung eines durchschnittlichen Smart-Home-Sensors etwa 5 bis 15 kg CO_2-Äquivalente entstehen – je nach Komplexität und Herstellungsort. Bei einer umfassenden Smart-Home-Installation mit 20 bis 30 Komponenten summiert sich das schnell auf mehrere Hundert Kilogramm CO_2.

Die Energiebilanz im Betrieb

Auch im laufenden Betrieb verbrauchen Smart-Home-Systeme selbst Energie:

- Smart-Home-Zentralen laufen in der Regel rund um die Uhr und verbrauchen je nach Modell zwischen 2 und 8 Watt – das entspricht 17 bis 70 kWh pro Jahr.
- WLAN-Router und -Repeater, die für die Kommunikation nötig sind, kommen auf ähnliche Werte.
- Batterien in Sensoren und Aktoren müssen regelmäßig gewechselt oder aufgeladen werden. So können zehn smarte Leuchtmittel im Standby-Modus zusammen mehr Strom verbrauchen als eine herkömmliche LED-Lampe im Betrieb. Ist das sinnvoll?

Wann lohnt sich der Einsatz ökologisch?

Die entscheidende Frage lautet: Wann überwiegen die durch Smart-Home-Technik erzielten Energieeinsparungen den ökologischen Fußabdruck der Geräte selbst?

Als Faustregel gilt: Je größer das Einsparpotenzial ist, desto eher rechtfertigt es den ökologischen Aufwand. Konkret bedeutet das:

- **Ökologisch meist sinnvoll:**
  - smarte Heizkörperthermostate in Gebäuden mit hohem Heizenergiebedarf
  - die intelligente Steuerung von großen Verbrauchern (z. B. Wärmepumpen, Klimaanlagen)
  - die Automatisierung zur Optimierung von Photovoltaik-Eigenverbrauch
- **Ökologisch fragwürdig:**
  - der Austausch funktionierender manueller Thermostate gegen smarte Modelle in Niedrigenergiehäusern
  - die smarte Steuerung von Kleinverbrauchern mit geringem Einsparpotenzial
  - reine Komfortfunktionen ohne Energiespareffekt

Eine Berechnung des BUND zeigt: Damit sich ein smartes Thermostat ökologisch amortisiert, muss es den Heizenergieverbrauch um mindestens 3 bis 5 % senken und mindestens 5 Jahre lang genutzt werden.

Strategien für eine nachhaltige Smart-Home-Nutzung

Wann lohnen sich der Aufwand und die Kosten im Hinblick auf die Umweltbilanz und den »ökologischen Rucksack«? Mit diesen Ansätzen können Sie die Umweltbilanz Ihres Smart Homes verbessern:

- **Bestandsaufnahme vor dem Kauf:** Analysieren Sie Ihren tatsächlichen Energieverbrauch und identifizieren Sie die größten Einsparpotenziale, bevor Sie in Technik investieren.
- **Langlebigkeit priorisieren:** Versuchen Sie, Systeme von Herstellern zu wählen, die langfristigen Support und Updates zusichern.
- **Offene Standards bevorzugen:** Geräte mit offenen Schnittstellen können auch nach dem Ende des Herstellersupports weitergenutzt werden.
- **Energieeffizienz der Smart-Home-Komponenten:** Achten Sie auf den Standby-Verbrauch der Geräte selbst – manche Modelle verbrauchen deutlich weniger als andere. Versuchen Sie, diese Werte mithilfe der Herstellerangaben in Erfahrung zu bringen.
- **Verzicht üben:** Nicht alles muss smart sein! Überlegen Sie kritisch, ob der potenzielle Nutzen den ökologischen Aufwand rechtfertigt.
- **Recycling und Wiederverwertung:** Informieren Sie sich über Rücknahme- und Recyclingprogramme für ausgediente Smart-Home-Komponenten.

Die soziale Dimension der Nachhaltigkeit
Neben den ökologischen Aspekten sollten Sie auch soziale Nachhaltigkeitsfaktoren nicht vergessen:

- **Arbeitsbedingungen:** Viele Elektronikprodukte werden unter fragwürdigen Bedingungen gefertigt.
- **Datenschutz:** »Nachhaltig« bedeutet auch, dass Ihre persönlichen Daten nachhaltig geschützt sind.
- **Inklusion:** Ein nachhaltiges Smart Home sollte für alle Haushaltsmitglieder nutzbar sein, unabhängig von Alter oder technischen Fähigkeiten.

Smart-Home-Technik kann einen wertvollen Beitrag zu mehr Energieeffizienz leisten – aber nur, wenn wir sie bewusst und gezielt einsetzen. Mit einem kritischen Blick auf die Gesamtbilanz können wir sicherstellen, dass unser smartes Zuhause nicht nur komfortabler, sondern tatsächlich auch umweltfreundlicher wird.

18.8.3 Datenschutz und Sicherheit

Wenn wir über Smart-Home-Systeme sprechen, reden wir letztlich über Geräte, die intime Einblicke in unser Leben gewinnen: Diese Geräte registrieren, wann wir aufstehen, wann wir schlafen gehen, wann wir zu Hause sind und manchmal sogar, was wir gerade tun. Diese Daten sind wertvoll – nicht nur für uns, sondern potenziell auch für Dritte.

Rechte als Nutzer: Die DSGVO

Wenn Sie wissen möchten, welche Daten Ihre Geräte über Sie sammeln, können Sie eine entsprechende Anfrage an den Hersteller senden. Die Datenschutz-Grundverordnung (DSGVO) gibt Ihnen umfassende Rechte:

- das Recht auf Auskunft über gespeicherte Daten
- das Recht auf Berichtigung falscher Daten
- das Recht auf Löschung (das sogenannte *Recht auf Vergessenwerden*)
- das Recht auf Datenübertragbarkeit

Zögern Sie nicht, diese Rechte bei Bedarf in Anspruch zu nehmen!

Was Ihre Smart-Home-Geräte über Sie wissen

Die Daten, die ein umfassendes Smart-Home-System sammelt, erzählen erstaunlich detaillierte Geschichten:

- Bewegungsmelder verraten, wann Sie zu Hause sind und welche Räume Sie nutzen.
- Smarte Thermostate kennen Ihre Tagesroutinen und wissen, wann Sie schlafen.
- Verbrauchsdaten offenbaren, wann Sie kochen, duschen oder fernsehen.
- Sprachassistenten hören möglicherweise mehr, als Sie denken.
- Vernetzte Kameras erfassen, wer Ihr Zuhause betritt und verlässt.

Stellen Sie sich vor, jemand hätte Zugriff auf all diese Informationen – ein unheimlicher Gedanke, nicht wahr?

18

Daten und Privatsphäre

Datensparsamkeit ist wichtig! Nicht alles, was technisch möglich ist, ist auch nötig. Überlegen Sie kritisch:

- Brauche ich wirklich Kameras in Wohnräumen oder im Schlafzimmer?
- Muss mein Thermostat meinen Standort tracken?
- Ist ein ständig mithörender Sprachassistent im Schlafzimmer sinnvoll?
- Muss mein Staubsauger eine Kamera haben und im Klo herumfahren, während ich auf dem Porzellan-Thron sitze? (Suchen Sie mal nach den Stichwörtern »Roomba«, »Toilette« und »Kamera« und schauen Sie, welche Geschichten Sie so finden. Auch Tesla-Mitarbeiter haben auf Innenraumkameras zugegriffen.)

E-Autos

Tesla-Mitarbeiter sollen »Memes« aus Bordkamera-Aufnahmen gemacht haben

Was passiert mit den Videos, die von in Tesla-Autos verbauten Kameras gemacht werden? Einem Bericht zufolge tauschten Mitarbeiter einige von ihnen zur Belustigung in Chats aus. Sie zeigten wohl auch Kunden in peinlichen Situationen.

08.04.2023, 20.13 Uhr

Abbildung 18.9 Tesla-Memes (Quelle: https://www.spiegel.de/wirtschaft/tesla-mitarbeiter-sollen-memes-aus-bordkamera-aufnahmen-gemacht-haben-a-c14817d8-5339-4780-bc1c-462ac14e64b5)

Typische Sicherheitsrisiken im Smart Home

Neben diesen Datenschutzgefahren müssen Sie auch im Blick behalten, dass jede Technik, die Sie mit dem Internet verbinden, gleichzeitig auch einen Weg in Ihr privates Netzwerk darstellt. Schwache Passwörter, veraltete Software mit Sicherheitslücken ... alle Probleme, die Sie von Ihrem Rechner kennen, bestehen grundsätzlich ganz genauso.

Besonders problematisch: Anders als bei PCs und Smartphones fehlt bei vielen Smart-Home-Geräten ein etabliertes Update-System, und die Support-Zeiträume sind oft erschreckend kurz.

Praktische Maßnahmen zum Schutz Ihres Smart Homes

Mit diesen konkreten Schritten können Sie die Sicherheit Ihres vernetzten Zuhauses deutlich verbessern:

- **Netzwerksegmentierung**

  Richten Sie ein separates WLAN-Netzwerk speziell für Ihre Smart-Home-Geräte ein (siehe Abschnitt 19.6). Fast alle modernen Router bieten die Möglichkeit, ein Gäste-WLAN zu erstellen – nutzen Sie diese Funktion! So bleiben Ihre sensiblen Daten auf Computern und Smartphones getrennt von potenziell anfälligen Smart-Home-Geräten.

- **Starke, einzigartige Passwörter**

  Ändern Sie bei jedem neuen Gerät sofort das Standard-Passwort. Verwenden Sie komplexe Passwörter mit mindestens 12 Zeichen, die Groß- und Kleinbuchstaben, Zahlen und Sonderzeichen enthalten. Ein Passwort-Manager hilft Ihnen, anschließend den Überblick zu behalten.

- **Regelmäßige Updates**

  Prüfen Sie alle ein bis zwei Monate, ob für Ihre Geräte Firmware-Updates verfügbar sind. Bei kritischen Sicherheitsupdates sollten Sie nicht zögern, sondern diese umgehend installieren. Es gibt Browser-Plug-ins, die Ihnen helfen können, die Update-Seiten Ihrer Smart-Devices automatisiert im Auge zu behalten und so sofort eine Nachricht zu erhalten, wenn ein Firmware-Update verfügbar ist.

- **Zugriffskontrolle**

  Beschränken Sie den Remotezugriff auf Ihr Smart Home auf das Notwendigste. Muss wirklich jedes Familienmitglied von überall auf alle Funktionen zugreifen können? Oft reicht es, wenn bestimmte Funktionen nur im Heimnetzwerk verfügbar sind.

- **Entscheidung für vertrauenswürdige Anbieter**

  Recherchieren Sie vor dem Kauf, wie der Hersteller mit dem Thema Sicherheit umgeht:

  - Wie lange werden Sicherheitsupdates bereitgestellt?
  - Gibt es ein verantwortungsvolles Verfahren zur Meldung von Sicherheitslücken?
  - Welche Daten werden erhoben und wie werden sie geschützt?
  - Gibt es eine Zwei-Faktor-Authentifizierung?
  - Wo werden die Daten gespeichert (lokal oder in der Cloud)?

- **Lokale Systeme bevorzugen**

  Wählen Sie nach Möglichkeit Systeme, die ohne Cloud-Zwang funktionieren. *Home Assistant*, *openHAB* und andere Open-Source-Lösungen ermöglichen Ihnen die Steuerung im lokalen Netzwerk ohne Abhängigkeit von externen Servern und sorgen so dafür, dass alle Daten bei Ihnen bleiben.

Wenn etwas schiefgeht

Trotz aller Vorsichtsmaßnahmen kann es zu Sicherheitsvorfällen kommen. Für diesen Fall sollten Sie vorbereitet sein:

- Halten Sie eine Liste aller Smart-Home-Geräte und deren Zugangsdaten an einem sicheren Ort bereit.
- Wissen Sie, wie Sie Geräte im Notfall vom Netzwerk trennen können?
- Kennen Sie den Reset-Vorgang für Ihre wichtigsten Geräte?
- Haben Sie die Kontaktdaten der Hersteller griffbereit?

- Ändern Sie sofort alle Passwörter.
- Trennen Sie verdächtige Geräte vom Netzwerk.
- Prüfen Sie Ihre Router-Logs auf ungewöhnliche Verbindungen.
- Erwägen Sie im Ernstfall auch eine Meldung an die Datenschutzbehörde.

Fahren Sie einen ausgewogenen Ansatz. Bei aller berechtigten Vorsicht: Verfallen Sie nicht in Paranoia. Wie bei vielen Dingen im Leben geht es um informierte Abwägung – mit dem nötigen Bewusstsein für Risiken, aber auch für die Chancen der Smart-Home-Technologie.

Absolute Sicherheit gibt es weder in der analogen noch in der digitalen Welt. Mit gesunder Vorsicht und den richtigen Schutzmaßnahmen genießen Sie die Vorteile der Hausautomation, ohne übermäßige Risiken einzugehen. Ihr smartes Zuhause funktioniert nach Ihren Regeln – Sie bestimmen selbst, welche Daten Sie teilen möchten.

18.8.4 Der versteckte Preis des Smart Homes

Wenn wir über Smart-Home-Kosten sprechen, denken die meisten zuerst an die Hardware und Software. Dabei übersehen viele eine wichtige Währung: Zeit und mentale Energie. Diese versteckten Kosten verdienen eine ehrliche Betrachtung, bevor Sie sich für ein vernetztes Zuhause entscheiden.

Lassen Sie mich ehrlich sein: Ein Smart-Home-Projekt braucht mehr Zeit als erwartet. Bei einem typischen Einfamilienhaus mit smarten Thermostaten, Leuchtmitteln, Steckdosen und Sensoren sollten Sie mit folgendem Aufwand rechnen:

- **Einmaliger Aufwand:**
  - Recherche und Planung: 15–20 Stunden
  - Installation und Konfiguration: 25–35 Stunden
  - Einarbeitung in die Systeme: 15–20 Stunden
- **Laufender Aufwand pro Jahr:**
  - Wartung und Updates: 20–25 Stunden
  - Gelegentliche Fehlerbehebung: 15–20 Stunden
  - Optimierungen: 15–20 Stunden

Das ergibt etwa 120 bis 140 Stunden im ersten Jahr – vergleichbar mit drei Arbeitswochen oder 15 Wochenendausflügen mit der Familie.

Mentale Belastung berücksichtigen

Neben der reinen Zeit entsteht eine kognitive Belastung. Viele Smart-Home-Besitzer berichten von ständigen Gedanken an mögliche Optimierungen oder dem Drang, Systemfehler sofort zu beheben. Ein Bekannter verbrachte seinen Urlaub damit, remote Heizungsprobleme zu lösen, während seine Tochter am Strand wartete.

Auswirkungen auf das soziale Umfeld

Smart-Home-Projekte können unbeabsichtigt Beziehungen belasten. Wenn ein Partner technisch weniger versiert ist, entstehen Ungleichgewichte. Die Zeit für Konfiguration und Wartung fehlt für gemeinsame Aktivitäten. Kinder erleben Eltern, die mehr Zeit mit Geräten als mit ihnen verbringen.

Ein ausgewogener Ansatz

Diese Herausforderungen bedeuten nicht, dass Sie auf Smart-Home-Technik verzichten müssen. Ich empfehle Ihnen einen bewussten Ansatz:

- **Fokus auf echten Mehrwert:** Beschränken Sie sich auf Funktionen, die messbare Verbesserungen bringen.
- **Einfachheit vor Flexibilität:** Geschlossene Systeme erfordern weniger Zeitinvestition.
- **Realistische Zeitplanung:** Setzen Sie bewusst Grenzen, beispielsweise maximal zwei Stunden pro Woche für die Administration.
- **Professionelle Hilfe:** Delegieren Sie Installation und Wartung an Dienstleister.
- **Technologische Auszeiten:** Definieren Sie smart-home-freie Zeiten, besonders an Wochenenden und im Urlaub.

Die entscheidende Frage lautet: Was passt zu Ihrem Leben? Möchten Sie Smart-Home-Technik als Hobby betreiben oder wünschen Sie sich einfach mehr Komfort mit minimalem Aufwand?

18.8.5 Zukunftsausblick

Die Welt der Hausautomation entwickelt sich ständig weiter. Wenn Sie heute in Smart-Home-Technik investieren, treffen Sie eine Entscheidung für die nächsten 10 bis 15 Jahre. Daher lohnt sich ein pragmatischer Blick darauf, wohin sich die Technologie entwickelt – und was das für Ihre heutigen Kaufentscheidungen bedeutet.

Das Vendor-Lock-in-Problem

Wenn Sie sich einmal für ein System entschieden haben, bleiben Sie oft darin gefangen. Ein Beispiel: Sie kaufen heute ein *Philips Hue*-System mit 20 Lampen für 800 €. In fünf Jahren möchten Sie zu einem günstigeren Anbieter wechseln. Problem: Die Hue-Bridge funktioniert nur mit Hue-Lampen. Sie müssen entweder alle Lampen austauschen oder bei Philips bleiben. Besonders relevant ist das bei den verschiedenen Funkstandards: *Zigbee*, *Z-Wave*, *WLAN*, *Bluetooth*, *Thread* usw.

Die Vereinheitlichung könnte kommen

Die größte Veränderung steht bereits vor der Tür: einheitliche Standards. *Matter*, der neue Verbindungsstandard, wird von Apple, Google, Amazon und Samsung unterstützt. Das bedeutet konkret:

- Ihre heute gekauften Matter-Geräte funktionieren auch in fünf Jahren noch.
- Sie können Hersteller wechseln, ohne alles neu kaufen zu müssen.
- Die Installation wird einfacher, weil alles zusammenarbeitet.

Meine Empfehlung: Versuchen Sie, sich nicht unnötig an einen Hersteller zu binden. Achten Sie auf Protokolle, die möglich breit unterstützt werden.

Künstliche Intelligenz wird alltäglich

Bald werden Sie keine komplizierten Regeln mehr programmieren müssen, denn Smart-Home-Systeme lernen Ihre Gewohnheiten. Bereits heute analysieren Systeme wie *Nest* oder *Ecobee* Ihr Verhalten und passen sich automatisch an. In drei bis fünf Jahren werden solche Funktionen Standard sein.

Das bedeutet für Sie weniger Konfigurationsaufwand, aber mehr Abhängigkeit von Cloud-Diensten. Entscheiden Sie bewusst, welche Daten Sie teilen möchten.

Energie wird zum zentralen Thema

Steigende Energiekosten machen Smart-Home-Technologie attraktiver. Heizungssteuerung, Solaranlagen-Management und intelligentes Laden von Elektroautos amortisieren sich schneller. Neue Gesetze fördern diese Entwicklung zusätzlich.

Pragmatische Folge: Beginnen Sie mit der Heizungssteuerung und der Anbindung der Solaranlagen an die größten Stromverbraucher – das rechnet sich am schnellsten.

Der Fokus auf die Gesundheit nimmt zu

Nach Corona achten Menschen stärker auf Raumluft und Lichtqualität. Luftreiniger, CO2-Sensoren und circadiane Beleuchtung werden Standard. Versicherungen könnten sogar Rabatte für gesundheitsfördernde Smart-Home-Technik anbieten.

So legen Sie los

Wenn Sie neu ein smartes Zuhause aufbauen, gibt es grundsätzlich zwei Möglichkeiten: Sie versuchen bereits von Anfang an, alles durchgehend zu planen, und erledigen alles in einen Rutsch. Dann sollten Sie aber besser einen Profi einbinden. Ihr Elektriker oder vielleicht sogar ein spezialisierter Smart-Home-Integrator kann Ihnen bei der Planung und Umsetzung helfen. Dieser Input ist sehr wertvoll, denn ein ganzes Haus intelligent zu machen, ist ein großer Aufwand und eine große Investition.

Wenn Sie noch gar nicht genau wissen, was Sie brauchen und was nützlich ist, dann gilt: Starten Sie einfach klein und bauen Sie Ihr Smart Home nach und nach auf. Kaufen Sie nichts, womit Sie nicht die nächsten zehn Jahre leben möchten. Spielen Sie mit Testgeräten herum und erweitern Sie Ihr System schrittweise. Und denken Sie daran: Ihre heutigen Entscheidungen prägen Ihr Smart Home für Jahre.

- **Für Einsteiger:** Beginnen Sie mit einfachen, standardisierten Lösungen. Eine smarte Heizungssteuerung und vernetzte Steckdosen sind schnell installiert und bieten großen Nutzen.
- **Für Technik-Interessierte:** Investieren Sie Zeit in offene Systeme wie Home Assistant. Der Aufwand zahlt sich langfristig aus.
- **Für Komfort-Suchende:** Wählen Sie etablierte Ökosysteme (Apple HomeKit, Google, Amazon). Das ist teuer und Sie binden sich an einen Hersteller, aber dafür gibt es erprobte Lösungen mit überschaubarem Bastelaufwand.

Grundsätzlich würde ich Ihnen aber empfehlen, offene Systeme zu bevorzugen: *Home Assistant*, *OpenHAB* oder *ioBroker* funktionieren herstellerübergreifend. Sie erfordern zwar mehr technisches Verständnis, bieten aber maximale Flexibilität, um Ihr Setup schrittweise zu erweitern. Beginnen Sie mit wenigen Geräten eines Herstellers. Testen Sie ausgiebig, bevor Sie größere Investitionen tätigen.

Das hat noch einen weiteren Vorteil: Sie machen sich (möglichst) unabhängig von den Cloud-Diensten der Anbieter: Wählen Sie Systeme, die auch ohne Internet funktionieren. Sonst stehen Sie ohne Steuerung da, wenn der Hersteller seinen Dienst einstellt.

Kapitel 19
Das eigene Netzwerk einrichten

Früher hat man nur den Elektro- und Telefonleitungen viel Aufmerksamkeit gewidmet – Ihr Zuhause braucht heute jedoch ein weiteres essenzielles Nervensystem: ein Netzwerk. Dieses digitale Element Ihrer heimischen Infrastruktur gehört in jedes zeitgemäße Zuhause. Das Netzwerk kann aus einem WLAN bestehen oder aber auch noch mit Kupferkabeln aufgebaut sein, die eine bessere Verbindungsqualität bieten. Für Ihre Arbeit im Home-Office, für Streaming-Dienste und smarte Haushaltsgeräte ist die Datenübertragung über ein Netzwerkkabel schneller, störungsärmer und daher zuverlässiger als bei einem reinen WLAN-Netzwerk. Das Verlegen von Netzwerkdosen, Kabelkanälen und strukturierter Netzwerk-Verkabelung ist damit zu einer grundlegenden Heimwerker-Kompetenz geworden.

Kabelgebundene Netzwerke können die Datenmengen bei Videokonferenzen, Cloud-Backups und 4K-Streaming deutlich besser bewältigen als ein WLAN-Netzwerk. Insbesondere dann, wenn Sie mit Ihrem heimischen WLAN in der Vergangenheit schon Verbindungsabbrüche während wichtiger Meetings erlebt haben oder Unterbrechungen und Ruckeln bei Videos, ist der Schritt zu Netzwerkkabeln eine Lösung für diese Probleme.

In den folgenden Abschnitten zeige ich Ihnen, wie Sie ein strukturiertes Netzwerk planen. Diese Investition in Ihre häusliche Infrastruktur steigert nicht nur den Wohnkomfort, sondern erhöht den Immobilienwert – denn ein modern vernetztes Zuhause entspricht den Anforderungen unserer digitalen Welt.

Das Einrichten des Netzwerks beginnt mit wichtigen Grundlagen:

- Der Router stellt die Verbindung zum Internet her und fungiert als Gateway für Ihr Heim-Netzwerk.
- Die Netzwerkkabel schaffen ein Rückgrat für das Netzwerk und sind der Anschluss für die wichtigen Endgeräte, die einen stabilen Zugang zum Netzwerk benötigen.
- Mobile Geräte verbinden sich mit einem WLAN in Ihr Netzwerk.
- Repeater und Powerline-Adapter lösen spezielle Probleme bei der Verteilung Ihres Netzwerks, beispielsweise bei Reichweitenproblemen.

Wenn diese grundsätzliche Netzwerkstruktur gut eingerichtet ist, steht einem schnellen, stabilen und zuverlässigen Heimnetzwerk nichts im Wege.

19.1 Das Netzwerk planen

Überlegen Sie sich zunächst, »wie viel« Netzwerk Sie brauchen: Welche Geräte müssen wo angeschlossen werden? Sehr hilfreich ist dabei eine Übersichtsskizze der Wohnung oder ein Grundriss – diese Skizze werden wir im weiteren Verlauf des Kapitels noch öfter brauchen.

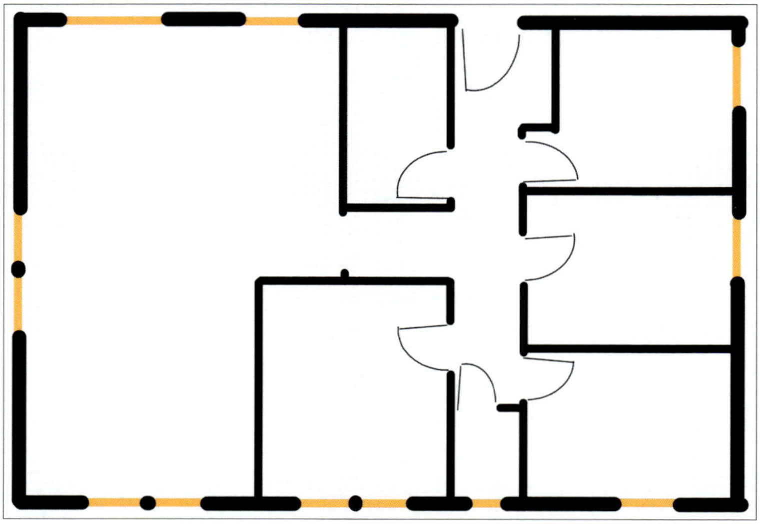

Abbildung 19.1 Beispielskizze einer Wohnung

Zeichnen Sie zunächst den Standort Ihrer TAE-Dose ein. Diese Dose stellt bei einem DSL-Anschluss den Übergabepunkt dar, über den Ihr Internetanbieter das Internet in Ihre Wohnung liefert. (Falls Sie über Kabel oder Glasfaser ans Netz angeschlossen sind, sieht die Dose anders aus, das Prinzip ist aber das gleiche.)

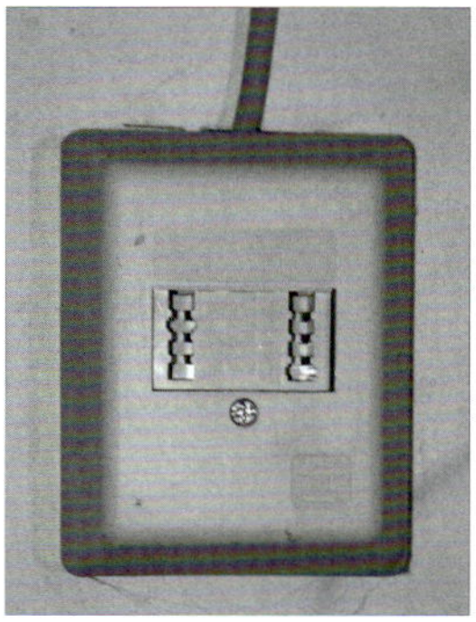

Abbildung 19.2 Die DSL-Dose ist der Übergabepunkt Ihres Providers und an den markanten TAE-Buchsen gut erkennbar. Ab hier sind Sie selbst zuständig.

Sie erkennen eine TAE-Dose an zwei charakteristischen Merkmalen: Erstens besitzt sie eine deutlich massivere und breitere Bauform als eine Standard-Netzwerkdose. Zweitens verfügt sie über spezielle TAE-Buchsen: Das sind rechteckige Anschlüsse mit sechs Kontakten, die Sie an den aufgedruckten Buchstaben `N` und `F` unterscheiden, die meist neben der jeweiligen Buchse stehen.

Die N-Buchse (*Nutzung*) dient zum Anschließen Ihres Telefons oder Routers. In sie stecken Sie Ihren Router ein. Die F-Buchse (*Fernsprechverkehr*) nutzen Techniker für Messungen. Diese Buchse verwenden Sie nicht.

19.2 Den Internet-Router platzieren und einrichten

Ihr Internet-Router erledigt mehrere Aufgaben: Er ist das Zwischenstück zwischen Ihrem privaten Netzwerk und dem Internet. Er baut ein WLAN auf und ist die zentrale Stelle für das Kabelnetzwerk. Von diesem Startpunkt aus möchten wir eine möglichst gute Abdeckung Ihrer ganzen Wohnung erreichen.

19.2.1 Wohin mit dem Router?

Gehen Sie strukturiert vor: Wo gibt es bereits Netzwerkkabel? Wo und wie können neue Kabel ohne viel Aufwand verlegt werden? (Einige Tipps dazu finden Sie in Abschnitt 19.3.2) Und wo wird ein guter WLAN-Empfang gebraucht, weil man diese Stellen nur schwer per Kabel erreichen kann oder dort unbedingt ein Tablet oder Smartphone nutzen will? Können Sie vielleicht sogar schon sagen, wo das WLAN mit einem Access-Point verstärkt werden muss (siehe Abschnitt 19.4.6)?

Wenn Sie dann die Anforderungen gesammelt haben, sollten Sie nicht einfach neue Netzwerkkabel verlegen! Wenn Sie dabei nicht systematisch und strukturiert vorgehen, entsteht Chaos, das später nur noch schwer zu korrigieren ist: Wenn das Kabel erst mal unter der Fußleiste oder gar in der Wand steckt, bedeutet jede Änderung viel Aufwand.

Strukturierte Verkabelung bedeutet: Sie planen Ihr Netzwerk systematisch von einem zentralen Punkt aus. Anstatt Kabel wild durch die Wohnung zu verteilen, verlegen Sie alle Netzwerkleitungen sternförmig – am besten von einem Punkt aus zu den einzelnen Räumen.

Dieser zentrale Punkt, von dem aus alle Netzwerkkabel abgehen, braucht einen guten Platz. Dieser Platz kann ein zentraler Schrank oder eine Ecke sein, in der alle Netzwerkkabel zusammenlaufen und an den Internet-Router oder einen Switch angeschlossen werden. Von dort führt je ein Kabel zu jeder Netzwerkdose in Ihren Räumen. Das sieht aus wie ein Stern – daher spricht man auch von einer *Stern-Topologie*.

Der Vorteil: Sie behalten die Übersicht, können einzelne Verbindungen leicht prüfen und das System später problemlos erweitern.

Es gibt auch noch andere Topologien, also Möglichkeiten, wie man ein Netzwerk verkabeln könnte. Aber wie gesagt: Für eine Wohnung oder ein kleines Haus ist meist der Stern oder der Baum die praktikabelste Methode.

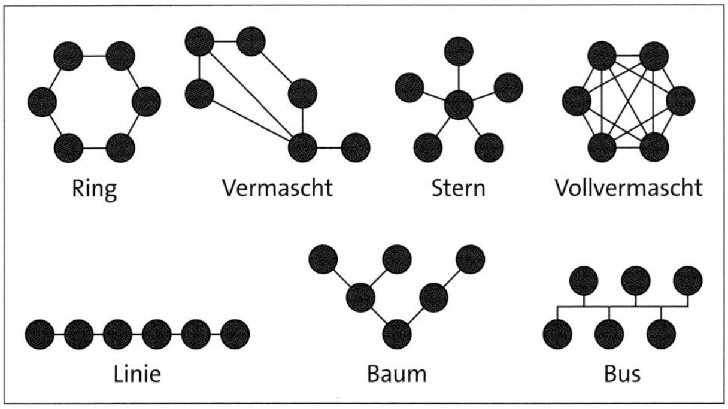

Abbildung 19.3 Möglichkeiten für Netzwerktopologien (Quelle: https://de.wikipedia.org/wiki/Topologie_(Rechnernetz)#/media/Datei:NetzwerkTopologien.svg)

Der Switch – ein Netzwerkkabel wird zu vielen

Wenn Sie eine Baum-Topologie aufbauen wollen, brauchen Sie ein Gerät, das die Verästelung übernimmt. Ein solcher Aufbau wird benötigt, wenn viele Endgeräte in einem Raum stehen, man aber nur ein Kabel dorthin legen möchte.

An dieser Stelle übernimmt dann ein *Switch* die Datenweiterleitung. Er verwandelt einen einzigen Netzwerkanschluss in mehrere Anschlüsse und funktioniert wie ein intelligenter Verteiler: Er stellt die Netzwerkverbindung über das eine Kabel allen Geräten zur Verfügung. Schließen Sie alle Ihre PCs, Drucker, Konsolen oder NAS-Speicher in diesem Raum an den Switch an und führen Sie ein Kabel weiter zu Ihrem Router.

Achten Sie darauf, dass Sie keinen Ring produzieren! Auf den ersten Blick sieht das sinnvoll aus, denn Stromkabel werden ja genauso verlegt und gehen im Kreis von Steckdose zu Steckdose. Ein Netzwerk tauscht jedoch Daten aus und funktioniert deswegen anders: Es braucht eine zentrale Stelle, die die Daten sortiert und an den richtigen Empfänger leitet. Diese Aufgabe übernimmt der Router, der die Kommunikation der Geräte untereinander und mit dem Internet organisiert. Er spielt also immer die Hauptrolle im Netzwerk.

In vielen Wohnungen bestimmt die Lage der TAE-Dose (oder des entsprechenden Glasfaser- oder Kabel-Endpunkts) den Router-Standort. Falls dieser Standort ungünstig liegt, stehen Sie vor dem typischen Dreifach-Dilemma der häuslichen Netzwerkplanung: Der Router braucht erstens Zugang zum Internetanschluss, soll zweitens als zentraler Knotenpunkt für Ihr Kupfer-Netzwerk dienen und drittens gleichzeitig optimale WLAN-Abdeckung bieten. Diese drei Anforderungen unter einen Hut zu bringen, erfordert manchmal kreative Lösungen.

Sie haben mehrere Möglichkeiten, einen ungünstig platzierten Router zu verlegen:

- **Der Verlängerungstrick:** Nutzen Sie ein langes Anschlusskabel zwischen TAE-Dose und Router. Moderne DSL-Router funktionieren meist problemlos mit bis zu 10 Meter langen Kabeln zwischen Anschluss und Gerät.
- **Die Doppel-Router-Lösung:** Stellen Sie einen kleinen DSL-Router direkt an die TAE-Dose und verbinden Sie ihn per Netzwerkkabel mit Ihrem Haupt-Router an der gewünschten Position. Der Haupt-Router übernimmt dann das WLAN und gegebenenfalls die Netzwerk-Verteilung.
- **Die Mesh-Strategie:** Platzieren Sie den Router bei der TAE-Dose und decken Sie Bereiche, die nicht durch das WLAN erreicht werden, durch Mesh-Satelliten oder WLAN-Repeater ab. Dazu komme ich in Abschnitt 19.4.6 und Abschnitt 19.4.7.

Jede Lösung hat ihre Vor- und Nachteile und benötigt eine gute Planung. Wählen Sie die Methode, die am besten zu Ihrer Wohnsituation passt.

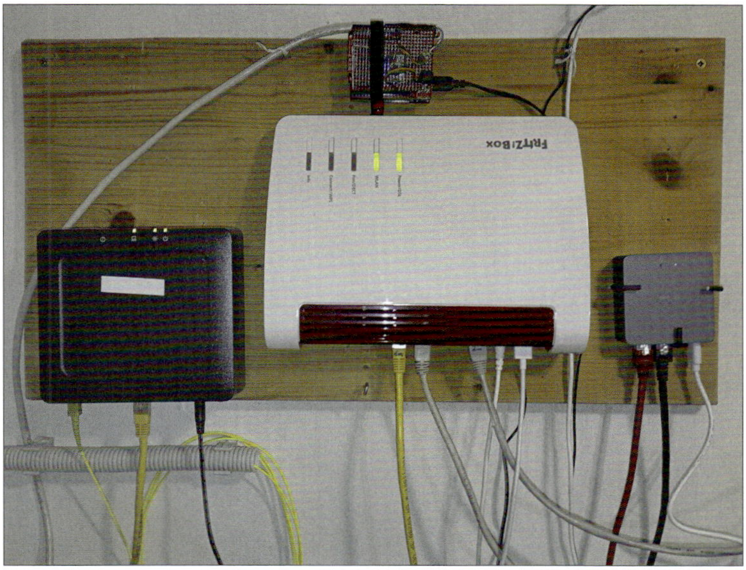

Abbildung 19.4 Die Montage aller Geräte und des Routers auf einem Holzbrett ermöglicht es Ihnen, einfach Änderungen vorzunehmen, ohne dass die Wand dahinter mit der Zeit wie ein Schweizer Käse aussieht.

Ihre TAE-Dose wird sehr wahrscheinlich kurz über dem Boden angebracht sein. Wenn Sie Ihren Router in der Nähe der TAE-Dose anbringen, sollten Sie ihn möglichst frei und hoch platzieren, denn dies beeinflusst maßgeblich die spätere WLAN-Leistung. Stellen Sie sich den Router als kleine Rundfunkstation auf einem Berg vor – je freier er steht, desto weiter reicht sein Signal in Ihrem Zuhause.

Platzieren Sie das Gerät daher leicht erhöht statt direkt auf dem Boden. Eine Kommode oder ein Regal sind ideal. Metallische Objekte, Spiegel oder Aquarien in der Nähe beeinträchtigen die Signalstärke – halten Sie daher ausreichend Abstand zu ihnen.

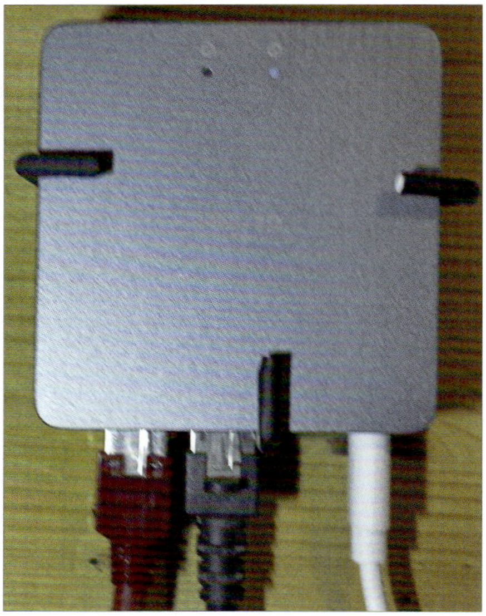

Abbildung 19.5 Mit der bewährten »Drei-Haken-Halterung« aus drei Schraubhaken können Sie Router ohne integrierte Halterung an der Wand befestigen.

19.2.2 Den Internet-Router einrichten – von der Installation bis zum WLAN

Endlich steht der neue Internet-Router an seinem Standort und muss nur noch angeschlossen werden. Keine Sorge – innerhalb einer Stunde ist der Internetzugang eingerichtet und die Basis für Ihr Netzwerk geschaffen. Suchen Sie vor Beginn der Installation die Zugangsdaten Ihres Providers heraus. Diese Informationen finden Sie in Ihrem Vertrag oder in der Bestätigungsmail Ihres Anbieters.

Der Anschluss an das Internet

Verbinden Sie den Router zuerst mit der TAE-Dose. In der Kurzanleitung zu Ihrem Router sollten diese Schritte und die zu verwendenden Anschlüsse erklärt sein. Schließen Sie danach das Stromkabel an, woraufhin der Router seinen Startvorgang einleitet.

Warten Sie einige Minuten geduldig ab. Die Kontrollleuchten am Router aktivieren sich nacheinander – ein völlig normaler Vorgang, da der Router beim ersten Start Zeit zum Hochfahren benötigt. Nach abgeschlossenem Startvorgang leuchten die LEDs für WLAN und Internet dauerhaft. Falls nicht alle Anzeigen sofort aufleuchten, werden bei der Erstinstallation vermutlich noch weitere Einstellungen benötigt werden. In seiner Kurzanleitung zur Einrichtung Ihres Internetanschlusses sollte Ihr Internetprovider alle nötigen Informationen angegeben haben. Verbinden Sie sich mit einem Endgerät mit dem Router und schließen Sie die Einrichtung gemäß der Anleitung ab.

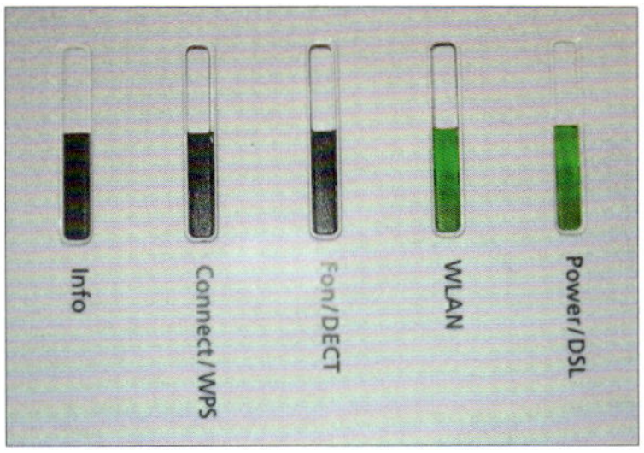

Abbildung 19.6 Die Status-LEDs einer FRITZ!Box geben mit einem Blick Aufschluss über die Lage.

Anbieter-Service nutzen

In vielen Fällen gibt es die Möglichkeit, den Internetanschluss von einem Techniker Ihres Providers einrichten zu lassen. Nutzen Sie diese Möglichkeit, da der Techniker dabei auch gleich die ordnungsgemäße Funktion des Anschlusses überprüft.

19.3 Netzwerk mit Kabel – das LAN

Netzwerkkabel sind der nächste wichtige Bestandteil eines leistungsfähigen Netzwerks. Profis sprechen von einem LAN: *Local Area Network*, also von einem räumlich begrenzten Netzwerk.

Bevor Sie loslegen, planen Sie die Kabelführung sorgfältig. Dazu gehört der Weg, den die Kabel nehmen sollen. Am Anfang dieses Kapitels haben Sie die Planung hinsichtlich der Topologie gemacht – also von wo nach wo die Netzwerkkabel führen sollen. Jetzt schauen Sie im Detail, wie die Netzwerkkabel diesen Weg nehmen können.

Der kürzeste Weg ist nicht immer der sinnvollste. Wenn auf einer Strecke ein Flur gekreuzt werden muss, stolpert ständig jemand über das Kabel. Sie müssen einen anderen Weg finden. Möglicherweise bohren Sie an einer anderen Stelle ein Loch durch die

Wand. Oder Sie nutzen den Hohlraum hinter einer Fußleiste, führen das Kabel die Wand entlang und gelangen von der anderen Seite zu Ihrem Ziel.

Weitere Möglichkeiten: Verlegen Sie Kabel in Dehnungsfugen von Laminat, entlang der Kante von Türzargen oder über abgehängte Decken. Schauen Sie sich Ihre Wohnsituation genau an und denken Sie kreativ. Versuchen Sie für jedes Netzwerkkabel einen Weg zu finden, an dem es möglichst wenig stört. Ein wenig »um die Ecke denken« gehört dazu.

19.3.1 Das richtige Netzwerkkabel

Wenn Sie heute Netzwerkkabel neu verlegen möchten, sollten Sie zu Cat-6-Kabeln greifen. Diese sind der aktuelle Standard und bieten mit bis zu 10 Gigabit pro Sekunde über Distanzen bis 55 Meter mehr als genug Leistung für alle aktuellen und absehbaren Anwendungen. Die älteren Cat-5e-Kabel, die nur ein Gigabit pro Sekunde schaffen, sind zwar noch weit verbreitet, sollten aber nicht mehr neu verlegt werden. Die noch neueren Cat-7-Kabel (oder sogar Cat-8-Kabel) bieten zwar theoretisch noch höhere Leistungen, sind aber für normale Haushalte, die nur ein relativ einfaches Netzwerk benötigen, überdimensioniert und deutlich teurer.

Abbildung 19.7 Die Beschriftung auf einem Netzwerkkabel gibt an, wozu es fähig ist. Dieses hier schafft nur den Standard CAT 5.

19.3.2 Verlegemethoden für Netzwerkkabel

Als Mieter stehen Sie oft vor der Herausforderung, Netzwerkkabel unauffällig zu verlegen, ohne größere Eingriffe in die Bausubstanz vornehmen zu müssen. Eine ordentliche Kabelführung in Kanälen (siehe Abschnitt 14.7) hilft da schon weiter, meistens müssen Sie aber längere Strecken bewältigen.

In der Mietwohnung: Fußleisten

Die einfachste Lösung: Verlegen Sie die Kabel entlang oder hinter den Fußleisten. Viele Fußleisten haben einen kleinen Hohlraum zur Wand hin, den Sie dafür nutzen können. An Türdurchgängen helfen flache Kabelbrücken, über die niemand stolpert. Das Kabel können Sie auch unter dem Türschwellen-Übergangsprofil verstecken, das verschiedene Bodenbeläge verbindet.

Moderne Fußleisten bieten oft schon einen integrierten Kabelkanal. Diese speziellen Leisten haben einen Hohlraum, der sich durch eine flexible Abdeckung öffnen lässt. Mit seiner Hilfe können Sie nicht nur Netzwerkkabel, sondern auch Strom- oder Lautsprecherkabel unsichtbar verlegen. Wenn Sie ohnehin eine Renovierung planen, lohnt sich die Investition in solche Systemfußleisten besonders. Wenn Sie später wieder ausziehen, können Sie die Kabel einfach entfernen, ohne Spuren zu hinterlassen.

Abbildung 19.8 Hier wurde ein Netzwerkkabel mit Nagelschellen auf einer Fußleiste verlegt.

Flache Netzwerkkabel

Besonders praktisch für die unauffällige Installation sind extra flache Netzwerkkabel, wenn Sie das Netzwerkkabel beispielsweise quer durch einen Flur oder ein Zimmer legen müssen. Diese Kabel sind nur wenige Millimeter dick und lassen sich deshalb gut unter Teppichen oder in schmalen Spalten verlegen. Bei alten Böden findet sich manchmal eine Ritze an der Wand oder zwischen den Dielenbrettern. Bei Laminat gibt es die Dehnungsfugen. Auch unter Türen können diese flachen Netzwerkkabel oft problemlos hindurchgeführt werden, ohne dass die Tür schleift oder eine störende Kabelbrücke nötig wird. Flache Netzwerkkabel sind zwar etwas teurer als normale Netzwerkkabel, die zusätzlichen Kosten machen sich aber durch die deutlich einfachere und unauffälligere Verlegung schnell bezahlt.

Kabelschellen

Für die klassische Verlegung entlang von Wänden oder in Ecken eignen sich kleine Kabelschellen hervorragend. Diese preiswerten Kunststoffhalter werden einfach mit einem Nagel oder einer kleinen Schraube befestigt und halten die Kabel sicher an ihrem Platz. In Mietwohnungen können Sie alternativ auch selbstklebende Kabelschellen verwenden. Diese hinterlassen keine Bohrlöcher, halten bei guter Qualität aber trotzdem zuverlässig.

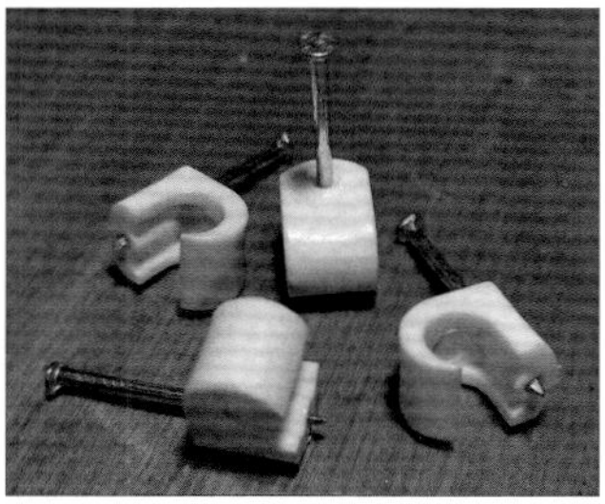

Abbildung 19.9 Nagelschellen gibt es in vielen Größen und Farben.

Kabelkanäle

Besonders elegant wird die Installation mit modernen Kabelkanalsystemen. Diese gibt es in verschiedenen Größen und Farben, sodass sie zu fast jeder Einrichtung passen. Die Kanäle lassen sich auf Gehrung sägen und wirken dann fast wie eine zusätzliche Zierleiste an der Wand. Viele Systeme bieten auch Innen- und Außenecken sowie Verbindungsstücke an, wodurch die Installation besonders professionell aussieht.

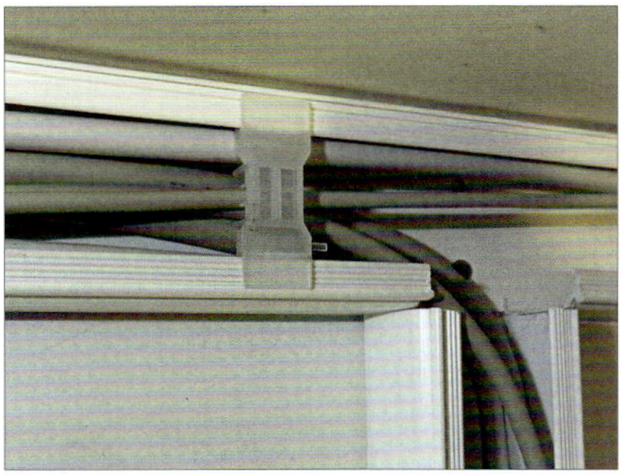

Abbildung 19.10 Achten Sie in einem Kabelkanal darauf, die Daten- und Stromleitungen etwas voneinander zu trennen. Dafür gibt es Plastikstege mit Clips.

Wanddurchführungen

Wenn Sie die Kabel durch einen Wanddurchbruch führen müssen, verwenden Sie am besten spezielle Wanddurchführungen. Diese schützen das Kabel vor scharfen Kanten und sehen gleichzeitig ordentlich aus. Für Mietwohnungen gibt es sogar Durchführungen, die sich später wieder verschließen lassen.

Abbildung 19.11 Eine Kabeldurchführung für die Wand
(Quelle: https://de.wikipedia.org/wiki/Kabeleinf%C3%BChrung#/media/Datei:Kabeldurchf%C3%BChrungsplatte_mit_Membranen.png)

Hinter oder unter Möbeln

Noch unauffälliger wird es, wenn Sie die Einrichtungsgegenstände Ihrer Wohnung kreativ für die Kabelverlegung nutzen. Unter lose liegenden Teppichen können Sie Kabel verstecken – aber nur dort, wo wenig gelaufen wird, etwa unter der Couch oder neben der Wand. In Bereichen mit viel Fußverkehr wird das Kabel sonst zur Stolperfalle oder geht kaputt. Auch hinter hohen Möbeln fallen Kabel nicht auf. Manchmal gibt es sogar ungenutzte Leerrohre oder TV-Kabelkanäle, die Sie mitnutzen können.

Mit dem Vermieter sprechen!

Sprechen Sie in diesem Fall am besten mit Ihrem Vermieter: Oft sind kleine Wanddurchbrüche oder die Installation von Kabelkanälen mit dessen Einverständnis möglich. Wird dies professionell gemacht, steigert es auch den Wert der Wohnung, was der Vermieter sicherlich als positiven Effekt bemerkt.

Netzwerkdosen

An den Endpunkten Ihrer Verkabelung sollten Sie Netzwerkdosen installieren. Netzwerkdosen sehen deutlich eleganter aus als einfach aus der Wand kommende Kabel und bieten zusätzlichen Schutz für die empfindlichen Stecker. Die Dosen gibt es auch in flachen Ausführungen, die sich unauffällig an der Wand montieren lassen.

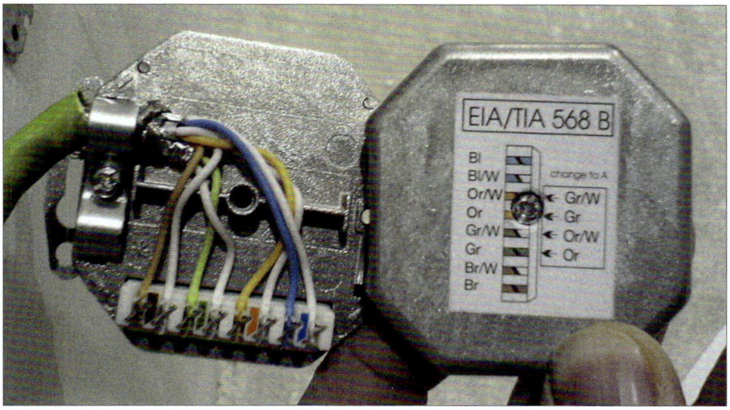

Abbildung 19.12 Eine Unterputz-Netzwerkdose während der Verdrahtungsarbeit

19.3.3 Netzwerkverkabelung im eigenen Haus

Im eigenen Haus haben Sie deutlich mehr Möglichkeiten als in einer Mietwohnung. Hier lohnt sich oft eine professionellere und langfristigere Planung für das Netzwerk. Der ideale Zeitpunkt für eine umfassende Netzwerkverkabelung ist während einer Renovierung oder eines Umbaus, wenn ohnehin Wände geöffnet werden.

Welchen Vorteil bietet es, eine Fachfirma mit der Verlegeung von Netzwerkkabeln zu beauftragen?

Wie Sie sehen, kann eine vorrausschauende und umfangreiche Netzwerkverkabelung in einem Haus sehr arbeitsaufwendig und komplex werden. Die Installation durch eine Fachfirma kann sich da lohnen. Fachleute kennen die aktuellen Standards, haben das richtige Werkzeug für die Verkabelung und können auch gleich die korrekten Erdungen und Blitzschutzmaßnahmen berücksichtigen. Außerdem können sie die Kabel fachgerecht durch Brandschutzwände führen und die notwendigen Abdichtungen vornehmen. Bei einer Renovierung oder einem Neubau ist dies eine Investition, die sich lohnen kann.

Ein Netzwerk erhöht den Wert der Immobilie

Ein gut geplantes Netzwerk im eigenen Haus oder in der eigenen Wohnung ist eine Investition in die Zukunft. Es erhöht nicht nur den Wohnkomfort, sondern auch den Wert der Immobilie. Mit der richtigen Planung und Installation schaffen Sie eine flexible Infrastruktur, die für Jahre allen Anforderungen gewachsen ist.

Ihr Netzwerk zukunftssicher auslegen

Eine zukunftssichere Installation folgt dem Prinzip der Sternverteilung: Von einem zentralen Punkt aus, meist im Keller oder Technikraum, verlegen Sie Kabel zu allen wichtigen Räumen. Dieser zentrale Netzwerkverteiler beherbergt dann den Router und eventuell weitere Technik wie ein NAS-System oder Smart-Home-Steuerungen. Von hier aus können Sie auch Ihre Internet-Verbindung und WLAN-Access-Points optimal verteilen.

In bestehenden Häusern bieten sich verschiedene Wege für die Kabelverlegung an:

- Nutzen Sie vorhandene Installations- oder Leerrohre.
- Verlegen Sie Kabel im Dachboden und führen Sie diese nach unten.
- Führen Sie die Kabel durch Kabelschächte oder unter Deckenverkleidungen.
- Nutzen Sie die Versorgungsschächte der Wasserleitungen oder Kaminzüge.
- Installiern Sie die Kabel hinter Fußleisten oder in speziellen Sockelleisten (siehe Abschnitt 19.3.2).

Besonders sinnvoll ist die Verlegung mehrerer Kabel gleichzeitig. Auch wenn Sie aktuell nicht alle Anschlüsse benötigen – die zusätzlichen Kabel sind eine günstige Zukunftsvorsorge. Legen Sie in jeden Raum mindestens zwei Netzwerkkabel und zu anderen wichtigen Bereichen gleich zwei mehr als vorgesehen. An dem Ort, an dem die Verteilung durch den Switch erfolgt, kann eine Reserve nie schaden.

Denken Sie auch an Außengebäude, wie die Garage oder das Gartenhäuschen. Selbst wenn dort noch nichts angeschlossen wird, kommt sicher irgendwann mal der Wunsch nach einer Wetterstation im Gartenhäuschen oder nach einem WLAN-Access-Point für das neue Auto auf, das ständig Updates nachladen möchte. WLAN brauchen Sie auch für eine Wallbox, die entweder vom Smartphone ferngesteuert werden möchte oder ständig mit der Cloud redet.

Verlegen Sie für solche wichtigen Routen gleich Cat-7-Kabel, um möglichst zukunftssicher zu sein. Achten Sie auch auf die Endpunkte, also darauf, dass das Patchpanel und die Netzwerkdosen gleich dem Cat-7-Standard entsprechen.

Jeden Raum einzeln planen

In jedem Raum sollten Sie mindestens zwei Netzwerkanschlüsse einplanen. In Arbeitszimmern, dem Wohnzimmer oder in Medienräumen können es auch mehr sein. Installieren Sie die Anschlüsse in der Nähe von Arbeitsplätzen und Unterhaltungselektronik, aber denken Sie auch an mögliche zukünftige Positions- und Nutzungsänderungen. Eine spätere Unterverteilung im Raum ist mit einem kleinen Switch immer möglich, bei datenintensiven Anwendungen kann die Leitung durch den Switch in diesem Raum dann aber zum Nadelöhr werden.

Das Smart Home

Ein oft übersehener Aspekt ist die Verkabelung für Smart-Home-Anwendungen. Netzwerkkabel können auch für IP-Kameras, Türsprechanlagen oder Sensoren genutzt werden. Planen Sie also auch Anschlüsse in Bereichen wie Eingang, Garage oder Garten ein. Auch wenn dort heutzutage vieles »mit Funk« angeboten wird, ist eine kabelbasierte Anbindung stabiler. Und mit *PoE* (Power over Ethernet) können Sie auch oft gleich die Stromversorgung des Gerätes über das Netzwerkkabel bereitstellen. So kann es oft einfacher sein, die Stromversorgung auf diesem Weg bereitzustellen, als sich über eine Steckdose an dem Aufstellungsort des Gerätes Gedanken machen zu müssen.

Auch zu einem Kühlschrank würde ich heutzutage ein Netzwerkkabel legen – die Dinger werden immer schlauer.

Power over Ethernet (PoE) – Strom und Daten in einem Kabel

PoE steht für *Power over Ethernet* und bedeutet, dass Sie Geräte gleichzeitig mit Strom und Internetdaten versorgen können – über ein einziges Netzwerkkabel! Das spart Ihnen den Einsatz zusätzlicher Stromkabel und Steckdosen. Das ist aber nur möglich, wenn sowohl der Router als auch das Endgerät diese Technologie unterstützen. Die unterschiedlichen Varianten der FRITZ!Box oder auch die Router der Telekom unterstützen diese Option nicht. Sie brauchen also einen Router oder Switch aus dem Profi-Bereich.

19.4 Netzwerke ohne Kabel: WLAN

Netzwerkkabel aus Kupfer sind eine Möglichkeit, um Daten im Heimnetz zu übertragen. Die Alternative ist das WLAN (*Wireless LAN*, also schlicht *kabelloses lokales Netzwerk*, wenn man es wörtlich übersetzt) für die vielen Endgeräte, die drahtlos mit dem Netzwerk und so mit dem Internet verbunden werden.

Drahtlose Geräte gibt es in vielen Formen: Smartphones, Tablets, Smart-Thermostate für Ihre Heizung, vernetzte Sicherheitssysteme und Kameras für Ihre Türen, die intelligente Beleuchtung, die auf Sprachbefehle reagiert, und all die anderen zahlreichen Alltagsgeräte, die mit einer Vielzahl von Diensten kommunizieren– innerhalb Ihres Hauses, aber auch im Internet und in der Cloud. Weil all diese Technologien von einer stabilen WLAN-Verbindung abhängen, sind eine gute Verteilung der WiFi -Signale und eine möglichst lückenlose Abdeckung Ihrer Räumlichkeiten wichtig.

Im einfachsten Fall lassen sich all diese Geräte direkt mit dem Router verbinden. Ich werde Ihnen dazu zunächst einige Hinweise geben, wie diese Verbindung möglichst flott und störungsarm funktioniert. In manchen Fällen wird es nötig sein, dass Sie zusätzliche Access-Points oder gar ein ganzes Mesh-Netzwerk einrichten. Was das ist, zeige ich Ihnen in Abschnitt 19.4.6 und Abschnitt 19.4.7. Und wenn alle Stricke reißen und es gar nicht anders geht, können Sie auch das Stromnetz für den Datenaustausch missbrauchen (siehe Abschnitt 19.4.8).

In den folgenden Abschnitten erfahren Sie, wie Sie die WLAN-Netzabdeckung maximieren, Störquellen aufspüren und typische Probleme selbst beheben – ohne einen Techniker zu beauftragen. Dafür müssen wir uns aber zuerst anschauen, was diese ganzen Zahlen und Spezifikationen bedeuten, auf die Sie bei WLAN-Technik stoßen werden, und was in der Realität dann wirklich möglich ist.

WLAN-Standards und Netzwerk-Erweiterung

Moderne WLAN-Router arbeiten mit verschiedenen Standards. Für Sie ist besonders für die Frage wichtig, welcher Standard für welche Geschwindigkeit sorgt. *WLAN 4 (802.11n)* erreicht bis zu 150 Mbit/s und steckt noch in vielen älteren Geräten. *WLAN 5 (802.11ac)* schafft bis zu 1.300 Mbit/s und ist heute weit verbreitet. Der neueste Standard *WLAN 6 (802.11ax)* bringt es auf bis zu 9.600 Mbit/s und arbeitet deutlich effizienter.

WLAN ist eine Funktechnik, und Router nutzen zwei Frequenzbereiche: Das 2,4-GHz-Band reicht weiter und durchdringt Wände besser, überträgt aber langsamer und ist oft überlastet, da besonders in Städten sehr viele Geräte dieses Band nutzen wollen. Das 5-GHz-Band bietet höhere Geschwindigkeiten und weniger Störungen, hat aber eine geringere Reichweite. Moderne Router senden beide Frequenzen gleichzeitig aus. Ihr Gerät wählt automatisch die beste Verbindung.

Reicht ein Router nicht für die ganze Wohnung, erweitern Sie das WLAN mit einem *Repeater* oder einem *Mesh-System*:

- Der Repeater verstärkt das vorhandene Signal an einer Stelle, die der Router selbst nicht erreichen kann.
- Ein Mesh-System besteht aus mehreren Stationen, die intelligent zusammenarbeiten, verteilt herumstehen und ein nahtloses WLAN in der ganzen Wohnung schaffen.

Die Zahlen auf den Verpackungen von WLAN-Routern sind beeindruckend: *»Bis zu 3000 Mbit/s!«* oder *»WiFi 6 mit 9,6 Gbit/s«* versprechen rasante Geschwindigkeiten, die in der Praxis jedoch praktisch nie erreicht werden. Um zu verstehen, warum das so ist, müssen wir einen genaueren Blick auf die verschiedenen Faktoren werfen, die die tatsächliche WLAN-Geschwindigkeit beeinflussen.

Von der Theorie zur Praxis

Die beworbenen Geschwindigkeiten sind rein theoretische Maximalwerte, die unter Laborbedingungen mit Spezialgeräten gemessen wurden. Sie addieren dabei meist die maximalen Geschwindigkeiten aller Frequenzbänder – also 2,4 GHz und 5 GHz –, obwohl ein einzelnes Gerät immer nur eines dieser Bänder nutzen kann.

Ein moderner WiFi-6-Router mag zwar theoretisch mehrere Gigabit pro Sekunde übertragen können, aber in der Praxis erreichen Sie diese Geschwindigkeit mit Ihren Geräten nicht. Viele mobile Geräte unterstützen nur eine oder zwei Antennen, während der Router mit vier oder mehr Antennen arbeitet. Das ist so, als würden Sie eine achtspurige Autobahn mit einem Kleinwagen befahren – Sie können einfach nicht alle Spuren gleichzeitig nutzen. Und bis auf die linke Spur kommen Sie gar nicht.

Das Endgerät als Flaschenhals

Ein oft übersehener Aspekt ist die WLAN-Ausstattung der Endgeräte. Während Sie vielleicht in einen teuren Router mit dem Standard WiFi 6 investiert haben, unterstützt Ihr zwei Jahre alter Laptop möglicherweise nur WiFi 5. Günstige Smartphones oder Smart-Home-Geräte haben oft nur eine einfache WLAN-Ausstattung, die auf maximale Energieeffizienz statt auf Geschwindigkeit optimiert ist.

Ein typisches Beispiel: Ihr neuer Router verspricht 1200 Mbit/s im 5-GHz-Band, aber Ihr Smartphone unterstützt nur zwei Antennen und erreicht maximal 433 Mbit/s. In der Realität kommen davon vielleicht 200 Mbit/s an – und das auch nur unter optimalen Bedingungen.

Störfaktoren im Alltag

Die WLAN-Geschwindigkeit wird von vielen Faktoren beeinflusst:

- Wände und Decken schwächen das Signal.
- Andere WLAN-Netze in der Nachbarschaft erzeugen Interferenzen.
- Mikrowellen, Bluetooth-Geräte und schnurlose Telefone stören im 2,4-GHz-Band.
- Die Entfernung zum Router reduziert die Geschwindigkeit.
- Je mehr Geräte aktiv sind, desto mehr teilt sich die verfügbare Bandbreite auf.

Realistische Erwartungen

In einer typischen Wohnungsumgebung können Sie mit folgenden realistischen Geschwindigkeiten rechnen:

- **im 2,4-GHz-Band:** 20 bis 70 Mbit/s
- **im 5-GHz-Band, nahe am Router:** 200 bis 500 Mbit/s
- **im 5-GHz-Band, durch eine Wand:** 100 bis 300 Mbit/s
- **mit älteren Geräten:** deutlich weniger

Auch wenn die reinen Zahlen so breit variieren, muss dies kein Problem sein:

- Für 4K-Videostreaming benötigen Sie etwa 25 Mbit/s.
- Für Videokonferenzen reichen meist 5 bis 10 Mbit/s.
- Beim Surfen im Internet merken Sie bei mehr als 10 Mbit eigentlich keinen Unterschied mehr, denn dort spielen andere Faktoren eine größere Rolle.

Die meisten Internetanschlüsse liefern ohnehin nicht mehr als 100 oder 250 Mbit/s. Wenn Ihr WLAN also schneller ist als Ihr Internetanschluss, dann werden Sie nur im lokalen Netz davon profitieren können, beispielsweise beim Kopieren von Daten von und zu Ihrem NAS. Aber für alles, was aus dem Internet kommt oder in das Internet geht, ist Ihr Internetanschluss das Nadelöhr, das jeden Datenstrom begrenzt.

Der Weg zur optimalen Geschwindigkeit

Anstatt sich auf Marketingzahlen zu fokussieren, sollten Sie folgenden Weg bei der Optimierung gehen:

- Prüfen Sie die WLAN-Fähigkeiten Ihrer Endgeräte.
- Platzieren Sie den Router optimal.
- Nutzen Sie das 5-GHz-Band für wichtige Geräte.
- Setzen Sie bei großen Distanzen Access-Points oder ein Mesh-System ein.
- Verwenden Sie für stationäre Geräte Netzwerkkabel.

Und bedenken Sie: Ein stabiles WLAN mit 100 Mbit/s ist wesentlich nützlicher als eine theoretisch schnellere, aber unstabile Verbindung. Konzentrieren Sie sich darauf, eine zuverlässige Abdeckung zu erreichen, anstatt Marketingversprechen hinterherzujagen.

Mit realistischen Erwartungen und einer durchdachten Planung können Sie ein WLAN-Netz aufbauen, das Ihren tatsächlichen Anforderungen gerecht wird, auch wenn die erreichten Geschwindigkeiten nicht an die Werbeversprechen heranreichen.

19.4.1 Planung – die richtigen Prioritäten setzen

Bevor Sie in neue WLAN-Technik investieren, ist eine sorgfältige Analyse Ihrer tatsächlichen Anforderungen wichtig. Eine realistische Bestandsaufnahme hilft nicht nur bei der Auswahl der richtigen Geräte, sondern spart auch Geld und Frust.

Bestandsaufnahme der vorhandenen Geräte

Erstellen Sie zunächst eine Übersicht Ihrer vorhandenen Geräte und deren WLAN-Fähigkeiten. Ein aktuelles iPhone unterstützt vielleicht WiFi 6, während der alte Smart-TV nur mit WiFi 4 funkt. Prüfen Sie dabei auch, welche Geräte Sie wirklich drahtlos nutzen müssen und welche besser per Kabel angeschlossen werden sollten.

Leistungsstarke Arbeitsgeräte wie Videoschnitt-Workstations, Gaming-PCs oder NAS-Systeme sollten grundsätzlich über Netzwerkkabel angebunden werden. Die Datenübertragung ist dann nicht nur schneller, sondern vor allem auch zuverlässiger. Ein *Mac Studio*, der ständig große Dateien mit einem NAS austauscht, würde über WLAN nicht nur sich selbst ausbremsen, sondern auch das drahtlose Netzwerk für andere Geräte belasten.

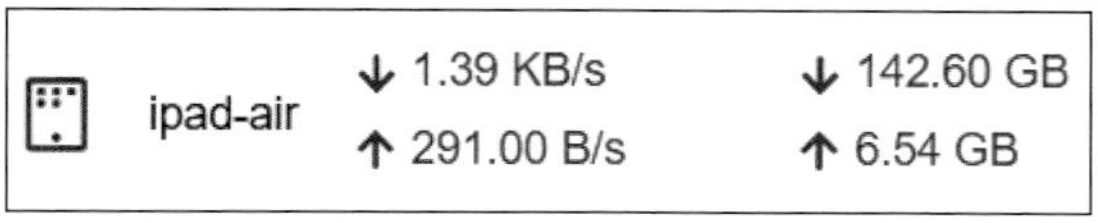

Abbildung 19.13 Die Statistiken, die ein Router von seinen Netzwerk-Clients sammelt, geben Ihnen einen guten Ausgangspunkt für die Planung.

Kapazitätsplanung

Ein einzelner WLAN-Router kann typischerweise 30 bis 50 Geräte verwalten. Das bedeutet aber nicht, dass er diese auch alle gleichzeitig mit hoher Geschwindigkeit versorgen kann. Jedes aktive Gerät teilt sich die verfügbare Leistung der WLAN-Funkstation mit allen anderen Netzteilnehmern. In unserem Beispiel, einer Fünf-Personen-Familie, wäre ein Mesh-System mit mehreren Zugangspunkten (siehe Abschnitt 19.4.7) die bessere Wahl für ein schnelles WLAN-Netzwerk.

Bedenken Sie auch zukünftige Entwicklungen:

- Wollen Sie weitere Smart-Home-Geräte anschaffen?
- Kommen neue Familienmitglieder oder Mitbewohner dazu?
- Ändern sich die Nutzungsgewohnheiten, etwa durch mehr Home-Office?
- Steht ein Umzug in eine größere Wohnung bevor?

Alle Faktoren spielen eine Rolle

Nach einer Analyse all dieser Punkte und Überlegungen können Sie eine Entscheidung treffen, wie Sie Ihr WLAN-Netzwerk aufbauen möchten:

- Welche Geräte bekommen einen festen Netzwerkanschluss?
- Wo werden WLAN-Zugangspunkte benötigt?
- Reicht ein einzelner Router oder ist ein Mesh-System sinnvoll?
- Welche WLAN-Standards müssen unterstützt werden?

Eine gute Strategie besteht oft darin, das WLAN von den Datenfluss-Schwergewichten zu entlasten: Jedes Gerät, das Sie per Kabel anschließen, reduziert die Last im Funkbereich. Ein Gaming-PC im Kinderzimmer, der per Kabel angeschlossen ist, beeinflusst nicht mehr die WLAN-Verbindung des Tablets im Wohnzimmer.

Die sorgfältige Planung zahlt sich aus: Ein gut dimensioniertes Netzwerk bietet allen Nutzern ein besseres Surferlebnis als eine teure, aber schlecht geplante Lösung. Manchmal ist ein einfacherer Router mit einer parallelen Netzwerkkabel-Verkabelung für die wichtigsten Geräte die bessere Wahl als ein High-End-WLAN-System, in dem sich zu viele Geräte die Funkkapazität teilen müssen.

19.4.2 Störungen erkennen und beheben

Ein instabiles WLAN-Netzwerk frustriert Sie und behindert den digitalen Alltag. Mit einem systematischen Vorgehen erkennen und beheben Sie die häufigsten Probleme selbst – ohne teure Expertenunterstützung. Gehen wir das Schritt für Schritt durch, von der ersten Diagnose bis zur langfristigen Überwachung.

Die methodische (Erst-)Diagnose

Bevor Sie zu technischen Analysetools greifen, dokumentieren Sie zunächst Ihre Beobachtungen. Eine gründliche Dokumentation der Probleme bildet das Fundament jeder erfolgreichen Fehlersuche. Notieren Sie systematisch die Orte, an denen die Verbindungsprobleme auftreten, die betroffenen Tageszeiten und die störungsanfälligen Geräte. Spezifizieren Sie die Art der Störung: Handelt es sich um drastische Geschwindigkeitseinbrüche, regelmäßige Verbindungsabbrüche oder um einen kompletten Signalverlust? Diese Informationen unterstützen nicht nur Ihre persönliche Fehlersuche, sondern erweisen sich als wertvoll, falls Sie später doch professionelle Hilfe in Anspruch nehmen.

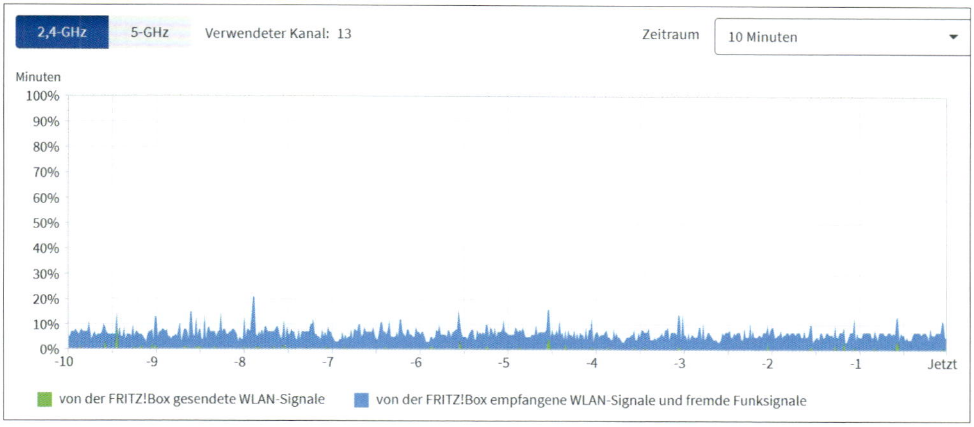

Abbildung 19.14 Die Funkkanal-Spektrumsanzeige einer Fritz!Box

Systematische Störungssuche

Beginnen Sie Ihre Untersuchung an der Quelle, direkt am Router, dem Herzstück Ihres Netzwerks. Überprüfen Sie seine Position kritisch. Steht er optimal und zentral in Ihrer Wohnung? Prüfen Sie die unmittelbare Umgebung auf signalbeeinträchtigende Faktoren wie große Metallgegenstände, Spiegel oder andere elektronische Geräte. Ein staubiger, eingeengter oder überhitzter Router, der in die Schublade einer Kommode geschoben wurde, verursacht ebenfalls Probleme mit dem WLAN.

Wenn die vorherigen Punkte nichts Auffälliges zutage gefördert haben, dann richten Sie Ihre Aufmerksamkeit auf die Konfiguration des Routers. Kontrollieren Sie, ob Sie die passenden WLAN-Standards für Ihre Geräte aktiviert haben: Öffnen Sie die WLAN-Einstellungen und aktivieren Sie moderne Standards wie *WiFi 6 (ax)* für neue Geräte, behalten Sie aber im Bedarfsfall auch ältere Standards (*n*, *ac*) für Kompatibilität mit älteren Geräten bei. Überprüfen Sie die Kanalwahl – nutzen Sie wirklich den am wenigsten frequentierten Kanal?

Dort finden Sie auch die Kanaleinstellungen: Aktivieren Sie am besten die automatische Kanalwahl, damit der Router selbst den besten Kanal sucht.

Stimmen die Einstellungen für die Sendeleistung? Diese sollte bei Bedarf angepasst werden, wie in Abschnitt 19.4.5 besprochen.

Regionalisierung

Die korrekte *Regionalisierung* sichert, dass Ihr Funknetzwerk den lokalen Regulierungen entspricht, denn welche Frequenzen genutzt werden, unterscheidet sich (leicht) in unterschiedlichen Regionen und beeinflusst damit die verfügbaren Kanäle. Damit Ihr WLAN-Router keine anderen Geräte stört, wählen Sie in den erweiterten WLAN-Einstellungen als Region »Deutschland«. Dies legt automatisch fest, welche Kanäle und Sendeleistungen erlaubt sind.

Gezielte Problemlösung mit Herstellertools

Für tiefergehende Analysen bieten viele Router-Hersteller spezifische Diagnosewerkzeuge. FRITZ!Box-Router verfügen über einen integrierten WLAN-Spektrum-Analyzer, der Frequenzbelegungen in Echtzeit visualisiert.

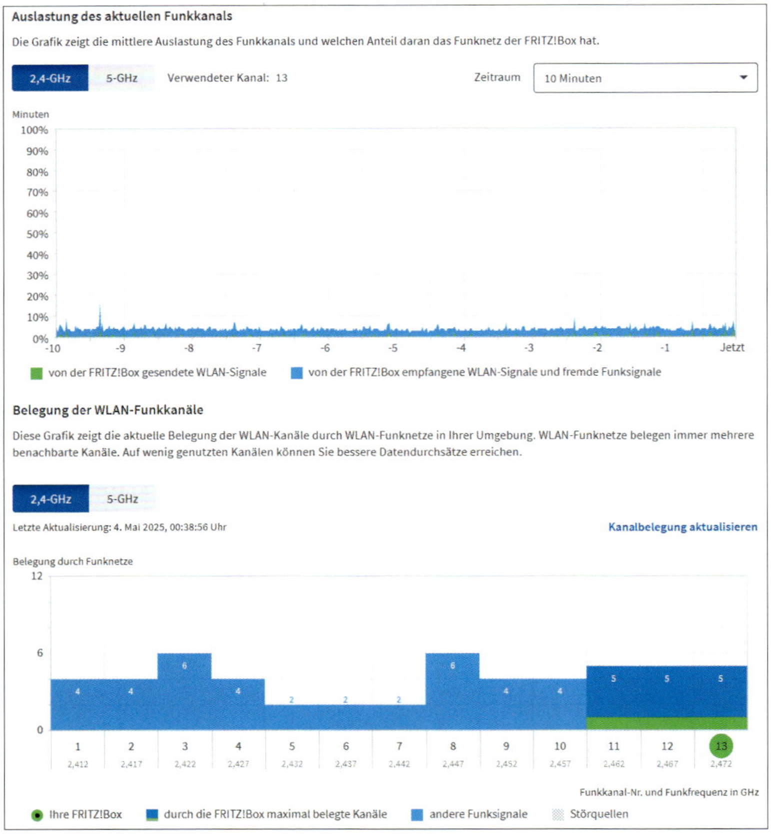

Abbildung 19.15 Diagnose-Seite einer FRITZ!Box zur Auslastung und Kanal-Belegung des eigenen WLAN-Funknetzes

Moderne WLAN-Router zeigen alle detaillierten Informationen zur Verbindungsqualität und bieten Möglichkeiten zur Diagnose von Verbindungsproblemen.

Praktische Optimierungsmaßnahmen

Nach abgeschlossener Analyse setzen Sie gezielte Verbesserungsmaßnahmen um. Oft bringt schon eine minimale Verschiebung des Routers spürbare Verbesserungen. Entfernen Sie identifizierte Störquellen aus der Routerumgebung oder minimieren Sie deren Einfluss durch bauliche Maßnahmen. Wechseln Sie zu weniger frequentierten WLAN-Kanälen, besonders im überfüllten 2,4-GHz-Band.

Bei größeren Abdeckungsproblemen erwägen Sie die strategische Platzierung zusätzlicher Access-Points oder Mesh-Systeme. Diese erweitern Ihr Netzwerk nahtlos und beheben Empfangslücken zuverlässig. Moderne Mesh-Systeme vereinfachen die Installation durch automatische Konfiguration und intelligentes Client-Steering zwischen den Zugangspunkten.

Berücksichtigen Sie bei allen Optimierungsmaßnahmen die Zusammenhänge zwischen Signalstärke, Signalqualität und Datenrate. Eine höhere Signalstärke führt nicht automatisch zu besserer Netzwerkleistung – besonders wenn dadurch Interferenzen zunehmen.

Erfolge dokumentieren und nachhaltig sichern

Dokumentieren Sie jede vorgenommene Änderung mit dem entsprechenden Datum und der beobachteten Wirkung. Ergänzen Sie Ihre bestehende WLAN-Dokumentation um diese neuen Erkenntnisse. Eine fortlaufende Aufzeichnung offenbart, welche Maßnahmen tatsächlich zur Verbesserung beigetragen haben, und schafft eine wertvolle Referenz für zukünftige Probleme. Nicht selten zieht sich eine WLAN-Optimierung auch über mehrere Tage oder sogar Wochen hin, je nachdem, was man ausprobieren möchte und ob noch zusätzliche Access-Points bestellt und ausprobiert werden sollen.

Vergleichen Sie nach jeder Optimierungsmaßnahme die aktuellen Messwerte mit Ihren früheren Dokumentationen. Markieren Sie Verbesserungen und verbliebene Problemzonen in Ihrer Grundrissskizze mit unterschiedlichen Farben oder Symbolen. Diese visuelle Darstellung verdeutlicht sofort den Erfolg Ihrer Bemühungen und zeigt verbleibenden Handlungsbedarf.

Führen Sie während der Optimierung Ihres WLAN-Netzes regelmäßig Stichproben in verschiedenen Räumen durch, besonders an den zuvor identifizierten Problemzonen. Achten Sie auf neue potenzielle Störquellen wie zusätzliche Nachbar-WLANs oder neu angeschaffte elektronische Geräte in Ihrem Haushalt. Überprüfen Sie auch nach Router-Firmware-Updates, ob sich etwas verändert hat.

Wann wird professionelle Unterstützung sinnvoll?

Wenn trotz akribischer Analyse und systematischer Optimierungsversuche keine zufriedenstellende Verbesserung eintritt, sollten Sie sich professionelle Unterstützung holen. Ein Netzwerktechniker analysiert mit spezialisierten Messgeräten selbst versteckte Probleme und identifiziert Störquellen, die Ihren Diagnosemöglichkeiten verborgen bleiben.

Besonders in größeren Wohnungen oder bei anspruchsvollen Nutzungsszenarien wie regelmäßigen Videokonferenzen im Home-Office rechtfertigt sich die Investition in eine professionelle WLAN-Analyse, wenn Sie das Problem nicht beseitigt bekommen.

Liegt die Störquelle außerhalb Ihrer eigenen vier Wände, etwa industrielle Anlagen oder besonders problematische Nachbarinstallationen, dann wird professionelle Unterstützung ohnehin unumgänglich.

19.4.3 WLAN-Reichweite verstehen – mehr ist nicht immer besser

Betrachtet man nur die Reichweite eines WLAN-Signals, täuscht dieser Wert mehr, als er nützt. Ein weitreichendes, aber schwaches Signal ermöglicht selten stabile Verbindungen und verursacht oft zusätzliche Probleme.

Im Freien breitet sich ein WLAN-Signal theoretisch bis zu 100 Meter aus. In Gebäuden verringern Wände, Decken und andere Hindernisse diese Distanz dramatisch. Bereits nach 10 bis 15 Metern schwächelt das Signal trotz Messbarkeit zu stark, um zuverlässige Internetverbindungen zu gewährleisten.

Die Signalqualität schwindet exponentiell mit zunehmender Entfernung. Auf den ersten Metern nimmt sie kaum ab, verliert danach jedoch rapide an Stärke. Jedes Hindernis verschlechtert die Übertragung zusätzlich. Eine einzige Wand halbiert die nutzbare Reichweite.

Signalqualität, Signalstärke und Datenrate

Die WLAN-Anzeige auf Smartphones und Laptops führt Sie deshalb leicht in die Irre. Selbst zwei oder drei *Balken* bedeuten nicht automatisch eine brauchbare Verbindung. Die angezeigte Signalstärke (gemessen in dBm) stellt nur einen Teilaspekt der gesamten Signalqualität dar.

Die Signalqualität umfasst neben der reinen Signalstärke das *Signal-Rausch-Verhältnis* (SNR) und berücksichtigt Störungen oder Interferenzen, die die nutzbare Bandbreite einschränken.

Die maximale Datenrate hängt somit direkt von der Signalqualität ab. Bei abnehmender Signalqualität wählt Ihr Router automatisch ein einfacheres Modulationsverfahren und drosselt die Übertragungsgeschwindigkeit, um die Verbindung aufrechtzuerhalten. Ihr Gerät bleibt zwar verbunden, überträgt jedoch so langsam, dass beispielsweise Videostreaming versagt.

Die optimale Abdeckung

Konzentrieren Sie sich deshalb beim Einrichten des WLAN-Netzwerks auf flächendeckende Qualität statt auf maximale Reichweite. Wenn ein Raum zu weit vom Router entfernt liegt, installieren Sie lieber einen zusätzlichen Access-Point oder ein Mesh-System, anstatt das Signal zu verstärken. Denn eine Signalverstärkung führt innerhalb eines Hauses mit seinen signaldämpfenden Wänden und allen anderen möglichen Störquellen oft zu keiner besseren Signalqualität.

Aus der Sicherheitsperspektive kann eine übermäßige Reichweite Ihr Netzwerk sogar gefährden. WLAN-Signale, die über Ihre Wohnungsgrenzen hinausstrahlen, laden Unbefugte zum Abhören oder Stören ein. Begrenzen Sie daher die Sendeleistung gezielt auf die Bereiche, in denen Sie sie benötigen – und möglichst nicht darüber hinaus.

Betrachten Sie deshalb sogenannte *WLAN-Reichweitenverstärker*, die manchmal im Handel angeboten werden, kritisch. In speziellen Situationen helfen sie zwar, stellen jedoch keine universelle Lösung dar. Häufig verdecken sie nur die grundlegenden Probleme und erzeugen durch falsche Platzierung oder Konfiguration zusätzliche Störungen.

Fokussieren Sie sich stattdessen auf eine strategische Abdeckung Ihrer genutzten Wohnbereiche mithilfe von Access-Points und Netzwerkkabeln. Denn eine stabile Verbindung mit begrenzter Reichweite ist besser als eine weitreichende, aber unzuverlässige Verbindung.

19.4.4 Abdeckung analysieren

Analysieren Sie Ihre WLAN-Abdeckung systematisch. Mit einem Grundriss und einer Tabelle auf Papier und methodischem Vorgehen ermitteln Sie präzise, wo Ihr WLAN funktioniert und wo Verbesserungsbedarf besteht.

Den Grundriss zeichnen

Den Grundriss Ihrer Wohnung sollten Sie noch aus Abschnitt 19.1 haben. Haben Sie dort bereits den Standort Ihres WLAN-Routers markiert und alle Orte eingezeichnet, an denen Sie regelmäßig WLAN nutzen: den Schreibtisch im Arbeitszimmer, das Sofa im Wohnzimmer, den Esstisch in der Küche und so weiter? Auch massive Wände oder große Metallgegenstände sollten Sie einzeichnen, da diese das WLAN-Signal stark beeinflussen können.

Dokumentation vorbereiten

Parallel zu dieser Skizze legen Sie eine Tabelle an. Diese sollte Spalten für den Raum beziehungsweise den konkreten Messort enthalten, für die Uhrzeit der Messung, für die gemessene Signalstärke, für eine Bewertung der Verbindungsqualität sowie Platz für besondere Beobachtungen. Notieren Sie auch immer, mit welchem Gerät Sie die Messung durchführen, da verschiedene Smartphones oder Tablets durchaus unterschiedliche Werte liefern können.

Das Smartphone als mobiles Diagnosegerät

Ihr Smartphone entwickelt sich mit wenigen Handgriffen zum effektiven WLAN-Diagnosewerkzeug. Die integrierten WLAN-Einstellungen zeigen die Signalstärke bereits an. Kombinieren Sie diese Anzeige mit dem systematischen Ablaufen Ihrer Wohnräume.

Falls Sie diese Analyse bereits früher durchgeführt haben, bietet der Vergleich mit der vorhandenen Dokumentation möglicherweise wertvolle Einblicke in Veränderungen Ihrer Netzwerkqualität. Markieren Sie auf der Skizze, wo das Signal abfällt oder abbricht, und vergleichen Sie diese Daten mit Ihren früheren Messungen. Auffällige Verschlechterungen in bestimmten Bereichen deuten auf neue Störquellen hin.

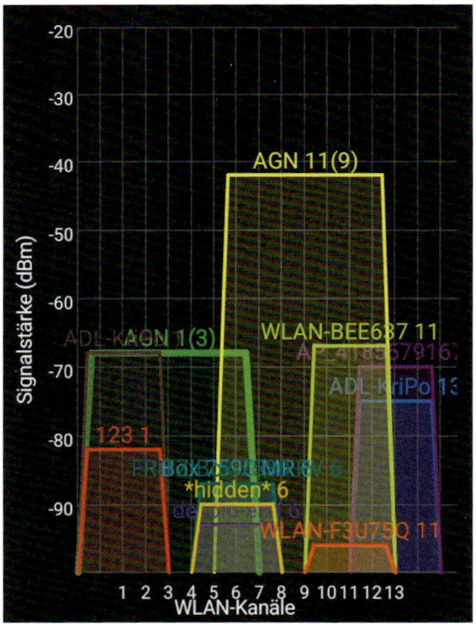

Abbildung 19.16 Überlappende WiFi-Kanäle können Sie mit einem WiFi-Analyzer auf dem Smartphone gut analysieren.

Vertiefen Sie diese Analyse mit speziellen WLAN-Analyzer-Apps für Android oder iOS. Diese kostenlosen Tools visualisieren nicht nur die Signalstärke, sondern entschlüsseln auch die Kanalbelegung in Ihrer Umgebung. Besonders im dicht besiedelten 2,4-GHz-Frequenzband verursachen überlappende Kanäle gegenseitige Interferenzen. Die grafische Darstellung verdeutlicht sofort, welche Kanäle Sie meiden sollten.

Die Analyse

Nun beginnt die eigentliche Analyse. Gehen Sie mit Ihrem Endgerät, auf dem Sie sich die wichtigsten WLAN-Analyse-Werte anzeigen lassen, systematisch durch Ihre Räume. An jedem wichtigen Nutzungsort bleiben Sie etwa 30 Sekunden stehen, beobachten die Signalstärke und tätigen einen Download bzw. machen einen Speed-Test. Diese Werte tragen Sie in Ihre Tabelle ein. Gleichzeitig markieren Sie auf Ihrer Skizze die Signalqualität, zum Beispiel mit Plus- und Minuszeichen oder einem Farbcode. So entsteht nach und nach ein vollständiges Bild Ihrer WLAN-Versorgung.

Sie können auch einen Laptop nutzen und die Datenraten und Datenübertragungswerte testen. Solch eine Tabelle würde dann so aussehen:

Testgerät	Testort	Messpunkt	Verbindungsrate	Effektive Datenrate	Zusatzinfo
MacBook	Wohnzimmer	NAS	468–527 MBit/s	⇓86–92 ⇑29–37 MB/s	5 GHz / 80 MHz
MacBook	Esszimmer	Speedtest	585 MBit/s	⇓520 ⇑150 MBit/s	5 GHz / 80 MHz
MacBook	Wohnzimmer	Speedtest	468–527 MBit/s	⇓450 ⇑140 MBit/s	5 GHz / 80 MHz
MacBook	Büro	NAS	351–527 MBit/s	⇓67–91 ⇑36–53,4 MB/s	5 GHz / 80 MHz
MacBook	Büro	Unraid	351–527 MBit/s	⇓78,3–90,3 ⇑35,7–46 MB/s	5 GHz / 80 MHz
MacBook	Büro	Speedtest	585 MBit/s	⇓470–505 ⇑183,8 MBit/s	5 GHz / 80 MHz
MacBook	Küche	Speedtest	351–527 MBit/s	⇓63–70 ⇑24–38,5 MB/s	5 GHz / 80 MHz
MacBook	Bad	Speedtest	351–468 MBit/s	⇓26 ⇑16–29 MB/s	5 GHz / 80 MHz

Tabelle 19.1 Beispiel für einen Test der Übertragungsraten von verschiedenen Standorten in der Wohnung mithilfe eines Laptops

Diese Messungen sollten Sie zu verschiedenen Tageszeiten wiederholen, da sich die WLAN-Qualität durchaus ändern kann – etwa, wenn die Nachbarn abends alle zu Hause sind und ihre eigenen WLANs intensiv nutzen. Notieren Sie auch besondere Vorkommnisse, wie häufige Verbindungsabbrüche oder Probleme mit bestimmten Anwendungen. So kann sich ein Muster herausbilden und Sie können erkennen, dass gewisse Störungen immer nur in einem bestimmten Zeitraum auftreten. Testen Sie besonders während Ihrer kritischen Nutzungszeiten. Arbeiten Sie im Home-Office von 9 bis 12 und 13 bis 17 Uhr? Dann prüfen Sie gezielt vormittags und nachmittags die Abdeckung.

» **Speedtest – messen Sie Ihre Internetgeschwindigkeit**

Ein Speedtest misst die tatsächliche Geschwindigkeit Ihrer Internetverbindung. Dabei werden drei Werte ermittelt: die Download-Geschwindigkeit (wie schnell Sie Daten aus dem Internet laden), die Upload-Geschwindigkeit (wie schnell Sie Daten hochladen) und die Latenz oder Ping (wie lange ein Datenpaket braucht).

So führen Sie einen Speedtest durch: Schließen Sie alle anderen Programme und Geräte, die das Internet nutzen. Öffnen Sie eine Speedtest-Website in Ihrem Browser und klicken auf Test starten. Nach wenigen Sekunden sehen Sie Ihre Messwerte.

Die drei bekanntesten Speedtest-Dienste sind:

- *https://speedtest.net* – der Klassiker von Ookla, weltweit am meisten genutzt
- *https://fast.com/* – Netflix-Speedtest, misst besonders die Streaming-Qualität
- *https://wieistmeineip.de* – ein deutscher Anbieter mit Server-Standorten in Deutschland

Skizze und Tabelle zur Dokumentation

Die Kombination aus visueller Skizze und detaillierter Tabelle gibt Ihnen einen Überblick über die WLAN-Situation in Ihrem Zuhause. Sie sehen auf einen Blick, wo die Problemzonen liegen und wo möglicherweise ein zusätzlicher Access-Point oder eine andere Positionierung des Routers sinnvoll sein könnte.

Aktualisieren Sie diese Analyse bei Bedarf – neue Möbel oder Nachbarn beeinflussen die WLAN-Ausbreitung oft überraschend stark. Bewahren Sie alle Dokumentationen auf: Sie sind später sehr wertvoll, wenn Sie Vergleiche anstellen oder professionelle Hilfe in Anspruch nehmen möchten. Diese systematische, aber einfach durchzuführende Dokumentation hilft Ihnen, WLAN-Probleme zu verstehen und gezielt zu verbessern. Sie brauchen dafür keine teuren Spezialwerkzeuge oder komplizierte Software: ein Smartphone, etwas Papier für eine Wohnungsskizze und eine Tabelle reichen völlig aus.

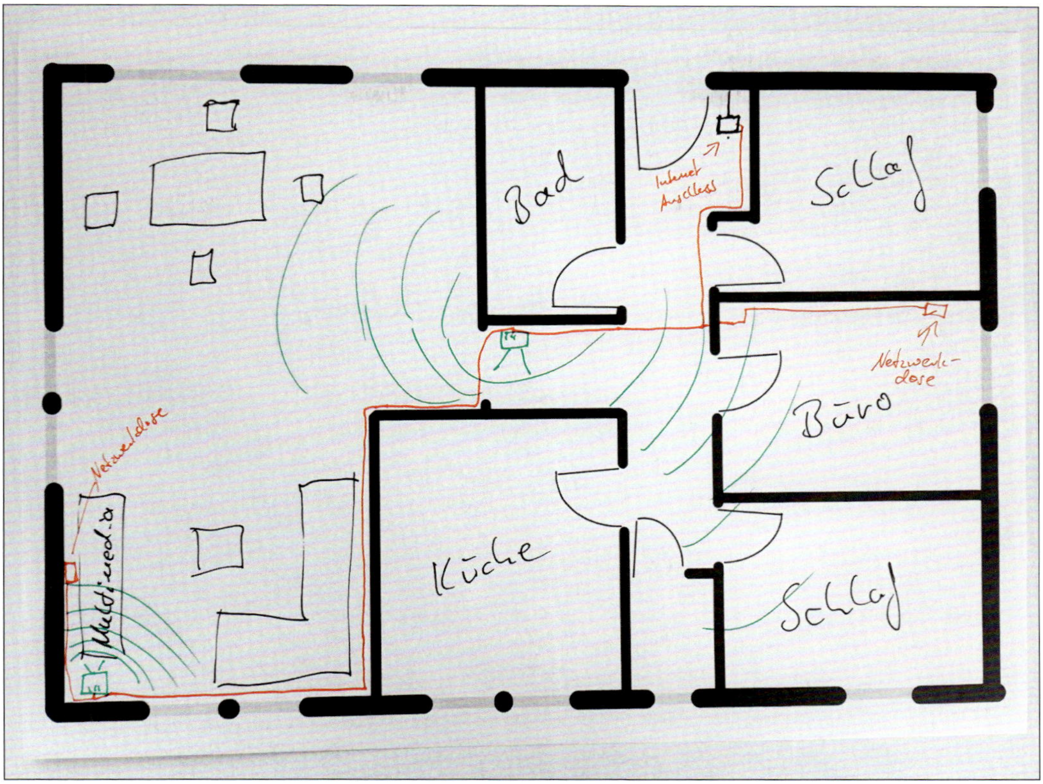

Abbildung 19.17 Skizze der WiFi -Abdeckung in der Wohnung

19.4.5 Sendeleistung justieren

Die Einstellung der Sendeleistung Ihres WLAN-Routers erfordert Fingerspitzengefühl. Entgegen der verbreiteten Annahme führt maximale Leistung nicht immer zu besserem Empfang. Tatsächlich stört eine überdimensionierte Sendeleistung Ihr Netzwerk durch unerwünschte Reflexionen und Interferenzen.

Das Optimierungsprinzip

Streben Sie eine maßgeschneiderte Signalstärke an: Ihre Geräte benötigen überall ein ausreichendes, aber nicht übermäßiges Signal. In kleinen Wohnungen verursachen zu starke Signale Interferenzen durch Reflexionen. In großen Räumen erreicht selbst maximale Sendeleistung nicht unbedingt jede Ecke effektiv.

Systematische Optimierungsschritte

Starten Sie mit einer mittleren Leistungseinstellung (50 bis 70 %). Überprüfen Sie anschließend mit einer WLAN-Analyzer-App und der schon beschriebenen Methode die Signalqualität an Ihren wichtigsten Nutzungsorten.

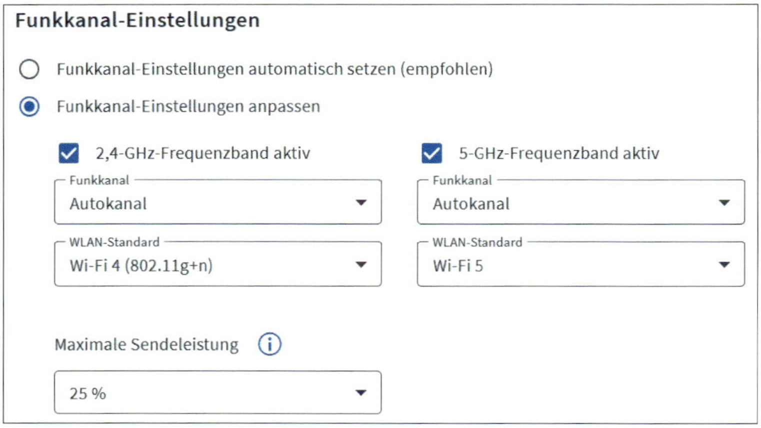

Abbildung 19.18 Die Sendeleistung des WiFi-Signals einer Fritz!Box lässt sich be den Funkkanal-Einstellungen ändern.

Verlassen Sie aber auch einmal Ihre Wohnung oder Ihr Haus und überprüfen Sie, ob Ihr WLAN auch noch von der Straße aus, aus dem Garten, oder vom Nachbarn erreichbar ist. In diesem Fall können Sie versuchen, die Sendeleistung des Routers oder des Repeaters noch ein Stück weiter zu reduzieren. Wie schon gesagt, dies vermeidet Störungen bei Ihnen (und dem Nachbarn) und dient auch der Sicherheit Ihres Netzwerks.

Frequenzspezifische Anpassungen

Behandeln Sie die Frequenzbänder differenziert:

- **2,4-GHz-Band:** Dieses Band durchdringt Wände besser und erlaubt oft niedrigere Leistungseinstellungen.
- **5-GHz-Band:** Dieses Band reagiert empfindlicher auf Hindernisse, profitiert daher von höherer Sendeleistung.

Das bedeutet: Der Router im Kern Ihrer Wohnung sollte WLAN auf beiden Frequenzbändern anbieten, aber ein Repeater an einer Außenwand sollte nur das 5-GHz-Band nutzen, um zu verhindern, dass Ihr Netzwerk zu weit nach außen dringt. In einer Wohnung in der Innenstadt, in der Sie von einer Unmenge anderer Netzwerke umgeben sind, ist möglicherweise die Deaktivierung des 2,4-GHz-Bandes auch eine Option, um die Signalqualität Ihres eigenen Netzwerks zu steigern und auch um gleichzeitig die Sicherheit dadurch zu erhöhen, dass Ihr Netzwerk nicht für alle Nachbarn sichtbar ist.

Kompatibilität mit älteren Endgeräten

Bei der Optimierung von Reichweite und Frequenzbändern stoßen Sie möglicherweise auf eine entscheidende Einschränkung: Nicht alle älteren WLAN-fähigen Geräte unterstützen das 5-GHz-Band. Wenn Sie das 2,4-GHz-Netzwerk zugunsten der höheren Leistung im 5-GHz-Bereich deaktivieren, verlieren unter Umständen ältere Geräte die Verbindung mit Ihrem Heimnetzwerk. Die Berücksichtigung der Gerätekompatibilität ist also ein Teil Ihrer WLAN-Optimierungsstrategie!

19.4.6 WLAN-Repeater

Sie wissen bereits, dass Ihr Router die Schaltzentrale Ihres Netzwerks ist. Manchmal reicht ein Zentrum aber nicht aus: Gerade in größeren Häusern oder wenn Sie auch einen Garten abdecken wollen, brauchen Sie einen Repeater, um Ihr WLAN zu weiter entfernten Endgeräten zu bringen.

Ein solcher Repeater, auch *WLAN-Access-Point (AP)* genannt, verstärkt und verteilt Ihr WLAN-Signal. Sie müssen ihn daher mit Ihrem Router verbinden, und zwar möglichst stabil. Die beste Option ist daher eine Verbindung über Kabel. (Das nennt man ein *kabelgebundenes Backbone* oder auch *Kabel-Backhaul*.) Das heißt, Sie verbinden die Geräte mit einem Netzwerkkabel und verteilen so das WLAN von mehreren Punkten aus in Ihrer Wohnung.

Eine Alternative ist, kein Kupferkabel für die Verteilung zu nutzen, sondern die Verteilung des WLAN-Signals auch über WLAN vorzunehmen. Dazu muss der Repeater noch in Reichweite zu Ihrem Router stehen.

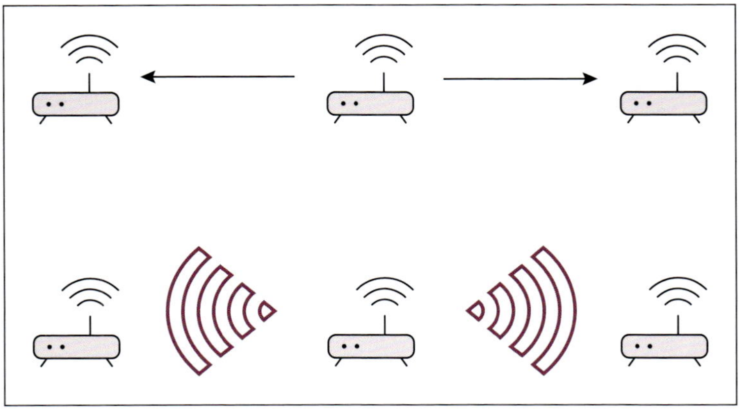

Abbildung 19.19 Idealerweise schließen Sie die WLAN-Repeater per Kabel an den Router an (oben). Falls das nicht geht, können Sie die Geräte aber auch per WLAN verknüpfen (unten).

Wenn Sie Netzwerkkabel für Access-Points verlegen, schaffen Sie die Grundlage für ein stabiles Netzwerk mit Höchstgeschwindigkeit. Denn die Nutzung eines WLAN-Backhauls hat einen entscheidenden Nachteil: Die Access-Points nutzen dabei eine Frequenz für die Kommunikation mit Endgeräten und eine weitere für die Verbindung zurück zum Haupt-Router. Der WLAN-Repeater muss deswegen die verfügbare Bandbreite des WLAN-Netzwerks für den Rückkanal zum Router aufteilen, und das bedeutet, die Anbindung der drahtlosen Netzgeräte kann nur halb so schnell sein.

19.4.7 WLAN-Mesh-Systeme – stabile Funkvernetzung für das ganze Haus

Die eben angesprochene Problematik mit der halbierten WLAN-Geschwindigkeit wurde aber mit einer neuen Technologie gelöst: mit dem Mesh-Netzwerk. »Mesh« bedeutet »Masche« oder »Netz«, und dies verdeutlicht ganz gut die Arbeitsweise dieses Netzwerktyps: Erinnern Sie sich noch an Abbildung 19.3, die verschiedene Netzwerk-Topologien dargestellt hat? Dort wurde ein Mesh-Netzwerk gezeigt: Alle Geräte sind miteinander verbunden, und so entsteht ein sehr dichtes, fast ausfallsicheres Netz. Das Problem ist nur, dass der Aufwand für die Verkabelung ungemein groß ist.

Aber halt! In einem WLAN ist es ja kein Problem, wenn Geräte untereinander verknüpft werden. Ein modernes WLAN-Mesh-System ist also wie ein unsichtbares Netz, das sich über Ihr gesamtes Zuhause spannt. Anders als bei klassischen WLAN-Repeatern arbeiten hier alle Komponenten nahtlos zusammen, um eine durchgehende, stabile Internetverbindung in jedem Winkel zu gewährleisten. Statt mehrerer einzelner WLAN-Netze entsteht ein einziges, großes Netzwerk, in dem die Endgeräte nahtlos weitergereicht und weiterversorgt werden. In einem Mesh-Netzwerk könnten Sie mit einer laufenden Videokonferenz auf dem Smartphone vom Speicher in den Keller laufen, eine Runde durch den Garten drehen und dann wieder an den Schreibtisch zurückkehren, ohne dass die Verbindung abbricht.

Die Besonderheit eines Mesh-Systems ist dabei seine Intelligenz: Die einzelnen Zugriffspunkte kommunizieren ständig miteinander und sorgen dafür, dass Ihre Geräte immer mit dem stärksten Signal verbunden sind. Wenn Sie sich mit Ihrem Smartphone durch das Netzwerk bewegen, bemerken Sie die Übergabe zwischen den Zugangspunkten nicht – alles geschieht automatisch und ohne Unterbrechung.

Moderne Mesh-Systeme können dies auch mit beeindruckenden Geschwindigkeiten; es gibt kein Ruckeln und keine Unterbrechungen. Ein Mesh-System sorgt für die gleichmäßige Verteilung der Geschwindigkeit und Bandbreite des WLAN-Netzwerks. Während Sie mit einem einzelnen Router in den hinteren Ecken der Wohnung oft nur noch ein schwächeres Signal empfangen, sorgt ein Mesh-System für eine konstante Signalqualität im gesamten Versorgungsbereich.

Abbildung 19.20 Achten Sie auf das Mesh-Symbol.

Die Installation ist dabei überraschend einfach, weil bei modernen Geräten so gut wie alles automatisiert ist: Ein Hauptgerät wird mit Ihrem Internetanschluss verbunden, die zusätzlichen Zugangspunkte platzieren Sie strategisch im Haus verteilt. Die Einrichtung erfolgt meist über eine Smartphone-App, die Sie Schritt für Schritt durch den Prozess führt und sogar bei der optimalen Positionierung der Geräte hilft.

Ein gutes Mesh-System ist zwar eine größere Investition als ein einfacher WLAN-Repeater, macht sich aber durch deutlich bessere Leistung und höheren Komfort schnell bezahlt. Gerade in größeren Wohnungen oder Häusern ist es eine Überlegung wert.

Die verschiedenen Verbindungsarten im Mesh-System

Die Mesh-Einheiten verbinden sich über WLAN miteinander, ohne Netzwerkkabel. Nur der erste Knoten dieses Netzes muss an das Netzwerk angeschlossen werden, falls dieser Knoten nicht der Internet-Router selbst ist.

Für die Verbindung untereinander, also die Maschen des Netzes, nutzen viele moderne Systeme ein eigenes, dediziertes Funkband: den *Wireless Backhaul*. Moderne Mesh-Systeme arbeiten dabei mit drei Frequenzbändern: Zwei davon (2,4 und 5 GHz) stehen für Ihre Geräte zur Verfügung, während das dritte Band (*der Backhaul*) über eine oder mehrere extra Antennen ausschließlich für die Kommunikation zwischen den Mesh-Punkten genutzt wird. (Diese Lösung ist deutlich leistungsfähiger als bei früheren Mesh-Systemen, die mit nur zwei Frequenzbändern arbeiteten.)

Die modernsten Mesh-Systeme unterstützen WiFi 6 (auch bekannt als 802.11ax) oder sogar WiFi 6E. Diese Standards bringen nicht nur höhere Geschwindigkeiten, sondern vor allem eine bessere Verwaltung vieler gleichzeitiger Verbindungen. WiFi 6E erschließt zusätzlich das 6-GHz-Band, das noch wenig genutzt wird und daher besonders störungsfreie Verbindungen ermöglicht. Das ist ein Vorteil, wenn Sie den WLAN-Netzwerken Ihrer Nachbarn einen Schritt voraus sein wollen, denn auf diesem Frequenzband ist noch kaum was los, und dementsprechend wird es wahrscheinlich keine Störquellen oder konkurrierende WLAN-Funksignale geben.

Abbildung 19.21 Bei vielen Mesh-Systemen finden Sie auf der Verpackung einen Hinweis, welche Fläche sie abdecken können.

Bei der Platzierung der Mesh-Komponenten ist etwas Planung erforderlich – Sie wollen Ihr Netz ja möglichst gut auswerfen. Die sogenannten Satelliten sollten so aufgestellt werden, dass sie sich gegenseitig »sehen« können, aber trotzdem weit genug voneinander entfernt sind, um eine gute Abdeckung zu gewährleisten. Die meisten Hersteller-Apps helfen bei der optimalen Positionierung und zeigen an, ob ein Standort gut geeignet ist oder ob Sie die Einheit besser woanders platzieren sollten.

Die Adaptivität eines Mesh-Netzwerks

Ein wichtiger Aspekt ist auch die Adaptivität des Systems. Gute Mesh-Systeme passen sich automatisch an Veränderungen an. Fällt beispielsweise eine Einheit aus oder wird die Verbindung gestört, reorganisiert sich das Netzwerk selbstständig, um weiterhin die bestmögliche Abdeckung zu gewährleisten. Einige Systeme können sogar die Sendeleistung einzelner Einheiten anpassen, um Störungen zu minimieren und die Energieeffizienz zu optimieren. Bei einem Mesh-System in einer großen Wohnung oder einem Haus, in dem die Abdeckung über mehrere Etagen gegeben sein soll, ist das ein sehr wünschenswertes Feature.

Und was sollten Sie nun tun?

Die Wahl des richtigen Systems hängt von Ihren spezifischen Anforderungen ab:

- In einer großen Wohnung mit der Möglichkeit zur Kabelverlegung ist ein System mit Ethernet-Backhaul ideal. Das kann dann ein Mesh-System oder auch die Nutzung von Repeatern beinhalten.

- In einem mehrstöckigen Haus ohne Verkabelungsmöglichkeit sollten Sie auf jeden Fall ein Tri-Band-System mit dediziertem Wireless-Backhaul wählen.
- Für zukünftige Anforderungen ist die Unterstützung von WiFi 6 oder 6E empfehlenswert, auch wenn vielleicht noch nicht alle Ihre aktuellen Geräte davon profitieren können.

Beachten Sie auch die Erweiterbarkeit des Systems. Einige Hersteller erlauben das problemlose Hinzufügen weiterer Satelliten, während andere Systeme auf eine bestimmte Anzahl von Einheiten beschränkt sind. Auch die Kompatibilität mit Geräten anderer Hersteller kann ein wichtiger Faktor sein, besonders wenn Sie bereits andere Smart-Home-Komponenten nutzen.

Die Qual der Wahl

Nun raucht Ihnen wahrscheinlich der Kopf – angesichts all der Möglichkeiten und Optionen, die ich zum Thema WLAN genannt habe. So etwas plant niemand an einem Abend! Beginnen Sie erst einmal einfach und nehmen Sie sich Zeit für die Planung. Gehen Sie die einzelnen Abschnitte in Ruhe durch und dokumentieren Sie Ihre Endgeräte und die Abdeckung. Denken Sie über die möglichen Standorte für die Geräte nach und auch darüber, wie viele Endgeräte im Normalfall und maximal unterstützt werden müssen.

Denken Sie dann noch einmal spezifisch über Ihr Home-Office und das Multimedia-Angebot im Wohnzimmer nach und ob Sie ein NAS oder einen anderen Medien-Server einsetzen möchten. Mit ein paar Skizzen, einer Tabelle und etwas Zeit können Sie die optimale Variante ermitteln.

19.4.8 Powerline-Adapter

Powerline-Adapter sind die letzte Option, wenn es sonst nicht gelingt, ein Netzwerkkabel zu verlegen oder das Mesh weit genug zu verteilen. Insbesondere in Altbauten und in Häusern mit viel Beton kann so ein Powerline-Adapter eine Möglichkeit sein, das Netzwerk durch die Bodenplatte aus dem Keller in die oberen Etagen zu bekommen. Bei gemieteten Häusern ist dies oft die letzte Möglichkeit, wenn der Internetanschluss nicht an einen anderen Ort verlegt werden kann.

Powerline-Adapter wirken auf den ersten Blick wie eine geniale Lösung: Sie nutzen das vorhandene Stromnetz im Haus, um Netzwerksignale zu übertragen. Anstatt neue Kabel zu verlegen oder sich mit schwachem WLAN zu arrangieren, steckt man einfach zwei Adapter in die Steckdosen und hat theoretisch sofort eine Netzwerkverbindung.

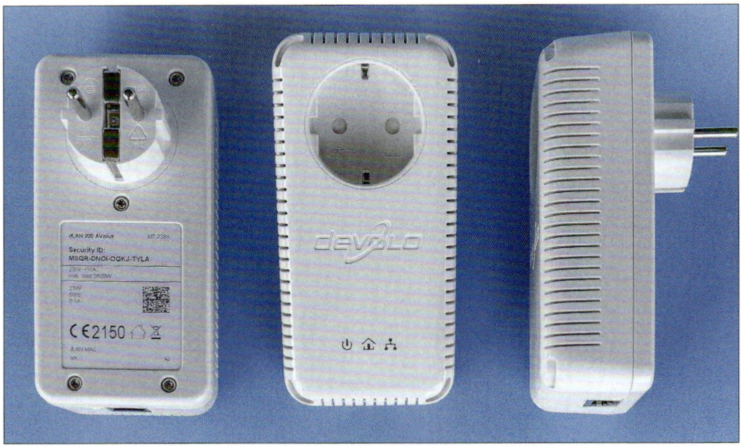

Abbildung 19.22 Das Gerät, vor dem jeder Funkamateur Angst hat – ein »Devolo«-Powerline-Adapter (Quelle: https://de.wikipedia.org/wiki/Powerline_Communication#/media/Datei: 2016-08-17_Devolo_dLAN_200_AVplus_-_5016.png)

Aber die Technik hat auch ihre Tücken und die Realität ist leider oft weniger ideal. Sehen wir uns das genauer an.

Wie Powerline funktioniert

Die Technologie nutzt die vorhandenen Stromleitungen im Haus als Datenleitung. Ein Adapter wandelt dabei die Netzwerksignale in Hochfrequenzsignale um, die über die Stromleitung übertragen und vom zweiten Adapter wieder in normale Netzwerksignale zurückgewandelt werden. Im Idealfall erreichen moderne Powerline-Adapter dabei Geschwindigkeiten von bis zu 2.400 Mbit/s – allerdings nur auf dem Papier.

Die Realität der Geschwindigkeiten

In der Praxis erreichen Powerline-Verbindungen meist nur einen Bruchteil der beworbenen Geschwindigkeiten:

- Einfache Adapter (AV600) schaffen real oft nur 30 bis 60 Mbit/s.
- Mittlere Modelle (AV1000) erreichen etwa 80 bis 150 Mbit/s.
- Hochwertige Adapter (AV2000/2400) kommen auf 200 bis 400 Mbit/s.

Diese Werte gelten allerdings nur unter optimalen Bedingungen. Die tatsächliche Geschwindigkeit hängt stark von verschiedenen Faktoren ab.

Probleme und Einschränkungen

Besonders in älteren Häusern können verschiedene Faktoren die Leistung stark beeinträchtigen:

- Unterschiedliche Stromkreise oder Phasen können die Verbindung stören.
- Alte Elektroinstallationen reduzieren die Übertragungsrate drastisch.
- Störquellen wie Schaltnetzteile, Dimmer oder Geräte mit Motoren beeinflussen die Verbindung.
- Überlastete Stromkreise führen zu Geschwindigkeitseinbrüchen.
- Steckdosenleisten mit Überspannungsschutz können die Verbindung komplett blockieren.

Ein vermeintlicher Vorteil – die Fähigkeit, durch Betondecken zu kommen – ist gleichzeitig auch eine Schwäche: Das Signal muss oft lange Wege durch die Stromleitungen nehmen, was die Geschwindigkeit reduziert.

Trotz aller Einschränkungen gibt es Situationen, in denen Powerline-Adapter eine praktische Lösung darstellen:

- wenn WLAN-Signale nicht durch massive Wände oder Decken kommen
- in Mietwohnungen, in denen keine Kabel verlegt werden dürfen
- als temporäre Lösung, bis eine bessere Verkabelung möglich ist
- für Geräte mit geringem Bandbreitenbedarf

Tipps für die Nutzung

Wenn Sie sich für Powerline entscheiden, beachten Sie:

- Testen Sie die Adapter zuerst ausgiebig – viele Händler erlauben die Rückgabe.
- Stecken Sie die Adapter direkt in die Wandsteckdose, nicht in Steckerleisten.
- Vermeiden Sie Steckdosen nahe großer Stromverbraucher.
- Kaufen Sie aktuelle Modelle mit dem HomePlug-AV2-Standard. Sie werden oft als AV1200, AV1600 oder AV2000 beworben, je nach theoretisch möglicher Geschwindigkeit.
- Nutzen Sie die Verschlüsselungsfunktion für mehr Sicherheit.

Powerline-Adapter sind eine Notlösung

!

Powerline-Adapter sollten Sie wirklich nur dann einsetzen, wenn weder eine direkte Netzwerkverkabelung noch eine WLAN-Lösung mit Repeatern oder Mesh-System möglich ist. Die Technologie kann zwar in manchen Fällen eine brauchbare Überbrückung bieten, erreicht aber nie die Zuverlässigkeit und Geschwindigkeit eines echten Netzwerkkabels oder eines gut eingerichteten WLAN-Systems.

Wenn Sie sich für Powerline entscheiden, behandeln Sie die beworbenen Geschwindigkeiten nur als theoretische Maximalwerte und rechnen Sie in der Praxis mit deutlich geringeren Datenraten. Beachten Sie zudem, dass diese Powerline-Brücke in Ihrem Netzwerk sehr wahrscheinlich ein Nadelöhr bei Datenübertragungen darstellen wird.

19.5 Failover-Lösungen für das Heimnetzwerk: Ausfallsicherheit im Home-Office

Wir haben bislang das Netzwerk in Ihrem Haus bzw. Ihrer Wohnung besprochen und die Verbindung zum Internet behandelt. Hier geht es nun genau um diesen Punkt: Was ist, wenn die Internetverbindung ausfällt? In einer zunehmend vernetzten Arbeitswelt ist eine zuverlässige Internetverbindung kein Luxus mehr, sondern Grundvoraussetzung für produktives Arbeiten im Home-Office.

Doch selbst die stabilsten Internetverbindungen können ausfallen – sei es durch Probleme beim Anbieter, lokale Störungen oder technische Defekte. Für berufstätige Menschen im Home-Office kann ein Internetausfall nicht nur ärgerlich sein, sondern konkrete berufliche Konsequenzen haben: verpasste Videokonferenzen, unterbrochene Cloud-Synchronisationen oder unerreichbare Firmennetzwerke. Hier kommen Failover-Lösungen ins Spiel – Technologien, die bei einem Ausfall der Hauptverbindung automatisch auf eine alternative Verbindung umschalten und so die Kontinuität sicherstellen.

Eine besonders elegante Failover-Lösung, die auch einfach einzurichten ist, bietet die Kombination aus Smartphone und FRITZ!Box. Viele neuere FRITZ!Box-Modelle unterstützen eine Funktion, die es ermöglicht, ein per USB-Kabel angeschlossenes Smartphone als Ersatzverbindung ins Internet zu nutzen.

SCHRITT FÜR SCHRITT
USB-Tethering mit der FRITZ!Box

1. Verbinden Sie Ihr Smartphone über ein USB-Kabel mit der FRITZ!Box.
2. Aktivieren Sie auf Ihrem Smartphone die USB-Tethering-Funktion.
3. Öffnen Sie die FRITZ!Box-Benutzeroberfläche und navigieren Sie zu INTERNET • ZUGANGSDATEN.
4. Unter dem Punkt INTERNETVERBINDUNG finden Sie die Option UNTERSTÜTZUNG FÜR INTERNET-ZUGANG ÜBER USB.
5. Aktivieren Sie diese Option und konfigurieren Sie die notwendigen Einstellungen.
6. Setzen Sie die Option ALS ERSATZVERBINDUNG (FALLBACK) VERWENDEN.

Bei dieser Konfiguration überwacht die FRITZ!Box ständig die Hauptverbindung. Fällt diese aus, aktiviert der Router automatisch die Verbindung über das Smartphone. Sobald die Hauptleitung wieder funktioniert, wechselt der Router zurück und deaktiviert die mobile Datenverbindung.

Diese Lösung erfordert kein technisches Spezialwissen, ist einfach umzusetzen und kann in wenigen Minuten eingerichtet werden. Da sie auch keine zusätzliche Hardware benötigt, ist sie sehr günstig, wenn Sie noch ein altes Smartphone in der Schublade haben. Da der Wechsel der Internetverbindung automatisch erfolgt und von der FRITZ!Box verwaltet wird, werden die Endgeräte im eigenen Netz nur minimal dadurch gestört, und in der Regel bekommen Sie nichts davon mit.

Es gibt ein paar Einschränkungen, an die Sie denken sollten:

- Mobile Tarife haben oft ein begrenztes Datenvolumen.
- Je nach Mobilfunknetz und -empfang kann die Verbindung langsamer sein als die Hauptleitung.
- Das Smartphone muss während der gesamten Zeit angeschlossen und eingeschaltet bleiben.

Ist das nötig oder nicht?
Falls Ihre Internetverbindung wirklich instabil ist und Sie diese Ausweichlösung öfter brauchen, sollten Sie einen 5G-Router in Betracht ziehen. Er arbeitet nach dem gleichen Prinzip wie ein Router, verbindet sich allerdings nicht mit dem Festnetz, sondern mit dem Mobilfunknetz. Wenn Sie diese Option nutzen wollen, brauchen Sie unbedingt einen Tarif, der das entstehende Datenvolumen abdeckt – sonst wird es schnell sehr teuer.

Wenn auch das nicht zuverlässig funktioniert, gibt es als letzte Möglichkeit noch Internetzugänge über Satelliten. Das ist aber die mit Abstand teuerste und aufwendigste Option, die Sie nur dann erwägen sollten, wenn Sie sonst keine stabile Internetverbindung bekommen.

19.6 Gastnetzwerke: Sicherheit und Privatsphäre im Heimnetzwerk

Fast jeder Haushalt hat inzwischen ein WLAN-Netzwerk, das verschiedenste Geräte miteinander verbindet – vom Smartphone über Smart-Home-Geräte bis hin zum Familiencomputer. Was oft übersehen wird: Mit jedem Gerät, das Zugang zu unserem Netzwerk erhält, öffnen wir potenziell eine Tür zu unseren persönlichen Daten und digitalen Systemen. Besonders wenn Gäste zu Besuch kommen und um WLAN-Zugang bitten, stehen wir vor einem Dilemma zwischen Gastfreundschaft und Sicherheitsbedenken. Die Einrichtung eines separaten Gastnetzwerks kann eine elegante Lösung darstellen.

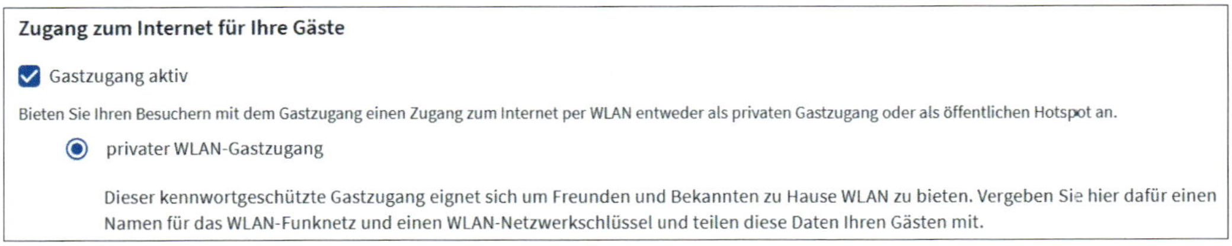

Abbildung 19.23 Einstellungen zur Einrichtung eines Gastzugangs in der Fritz!Box

Das Vertrauensparadoxon im Heimnetzwerk

Im eigenen Netzwerk gehen wir typischerweise davon aus, dass alle Teilnehmer vertrauenswürdig sind. Wir teilen Drucker, Netzwerkspeicher und manchmal sogar Dateien innerhalb dieses Netzwerks ohne weitere Sicherheitsgrenzen. Dieses Grundvertrauen kann jedoch schnell zum Risiko werden, wenn Geräte von Besuchern hinzukommen.

Auch wenn wir unseren Gästen vertrauen, können ihre Geräte ohne ihr Wissen kompromittiert sein. Ein mit Malware infiziertes Notebook eines Freundes könnte unbemerkt nach verwundbaren Geräten in Ihrem Netzwerk suchen. Die Smartphone-App einer Freundin Ihres Kindes könnte im Hintergrund Daten sammeln. Diese Szenarien stellen keine böswilligen Absichten der Gäste dar – vielmehr handelt es sich um technische Risiken, die mit jedem fremden Gerät einhergehen.

» **Sicherheit im eigenen Netzwerk kann nötig und vorgeschrieben sein**

Es gibt aber auch innerhalb der Familie möglicherweise Notwendigkeiten, die eine Trennung nötig machen: Arbeitet in Ihrer Familie jemand in einer Firma, die hohe Sicherheitsanforderungen hinsichtlich der Arbeitsrechner stellt? Beispielsweise könnte jemand im Home-Office für eine Bank arbeiten. Sicherlich wird der Arbeitsrechner von der Bank mit einem VPN die Verbindung ins Firmennetzwerk herstellen. Aber der Rest des Rechners – außerhalb der VPN-Verbindung – ist dieser im Heimnetzwerk richtig geschützt? Was passiert, wenn ein privater Laptop im Heimnetzwerk mit einer Schadsoftware infiziert ist und diese den Firmenlaptop im Netzwerk irgendwie erreichen kann?

Verbinden Sie deshalb auf jeden Fall den Firmenrechner nur über eine gesicherte Netzwerkzone innerhalb Ihres Heimnetzwerks mit Ihrem Internetanschluss – eben über ein Gastnetzwerk.

Argumente für ein separates Gastnetzwerk

Ein separates Gastnetzwerk fungiert wie eine Sicherheitsschleuse. Es erlaubt Besuchern den Internetzugang, isoliert ihre Geräte jedoch von Ihren sensiblen Systemen. Dadurch haben die Gästen keinen Zugriff auf:

- Netzwerkfestplatten mit persönlichen Fotos und Dokumenten
- Heimcomputer mit Finanzdaten
- Smart-Home-Steuerungen
- Drucker mit Druckhistorie
- andere vernetzte Geräte im Hauptnetzwerk

Diese Isolation verhindert sowohl versehentliche als auch potenziell böswillige Zugriffe und so wahren Sie die Privatsphäre aller Beteiligten. Ein Gastnetzwerk schützt aber nicht nur Ihre Privatsphäre, sondern auch die Ihrer Gäste:

- Gäste müssen sich keine Sorgen machen, dass sie versehentlich auf Ihre privaten Daten zugreifen.
- Sie können das Gastnetzwerk mit Kindersicherungen versehen, ohne Ihre eigene Internetnutzung einzuschränken.
- Die Netzwerkaktivitäten Ihrer Gäste bleiben von Ihren eigenen getrennt.

Ein separates Gastnetzwerk ist keine Misstrauenserklärung gegenüber Ihren Besuchern, sondern ist eine zeitgemäße Sicherheitsmaßnahme. Es schützt sowohl Ihre Daten als auch die Daten Ihrer Gäste und minimiert Risiken, die mit vernetzten Geräten einhergehen.

Kapitel 20

Die Grundausstattung für das perfekte Home-Office

Ein gut eingerichtetes Home-Office ist mehr als nur ein Laptop auf dem Küchentisch. Die richtige Ausstattung macht nicht nur das Arbeiten angenehmer, sondern steigert auch deutlich die Produktivität. Dabei kommt es auf die durchdachte Kombination verschiedener Elemente an.

Home-Office vs. mobile Arbeit – rechtliche Unterschiede

Viele verwenden die Begriffe *Home-Office* und *mobiles Arbeiten* synonym – das tue ich in diesem Buch auch. Rechtlich gibt es jedoch wichtige Unterschiede, die auch Ihr Netzwerk betreffen können:

- **Echtes Home-Office** (ein sogenannter *Telearbeitsplatz*) liegt vor, wenn Ihr Arbeitsvertrag einen festen Arbeitsplatz zu Hause definiert. Dann greift die Arbeitsstättenverordnung: Ihr Arbeitgeber muss einen ergonomischen Arbeitsplatz einrichten und die Kosten dafür tragen. Das schließt oft auch die technische Ausstattung ein – von Monitor und Stuhl bis hin zu einer stabilen Internetverbindung. Arbeitsschutzgesetze gelten hier genauso wie im Büro.
- **Mobile Arbeit** bedeutet hingegen, dass Sie gelegentlich von zu Hause aus arbeiten dürfen, meistens auf Kulanz Ihres Arbeitgebers. In diesem Fall müssen Sie selbst für die Ausstattung sorgen. Ihr Arbeitgeber kann Ihnen Geräte zur Verfügung stellen, muss es aber nicht.

Das bedeutet: Bei »echtem« Home-Office kann Ihr Arbeitgeber verpflichtet sein, für eine angemessene Internetverbindung zu sorgen oder sich an den Kosten zu beteiligen. Bei mobiler Arbeit tragen Sie diese Kosten normalerweise selbst.

20.1 Ergonomie und Ausfallsicherheit

Aller Anfang ist schwer. Die perfekte Home-Office-Ausstattung muss nicht von Anfang an komplett sein. Beginnen Sie mit den wichtigsten Elementen wie Stuhl, Bildschirm und stabiler Internetverbindung. Mit der Zeit können Sie dann weitere Komponenten ergänzen und Ihre Arbeitsumgebung kontinuierlich optimieren.

20.1.1 Ergonomie

Das Herzstück Ihres Home-Office bildet ein ergonomischer Arbeitsplatz. Ein höhenverstellbarer Schreibtisch ermöglicht den Wechsel zwischen Sitzen und Stehen und beugt Rückenproblemen vor. Investieren Sie in einen hochwertigen, individuell einstellbaren Bürostuhl – an ihm zu sparen führt meist zu Rückenschmerzen. Stellen Sie die Bildschirmhöhe so ein, dass Sie entspannt geradeaus schauen können.

Arbeiten Sie hauptsächlich mit einem Dienstlaptop, dann fordern Sie eine Docking-Station von Ihrem Arbeitgeber. Idealerweise schließen Sie dann mit nur einem Kabel Ihren Laptop an und nutzen bequem einen Extra-Monitor, eine große Tastatur und eine Maus. So müssen Sie sich nicht vor dem kleinen Laptop-Bildschirm den Rücken verbiegen. Wenn Sie bereits einen gut ausgestatteten Arbeitsplatz im privaten Büro haben, ist eine Investition in einen KVM-Switch (Keyboard-Video-Maus-Umschalter) sinnvoll: An ihn schließen Sie Ihren Monitor, Ihre Tastatur und Ihre Maus an und verbinden Ihren Arbeitslaptop und Ihren eigenen Rechner damit: Nun können Sie per Knopfdruck zwischen beiden Welten wechseln.

Die Beleuchtung entscheidet über ermüdungsfreies Arbeiten. Eine gute Tageslichtlampe, ergänzt durch indirekte Beleuchtung, schafft optimale Sehbedingungen. Positionieren Sie die Lichtquellen so, dass keine störenden Reflexionen auf den Bildschirmen entstehen. Achten Sie auch darauf, dass Sonnenschein durch Fenster keine Reflexionen auf den Bildschirm wirft.

Die Kabelführung verdient besondere Aufmerksamkeit – sonst ärgern Sie sich später und Ihr Staubsaugerroboter verheddert sich. Kabelkanäle und -halter unter dem Schreibtisch schaffen Ordnung und verhindern Kabelsalat. Platzieren Sie eine Mehrfachsteckdose mit Überspannungsschutz gut erreichbar, aber nicht im Weg.

Die Akustik beeinflusst Ihre Konzentration erheblich. Schallabsorber an den Wänden oder als Raumteiler reduzieren störende Geräusche in der Wohnung und schaffen eine angenehmere Arbeitsatmosphäre. In Videokonferenzen profitieren auch Ihre Gesprächspartner von der besseren Akustik.

20.1.2 Die USV – eine unterbrechungsfreie Stromversorgung

Während Unternehmensbüros oft mit Notstromaggregaten und professionellen USV-Anlagen ausgestattet sind, fehlt dies in den meisten Privathaushalten. Doch gerade im Home-Office, wo die Grenzen zwischen beruflicher und privater IT-Nutzung verschwimmen, ist der Schutz vor Stromausfällen auch wichtig.

Abbildung 20.1 Eine USV, deren Ladestandsanzeige mit einem Blick den Zustand des Akkus darstellt

Ein Stromausfall kann verschiedene Ursachen haben: von schweren Unwettern und Überlastungen des Stromnetzes bis hin zu einfachen Bauarbeiten in der Nachbarschaft oder einer ausgelösten Sicherung. Unabhängig von der Ursache können die Folgen gravierend sein: Ein ungespeichertes Dokument geht verloren, eine wichtige Videokonferenz wird unterbrochen oder – schlimmer noch – durch den abrupten Stromverlust werden Dateisysteme beschädigt, was zu Datenverlust oder sogar zu Hardwareschäden führen kann.

Die Statistik zeigt, dass selbst in Ländern mit gut ausgebauter Strominfrastruktur wie Deutschland jeder Haushalt im Durchschnitt mit mehreren kürzeren Stromausfällen pro Jahr rechnen muss. Hinzu kommen Spannungsschwankungen, die auf den ersten Blick weniger dramatisch erscheinen, langfristig aber die Lebensdauer elektronischer Geräte verkürzen können. Eine USV ist also eine gute Idee, falls Sie regelmäßig von zu Hause aus arbeiten.

Falls Sie keinen Laptop als Arbeitsgerät verwenden, könnte sich eine kleine unterbrechungsfreie Stromversorgung (USV) lohnen. Sie schützt nicht nur vor Datenverlust bei Stromausfällen, sondern auch vor Spannungsschwankungen, die der Hardware schaden können. Im Fall der Fälle können Sie dann noch die geöffneten Dokumente speichern und den Rechner geordnet herunterfahren.

Eine Empfehlung für den Anfang

Für ein typisches Home-Office mit einem PC, Monitor und Router ist in der Regel eine Line-Interactive-USV mit einer Leistung von 700 bis 1000 VA (*Voltampere*) ausreichend.

Achten Sie bei der Auswahl auch auf die Anzahl und Art der Steckdosen. Moderne USV-Systeme bieten oft sowohl gesicherte (mit USV-Funktion) als auch ungesicherte Steckdosen (nur mit Überspannungsschutz). Letztere eignen sich für weniger kritische Geräte wie Drucker oder Scanner, die nicht unbedingt bei einem Stromausfall weiterlaufen müssen.

20.2 Datensicherung und Backup-Strategien

Ein oft übersehener Aspekt im Home-Office ist das Backup. Sie sollten regelmäßige Sicherungen aller wichtigen Daten durchführen. Ein Cloud-Speicher kann dabei helfen und ermöglicht zusätzlich den Zugriff von unterwegs.

In unserer zunehmend digitalisierten Welt werden unsere wichtigsten privaten Dokumente, Erinnerungen und Informationen auch fast ausschließlich elektronisch gespeichert. Fotos von Familienfeiern, wichtige Dokumente, persönliche E-Mails, Kontakte und Kalenderdaten – all diese Informationen existieren oft nur in digitaler Form. Umso wichtiger ist es, für eine zuverlässige Sicherung dieser Daten zu sorgen.

Betrachten wir die Datensicherung für Privatpersonen und Menschen im Home-Office pragmatisch – von der einfachen USB-Festplatte bis hin zur Integration eines NAS oder Heimservers in Ihr Backup-Konzept.

20.2.1 Grundprinzipien einer soliden Backup-Strategie

Bevor wir in die Details der verschiedenen Backup-Optionen eintauchen, ist es wichtig, einige grundlegende Prinzipien zu verstehen, die eine effektive Datensicherungsstrategie ausmachen.

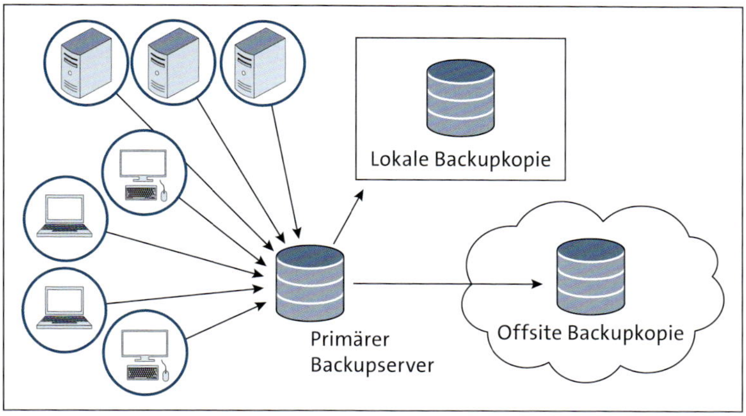

Abbildung 20.2 Die 3-2-1 Backup-Strategie (Quelle: https://de.wikipedia.org/wiki/Datensicherung#/media/Datei:3-2-1_backup_01.png)

3-2-1

Die goldene Regel für Backups lautet 3-2-1: Sie sollten mindestens *drei* Kopien Ihrer Daten haben (das Original und zwei Backups). Diese sollten auf mindestens *zwei* verschiedenen Medientypen gespeichert (etwa Festplatte und Cloud); und mindestens *eine* Kopie sollte sich an einem anderen Ort befinden (außerhalb Ihrer Wohnung).

Diese Regel bietet einen Schutz gegen nahezu alle Datenverlustszenarien: von Hardwareausfällen über Diebstahl bis hin zu Naturkatastrophen.

Regelmäßigkeit ist entscheidend für wirksame Backups. Selbst das beste Backup-System ist nutzlos, wenn es nicht regelmäßig verwendet wird. Automatisierte Lösungen, die ohne Ihr Zutun im Hintergrund arbeiten, sind daher besonders empfehlenswert.

Wiederherstellung von Daten

Die Überprüfung der Wiederherstellbarkeit wird oft vernachlässigt, ist aber ebenso wichtig wie das Backup selbst. Stellen Sie sicher, dass Sie wissen, wie Sie Ihre Daten im Ernstfall wiederherstellen können, und testen Sie diesen Prozess gelegentlich. Nichts ist frustrierender, als festzustellen, dass ein Backup unvollständig oder beschädigt ist, wenn Sie es dringend benötigen.

Verschlüsselung

Verschlüsselung ist besonders für sensible Daten oder Backups, die außer Haus gelagert werden, unverzichtbar. Sie stellt sicher, dass Ihre persönlichen Informationen privat bleiben, selbst wenn ein Backup-Medium in falsche Hände gerät oder ein Cloud-Dienst kompromittiert wird.

Eine sinnvolle Priorisierung hilft, den Aufwand für Backups in einem vernünftigen Rahmen zu halten. Nicht alle Daten sind gleich wichtig – fokussieren Sie sich zunächst auf die wirklich unersetzlichen Inhalte wie Familienfotos, wichtige Dokumente oder selbst erstellte Arbeiten. Medien, die Sie jederzeit neu herunterladen können, haben dagegen niedrigere Priorität.

20.2.2 Backup-Lösungen für Einsteiger – einfach, aber effektiv

Für den Einstieg in die Welt der Datensicherung gibt es unkomplizierte Lösungen, die ohne großen finanziellen oder zeitlichen Aufwand implementiert werden können. Diese eignen sich besonders für Personen, die bisher keine systematische Datensicherung betreiben.

Es gibt viele technische Möglichkeiten und Software für Backups. Das Thema kann ein eigenes Buch füllen. Aus diesem Grund zeige ich hier nur ein paar ausgewählte Möglichkeit auf, mit denen Sie möglichst einfach ein Backup Ihrer Daten einrichten können.

Externe USB-Festplatten als Basis-Backup

Die externe USB-Festplatte ist nach wie vor eine der einfachsten und kostengünstigsten Möglichkeiten, Daten zu sichern. Mit Preisen ab etwa 50 € für 1 TB Speicherplatz sind sie erschwinglich und bieten ausreichend Kapazität für die meisten privaten Anwendungen. Die Einrichtung ist denkbar einfach: anschließen, gegebenenfalls formatieren, und schon können Sie Daten kopieren.

Für Windows-Nutzer bietet sich die integrierte Funktion SICHERUNG UND WIEDERHERSTELLUNG an, mit der Sie regelmäßige Backups auf einer externen Festplatte einrichten können. Bei neueren Windows-Versionen ist der DATEIVERSIONSVERLAUF eine gute Alternative, die zusätzlich verschiedene Versionen Ihrer Dateien speichert. Mac-Benutzer profitieren von der hervorragenden TIME MACHINE-Funktion, die automatisch inkrementelle Backups erstellt und eine intuitive Wiederherstellung ermöglicht.

Beim manuellen Kopieren wichtiger Dateien auf eine externe Festplatte sollten Sie eine klare Ordnerstruktur anlegen und das Backup regelmäßig aktualisieren. Hilfreich ist auch, Datum und Umfang des Backups zu dokumentieren, etwa durch einen entsprechenden Ordnernamen oder eine einfache Textdatei mit diesen Informationen.

Beachten Sie jedoch eine wichtige Einschränkung: Eine angeschlossene USB-Festplatte schützt nicht vor Ransomware, die oft gezielt auch auf verbundene Backup-Medien zugreift. Trennen Sie daher die Festplatte nach dem Backup wieder vom Computer oder nutzen Sie zusätzliche Sicherheitsmaßnahmen.

Abbildung 20.3 Der Super-GAU – ein Hausbrand verschont auch nicht das Backup. (Quelle: https://de.wikipedia.org/wiki/Datensicherung#/media/Datei:Backup_Backup_Backup_-_And_Test_Restores.png)

Integrierte Cloud-Backup-Lösungen

Viele von uns nutzen bereits Dienste, die automatische Backup-Funktionen integriert haben, ohne dass wir uns dessen immer bewusst sind. Diese zu aktivieren und optimal zu konfigurieren, kann ein einfacher erster Schritt zu mehr Datensicherheit sein.

Smartphone-Backups sind besonders wichtig, da unsere Mobilgeräte zu ständigen Begleitern geworden sind und eine Fülle persönlicher Daten enthalten. Apple-Geräte können automatisch in der *iCloud* gesichert werden, wobei 5 GB Speicherplatz kostenlos sind und Erweiterungen zu moderaten Preisen verfügbar sind. Android-Nutzer können *Google Drive* für Backups verwenden, das ebenfalls 15 GB kostenlosen Speicher bietet. Diese Cloud-Backups umfassen typischerweise App-Daten, Einstellungen, Nachrichten und Fotos, sofern das entsprechend konfiguriert wird.

Foto-Backups verdienen besondere Aufmerksamkeit, da Fotos oft zu unseren wertvollsten digitalen Besitztümern zählen. Dienste wie *Google Fotos*, *iCloud Fotos* oder *Amazon Photos* bieten die automatische Synchronisierung und Sicherung von Bildern. Achten Sie auf die Einstellungen bezüglich Bildqualität und Speicherplatznutzung, denn einige Dienste komprimieren Bilder, um Speicherplatz zu sparen, was die Qualität beeinträchtigen kann.

E-Mail-Dienste wie *Gmail*, *Outlook.com* oder andere Webmail-Anbieter speichern Ihre E-Mails bereits in der Cloud. Lokale E-Mail-Programme wie *Outlook* oder *Thunderbird* müssen Sie jedoch konfigurieren, damit sie E-Mails auf dem Server belassen, anstatt sie nach dem Download zu löschen. Für wichtige E-Mails empfiehlt sich zusätzlich eine Archivierung in einem separaten Ordnersystem.

Dokumente können mit Diensten wie *Microsoft OneDrive*, *Google Drive* oder *Dropbox* synchronisiert werden. Diese bieten den Vorteil, dass Dokumente automatisch gesichert werden, während Sie an ihnen arbeiten und dass sie zudem von verschiedenen Geräten aus zugänglich sind. Die meisten dieser Dienste bieten auch eine Versionsverwaltung, sodass Sie bei Bedarf zu früheren Versionen zurückkehren können.

Kombinierte Strategien für einen besseren Schutz

Für einen umfassenderen Schutz empfiehlt sich die Kombination verschiedener einfacher Backup-Methoden. Dies erfüllt das 3-2-1-Prinzip, ohne dass komplexe Systeme erforderlich sind.

Eine praktische Kombination könnte so aussehen: Nutzen Sie Cloud-Dienste für die kontinuierliche Sicherung von Dokumenten und Fotos, während Sie monatlich ein vollständiges Backup auf einer externen Festplatte erstellen. Letztere sollten Sie nach dem Backup vom Computer trennen und sicher aufbewahren. Besonders wichtige Dokumente könnten Sie zusätzlich auf einem USB-Stick sichern, den Sie an einem anderen Ort (etwa im Büro oder bei Verwandten) aufbewahren.

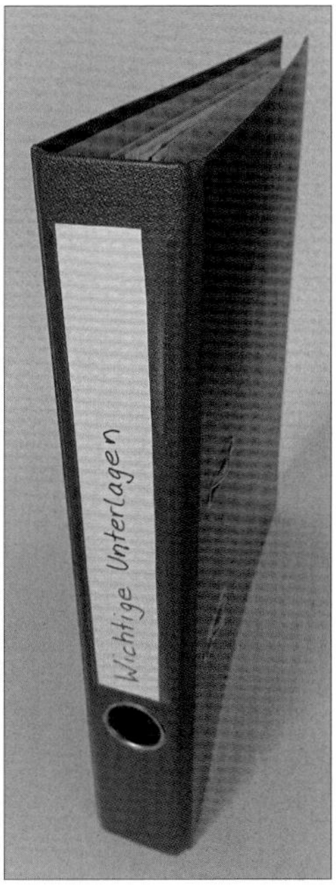

Abbildung 20.4 Sicher vor Ransomware – der gute alte Aktenordner

Bei aller Technik ist auch ein wenig analoges Backup sinnvoll: Drucken Sie besonders wichtige Dokumente wie Verträge, Urkunden oder Versicherungspolicen aus und bewahren Sie sie in einem Ordner auf. Für besonders wertvolle Fotos kann es ebenfalls sinnvoll sein, einige ausgewählte Exemplare drucken zu lassen.

20.2.3 Backup im Home-Office – private und berufliche Daten trennen

Das Home-Office stellt besondere Anforderungen an die Datensicherung, da hier oft sowohl private als auch berufliche Daten verarbeitet werden. Die klare Trennung dieser Bereiche ist sowohl aus Datenschutz- als auch aus organisatorischen Gründen wichtig.

Verantwortlichkeiten klären: Was sichert der Arbeitgeber?

Grundsätzlich ist der Arbeitgeber für die Sicherung der Unternehmensdaten verantwortlich, auch wenn diese auf Geräten im Home-Office verarbeitet werden. Die meisten Unternehmen haben entsprechende Richtlinien und Systeme implementiert.

Firmen-Laptops und -Computer sind in der Regel so konfiguriert, dass wichtige Daten automatisch auf Unternehmensservern oder in der Unternehmens-Cloud gespeichert werden. Als Mitarbeiter bzw. Mitarbeiterin sollten Sie sich über die entsprechenden Richtlinien informieren und sicherstellen, dass Sie diese korrekt umsetzen.

Bei der Nutzung von Cloud-Diensten des Arbeitgebers wie *Microsoft 365*, *Google Workspace* oder unternehmenseigenen Dokumentenmanagementsystemen werden Dokumente typischerweise automatisch gesichert. Achten Sie darauf, Arbeitsdokumente in diesen Systemen und nicht lokal zu speichern.

VPN-Verbindungen zum Firmennetzwerk ermöglichen oft den Zugriff auf Netzwerklaufwerke oder SharePoint-Systeme, die ebenfalls vom Unternehmens-IT-Team gesichert werden. Nutzen Sie diese Ressourcen für Arbeitsdokumente, anstatt diese lokal zu speichern.

In Zweifelsfällen sollten Sie Rücksprache mit der IT-Abteilung Ihres Unternehmens halten. Diese kann Ihnen genaue Anweisungen geben, wo und wie Arbeitsdokumente zu speichern sind, damit sie ordnungsgemäß gesichert werden.

Private Daten im Home-Office sichern

Für Ihre privaten Daten im Home-Office-Umfeld sind Sie selbst verantwortlich. Hier können Sie die zuvor beschriebenen Methoden anwenden, sollten aber auf eine klare Trennung von beruflichen und privaten Inhalten achten.

Berufliches und Privates trennen

Wenn Sie einen privaten Computer für berufliche Zwecke nutzen, empfiehlt sich die Einrichtung separater Benutzerkonten für die berufliche und die private Nutzung. Dies erleichtert nicht nur die getrennte Datensicherung, sondern hilft auch dabei, den Überblick zu behalten und verhindert die versehentliche Vermischung von Inhalten.

Für die Sicherung privater Daten im Home-Office eignen sich die bereits beschriebenen Methoden – von externen Festplatten über Cloud-Dienste bis hin zu einem NAS (siehe Abschnitt 20.3). Wichtig ist, dass diese Backup-Lösungen nicht mit beruflichen Daten vermischt werden, sofern dies nicht ausdrücklich vom Arbeitgeber genehmigt wurde.

Wenn Sie ein NAS oder einen Heimserver nutzen, können Sie separate Netzlaufwerk-Freigaben oder Ordner für private und berufliche Daten einrichten. Dies erleichtert die Verwaltung und ermöglicht unterschiedliche Backup-Strategien für verschiedene Datentypen.

Datenschutz und Sicherheitsaspekte

Im Home-Office-Kontext sind Datenschutz und Sicherheit besonders wichtig, da sensible Unternehmens- und Kundendaten außerhalb der geschützten Unternehmensumgebung verarbeitet werden.

Verschlüsselte Backups sollten Standard sein, insbesondere wenn berufliche Daten involviert sind. Sowohl bei lokalen Backups auf externen Medien als auch bei Cloud-Backups sollte eine starke Verschlüsselung verwendet werden, um unbefugten Zugriff zu verhindern.

Wenn Sie Cloud-Dienste für private Backups nutzen, prüfen Sie deren Datenschutzrichtlinien und Sicherheitsmaßnahmen. Nicht alle Dienste bieten eine Ende-zu-Ende-Verschlüsselung an, und die Standorte der Server können datenschutzrechtlich relevant sein.

Für besonders sensible berufliche Daten sollten Sie ausschließlich vom Arbeitgeber genehmigte Backup-Lösungen verwenden. Die Verwendung nicht autorisierter Cloud-Dienste kann gegen Unternehmens- und Datenschutzrichtlinien verstoßen und im schlimmsten Fall arbeitsrechtliche Konsequenzen haben.

Physische Sicherheit ist ebenfalls wichtig: Bewahren Sie externe Backup-Medien sicher auf, idealerweise in einem abschließbaren Schrank oder Safe. Dies schützt nicht nur vor Diebstahl, sondern auch vor versehentlicher Beschädigung.

Praktische Backup-Routinen etablieren

Selbst die ausgeklügeltste Backup-Strategie ist nutzlos, wenn sie nicht konsequent umgesetzt wird. Daher ist es wichtig, praktikable Routinen zu etablieren, die sich in Ihren Alltag integrieren lassen.

Automatisierung ist der Schlüssel. Die beste Backup-Strategie ist eine, die ohne Ihr Zutun funktioniert. Nutzen Sie daher, wo immer es möglich ist, automatisierte Lösungen. Zeitgesteuerte Backups können bei den meisten Systemen eingerichtet werden. Die Windows-Sicherung, Time Machine, NAS-Backup-Funktionen und viele andere Tools erlauben die Festlegung regelmäßiger Backup-Zeitpläne. Wöchentliche vollständige und tägliche inkrementelle Backups sind für die meisten privaten Anwender ein guter Kompromiss zwischen Sicherheit und Ressourcennutzung.

Kontinuierliche Backup-Lösungen wie *Dropbox*, *OneDrive* oder *Synology Drive* sichern Änderungen nahezu in Echtzeit. Diese eignen sich besonders für Dokumente, an denen Sie aktiv arbeiten, da jede Änderung sofort gesichert wird.

Push-Benachrichtigungen oder E-Mail-Alerts können bei vielen Backup-Systemen aktiviert werden. Diese informieren Sie über erfolgreiche Backups oder – noch wichtiger – über fehlgeschlagene Backup-Versuche, sodass Sie rechtzeitig eingreifen können.

Manuelle Routinen für nicht automatisierte Backups

Für Backup-Aspekte, die nicht vollständig automatisiert werden können, sollten Sie feste Routinen etablieren. Kalendarische Erinnerungen können helfen, regelmäßige manuelle Backup-Aufgaben nicht zu vergessen. Legen Sie beispielsweise einen monatlichen Termin fest, um eine externe Festplatte anzuschließen und ein vollständiges Backup zu erstellen oder um Backups auf externe Medien zu überprüfen.

Koppeln Sie Backup-Aktivitäten mit anderen regelmäßigen Tätigkeiten, um sie leichter zur Gewohnheit werden zu lassen. Beispielsweise könnten Sie das monatliche Backup immer am gleichen Tag durchführen, an dem Sie auch andere administrative Aufgaben erledigen wie das Überprüfen von Kontoauszügen.

Dokumentieren Sie durchgeführte Backups in einem einfachen Log oder Kalender. Dies hilft Ihnen, den Überblick zu behalten und stellt sicher, dass keine Backup-Aufgabe vergessen wird. Eine einfache Textdatei oder ein Notizbuch kann hierfür ausreichen.

Backup-Tests und Wiederherstellungsübungen

Ein Backup ist nur so gut wie die Möglichkeit, Daten aus ihm wiederherzustellen. Regelmäßige Tests stellen sicher, dass Ihre Sicherungen im Ernstfall tatsächlich funktionieren.

Planen Sie vierteljährliche Wiederherstellungstests ein, bei denen Sie einige zufällig ausgewählte Dateien aus Ihrem Backup wiederherstellen. Dies gibt Ihnen nicht nur die Gewissheit, dass die Daten tatsächlich vorhanden sind, sondern hält Sie auch mit dem Wiederherstellungsprozess vertraut.

Für kritische Systeme sollten Sie gelegentlich auch einen vollständigen Wiederherstellungstest durchführen. Dies könnte bedeuten, ein System auf einer Testmaschine oder in einer virtuellen Umgebung aus einem Backup wiederherzustellen, um sicherzustellen, dass der gesamte Prozess funktioniert.

Der richtige Backup-Ansatz für Ihre Bedürfnisse

Die perfekte Backup-Strategie gibt es nicht – es geht vielmehr darum, eine Lösung zu finden, die zu Ihren individuellen Bedürfnissen, technischen Möglichkeiten und persönlichen Gewohnheiten passt.

Für Einsteiger empfiehlt sich ein schrittweiser Ansatz: Beginnen Sie mit der Sicherung Ihrer wichtigsten Daten auf eine externe Festplatte und nutzen Sie kostenlose Cloud-Dienste für zusätzlichen Schutz. Diese Basis-Strategie können Sie nach und nach erweitern, etwa durch die Integration eines NAS oder die Automatisierung weiterer Backup-Prozesse.

Fortgeschrittene Anwender mit einem NAS oder Heimserver können dessen Funktionen optimal nutzen, um eine umfassende, größtenteils automatisierte Backup-Lösung zu implementieren. Die Integration verschiedener Geräte, von Computern über Smartphones bis hin zu Tablets, in ein zentrales Backup-System vereinfacht die Verwaltung und erhöht die Zuverlässigkeit.

Im Home-Office-Kontext ist die klare Trennung zwischen privaten und beruflichen Daten besonders wichtig. Respektieren Sie die Vorgaben Ihres Arbeitgebers für Unternehmensdaten und implementieren Sie parallel dazu Ihre eigene Strategie für private Inhalte.

Besondere Backup-Anforderungen für Selbstständige und Freelancer

Selbstständige, Freiberufler und Freelancer befinden sich in einer besonderen Position, wenn es um Datensicherung geht. Anders als Angestellte können sie sich nicht auf eine Unternehmens-IT verlassen, die Backup-Prozesse implementiert und überwacht. Die Verantwortung für die Sicherung aller beruflichen Daten liegt vollständig in ihren eigenen Händen – und diese Verantwortung wiegt schwer, da die berufliche Existenz oft direkt von der Datensicherheit abhängt.

Aufbewahrungspflichten können das Backup beeinflussen

Besonders beachtenswert ist die rechtliche Dimension: Selbstständige müssen nicht nur aus praktischen Gründen Backups erstellen, sondern sind in vielen Fällen auch gesetzlich dazu verpflichtet, bestimmte Geschäftsdaten über längere Zeiträume sicher aufzubewahren. Dies betrifft insbesondere steuerrelevante Unterlagen, die je nach Land und Dokumententyp zwischen 6 und 10 Jahre oder länger aufbewahrt werden müssen. Eine durchdachte, langfristig angelegte Backup-Strategie ist daher nicht optional, sondern ein notwendiger Bestandteil der Geschäftstätigkeit.

Bei der Arbeit für verschiedene Kunden müssen Selbstständige zudem deren spezifische Datenschutz- und Sicherheitsrichtlinien berücksichtigen. Viele Auftraggeber – insbesondere größere Unternehmen oder Kunden aus sensiblen Branchen wie Finanzen, Gesundheitswesen oder öffentlicher Verwaltung – haben strenge Vorgaben zum Umgang mit ihren Daten. Diese können die Speicherorte (z. B. Ausschluss bestimmter Cloud-Dienste), Verschlüsselungsmethoden, Aufbewahrungsfristen oder Löschverfahren betreffen. Solche Vorgaben sollten vertraglich klar geregelt werden und von Ihnen in Ihre eigene Backup-Strategie integriert werden.

Die Nichteinhaltung von Datenschutzbestimmungen oder vertraglichen Verpflichtungen zur Datensicherheit kann für Selbstständige weitreichende Konsequenzen haben – von Vertragsstrafen über Reputationsschäden bis hin zu rechtlichen Auseinandersetzungen. Eine dokumentierte, kundensensible Backup-Strategie ist daher nicht nur ein technisches Erfordernis, sondern auch wichtig in der Kundenbeziehung. Selbstständige sollten deshalb nicht zögern, in professionelle Backup-Lösungen zu investieren, falls besondere Anforderungen ihrer Branche und Kundschaft dies nötig machen.

Und nun?

Unabhängig von der gewählten Lösung gilt: Das beste Backup ist das, das tatsächlich durchgeführt wird. Einfache, automatisierte Lösungen, die zuverlässig im Hintergrund arbeiten, sind oft wertvoller als komplexe Systeme, die manuelle Eingriffe erfordern und daher leichter vernachlässigt werden.

Investieren Sie die Zeit, eine für Sie passende Backup-Strategie zu entwickeln und zu implementieren. Diese Investition wird sich spätestens dann auszahlen, wenn Sie zum ersten Mal wichtige Daten wiederherstellen müssen. Denn eines ist sicher: Datenverluste passieren nicht, wenn man darauf vorbereitet ist – sondern immer dann, wenn man es am wenigsten erwartet und am wenigsten Zeit für sie hat.

Digitaler Overkill

Und, was noch wichtiger ist: Das alles mag Ihnen zwar auf den ersten Blick wie ein Overkill erscheinen, aber denken Sie an die Zukunft: Sie möchten Ihre Urlaubsfotos und Dokumente über Jahrzehnte (und darüber hinaus) aufbewahren, anschauen und gegebenenfalls an Ihre Kinder weitergeben. Das, was Sie damals mit dem Fotoalbum im Regal gemacht haben, wird in Zukunft digital geschehen. Verrückt, oder? Die Welt ändert sich! Sorgen Sie also vor.

20.3 Heimserver und NAS: Die digitale Schaltzentrale für Ihr Smart Home

Früher drehte sich alles um physische Aufbewahrungssysteme – Regale bauen, Schränke montieren und Aufbewahrungsplatz für die liebgewonnenen Besitztümer einrichten. Heute speichern Sie viele Ihrer wertvollsten Erinnerungen und Sammlungen in digitaler Form. All die Fotos, Videos, wichtigen Dokumente und E-Books brauchen einen zuverlässigen, zentralen Speicherort. Deshalb verdienen Heimserver und NAS-Systeme (*Network Attached Storage*) einen festen Platz in den heutigen Überlegungen für Ihr Zuhause.

Stellen Sie sich vor: Ihre Urlaubsbilder, Videos von Geburtstagen und Ihre Lieblingsfilme würden allen Geräten im Haus zur Verfügung stehen. Sie streamen Ihre eigene Musik ins Wohnzimmer, sichern automatisch die Handyfotos aller Familienmitglieder und greifen vom Büro aus auf wichtige Dokumente zu. Gleichzeitig blockieren Sie Werbung im gesamten Heimnetzwerk und betreiben Ihre eigene Alternative zu *Google Photos* – und das alles, ohne dass große Tech-Konzerne mitlesen.

Diese selbst betriebenen digitalen Dienste funktionierten rund um die Uhr, kosten Sie keine monatlichen Gebühren und geben Ihnen die volle Kontrolle über Ihre Daten zurück. Moderne Smart-Home-Systeme, Streaming-Lösungen und Sicherheitskameras nutzen zunehmend lokalen Speicher. Deshalb entwickelt sich die Einrichtung solcher Systeme zur grundlegenden »Heimwerkeraufgabe« unserer Zeit.

20.3.1 Die grundlegenden Unterschiede

Für Ihre digitale Schaltzentrale stehen Ihnen zwei Wege offen: ein fertiges NAS-System oder ein selbst zusammengestellter Heimserver. Beide Lösungen erreichen dasselbe Ziel, unterscheiden sich aber im Aufwand und in den Möglichkeiten. Das NAS bietet Ihnen den schnellen Einstieg mit wenig Aufwand, während der Heimserver maximale Flexibilität und Lernmöglichkeiten eröffnet.

In den folgenden Abschnitten erkläre ich Ihnen, was es mit diesen Systemen auf sich hat und welche Faktoren dabei eine Rolle spielen. Diese digitale Handwerkskunst spart Ihnen langfristig Geld bei Speicherdiensten und schützt gleichzeitig Ihre Privatsphäre.

Was ist ein NAS?

Ein NAS (*Network Attached Storage*) ist ein spezialisiertes Gerät, das primär für die Datenspeicherung und -bereitstellung im Netzwerk konzipiert wurde. Es handelt sich um eine kompakte, fertige Lösung mit eigens dafür entwickelter Hardware und einem speziell optimierten Betriebssystem. Der größte Vorteil eines NAS liegt in seiner Benutzerfreundlichkeit – praktisch alle modernen NAS-Systeme verfügen über eine intuitive webbasierte Verwaltungsoberfläche, die auch von technisch weniger versierten Nutzern problemlos bedient werden kann.

Abbildung 20.5 Ein NAS von der Firma »Synology« – hier ein Modell mit zwei Netzwerkports, die für eine höhere Datenübertragungsrate gebündelt werden können

Die Stärke eines NAS-Systems liegt in der perfekten Integration von Hardware und Software. Hersteller wie *Synology*, *QNAP* oder *Asustor* bieten ausgeklügelte Betriebssysteme an, die speziell für die Anforderungen von Netzwerkspeichern optimiert sind. Diese Systeme bringen von Haus aus zahlreiche Funktionen mit, darunter die Dateifreigabe für verschiedene Betriebssysteme, Benutzerverwaltung, RAID-Konfiguration für Datensicherheit und viele Multimedia-Funktionen. Die Installation zusätzlicher Anwendungen erfolgt über einen integrierten App-Store mit nur wenigen Klicks.

Was ist ein Heimserver?

Ein Heimserver hingegen ist ein vielseitigerer, aber auch komplexerer Ansatz. Bei ihm handelt es sich im Kern um einen regulären Computer, der für den dauerhaften Betrieb und die Bereitstellung verschiedener Netzwerkdienste optimiert wurde. Die Hardware kann entweder speziell dafür angeschafft oder aus vorhandenen Komponenten zusammengestellt werden.

Abbildung 20.6 Ein HP-Microserver – sparsam und leistungsstark genug für normale Homeserver-Aufgaben

Ein Heimserver bietet maximale Flexibilität und Anpassungsmöglichkeiten. Nahezu jede erdenkliche Serversoftware kann installiert und konfiguriert werden – von einfachen Dateifreigaben über Webserver, Datenbanken und Entwicklungsumgebungen bis hin zu komplexen Virtualisierungslösungen. Diese Flexibilität erfordert jedoch deutlich mehr technisches Know-how für Einrichtung, Konfiguration und Wartung.

Der wohl augenfälligste Unterschied zwischen beiden Lösungen liegt in der Benutzerfreundlichkeit. Ein NAS-System ist in der Regel innerhalb weniger Stunden betriebsbereit – nach dem Einsetzen der Festplatten und dem Anschluss an Strom und Netzwerk führt ein Einrichtungsassistent Sie durch die Grundkonfiguration. Die weitere Verwaltung erfolgt über eine grafische Oberfläche, die von jedem Gerät mit einem Webbrowser aus zugänglich ist.

Ein Heimserver erfordert deutlich mehr Zeit und Kenntnisse für die Einrichtung: Zunächst müssen Sie passende Hardware zusammenstellen, ein geeignetes Betriebssystem auswählen und installieren. Anschließend müssen Sie alle gewünschten Dienste manuell einrichten und konfigurieren. Die Verwaltung erfolgt je nach Betriebssystem über eine Kommandozeile, einen Remote-Desktop oder über webbasierte Schnittstellen, die aber meist weniger integriert und benutzerfreundlich sind als bei einem NAS.

Abbildung 20.7 Die per Webbrowser erreichbare Administrationsoberfläche eines Synology-NAS

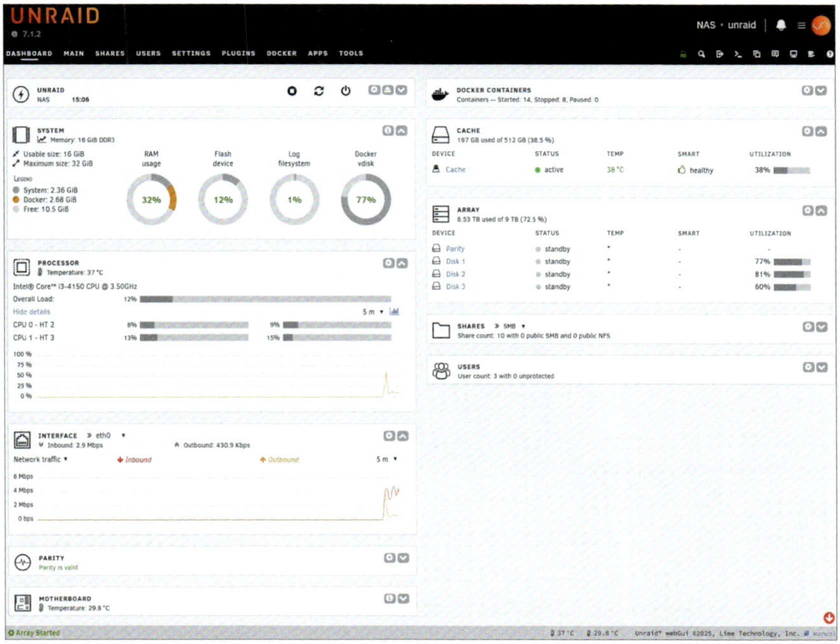

Abbildung 20.8 Die komplexere Weboberfläche eines UNRAID-Heimservers

Hardware und Erweiterbarkeit

Bei einem NAS handelt es sich um spezialisierte Hardware mit optimierter Leistungsaufnahme und Kühlung für den 24/7-Betrieb. Die Erweiterungsmöglichkeiten beschränken sich meist auf den verfügbaren Speicherplatz durch zusätzliche Festplatten, USB-Anschlüsse für externe Geräte und in manchen Fällen auch PCIe-Steckplätze für Netzwerkkarten oder SSDs.

Ein Heimserver bietet praktisch unbegrenzte Hardware-Flexibilität – vom einfachen Mini-PC bis zum ausgewachsenen Rack-Server mit redundanten Komponenten ist alles möglich. Die Hardware kann genau auf die geplanten Anwendungsfälle zugeschnitten werden, etwa mit leistungsstarken Grafikprozessoren für das Transcoding oder extra viel RAM für die Virtualisierung.

Betriebssystem und Software

NAS-Systeme laufen typischerweise mit proprietären, auf Linux basierenden Betriebssystemen wie *Synology DSM*, *QNAP QTS* oder *Asustor ADM*. Diese sind speziell für die jeweilige Hardware optimiert und bieten eine nahtlose Integration aller Funktionen. Zusätzliche Anwendungen können über einen integrierten App-Store installiert werden, was die Erweiterung der Funktionalität vereinfacht.

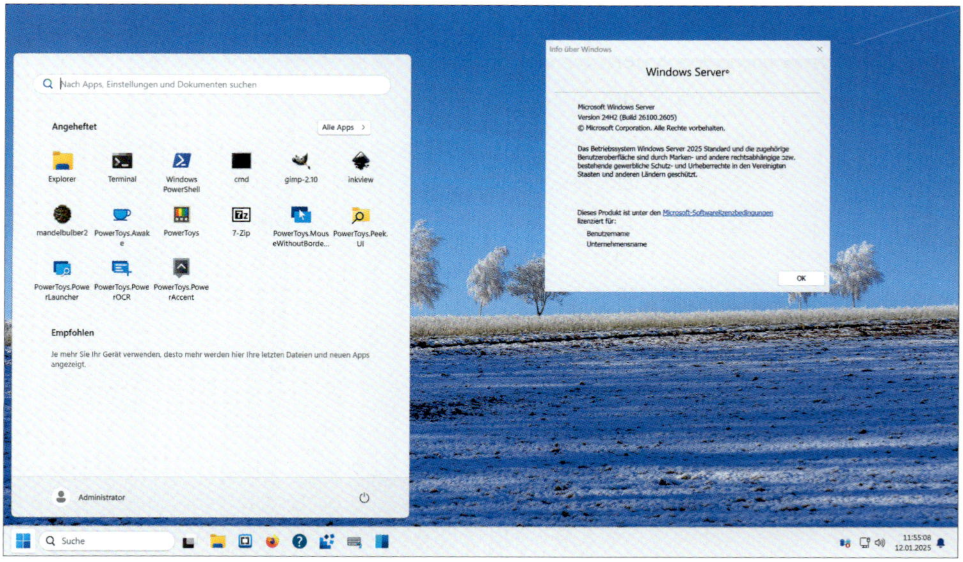

Abbildung 20.9 Die Oberfläche von »Windows Server«

Bei einem Heimserver haben Sie freie Wahl bei Betriebssystem und Software. Von *Windows Server* über *Ubuntu Server* bis hin zum Betrieb von spezialisierten Distributionen wie *UNRAID*, *Proxmox* oder *TrueNAS* ist alles möglich. Damit können Sie IT-Profis Konkurrenz machen und (fast) die gleichen Systeme nutzen, die auch beim professionellen Hosting eingesetzt werden. Dementsprechend anspruchsvoll sind aber die Administration und der Einsatz dann auch ...

Kosten und Wirtschaftlichkeit

Ein NAS bietet in der Regel ein besseres Preis-Leistungs-Verhältnis für reine Speicheranwendungen. Die Hardware ist optimiert, die Betriebskosten sind aufgrund des niedrigen Stromverbrauchs gering, und die Software ist im Kaufpreis enthalten. Ein einfaches 2-Bay-NAS ist bereits ab etwa 200 € erhältlich (ohne Festplatten).

Ein Heimserver kann bei Nutzung vorhandener Hardware zunächst günstiger erscheinen, verursacht aber oft höhere laufende Kosten durch höheren Stromverbrauch. Hinzu kommen potenzielle Kosten für Betriebssysteme und Software – *Windows Server* beispielsweise ist teuer in der Anschaffung.

20.3.2 Einsatzgebiete und Anwendungsfälle

Ein NAS glänzt besonders als zentrale Dateiablage im Heimnetzwerk. Alle Computer, Smartphones und Tablets können auf es zugreifen und Daten speichern oder abrufen. Die meisten NAS-Systeme unterstützen verschiedene Protokolle, sodass Windows-, Mac- und Linux-Geräte problemlos mit ihnen arbeiten können. Dank RAID-Konfigurationen bieten NAS-Systeme auch Schutz vor Festplattenausfällen.

Besonders wertvoll ist ein NAS als Backup-Ziel für alle Geräte im Heimnetzwerk. Die Hersteller bieten meist eigene Backup-Software an, die automatisch und regelmäßig Sicherungen aller Computer erstellt. Für Macs ist ein NAS ideal als *Time Machine*-Backup-Ziel, für Windows-PCs können Sie entsprechende Backup-Anwendungen einrichten. Auch Smartphones und Tablets können automatisch Fotos und Videos auf das NAS sichern.

Medienstreaming und Heimkino

Moderne NAS-Systeme bieten hervorragende Multimedia-Funktionen. Mit integrierten *DLNA*-Servern, *Plex Media Server* oder ähnlichen Anwendungen streamt ein NAS Filme, Musik und Fotos an Smart-TVs, Spielkonsolen, Smartphones und andere Geräte. Viele NAS-Modelle verfügen über dedizierte Hardware für das Videotranscodierung – so können auch Medien in nicht unterstützten Formaten problemlos abgespielt werden.

Hochwertige NAS-Modelle, insbesondere solche von der Firma *QNAP*, bieten sogar HDMI-Ausgänge für den direkten Anschluss an Fernseher oder Beamer. Diese Modelle funktionieren als eigenständiger Mediaplayer ohne zusätzliches Gerät. Das minimiert die Latenz und nutzt die volle Hardware-Leistung, ohne Netzwerkbandbreite zu beanspruchen.

Unabhängigkeit von Tech-Konzernen: Ihre eigene Cloud

Ein NAS macht Sie unabhängig von großen Tech-Konzernen und deren Diensten. Anstatt Ihre Daten Google, Apple oder Microsoft anzuvertrauen, behalten Sie die volle Kontrolle. Hier sind einige Alternativen, die Sie auf Ihrem eigenen NAS betreiben können:

- **Statt Google Photos:** *Immich* (*immich.app*) verwaltet Ihre Fotos mit automatischer Gesichtserkennung und intelligenter Suche – alles auf Ihrem eigenen Server.
- **Statt Dropbox oder OneDrive:** *Nextcloud* (*nextcloud.com*) synchronisiert Dateien zwischen allen Geräten und bietet Kalender, Kontakte und Videokonferenzen.
- **Statt Netflix:** *Kodi* (*kodi.de*) organisiert Ihre eigene Mediensammlung mit eleganter Benutzeroberfläche und Metadaten-Verwaltung.

Weitere praktische Anwendungen:

- **Paperless** digitalisiert und archiviert alle Dokumente durchsuchbar.
- **Calibre** oder **Komga** verwaltet Ihre E-Book-Bibliothek professionell.
- **Pi-hole** oder **ADGuard** blockiert Werbung und Tracker im gesamten Heimnetzwerk.

Die genaue Einrichtung dieser Dienste erfordert etwas Einarbeitung – aber durch sie gewinnen Sie Unabhängigkeit zurück und schützen Ihre Daten. Wie bei Werkzeugen gilt: Die Möglichkeiten sind da, die Umsetzung liegt bei Ihnen.

Ideale Einsatzgebiete für einen Heimserver

Wenn es um den Betrieb mehrerer virtueller Maschinen oder Container geht, ist ein Heimserver oft die bessere Wahl. Mit ausreichend RAM und CPU-Leistung kann ein Heimserver verschiedene Betriebssysteme parallel ausführen. Dies ist ideal für Testumgebungen, Entwicklung oder den Betrieb mehrerer unabhängiger Dienste.

Plattformen wie *UNRAID*, *Proxmox VE*, *VMware ESXi* oder *Hyper-V* bieten professionelle Virtualisierungsfunktionen, die weit über das hinausgehen, was die meisten NAS-Systeme leisten können. Für Docker-Container bieten zwar auch hochwertige NAS-Systeme Unterstützung, aber ein dedizierter Server bietet Ihnen mehr Flexibilität und Leistung.

Flexibles Labor für IT-Enthusiasten

Ein Heimserver ist die perfekte Spielwiese für IT-Enthusiasten und alle, die mehr über Servertechnologien lernen möchten. Die freie Wahl von Hardware und Software ermöglicht es Ihnen, verschiedene Konfigurationen zu testen, mit neuen Technologien zu experimentieren und praktische Erfahrungen zu sammeln, die auch beruflich wertvoll sein können.

Die Möglichkeit, ein System von Grund auf zu konfigurieren und anzupassen, führt zu einem tieferen Verständnis der zugrunde liegenden Technologien, als es mit der vereinfachten Oberfläche eines NAS möglich wäre.

Nachwort

Sie haben nun in beiden Welten des modernen Heimwerkens Fuß gefasst: bei den klassischen Reparaturen mit Hammer und Schraubendreher und bei den digitalen Lösungen mit Homeserver und Smart-Home-Technik. Beide Bereiche ergänzen sich perfekt und machen Ihr Zuhause zu einem Ort, an dem Sie sich rundum wohlfühlen können.

Das war aber erst der Anfang Ihrer Reise. Sie haben nun alle Werkzeuge an der Hand – jetzt liegt es an Ihnen, sie zu nutzen. Beim Heimwerken gilt: Übung macht den Meister. Fangen Sie einfach an und bauen Sie sich Schritt für Schritt Ihr persönliches Zuhause auf – analog wie digital.

Vielen Dank, und bis bald

Ein Buch entsteht nie im Alleingang – hinter jedem Buch steht ein ganzes Team großartiger Menschen.

Mein herzlicher Dank gilt meinem Lektor Christoph Meister, der mit einer blendenden Idee das Buch gerettet hat, und all seinen Kolleginnen und Kollegen. Ihre klugen Anregungen, kritischen Fragen und ihre Geduld haben aus meiner ursprünglichen Idee erst das Buch gemacht, das Sie nun in den Händen halten. Ohne ihr Zutun wäre dieses Werk nur ein Schatten seiner selbst geworden.

Harry Kellner verdient besonderen Dank als unermüdlicher Fehlersucher und technischer Prüfer. Seiner Sorgfalt ist es zu verdanken, dass die technischen Details so präzise sind, wie Sie sie hier finden. Er hat jede Anleitung hinterfragt und jeden Tipp auf Herz und Nieren geprüft und mir mit vielen Bildern ausgeholfen.

Friederike Daenecke, meiner Korrektorin, gebührt großer Dank für ihren scharfen Blick und ihre sprachliche Feinarbeit. Sie hat dafür gesorgt, dass dieser Text nicht nur korrekt, sondern auch angenehm lesbar geworden ist. Ihre Arbeit hat entscheidend zur Qualität dieses Buches beigetragen.

Ohne all diese Menschen hätte das Buch nicht die Form angenommen, die es heute hat – es wäre wie ein Rohbau ohne strukturierte Verkabelung: voller Potenzial, aber ohne ein schnelles Netzwerk recht nutzlos! 😉

Der größte Dank jedoch geht an meine Frau. Sie hat nicht nur geduldig ertragen, dass unser Zuhause zeitweise mit Heimwerker-Projekten übersät war, sondern mich bei jedem Projekt unterstützt und ermutigt. Ihre Geduld beim Fotografieren meiner DIY-Experimente war unerschöpflich. Ohne sie wäre dieses Buch nie entstanden.

Abbildungsverzeichnis

Alle Abbildungen in diesem Buch sind vom Autor, außer:

Harry Kellner

- Abbildung 3.1
- Abbildung 4.5
- Abbildung 4.7
- Abbildung 4.11
- Abbildung 4.14
- Abbildung 5.59
- Abbildung 5.60
- Abbildung 17.3
- Abbildung 17.13
- Abbildung 18.6

Wikipedia

- Abbildung 5.18: Phillips (PH) und Pozidriv (PZ) unterscheiden sich ein wenig in der Form (Quelle: https://commons.wikimedia.org/wiki/File:Poziphillipscompr.png)
- Abbildung 5.19: Ein Pozidriv-Schraubenkopf (Quelle: https://de.wikipedia.org/wiki/Datei:Pozidriv_screw.png)
- Abbildung 5.63: In einem Rohbau sieht man gut den Verlauf der Elektrokabel (Quelle: https://upload.wikimedia.org/wikipedia/commons/8/85/Installing_electrical_wiring.png)
- Abbildung 8.1: Ein Schutzzeichen für den Augenschutz (Quelle: https://commons.wikimedia.org/wiki/File:ISO_7010_M004.svg)
- Abbildung 8.2: Das Gehörschutzsymbol (Quelle: https://commons.wikimedia.org/wiki/File:BS_5378-1-1980_A3.03_Hearing_protection_must_be_worn.svg)
- Abbildung 9.7: Ein Upcycling-Beispiel: Europaletten werden zu einer Gartenbank. (Quelle: https://commons.wikimedia.org/wiki/File:Europaletten-Sitzbank_in_Raabs_ad_Thaya.png)
- Abbildung 9.8: Ein komplettes Haus, das teilweise aus Recycling-Material gefertigt wurde (Quelle: https://de.wikipedia.org/wiki/Upcycling#/media/Datei:Recycling_home_(3761497616).png)

- Abbildung 10.3: Ein Brita-Tisch-Wasserfilter (Quelle: https://commons.wikimedia.org/wiki/File:Haushalts-Wasserfilter.png)
- Abbildung 10.4: Einbau-Wasserfilter mit Aktivkohlefilter (Quelle: File Wasserfilter mit Aktivkohle-Filterpatrone.png – Wikimedia Commons)
- Abbildung 11.27: Die maschinelle Herstellung der Lochreihen (Quelle: https://de.wikipedia.org/wiki/Datei:Lochreihe_System32.png)
- Abbildung 12.1: Ein Beispiel für die Möglichkeiten, ein Fenster und Balkontüren zu sichern (Quelle: https://de.wikipedia.org/wiki/Einbruchschutz#/media/Datei:Einbruchsicherungen.png)
- Abbildung 12.3: Ein Knaufzylinder (Quelle: https://de.wikipedia.org/wiki/Datei:Cylinder_Europrofile.png)
- Abbildung 12.4: Maßangaben für einen Schließzylinder (Quelle: https://de.wikipedia.org/wiki/Datei:Profilzylinder.png)
- Abbildung 12.5: Ein Querriegel für die Tür zum Nachrüsten (Quelle: https://de.wikipedia.org/wiki/Querriegelschloss#/media/Datei:Querriegelschloss.png)
- Abbildung 12.6: Pilzkopfverriegelung für Fenster (Quelle: https://de.wikipedia.org/wiki/Einbruchschutz#/media/Datei:Pilzkopfverriegelung.png)
- Abbildung 12.7: Ein abschließbarer Fenstergriff (Quelle: https://commons.wikimedia.org/wiki/File:Fenstergriff_Tensolock_F_04.png)
- Abbildung 12.8: Ein Rauchmelder für Privatwohnungn (Quelle: https://upload.wikimedia.org/wikipedia/commons/5/54/Heimrauchmelder.png)
- Abbildung 14.13: Die Verdrahtung der RJ45-Stecker an beiden Enden eines Netzwerkkabels nach T568A (Quelle: https://commons.wikimedia.org/wiki/File:Crossoverkabel_1000.svg)
- Abbildung 14.14: Ein Anlegewerkzeug, um die Adern auf die Schneidklemme zu legen (Quelle: https://de.wikipedia.org/wiki/Schneidklemme#/media/Datei:Schneidklemme-Anlegewerkzeug.png)
- Abbildung 14.15: Entfernen Sie den Mantel des Netzwerkkabels. (Quelle: https://commons.wikimedia.org/wiki/File:Assemblaggio_cavo_RJ45_passo_4.png)
- Abbildung 14.16: Das offene Ende eines Cat8-Netzwerkkabels (Quelle: https://commons.wikimedia.org/wiki/File:CAT8_cable_4.png)
- Abbildung 14.17: Alle Adern müssen von der Abschirmfolie befreit werden. (Quelle: https://commons.wikimedia.org/wiki/File:Assemblaggio_cavo_RJ45_passo_9.png)
- Abbildung 14.18: Die Zange, mit der ein RJ45-Stecker auf ein Netzwerkkabel gecrimpt wird (Quelle: https://commons.wikimedia.org/wiki/File:Crimping_tool_TP2.png)

- Abbildung 14.19: Aufcrimpen des RJ45-Steckers (Quelle: https://commons.wikimedia.org/wiki/File:Assemblaggio_cavo_RJ45_passo_14.png)
- Abbildung 14.20: Ein Netzwerkkabel mit Belegung nach dem T568B-Standard in einem RJ45-Stecker (Quelle: https://commons.wikimedia.org/wiki/Category:Foiled_twisted-pair_cables#/media/File:CAT8_cable_5.png)
- Abbildung 14.22: Die Adern werden einzeln aufgelegt. (Quelle: https://de.wikipedia.org/wiki/Schneidklemme#/media/Datei:Schneidklemme-Angelegte_Ader.png)
- Abbildung 14.24: Mit einem günstigen Kabeltester dieser Art können Sie nach der Montage das Netzwerkkabel überprüfen. (Quelle: https://commons.wikimedia.org/wiki/File:Assemblaggio_cavo_RJ45_passo_15.png)
- Abbildung 16.3: Ein mobiles Klimagerät, dessen Zu- und Abluft direkt durch die Scheibe geführt werden (Quelle: https://commons.wikimedia.org/wiki/Category:Portable_air_conditioners#/media/File:Condizionatore_portatile_3.png)
- Abbildung 16.5: Der Abluftschlauch eines Klimageräts (Quelle: https://commons.wikimedia.org/wiki/File:Portable_air_conditioner_tube_at_a_school.png)
- Abbildung 16.6: Diese Lösung mit dem Abluftschlauch ist nicht optimal: Das Fenster sollte mit einer Abdichtung versehen sein. (Quelle: https://commons.wikimedia.org/wiki/File:Pinguino_DeLonghi_-_installazione_con_bocchetta.png)
- Abbildung 16.7: Die Inneneinheit einer Split-Klimaanlage (Quelle: https://commons.wikimedia.org/wiki/File:Panasonic_AIR_CONDITIONER_INDOOR_UNIT_CS-C10KJ2_(2).png)
- Abbildung 16.8: Die Außeneinheit einer Split-Klimaanlage (Quelle: https://commons.wikimedia.org/wiki/File:Klimaanlage_in_Tauberbischofsheim_7.png)
- Abbildung 16.9: Die sogenannten »Swamp Cooler« gibt es auch fertig zu kaufen (Quelle: https://upload.wikimedia.org/wikipedia/commons/4/4a/FB_910.png)
- Abbildung 17.4: Ein flexibles Solar-Panel (Quelle: https://commons.wikimedia.org/wiki/File:Flexibel_und_Robust.png)
- Abbildung 17.11: CEE-Buchsen gibt es in Blau (einphasig) oder in Rot (dreiphasig). (Quelle: https://de.wikipedia.org/wiki/CEE-System#/media/Datei:CEE_16A_230V_Wandsteckdose_Pinning.png)
- Abbildung 17.14: Lademanagement durch geregelte Ladeleistung (Quelle: https://de.wikipedia.org/wiki/Lastmanagement_(Ladestation)#/media/Datei:Geregelte_Ladeleistung.png)
- Abbildung 19.11: Eine Kabeldurchführung für die Wand (Quelle: https://de.wikipedia.org/wiki/Kabeleinf%C3%BChrung#/media/Datei:Kabeldurchf%C3%BChrungsplatte_mit_Membranen.png)

- Abbildung 19.22: Das Gerät, vor dem jeder Funkamateur Angst hat – ein »Devolo«-Powerline-Adapter (Quelle: https://de.wikipedia.org/wiki/Powerline_Communication#/media/Datei:2016-08-17_Devolo_dLAN_200_AVplus_-_5016.png)
- Abbildung 20.2: Die 3-2-1 Backup-Strategie (Quelle: https://de.wikipedia.org/wiki/Datensicherung#/media/Datei:3-2-1_backup_01.png)
- Abbildung 20.3: Der Super-GAU – ein Hausbrand verschont auch nicht das Backup. (Quelle: https://de.wikipedia.org/wiki/Datensicherung#/media/Datei:Backup_Backup_Backup_-_And_Test_Restores.png)

Shutterstock

- Abbildung 18.4: Haushaltsgeräte werden von ihrem Verbrauch her in Energieeffizienzklassen eingeordnet. Beim Kauf werden diese klar ausgeschildert.

Unsplash

- Abbildung 17.1
- Abbildung 17.5
- Abbildung 17.6
- Abbildung 17.7
- Abbildung 17.9
- Abbildung 18.8

Go-e Pressebild

- Abbildung 17.2: Eine Wallbox an einer dreiphasigen CEE-Buchse – eine flexible Lösung (Quelle: https://go-e.com/de-at/magazin/fehlerstromschutzschalter-go-e-charger)

Werkzeug Insider

- Abbildung 5.8: Basierend auf Informationen von https://werkzeug-insider.de/groesste-hersteller-von-elektrowerkzeugen-werkzeugmarke-unternehmensgruppe/.

Pixabay

- Abbildung 17.7: Powerbank mit Solarzelle zum Aufladen (links) und Solarklapptisch mit Kühlbox und Solarofen (rechts)

Index

D

E

F

G

H

I

K

L

M

Q

R

S

T

U

V

W

Z